Kaufer / Osmer - Newhouse Handbuch Weibliche Spiritualität

Inhalt

EINLEITUNG

Den eigenen Weg finden

Dieses Handbuch bietet Ihnen die Gelegenheit, die aufregende Erfahrung der Erneuerung Ihres spirituellen Ichs zu machen. Auch wenn Sie das Gefühl haben, Ihre Spiritualität sei schon früh im Keim erstickt oder nie richtig gepflegt worden – es ist nie zu spät, sie zu hegen und zu kultivieren. In einer Atmosphäre, die Ihr inneres Wachstum fördert, wird sie leicht wieder zum Leben erwachen – wie eine Pflanze, denn genau wie diese braucht auch Ihre Spiritualität Unterstützung und Nahrung. Pflanzen brauchen Luft, Sonne, Wasser und Nährstoffe, sonst welken und sterben sie. Auf gleiche Weise braucht Spiritualität die richtigen Bedingungen, um zu gedeihen. Mit diesem Buch können Sie entdecken, was Ihr spirituelles Wachstum fördert. Wenn Sie sich Ihrer Seele mehr annehmen, erkennen Sie bald neue Verbindungen. Außerdem finden Sie hier Gelegenheit, die Vergangenheit zu betrachten und alle spirituellen Wunden zu heilen, die Ihnen möglicherweise zugefügt wurden. Sie werden unbekanntes Gebiet betreten und neue spirituelle Richtungen kennenlernen. Diese Reise der Erneuerung fördert die Selbstwahrnehmung und lehrt Sie Selbstvertrauen. Es ist eine spirituelle Reise in den Mittelpunkt Ihres Lebens. Als Individuen gehen wir eine solche spirituelle Reise von verschiedenen Gesichtspunkten aus an. Manche Menschen haben nur wenig oder gar keinen Zugang zu spirituellen Lehren und Praktiken. Sie leben vielleicht isoliert von jeglicher Form spiritueller Gemeinschaft oder organisierter Religion. Viele Frauen haben festgestellt, daß ihre ursprüngliche Religion nicht mehr ihre Bedürfnisse befriedigt, und suchen andere, neue spirituelle und religiöse Praktiken. Andere haben ein aktives spirituelles »Innenleben«, wieder anderen ging die innere Erfahrung von Spiritualität verloren. Unsere Gemeinsamkeit liegt in der Sehnsucht nach mehr Erkenntnis und Teilnahme an einem spirituellen Leben.

Traditionelle spirituelle Praktiken fußen zwar oft auf vernünftigen spirituellen Prinzipien, ihre menschliche Umsetzung engt aber besonders Frauen oft ein. Bei dem Versuch, unsere eigene Wahrheit zu entdecken, stellen wir zuweilen fest, daß die traditionellen spirituellen Lehren und Praktiken oft nicht mit der Erfahrung unseres Selbst und unseres Lebens in Einklang zu bringen sind. Für uns Frauen stellt es einen besonderen Kampf dar, die Schwierigkeiten und Begrenzungen zu überwinden, denen wir uns in den traditionellen Religionen immer wieder gegenübersehen.

Spiritualität und Religion

Wenn wir in diesem Buch den Begriff »Religion« benutzen, meinen wir damit eine organisierte religiöse Institution, die als »Gefäß« für die jeweilige Lehre dient. Religionen können uns auch eine spirituelle Identität geben, etwa als Christin oder Jüdin, als Muslimin oder Buddhistin. Viele Menschen sind aber durch bestimmte Aspekte der traditionellen Religionen verletzt worden. Religionen wie das Christentum oder das Judentum sind patriarchalisch, und Frauen werden von ihnen eingeschränkt. Einige andere traditionelle Religionen sind weniger patriarchalisch strukturiert und schließen unsere Erfahrungen und Bedürfnisse als Frauen mehr ein. Im Gegensatz zur bewahrenden und organisierenden Funktion von Religion hat Spiritualität einen offenen Charakter. Bei ihr geht es mehr um einen Prozeß oder eine Haltung als um ein bestimmtes Ereignis. Spiritualität bezieht sich auf persönliche, innere Erfahrungen. Daher ist sie für jede und jeden von uns anders. Bei Spiritualität geht es um alles, was außergewöhnlich ist, doch gleichzeitig kann sie in ganz gewöhnlichen Momenten des Alltags erlebt werden. Hören wir zwei Frauen über ihre Spiritualität sprechen:

Spiritualität bedeutet für mich die Frage, wer ich hinter all den Masken bin, die ich im Alltag aufsetze: jener offene, verletzliche Teil in mir, der das Leben unschuldig und ehrlich betrachtet. Es ist der Augenblick, wenn ich mich dem hingebe, was ist, wenn ich mich der ergebe, die ich im Grunde meines Herzens bin.

Ellen, Geschäftsfrau, 45 Jahre

Bei meiner Spiritualität geht es um die grundlegende Verbindung zu etwas anderem, etwas, das größer ist als alles, was ich erkennen und wissen kann, eine Verbindung zur Essenz des Lebens.

Diana, Lehrerin, 37 Jahre

Durch Erfahrung zum eigenen Weg

Wir meinen, daß authentische Spiritualität sich eher auf die Erfahrung gründet als auf den Glauben. Man findet seine authentische Spiritualität, indem man lernt, der eigenen Erfahrung zu vertrauen. Eine authentische Spiritualität erfordert ein ausgeprägtes Gefühl von innerer Verbundenheit. Dabei geht es nicht um deren begriffliches Erfassen oder Intellektualisierung. Die Grundlage ist vielmehr eine tiefere Erkenntnis – ein Vertrauen in die eigenen Gefühle und Erfahrungen. Wenn Frauen gefragt werden, wie es ihnen gelingt, ihren spirituellen Erfahrungen zu vertrauen, sagen viele: »Ich weiß es einfach.« Sie beschreiben einen Prozeß des Erkennens, des Erinnerns und der Verbundenheit. Fragen wie »Woher wußtest du das?« oder »Warum fühlst du dich so?« werden mit persönlichen

Geschichten und Anekdoten beantwortet. Wenn solche Erzählungen von anderen Frauen mitempfunden oder bestätigt werden, kann es sich um eine kollektive Wahrheit handeln. Und doch steht jedes Zeugnis als persönliche Wahrheit für sich allein, ungeachtet dessen, wie häufig es von anderen geteilt wird.

Uns Frauen wurde die Aufgabe zugeteilt, den Alltag zu organisieren. Viele unserer Tätigkeiten werden von der Gesellschaft, in der wir leben, unterbewertet. Doch die Frauen, mit denen wir sprachen, fanden auch in diesen Arbeiten oft eine spirituelle Bedeutung: im Putzen, Kochen, Einkaufen und in der Kindererziehung zum Beispiel. Die gewöhnlichste und gleichzeitig ungewöhnlichste Lebenserfahrung fällt ebenfalls in den Bereich der Frau: Wir haben die Fähigkeit, neues Leben auf die Welt zu bringen.

Genauso wie wir mißverstanden und unterschätzt werden, werden wir auch von Erfahrungen ausgeschlossen, die von den traditionellen Religionen höher bewertet werden. Man verbietet uns teilweise, heilige religiöse Objekte zu berühren oder an Gebetszeremonien teilzunehmen. Trotz dieser Tendenz in vielen Religionen, Frauen auszuschließen – vielleicht auch gerade deswegen – entdecken viele Frauen ihre Spiritualität durch die direkte Erfahrung des täglichen Lebens. Wir sind davon überzeugt, daß unsere Erfahrungen wertvoll sind und ein großes Potential für spirituelles Wachstum bieten.

Emotionen

Emotionen sind die Energie und die Atmosphäre unserer spirituellen Reise. Wir nutzen unsere Emotionen gut, wenn wir uns erlauben, sie zu empfinden, und gleichzeitig genug Abstand zu ihnen wahren, um darüber entscheiden zu können, wie wir aufgrund dieser Gefühle handeln wollen. Unsere Emotionen werden so zu vertrauten Führerinnen auf unserer spirituellen Reise. Da unsere Gefühle oft eine Botschaft für uns enthalten, müssen wir lernen, diese genau zu entschlüsseln. Carol berichtet uns, wie ihre Emotionen sie auf ihrer spirituellen Reise weiterführten:

Eine Geschichte von Carol

Als ich eines Morgens auf dem Rückweg aus der Stadt zu meinem Haus war, lag ein riesiger Reiher tot auf der Straße. Ich hob ihn instinktiv auf und nahm ihn mit nach Hause. Der Vogel war für mich wie ein Geschenk, vielleicht auch ein Omen. Im Laufe des Tages saß ich immer wieder da und betrachtete sein schönes Gefieder, dachte über die Bedeutung des Todes nach und lauschte auf Botschaften, die das Tier vielleicht für mich hatte. Ich sah es niedergestreckt in seiner majestätischen Schönheit. Es war ein schönes und starkes Wesen, aber gleichzeitig auch sehr verletzlich. Ich konnte mich in dem Tier erkennen: meine eigene Kraft, aber auch meine Verletzlichkeit. Es war ein Wasservogel, der sich zu weit vom Seeufer fortgewagt hatte. Ich erkannte, daß auch ich mich zu weit von den Wassern entfernt hatte, meinen emotionalen Gewässern, meinen Gefühlen und meiner Intuition. Ich war nicht mehr in meinem Element. Die Umgebung, in der ich damals lebte, war für meine spirituelle Reise nicht förderlich. Als ich das erkannte, überflutete mich ein starkes Angstgefühl, gefolgt von Trauer. Die ganze Last meines Unglücklichseins und meiner Unzufriedenheit schien mich niederzudrücken. Mit der Traurigkeit stellt sich die Erkenntnis ein, daß meine Zeit in Oregon begrenzt war und ich bald weiterziehen würde. Der Reiher hatte mir geholfen, die Verbindung zu meinen Gefühlen und meinem spirituellen Selbst wiederherzustellen.

Seelisches Wachstum

Spirituelles und seelisches Wachstum sind eng miteinander verbunden. Die Heilung beginnt oft bei seelischen Problemen, die uns hemmen. Vielleicht erkennen wir ein Trauma aus unserer Kindheit und heilen es. Oder wir wagen es, das Leben direkter zu erfahren, ohne den Filter von Drogen und Alkohol, die uns betäuben und unseren Blick verengen. Manchmal bringt uns die seelische Heilung über das Persönliche hinaus. Wir halten inne, um zu betrachten, wie wir denken und uns verhalten, und suchen nach neuen, erfüllenderen Seinsweisen. Unsere spirituelle Seite wird lebendig. Wir fühlen uns wohl und erleben ein spirituelles Erwachen. Manchmal tun wir dies allein, manchmal sind wir aber auch froh über die Hilfe einer Therapeutin oder eines Therapeuten, einer nahestehenden Freundin oder einer Gruppe.

Es ist aber auch möglich, von einer spirituellen Herangehensweise zum Seelischen bzw. Psychologischen überzugehen. Spiritualität ist darauf ausgerichtet, die Entfremdung aufzuheben und dem unruhigen Herz durch eine innere Verbundenheit Mitgefühl und Heilung zu bringen. Doch um echtes Mitgefühl und Vergebung zu erleben, müssen wir uns mit unseren ungesunden Gedanken und Verhaltensweisen konfrontieren. Oft kann uns die Psychologie dabei helfen und läßt uns freier werden, uns der Spiritualität zu öffnen. Dieses Buch wird daher beide Aspekte – Spiritualität und Psychologie – berücksichtigen.

Die Stimmen in diesem Buch

Die Autorinnen: Dieses Buch ist aus der Freundschaft zwischen uns – Carol und Nelly – und unserem Interesse an weiblicher Spiritualität erwachsen. Es begann 1974, als wir uns in Oregon begegneten. Wir nahmen beide an einer Frauenarbeitsgruppe in einem Gemeinschafts- und Klausurzentrum teil. Unsere Reise aufs Land verlief parallel zu unserer inneren Reise. Jeder Schritt näher zur Natur führte uns näher zu unserem Selbst. Wir erkannten es damals zwar noch nicht, aber wir waren Teil einer Frauenbewegung, die sich auf den Weg zum weiblichen spirituellen Selbst machte. Wir begannen in Selbsterfahrungsgruppen über unsere einzigartigen Möglichkeiten als Frauen zu sprechen, einander zu begegnen und gemeinsam schöpferisch zu sein. Einige von uns entdeckten auch ihre Spiritualität miteinander. Dies waren Dinge, über die wir bis dahin nicht gesprochen hatten.

In den drei Jahren unseres Zusammenlebens auf dem Land erkundeten wir verschiedene spirituelle Praktiken – allein oder mit anderen. Wir tauschten unsere Erkenntnisse in Workshops mit Frauen aus, die sich auf ähnlichen Reisen der Selbstentdeckung befanden. Unsere Jahre der Arbeit und der Selbsterfahrung schufen ein festes Band zwischen uns und legten den Grundstein für eine professionelle Freundschaft und Zusammenarbeit, die seit zwanzig Jahren andauert und nun zu diesem Buch geführt hat.

Geographisch sind unsere Pfade auseinandergegangen, aber im Herzen und in der Seele gehen wir immer noch nebeneinander her, stellen die gleichen spirituellen Fragen und pflegen unser Interesse an dem, was wir nun »feministische Spiritualität« nennen. Wir standen im Laufe der Jahre regelmäßig in Kontakt, machten gemeinsame Lehrerfahrungen und gaben einander auf der spirituellen Reise Unterstützung und Rückmeldung.

Carol ist Psychotherapeutin, und sie öffnete sich erst später ihrer Spiritualität. Sie wurde im Glaubenssystem der Episkopalkirche erzogen.* Nelly, die sich anfangs zu Philosophie und Spiritualität hingezogen fühlte, verband schließlich beides in ihrer Karriere als Psychotherapeutin. Ihre Ursprungsreligion ist das Judentum. Beide sind wir gegenwärtig von einem ausgeprägten Interesse an fernöstlicher Philosophie und Buddhismus beeinflußt, weil sich deren Praktiken ebenfalls auf eine direkte Erfahrung gründen. Weil sie für sich eine Beziehung zum Göttlich-Weiblichen herstellen möchte, interessiert sich Carol außerdem sehr für Göttinnenreligionen. Durch unsere persönlichen Erfahrungen und unsere Arbeit als Lehrerinnen und Therapeutinnen wurde uns die Vernachlässigung und der Mißbrauch von Frauen in unserem Kulturkreis aufs schärfste bewußt. Als wir einander unsere Geschichten und Entdeckungen mitteilten, gelangten wir zu der Erkenntnis, daß auch die spirituelle Entwicklung von Frauen von dieser Unterdrückung betroffen ist. Wir begannen erneut, zusammen zu arbeiten, und brachten diese Gedanken in unsere Workshops ein.

Aufmerksam lauschten wir, wenn die Frauen von sich sprachen. Mit unserer Unterstützung und Ermutigung sprachen sie darüber, in wie vieler Hinsicht sie auf ihrem spirituellen Weg behindert worden waren. Wie wir vermutet hatten, bedeutete das »Erwachen« in einer von Männern beherrschten Welt oft einen schmerzhaften und verwirrenden Prozeß für sie. Die Geschichten, die wir hörten, bewegten uns tief. Trotz mangelnder Unterstützung hatten die Frauen oft

---

* Episkopalkirchen sind protestantische Kirchengemeinschaften mit bischöflicher Verfassung in Amerika und England. (Anm. d. Übers.)

ungeheure Anstrengungen unternommen, um ihren spirituellen Regungen zu folgen. Sie sprachen von tiefen Gefühlen der Freude und des Friedens und einer spirituellen Verbundenheit. Von 1986 bis 1993 interviewten wir zahlreiche Frauen und suchten nach dem gemeinsamen roten Faden, der ihre spirituellen Kindheitserfahrungen und ihre spirituellen Erfahrungen als Erwachsene miteinander verband. Diese Frauen haben ihre Geschichten freimütig mitgeteilt. Die Interviews regten das Modell einer spirituellen Erneuerung an, das den Kern dieses Buches bildet.

Eine Geschichte von Nelly

Ich erinnere mich genau daran, wie mir Carol von dem buddhistischen Klausurzentrum erzählte, das von einer Lehrerin, Ruth Denison, geleitet wurde. Ich wußte, daß in diesem Zentrum etwas Wichtiges mit Carol passiert war. Wenn sie davon sprach, schien es, als sei ihr Bewußtsein von einer größeren Ruhe und mehr Tiefe geprägt.

Ich hatte mit der Zeit Respekt für Carols spirituelle Reise entwickelt. Sie schien sich dem Prozeß ihrer Spiritualität hingebungsvoll und beständig zu widmen, und sie teilte uns ihre Einsichten großzügig, aber nie auf selbstbezogene Weise mit. Am wichtigsten aber war, daß ich ganz auf ihre spirituelle Integrität vertraute – und das ist für mich eine Menge, denn ich liebe meine Unabhängigkeit und bin spirituell eher eine Einzelgängerin. Meine Mutter hatte mir immer eindringlich geraten, niemals blindlings einer Denkweise oder einem Menschen zu vertrauen. Zu meinem jüdischen Erbe gehörte auch eine Menge Angst und Reserviertheit, besonders vor religiösen Eiferern, die ihren Glauben als den einzigen und besten darstellen. Durch mein feministisches Bewußtsein besaß ich zusätzlich eine gesunde Dosis Vorsicht hinsichtlich männlich beherrschter Religionen. Doch trotz alledem wollte ich etwas von dem finden, was Carol in dem buddhistischen Meditationszentrum entdeckt zu haben schien.

Die Themen Meditation und Buddhismus hatten in mir schon immer starke Gefühle ausgelöst – es war aber eher eine Haßliebe gegenüber dem, was ich für Meditation hielt. Schon die Vorstellung, meinen Verstand »abzuschalten«, machte mich wütend, vermutlich, weil ich das für ein Ding der Unmöglichkeit hielt. Mein Selbstwertgefühl und meine jüdische Identität beruhten auf meiner Fähigkeit, kritisch, analytisch und strategisch zu denken. Außerdem war ich als Frau lange genug zum Schweigen gebracht worden. Ich hing an meinen Ideen. Doch meine Gedanken ließen sich nicht beruhigen, und ich spürte, daß die inneren Diskussionen mich davon abhielten, das Leben tatsächlich zu erfahren. Ich erinnerte mich, daß meine Mutter über fernöstliche Religionen gesprochen hatte, als ich noch klein war. Vorstellungen wie etwa von der Reinkarnation hatten mich schon immer fasziniert. Vielleicht hatte Carol einen Weg gefunden, der für mich sicher genug war, dieser Faszination nachzugehen.

Vielleicht konnte auch ich die Ruhe und Einsicht erlangen, die Carol anscheinend für sich gefunden hatte.

Meine erste Meditationsklausur stellte sich als das beeindruckendste Erlebnis meines ganzen Lebens heraus – wunderbar und schwer zugleich. Ich konfrontierte mich mit meinen Gedankenmustern, ohne mir den Luxus einer Ablenkung zu gönnen. Ich sah, wie furchtbar hart ich mich immer wieder selbst antrieb. An einem Punkt aber ging ich über den schmerzhaften Kern meines inneren Kampfes hinaus und sah eine neue Vision der Welt rings um mich. In einer blitzartigen Erkenntnis ergab das ganze Leben einen Sinn für mich. Es gab ein universales Muster, einen Plan, mit dem ich unauflöslich verbunden war. Ich finde keine Worte, um dieses Erlebnis genau auszudrücken. Ich war anschließend wie umgewandelt, und mein spiritueller Pfad lag nun deutlich vor mir.

Eine Geschichte von Carol

Ich sehe Nelly mit entschlossenem Blick vor ihrem Altar auf dem Boden sitzen. Jeden Morgen sitzt sie da und starrt auf ihre Tarotkarten, studiert die Kabbala und den Lebensbaum. Die Sonne scheint durch die Fenster auf die Teufelskarte, die Nelly heute betrachtet. Ich spüre, wie ernst ihre Absicht ist, wie tief und gründlich sie über dieses Bild nachdenkt. Ich hoffe, das Studium des Tarot hilft ihr, dem Leben einen Sinn zu geben, denn so ist es mir damit gegangen. Ich lernte das Tarot 1971 von Mary kennen, einer Klientin in dem Drogen-Therapiezentrum für Jugendliche, in dem ich damals als Therapeutin arbeitete. Mary bot mir an, das Tarot für mich zu deuten. Ich betrachtete das als eine Chance, Vertrauen zwischen diesem Teenager und mir zu schaffen und Einsichten in ihre Probleme zu erlangen. Als sie die Karten ausbreitete, stellte ich stumm eine Frage nach dem Mann, mit dem ich damals zusammen war, und nach der Zukunft unserer Beziehung. Die Diskussion der Bilder stellte sich als sehr hilfreich heraus, um meine Klientin besser zu verstehen.

Doch unerwarteterweise erlangte ich auch Einsichten in mein eigenes Dilemma. Es schien, als sprächen die Karten meine Probleme in der Beziehung direkt an. Danach arbeitete ich öfter mit den Tarotkarten. Im Laufe der nächsten Monate erkannte ich, daß das Tarot ein Instrument war, das mir half, meine Kindheitsneigung zu verstehen und wertzuschätzen, »meiner Ahnung zu vertrauen«. Die Karten boten mir ein System, um meine intuitiven Botschaften überprüfen und tiefer in Situationen einzudringen. Die Bilder wurden zu Gefäßen für meine manchmal vagen oder widersprüchlichen Eingebungen. Sie beleuchteten das Leben für mich, waren Fenster in die Zukunft. Wenn ich in einer Situation ein bestimmtes Gefühl hatte, zog ich eine beliebige Karte und betrachtete das Symbol. Dann schienen die Einsichten in meinem Kopf nur so an die Oberfläche zu schweben. Als ich mir selbst mehr vertraute, lernte ich auch, nach meinen Eingebungen zu handeln. Bis heute ist das Tarot ein wichtiges spirituelles Instrument in meinem Leben.

Ich habe immer noch das alte Spiel, das ich am Tag nach meiner Sitzung mit Mary gekauft hatte, vor nun mehr als zwanzig Jahren.

In jenen Tagen in Oregon interessierten sich Nelly und ich beide für das Tarot. Unsere Ursprungsreligionen und unsere spirituellen Hintergründe waren zwar sehr unterschiedlich, aber das Interesse am Tarot verband uns. Wir lernten, einander zu befragen und spirituelle Einsichten auszutauschen, die wir aus den Karten gewannen. Nelly vertraute mir. Sie half mir, meine Intuition als Grundlage zu benutzen.

Andere Stimmen in diesem Buch

Dieses Buch ist aus den Lebenserfahrungen von Hunderten von Frauen hervorgegangen. Sie wurden von uns in Interviews und anderen Gesprächen über einen Zeitraum von sieben Jahren hinweg zusammengetragen. Bei diesem Zuhören erkannten wir das Leid der Frauen, die sich in den traditionellen Religionen zum Schweigen gebracht und unterschätzt fühlten, die den Kontakt zu ihrem spirituellen Selbst verloren hatten. Die Frauen sehnten sich danach, in Verbindung mit diesem inneren Selbst und mit der Welt um sie herum zu treten – es war immer wieder die Suche einer Seele nach einer anderen. Diese Geschichten regten uns an, dieses Buch zu schreiben.

Sie werden in den folgenden Kapiteln an vielen Stellen authentische Berichte dieser Frauen lesen, sie teilen uns darin ihre Erinnerungen mit und äußern ihre spirituellen Wahrheiten. Viele hatten noch nie ihre eigene Geschichte erzählt; ihre Weisheit war noch nie anerkannt worden. Nutzen Sie die Worte und Erfahrungen dieser anderen Frauen, um sich ihrer eigenen spirituellen Geschichte bewußt zu werden.

Ihre eigene Stimme

Der Prozeß der spirituellen Erneuerung ist ein aktiver; er erfordert Selbstbeobachtung und Reflexion sowie ein Interesse dafür, den Blick nach innen zu richten. Sie werden feststellen, daß die von uns angebotenen Übungen diesen Prozeß erleichtern. Benutzen Sie die Übungen wie einen Spiegel, um Teile Ihres Selbst wiederzugeben, die Sie selbst noch nicht deutlich erkannt haben. Es gibt verschiedene Arten von Übungen: Wählen Sie diejenigen aus, zu denen Sie sich hingezogen fühlen. Vielleicht wollen Sie alle durchführen oder nur vereinzelt eine ausprobieren. Vielleicht möchten Sie die Übungen in einer anderen Reihenfolge durchführen, vielleicht kehren Sie auch öfter als einmal zu einer bestimmten zurück. In manchen Übungen schlagen wir vor, daß Sie ihr Verhalten ändern oder aktiv in die Welt eingreifen. Spiritualität ist zwar in unserem Innenleben verwurzelt, aber es ist unabdingbar, sie in tägliche Interaktionen, in unsere Beziehungen und die Arbeit einzubringen. Hier werden unsere Visionen und Überzeugungen auf die Probe gestellt – und hier können wir dafür Unterstützung finden. Je mehr Sie Ihre Spiritualität aktivieren, um so mehr »er-mächtigen« Sie sich selbst.

Möglicherweise fühlen Sie sich mit dem eigenen Leben unverbunden, von Ihrem spirituellen Selbst abgespalten. Dieses Buch kann Ihnen helfen, solche Entfremdungsgefühle zu überwinden, die sich vielleicht in Ihr Herz geschlichen haben. Benutzen Sie es als Leitfaden auf dem Weg zum spirituellen Selbst. Beim Durchgehen der Übungen stellen Sie wieder eine Verbindung zwischen den Fragmenten ihrer Spiritualität her. Als Leiterin Ihrer eigenen Reise werden Sie die spirituellen Aktivitäten für sich auswählen, die Sie vorwärtsbringen. Benutzen Sie die Übungen auch, um Ihren Prozeß auszuwerten. Sie probieren wahrscheinlich verschiedene Methoden aus, wie Meditation, Phantasiereisen oder die Schöpfung von Ritualen. All diese Methoden bieten Ihnen Wege, über die Sie zu sich selbst gelangen, und Fenster, durch die Sie Ihre eigene Reise beobachten können.

Beim Betreten des spirituellen Reichs werden Sie ein Bedürfnis nach Sicherheit und Unterstützung empfinden. Die Anekdoten und Berichte von Frauen auf ihrer spirituellen Reise bieten Ihnen einen Spiegel für die eigenen Erfahrungen. Wir diskutieren mögliche Hindernisse und Fallstricke auf diesem Weg und schlagen Sicherheitsmaßnahmen vor. Sie finden auch viele Vorschläge, wie Sie Ihr Vorwärtskommen unterstützen und sich den ganzen Weg über sicher fühlen können.

Das Buch war für uns beide eine Herausforderung, gleichzeitig aber auch eine wertvolle Heilerfahrung. Wir bieten es Ihnen als Herausforderung und als Geschenk an. Wir bestätigen die Kraft und Schönheit weiblicher Erfahrung und wünschen Ihnen auf dem Weg der spirituellen Erneuerung alles Gute.

Solide Grundlagen

Am Beginn unserer Heilungsreise ist es hilfreich, grundlegende Übungen zur Hand zu haben, denen wir vertrauen, die für uns funktionieren und auf die wir immer wieder zurückgreifen können. Wie können wir angesichts so vieler verschiedener spiritueller Pfade und Disziplinen, so zahlreicher Werkzeuge und Praktiken wissen, was für uns am besten ist und was unangebracht und sogar schädlich? Wohl jede und jeder fühlt sich bei dem Versuch, die eigene Spiritualität zu entdecken, manchmal verwirrt und überwältigt. Um richtige Entscheidungen zu treffen und auf dem gewählten Weg einigermaßen rasch und angenehm voranzukommen, brauchen wir solide Grundlagen – sozusagen das richtige Schuhwerk.

Wir wollen einen Weg gehen, der unterstützt und fördert, was und wer wir sind, einen Weg, der zu unseren individuellen Interessen und Neigungen paßt. Und wir wollen diesen Weg mit beiden Beinen auf dem Boden gehen, in Kontakt mit der Erde und der Realität.

Die Entwicklung dieser soliden Grundlagen bedeutet, daß wir uns um uns selbst kümmern müssen. Wir müssen uns selbst kennenlernen und Wege finden, mit dieser »Er-kenntnis« in Kontakt zu bleiben. Es geht auch darum, einen sicheren Raum und sichere Übungen für uns zu finden. Wir müssen festlegen, wieviel Struktur und Disziplin uns hilft und wieviel davon uns hemmt. Es geht aber auch darum, welche Unterstützung wir brauchen und wie wir uns einen zuverlässigen Ort schaffen, an den wir immer wieder zurückkehren können, auch wenn wir uns auf einer Reise befinden.

Selbsterkenntnis

Wenn ich mich mit etwas Spirituellem beschäftige, werde ich immer völlig verwirrt von all den Ideen, Philosophien und auch dem Charisma der Leitfiguren. Irgendwie vergesse ich mich dann selbst. Es ist, als würde ich verschluckt und von einer großen Welle der spirituellen Begeisterung davongetragen. Dabei fühle ich mich manchmal wunderbar, aber später meist leer, als hätte ich mich selbst in dem Ganzen irgendwie vergessen.

Landwirtschaftsstudentin, 24 Jahre

Bei jeder Reise – auch auf der Reise zu sich selbst – kann man leicht die Orientierung verlieren. Es ist leicht, sich selbst zu verlieren. Schauen wir uns daher zunächst einmal ein paar grundlegende Hilfsmittel und Übungen an, die uns helfen, uns mit unserem Selbst zu verbinden und uns selbst besser kennenzulernen.

Sie möchten sich an dieser Stelle vielleicht ein wenig Zeit nehmen und diese Hilfsmittel und Übungen sorgfältig durchgehen. Vielleicht möchten Sie begreifen, wie Sie funktionieren und mit ihnen herumexperimentieren. Die folgenden Hilfsmittel und Übungen werden Ihnen an jedem Punkt Ihrer Reise von Nutzen sein. Manchmal empfehlen wir die eine oder andere Methode oder Übung, an anderen Stellen verspüren Sie vielleicht selbst das Bedürfnis danach.

Einige der vorgeschlagenen Übungen und Hilfen wirken wahrscheinlich sofort vertraut und angenehm auf Sie, andere hingegen erscheinen Ihnen eher als Herausforderung. Je öfter Sie die Übungen durchführen, desto klarer sehen Sie, welche sich am besten für Sie eignen.

Sich erden

Eine ausgezeichnete Methode, sich auf der gesamten spirituellen Reise sicher zu fühlen, ist die Verankerung. Das bedeutet, daß Sie mit Ihrem Körper verbunden und durch Ihren Körper mit der Erde verhaftet sind. Verankerung heißt, so stark und so bewußt wie möglich in der Gegenwart präsent zu sein. Es bedeutet aber auch, für sich selbst und andere Verantwortung zu übernehmen. Meditationen zur Erdung sind nützliche spirituelle Hilfen. Man kann sie einsetzen, um sich zu entspannen, sich zu trösten oder um mit sich selbst ins reine zu kommen. Diese Meditationen sind besonders wirksam, wenn man sich verwirrt und desorientiert fühlt.

ÜBUNG

Meditationen zur Erdung

Wir bieten Ihnen drei verschiedene Methoden zur Erdung an. Jede betont einen anderen Aspekt. Suchen Sie sich diejenige aus, die Ihnen am angenehmsten erscheint, und üben Sie sie, damit Sie sie auf der Reise zum Einsatz bringen können, wenn Ihnen danach zumute ist.

Meditation 1: In den Armen von Mutter Erde

Diese Meditation bringt uns zurück zu der Erfahrung, von der Erde gestützt zu werden. Wir ruhen unser ganzes Leben lang auf ihrer Oberfläche, vergessen aber oft, welche beständige Quelle des Trostes und der Sicherheit sie darstellt. Sie ist schließlich unsere Mutter – und letztendlich unsere Heimat. Wenn wir diese

Wahrheit in unseren Gedanken und unserem Körper anerkennen, erlauben wir uns, die Liebe und Unterstützung anzunehmen, die sie uns bietet. Atmen Sie langsam dreimal tief ein und aus. Während Sie tief weiteratmen, achten Sie auf den sanften Druck der Schwerkraft in Ihrem Körper, der Sie auf der Erdoberfläche verhaftet hält. Entspannen Sie sich, und fühlen Sie sich gehalten. Achten Sie auf den Druck Ihres Körpers, wo er die Erdoberfläche berührt. Spüren Sie die Erde unter sich. Beim Ausatmen lassen Sie alle unnötigen Gedanken und Gefühle los, die sich in Ihnen angesammelt haben. Sie sind zu Hause. Sie sind sicher. Empfinden Sie Ihren Körper vom Kopf bis zu den Zehenspitzen. Lassen Sie sich von der Erde halten. Fühlen Sie, wie sie Sie unterstützt. Entspannen Sie sich in ihrer Umarmung immer mehr. Öffnen Sie Ihr Herz in Dankbarkeit.

Meditation 2: Ich bin mein Atem

Die Konzentration auf den Atem wird in vielen spirituellen Disziplinen betont. Hier wird sie als Übung angeboten, um in Kontakt mit dem Körper auf der Grundlage der Lebenskraft zu treten. Der Atem betritt den Körper, gibt den lebenspendenden Sauerstoff frei, nimmt den Stickstoff auf und gibt beim Ausatmen Energie an die Umgebung zurück. Diese Atemmeditation zielt darauf ab, uns zu uns selbst und zur Grundwahrheit unserer Existenz zurückzuführen, zu dem Punkt, wo wir wirklich wir selbst sind.

Achten Sie darauf, wie sich Ihr Brustkorb hebt und senkt. Halten Sie Ihr Bewußtsein auf Ihren Brustkorb gerichtet, und folgen Sie den Bewegungen Ihres Atems, dem Einatmen und dem Ausatmen. Wenn Ihre Gedanken abschweifen, leiten Sie sie sanft zurück. Zwingen Sie den Atem nicht, beobachten Sie ihn nur. Atmen Sie ganz natürlich. Erkennen Sie, daß wir kooperativ handeln und mit dieser einfachen Handlung des Atmens einen Austausch mit allem Leben auf dem Planeten vollziehen. Spüren Sie immer wieder, wie Ihr Brustkorb sich hebt und senkt. Öffnen Sie Ihr Herz allen Lebewesen in Dankbarkeit.

Meditation 3: Zum Baum werden

Die Natur bietet uns viele Beispiele für Ausgeglichenheit und Perfektion. Wenn wir vom Baum lernen, können wir ein Gleichgewicht mit uns selbst und eine angemessene Beziehung zur Welt erlangen. Bei dieser Meditation üben wir, fest mit beiden Beinen auf der Erde zu stehen und gleichzeitig zuversichtlich und stark nach dem Himmel zu greifen.

Werden Sie zu einem fest verwurzelten Baum. Spüren Sie, wie Ihre Wurzeln tief in den Boden reichen. Folgen Sie ihnen in Gedanken. Spüren Sie, wie Ihre Äste hoch in den Himmel reichen. Seien Sie ein Baum, der fest in der Erde verwurzelt ist und den Himmel berührt. Erkennen Sie die Schönheit und Zufriedenheit in sich selbst, indem sie sicher stehen.

Fragen stellen

Unsere Spiritualität wird manchmal am besten gefördert, wenn wir uns die richtigen Fragen stellen, statt uns auf die Suche nach Antworten zu konzentrieren. Antworten verändern sich oft mit Reife, innerem Wachstum und Transformation, aber die Fragen bleiben in der Regel dieselben. Wir haben festgestellt, daß die richtigen Fragen zur richtigen Zeit manchmal unersetzbar sind. Das ganze Buch hindurch werden wir Fragen stellen, die auch für uns nützlich waren, Fragen, die Frauen heute nach ihrer Spiritualität stellen. Wir schlagen Ihnen außerdem Methoden vor, wie Sie die Antworten finden, die für Sie richtig sind.

Kernfragen

Hier ein paar Fragen, die Sie sich vielleicht am Anfang einer spirituellen Reise oder unterwegs stellen sollten:

Wo bin ich auf meiner spirituellen Reise?

Wie komme ich voran?

Komme ich in gutem Tempo weiter?

Welche Risiken gehe ich ein?

Sind meine Erwartungen realistisch?

Kontemplationen

Die Kontemplation ist eine spirituelle Methode, die Ihnen hilft, tief in sich hineinzutauchen, um Ihre authentischen Reaktionen auf Fragen zu finden und um darüber hinausgehende Informationen zu erhalten. Man kann Fragen, Ideen und auch Bilder kontemplativ betrachten. Lassen Sie eine Frage sich in Ihren Gedanken entfalten. Wenn Sie sich verlieren oder abgelenkt werden, kehren Sie zur Ursprungsfrage, zur Idee oder dem Symbol hinter der Frage zurück.

Stellen Sie sich vor, Ihre ursprüngliche Idee, ihr Anfangspunkt, ist ein Baumstamm. Beginnen Sie damit, an diesem Stamm emporzuklettern, und erlauben Sie sich dann, den gesamten Baum zu erkunden. Klettern Sie hinaus auf die Äste. Je weiter Sie sich auf einem Ast vom Stamm entfernen, desto schwächer wird er. Ihre Ideen werden weniger mächtig, weniger zuverlässig, wenn Sie sich zu weit von der Kernfrage oder der Idee wegbewegen, über die Sie nachdenken wollten. Wenn Ihre Gedanken zu weit abschweifen, führen Sie sie zurück zum Stamm, zur ursprünglichen Idee. Kontemplation kann sehr entspannend wirken. Es ist ein sanftes Sich-Öffnen für das Unbekannte. Üben Sie sich darin. Es ist eine ausgezeichnete Methode, sich selbst kennenzulernen.

Phantasiereisen

In den meisten Kulturen der Geschichte haben Menschen Phantasievorstellungen benutzt, um sich neue Bereiche der Psyche zu erschließen. Diese spirituelle Technik bedeutet, im entspannten Wachzustand bewußt traumartige Bilder zu erzeugen. Wir ziehen die Macht der Phantasie heran, um uns Bilder und Geschichten vorzustellen. Beim Erzeugen dieser Bilder decken wir gleichzeitig Gedanken und Gefühle auf, die tief in uns vergraben sind. Bei angeleiteten Phantasien wird Ihnen von einer anderen Person ein allgemeines Bild vorgeschlagen. Trotz der Anleitung ist aber das Bild, das daraufhin in Ihnen entsteht, einzigartig und hat für Sie eine ganz bestimmte Bedeutung.

Stellen Sie sich zum Beispiel einen Halbmond vor (je nach Belieben können Sie bei einer solchen Phantasiereise die Augen schließen). Wie sieht er aus? Welche Farbe hat er? Wie sehen Sie den Himmel, der ihn umgibt? Dies ist Ihr eigener Halbmond. Um das Bild zu vervollständigen, können Sie auch die anderen Sinne einbeziehen. Wird Ihr Bild von Geräuschen oder Düften begleitet? Hat Ihr Bild eine Struktur? Können Sie das Bild noch weiter entwickeln und mit klareren, deutlicheren Einzelheiten anreichern? Je weiter Sie ein Bild entwickeln, um so mehr sagt es Ihnen über Sie selbst und um so stärker regt es Sie an und verändert Sie. Wir werden an einigen Stellen in diesem Arbeitsbuch Bilder vorschlagen, auf die Sie sich konzentrieren können. Manchmal werden Sie auch eigene entwickeln. Manche sind leicht verständlich, andere wirken vielleicht flüchtig und sind schwer zu verstehen oder einzuordnen. Es ist nicht nötig, daß Sie die Symbolik sofort begreifen, um die Erkenntnisse zu gewinnen und die Heilung zu erlangen, die in Ihnen verborgen liegen.

Ein spirituelles Reisetagebuch

Beim Fortschreiten auf Ihrer Reise können Sie sich ein spirituelles Reisetagebuch anlegen, um Ihre Fortschritte festzuhalten. Ein Tagebuch kann wie ein Standfoto oder eine Zoomlinse wirken: Sie werden damit zur Zeugin Ihres eigenen Heilungsprozesses, Ihrer Gefühle und Reaktionen. Wenn Sie später Ihr spirituelles Tagebuch lesen, erfahren Sie möglicherweise das Erlebte noch einmal:

ÜBUNG

Das Anlegen eines spirituellen Tagebuchs

Beginnen Sie, ein spirituelles Tagebuch, ein Notizbuch oder auch eine Art Album zu führen, um Erinnerungen aufzuzeichnen und Augenblicke auf Ihrer spirituellen Heilungsreise festzuhalten. Arbeiten Sie in Ihrem Tagebuch an den in diesem Buch vorgeschlagenen Übungen. Suchen Sie Ihr Tagebuch in Papier und Art nach Ihrem Geschmack und nach der Form aus, in der Sie sich am besten ausdrücken können. Vielleicht lassen Sie Platz für Zeichnungen und Fotos oder andere bedeutungsvolle Bilder, die Sie entdecken.

Das freie Schreiben

Das freie Schreiben ist, wie die Phantasiereise, eine Technik, die Ihnen hilft, Gedanken und Bilder aus Ihrem inneren Bewußtsein aufzudecken. Bei dieser Methode, die manchmal auch »assoziatives Schreiben« genannt wird, bringt man zu Papier, was immer einer oder einem in den Sinn kommt. An manchen Stellen in diesem Handbuch werden wir Sie bitten, in freier Form verschiedene Gedanken und Bilder auf Ihrer Heilungsreise zu beschreiben. Dieser Prozeß hilft Ihnen, neue, unzensierte Gedanken zu finden, die aus tieferen Erkenntnisschichten hochsteigen. Der Schlüssel zum freien Schreiben liegt darin, das aufzuzeichnen, was Ihnen in den Sinn kommt, ohne es vorher zu zensieren. Lassen Sie den Stift frei über die Seiten gleiten. Verändern Sie nichts, radieren Sie nichts aus, und bearbeiten Sie die Texte auch nicht. Machen Sie sich keine Gedanken über grammatisch perfekte Sätze. Denken Sie daran, daß diese Sätze nur für Sie selbst bestimmt sind. Sie sollten vor jedem Mal festlegen, wie lange Sie frei schreiben wollen. Anfänglich ist es am besten, es bei jeweils fünf Minuten zu belassen.

ÜBUNG

Übung in freiem Schreiben: Was ist Spiritualität?

Bei dieser Übung werden Sie in Kontakt mit Ihrem inneren Verständnis von Spiritualität kommen, indem Sie frei schreiben.

Reagieren Sie auf die Frage: Was ist für Sie Spiritualität? Zeichnen Sie ein Bild in Worten davon. Schreiben Sie so rasch wie möglich, und redigieren Sie nichts. Lassen Sie einfach Ihren Gedanken freien Lauf. Es ist in Ordnung, den gleichen Gedanken mehrfach zu wiederholen, aber lesen Sie nichts durch und schreiben Sie nichts neu. Unterbrechen Sie den Schreibvorgang nicht.

Anfangs schreiben Sie fünf Minuten lang. Dann brechen Sie ab. Anschließend wiederholen Sie den Prozeß. Das führen Sie dreimal durch.

Als nächstes nehmen Sie sich ein paar Augenblicke Zeit zur Integration und lesen, was Sie beim Schreiben aufgedeckt haben. Dann versuchen Sie, Ihre Hauptgedanken in ein paar Sätzen zusammenzufassen. Schließen Sie mit einem Dank für die neuen Informationen oder Einsichten, die Sie gewonnen haben.

Hilfreiche Tips für die Reise

Wenn wir einen neuen Weg beschreiten, helfen uns oft die Erfahrungen anderer, die ihn zuvor eingeschlagen haben. Wir gewinnen einen festeren Halt, wenn wir in den Fußstapfen derjenigen wandern, die ein ähnliches Terrain betreten haben. Mit diesem Hintergedanken möchten wir drei wichtige Aspekte herausstellen, die bei der spirituellen Heilungsreise immer wieder eine Rolle spielen. Der erste ist das Bedürfnis, sich einen sicheren, angenehmen Raum für die spirituelle Praxis und die Aktivitäten zur inneren Heilung zu schaffen. Das kann eine Herausforderung darstellen. Der nächste Aspekt beinhaltet die Themen Struktur und Disziplin und die Frage, wie diese den spirituellen Fortschritt unterstützen oder ihn hemmen können. Und schließlich ist es das höchst wichtige Bedürfnis nach Unterstützung – wo wir sie unterwegs finden und wie wir sie am besten nutzen.

Der spirituelle Raum

Da unser Verstand genauso wie unsere Seele von unserer Umgebung stark beeinflußt werden, ist es wichtig, sich einen eigenen spirituellen Raum zu schaffen. Viele Menschen widmen einen bestimmten Ort in ihrem Haus ihren spirituellen Tätigkeiten: eine ruhige Ecke, einen Altar, ein Meditationszimmer. Am wichtigsten ist, daß man sich dort wohl fühlt. Wenn Sie sich einen schönen Raum einrichten, an dem Sie sich spirituell betätigen, geben Sie sich damit die Möglichkeit, Ihre eigenen Absichten zu ehren. Sie erzeugen eine Atmosphäre, in der die spirituelle Energie leichter und kräftiger fließt. Sie stellen vielleicht fest, daß Sie sich zu diesem Ort hingezogen fühlen, zu den Farben und Objekten, die Sie dort aufgestellt haben. Manche Frauen erzählten, daß schon ein Blick in die Richtung Ihres spirituellen Ortes in Ihnen ein Gefühl von Zufriedenheit auslöste. Wenn unsere Erfahrungen angenehm sind, wollen wir sie wiederholen. Schaffen Sie sich einen schönen Ort zum Üben, und Sie werden feststellen, daß Sie sich oft dorthin gezogen fühlen.

Wenn wir uns einen spirituellen Raum schaffen, werden wir von Schönheit geleitet, aber auch von Ordnung. In einer schönen, geordneten Umgebung herrscht eine Atmosphäre der Ruhe, und unser Verstand und unser Herz können entspannen. Manche Menschen fühlen sich vielleicht in einer Atmosphäre von kreativem Chaos wohl, aber die meisten Frauen, mit denen wir sprachen, zogen eine ordentliche Umgebung vor, um zu üben, zu beten oder zu meditieren. Das Aufräumen unseres spirituellen Raums beruhigt unsere Gedanken und trägt zu einem allgemeinen Gefühl von Friedlichkeit bei; es hilft uns, weniger ängstlich, weniger zerstreut und unruhig zu sein, wenn wir uns spirituell betätigen.

Eine Zeitlang benutzte ich meinen Altar auch als Schreibtisch. Ich stellte Blumen darauf und meine schöne Statue von Quan Yin, aber ich schrieb auch Schecks dort aus und bezahlte Rechnungen. Ich fand, es half mir, ruhiger zu sein, wenn ich dort arbeitete, aber manchmal ließ ich Papiere, Stifte, meine Teetasse und anderes verstreut auf meinem Altar liegen. Wenn ich dann später zum Meditieren kam, fühlte ich mich nicht wohl. Indem ich nicht hinter mir aufgeräumt hatte, hatte ich meine Energie vergeudet. Es war, als hätte ich meinen Raum und seine Heiligkeit irgendwie nicht genügend respektiert.

Nia, Bürovorsteherin, 29 Jahre

Es ist wichtig, wo wir unseren spirituellen Ort einrichten. Bedenken Sie zum Beispiel, wie ungestört Sie sein möchten. Ein paar Frauen hatten das Gefühl, einen Fehler gemacht zu haben, als sie sich ihren spirituellen Ort mitten im Wohnzimmer einrichteten. Er wirkte zwar auf Ihre Freundinnen sehr anziehend und schön, aber er bot nicht die nötige Ungestörtheit. Wenn sie versuchten, in Kontakt zu sich selbst zu treten, fühlten sie sich immer wieder abgelenkt und unterbrochen. Eine andere Frau, die sich nahe ihrem Hauseingang eine Meditationsecke eingerichtet hatte, stellte fest, daß sie wie ein spiritueller Türhüter wirkte, den alle Bekannten und Angehörige jedesmal passieren mußten, wenn sie ins Haus kamen. Jedesmal empfing sie von ihnen einen Segen und gute Energien. Eine Frau erzählte uns, sie habe ihren Altar im Schlafzimmer eingerichtet, um ungestört zu sein, aber sie mußte ihn dann doch verlegen. Sie teilte das Schlafzimmer mit ihrem Mann, und obwohl er nie zu Hause war, wenn sie sich dort aufhielt, fühlte sie seine Präsenz doch zu stark in diesem Raum.

Bei der Wahl eines spirituellen Ortes sollten wir uns darüber klar werden, was wir dort tun wollen: meditieren, beten, singen, schreiben, lesen oder tanzen. Unsere Praktiken beeinflussen die Entscheidung. Für manche Frauen sieht ein spiritueller Ort ähnlich aus wie ein Studierzimmer: Bücher, Schreibpapier, Stifte und so weiter sind für ihre Praktiken wichtig. Für andere dient ein Platz am Boden mit einem Kissen oder eine freie Fläche mit ein paar Pflanzen und ein paar wichtigen spirituellen Objekten dem Zweck besser.

Viele Menschen gehen hinaus in die freie Natur, auf der Suche nach einem spirituellen Raum, wo sie beten wollen. Solche Orte stehen uns zwar nicht Tag für Tag zur Verfügung, viele Frauen haben ihre Altäre trotzdem im Freien errichtet.

Beim Zelten mit meinen Kindern sorge ich immer dafür, daß ich Gelegenheit habe, allein in den Wald zu gehen. Dort suche ich nach einer besonderen Stelle, einem Energieflecken, den ich dann für die Dauer meines Aufenthalts zu meinem spirituellen Ort mache. Ich gehe jeden Tag mindestens einmal dorthin, um zu beten oder einfach in der Schönheit und heilenden Kraft der Natur zu sitzen. Manchmal nehme ich einen Stein oder einen Zweig von diesem Ort für meinen Altar zu Hause mit.

Adele, Ärztin, 41 Jahre

Einen spirituellen Raum schaffen

Mit dieser Übung beginnen Sie, sich einen eigenen spirituellen Raum zu schaffen. Wenn Sie bereits einen solchen Platz haben, benutzen Sie die Übung, um zu erkunden, ob Sie diesen verbessern oder irgendwie verändern wollen.

Denken Sie über die folgenden Fragen nach, und machen Sie sich, falls nötig, dabei Aufzeichnungen:

– Was möchte ich an meinem spirituellen Ort tun?
– Wieviel Platz brauche ich für diese Aktivität? Welche Art von Raum wäre am besten geeignet?
– Wie ungestört möchte ich sein?

Nun phantasieren Sie ein paar Minuten lang über Ihren idealen spirituellen Ort. Schreiben Sie alles auf, was Ihnen dabei in den Sinn kommt. Wenn Sie fertig sind, betrachten Sie die Beschreibung. Welche Elemente Ihres spirituellen Raums sind nicht zu verwirklichen? Beurteilen Sie, was im Moment möglich ist, und stellen Sie einen Plan auf, um den Raum für sich zu schaffen. Überlegen Sie, wie Sie möglicherweise fehlende Elemente in der Zukunft einfügen können. Denken Sie daran, daß Sie den Ort jederzeit ändern können, wenn er nicht richtig für Sie zu sein scheint. Im Moment beginnen Sie erst den Prozeß, sich einen sicheren und angenehmen Ort für Ihre spirituellen Praktiken zu schaffen.

Man kann sich auch einen sicheren, besonderen Platz schaffen, indem man seine Umgebung segnet. Segnen ist ein Akt, mit dem man eine Situation sicher und zu etwas Besonderem macht. Das kann jederzeit und an jedem Ort geschehen. Eine schöne, förderliche Umgebung wird durch einen Segen nur verbessert; eine chaotische Umgebung kann durch einen Segen funktional oder sogar unterstützend werden. Frauen, die dies praktizieren, fühlen oft, daß sich die Energien in ihnen und anderen Anwesenden ändern, wenn sie einen Segen vollziehen. Segnungen können auch schützend wirken. Oft wird das Heim gesegnet. Man kann heilige Bilder benutzen, um das Haus zu segnen und zu schützen, oder man hängt Kräuter darin auf, um es zu segnen. Segen und Schutz können auch von Tieren ausgehen. Frauen, die sich ihren Haustieren verbunden fühlen, erleben sie als Segen für das Haus, das sie mit ihnen bewohnen. Lassen wir einige Frauen über ihre Segnungen und deren positive Wirkungen in ihrem Leben berichten:

Letztes Jahr habe ich mein erstes eigenes Haus gekauft. Daneben steht ein großer Mammutbaum, auf dessen Spitze nachts eine Eule hockt. Wenn ich sie rufen höre, weiß ich, daß sie zu mir spricht und mir sagt, sie sei da, um mich zu beschützen. Dann kann ich ruhig schlafen. Sie ist für mich wie eine Wächterin, die meine Träume segnet. Kurz nachdem ich sie entdeckt hatte, ging ich in eine Ausstellung mit wunderschönen afrikanischen Steinskulpturen. Darunter befand sich auch eine besonders ausdrucksvolle Eule. Sie kostete zwar mehr, als ich mir leisten konnte, aber ich habe sie trotzdem gekauft. Nun sitzt sie auf meinem Regal als Tribut an meine Beschützereule, als Ausdruck meiner Dankbarkeit ihr gegenüber.

Filmemacherin, 53 Jahre

Als ich noch klein war, haben meine Eltern vor dem Essen immer gebetet. Ich habe nie begriffen, was da vor sich ging, aber heute, als Erwachsene, möchte ich manchmal gern die Mahlzeiten ehren, zu denen mein Partner und ich mit anderen zusammenkommen, besonders bei bestimmten Anlässen. Bei einem Essen anläßlich unseres fünften Jahrestages bat ich unerwartet um einen Moment des Schweigens, bevor wir mit der Mahlzeit begannen. Ich nahm die Hände der neben mir sitzenden Frauen und bat um einen Segen unserer Beziehung, unseres Hauses und unseres gemeinsamen Lebens. Alle reagierten erfreut darauf und wünschten uns, auf ganz unterschiedliche Weise, alles Gute. Daraufhin verstärkte sich die Energie den ganzen Abend über. Alle fühlten sich viel verbundener. Der Anlaß war bedeutsamer geworden.

Sozialarbeiterin, 42 Jahre

Als ich neulich bei einer Konferenz spürte, wie wenig Energie meine Mitarbeiterinnen hatten, sprach ich sie darauf an, und alle stimmten dem zu. Da nahm ich eine Wurzel heraus, die mir heilig war und die ich immer bei mir trug, und segnete mich und die anderen indianischen Frauen im Kreis. Ich segnete einfach jede Teilnehmerin. Wir brachen die Konferenz ab und segneten einander in diesem Büro, und die Energien veränderten sich drastisch.

Therapeutin, 48 Jahre

Ehe ich morgens den Tag beginne, versuche ich, jede Person oder Situation zu segnen, der ich an diesem Tag begegnen werde. Auch wenn ich Probleme erwarte, spreche ich einen Segen auf sie. Ich tue dies voller Aufrichtigkeit und aus dem Herzen heraus. Wenn ich solche Situationen segne, fühle ich, wie Gottes Gegenwart in meinen Körper dringt und mich den ganzen Tag über leitet. Er heiligt meine Wege und hilft mir, sie in Frieden zu gehen.

Bauarbeiterin, 27 Jahre

27

Segnen Sie Ihre Umgebung

Einen Segen erinnern: Schreiben Sie in Ihr Tagebuch einen Segen aus der Kindheit, an den Sie sich ganz oder teilweise erinnern. Vielleicht war es ein Gutenacht-gebet, ein Familiensegen oder ein Tischspruch. Nehmen Sie sich Zeit, ihn genau durchzulesen. Finden Sie heraus, welchen Sinn er für Sie ergibt. Fragen Sie sich, was Sie daran rührt und was nicht. Wenn Ihnen kein Kindheitssegen einfällt, gibt es vielleicht etwas, das Sie gelesen oder miterlebt haben. Nun denken Sie an et-was oder jemanden, das oder der einen Segen nötig hat. Segnen Sie die Situation so, wie es Ihnen am geeignetsten erscheint.

Wie Sie sich gesegnet fühlen: Ein anderer Weg besteht darin, darüber nachzuden-ken, wie Sie sich in Ihrem Leben an diesem Tag gesegnet gefühlt haben. Vielleicht fühlen Sie sich gesegnet, weil Sie eine wunderbare Tochter oder einen Sohn ha-ben oder Ihre kreative und befriedigende Arbeitssituation Ihnen gefällt. Lassen Sie sich von dem Gefühl des Gesegnetseins überfluten, während Sie genau die-sen Prozeß reflektieren.

Selbstdisziplin

Es ist nicht immer leicht, auf einem spirituellen Weg zu bleiben, um weiter zu heilen. Es gibt vielleicht Augenblicke, in denen Ihnen nach Urlaub zumute ist, in denen Sie aufgeben wollen. Ihre innere Stimme rät Ihnen vielleicht, alles langsa-mer anzugehen, ganz aufzuhören oder eine andere Richtung zu suchen. Solche Gefühle sind normal und durchaus im Bereich dessen, was bei einer spirituellen Reise zu erwarten ist. Manchmal ist das, was Sie empfinden, die Stimme der Weisheit, die Ihnen hilft, sich besser um sich selbst zu kümmern; es kann aber auch ein alter, konditionierter Teil in Ihnen sein, der aus Angst oder Groll spricht. Wenn Sie das Gefühl haben, daß eine Verlangsamung oder Abbrechen des Pro-zesses die falschen Alternativen sind, kann es nützlich sein, auf eine feste Struk-tur zurückzugreifen. Vertraute Gebete oder Meditationen können Ihnen bei Zweifeln und Verwirrung helfen. Eine vertraute spirituelle Praktik, die leicht für Sie zugänglich ist, kann Sie schützen und Ihnen helfen, mit Ihrer Spiritualität verbunden zu bleiben. Die Vorteile einer Struktur nutzen zu können, braucht man jedoch ein Gefühl für Selbstdisziplin. Disziplin kann ein schwieriges Kon-zept sein, besonders für Frauen. Viele von uns sind durch den Mißbrauch von Macht und Kontrolle verletzt worden. Wir haben vielleicht in der Vergangenheit einer ungesunden Überzeugung oder Handlungsweise angehangen und nicht erkannt, daß wir andere Möglichkeiten hatten. Disziplin oder Kontrolle durch eine Instanz außerhalb unserer eigenen Erfahrung ist allerdings keine Selbstdis-ziplin. Was wir hier vorschlagen, ist eine Selbstdisziplin, die aus der freien Entscheidung und Erkenntnis herrührt. Wir schlagen Disziplin nur vor, wenn sie erwiesenermaßen den Heilungsweg und das spirituelle Wachstum fördert. Carol spricht im folgenden über ihre Disziplin, mit der sie sich täglich ihrem Altar zuwendet:

Eine Geschichte von Carol

Blumen waren mir schon immer wichtig. Ihre Schönheit erstaunt mich immer wieder. Ich fand heraus, daß eine Blume auf meinem Altar mir half, mich meinem spirituellen Ort mit mehr Respekt und Ehrfurcht zu nähern – mit ähnlichen Gefühlen, wie ich sie für Blumen habe. Dann hatte ich die Idee, mir die Disziplin aufzuerlegen, immer eine Blume auf meinem Altar zu haben. Diese einfache Verpflichtung an Ergebenheit und Gehorsam hat mir bei der Vertiefung meiner spirituellen Hingabe geholfen. Die Disziplin hilft mir, mich stärker auf die Spiritualität zu konzentrieren, und zwar mit Liebe und Hingabe. Ich fühle mich durch diese Bedingungen nicht unterdrückt, denn ich habe sie mir selbst gestellt. Es ist eine einfache Abmachung mit mir selbst. Ich kann sie jederzeit brechen, wenn sie mir nicht länger dient.

Das Thema Disziplin kann bei spirituellen Aktivitäten aber auch problematisch sein. An diesem Punkt stellen Frauen alle Strukturen der organisierten Religionen in Frage. Sie lernen, ihrer eigenen Autorität zu vertrauen. Einige Frauen, mit denen wir sprachen, neigten dazu, aus Angst vor Einengung und Kontrolle alle Strukturen abzulehnen. Andere errichteten ihre eigenen Strukturen und schufen eigene Grundregeln. Die Fragen hinter den Themen Disziplin und Struktur schienen zu lauten: »Wer ist die letztendliche Autorität? Wenn eine spirituelle Struktur oder ein System für mich nicht richtig ist, darf ich sie dann in Frage stellen?« Regeln oder Leitlinien, die wir uns selbst aufstellen und nur für uns aus unserer eigenen Erfahrung ableiten, können uns einen sicheren Halt auf dem spirituellen Weg bieten. Bei Grundregeln kann es sich um einfache Abmachungen handeln, die man mit sich selbst trifft, mit einer Gruppe oder mit einem persönlichen Gott oder einer Göttin. Es sind spirituelle Regeln für den Alltag, die man jederzeit anwenden kann, wenn man es für nötig hält. Grundregeln können helfen, daß Sie für sich selbst da sind und sich mit der Welt ringsum verbunden fühlen. Ein Beispiel für eine Grundregel des Alltags ist ein Gelöbnis, nichts zu tun, das unnötiges Leid verursacht. Ein weiteres Beispiel ist das schlichte Versprechen sich selbst gegenüber, im Umgang mit anderen immer ehrlich zu sein.

Ein Akt bei der Aufstellung hilfreicher Strukturen steht ganz am Anfang: der Akt der Absichtserklärung. Eine Absicht zu haben bedeutet, daß man seine Motive für die spirituelle Arbeit kennt, sie anerkennt, akzeptiert und sich ihnen dann verpflichtet. Alle Heilungen beginnen mit einer Absicht. Am Anfang muß man sich in Herz und Verstand zu dem entschließen, was man erreichen möchte.

Indem man sich selbst deutlich die Absicht erklärt, öffnet man sich einer tieferen Ebene der Bereitschaft. Ihre Energien richten sich an den Energien des Universums und des Ziels aus. Manchmal nützt es, eine Absichtserklärung an Gott oder die Göttin abzugeben oder sie laut gegenüber Freundinnen oder Freunden zu äußern. Das bestärkt und bekräftigt in der Regel alle Absichten. Es ist wichtig, daß Absichten im Herzen empfunden werden.

Aus deutlichen Absichten erfolgen auch Handlungen. Wenn Sie eindeutige Absichten haben, scheint Ihnen eine Art Magie beizustehen, die Ihnen hilft, das Gewünschte zu erreichen. Die Menschen in Ihrer Umgebung nehmen diese klare, fokussierte Energie wahr und unterstützen Sie in Ihrer Absicht. Es eröffnen sich Möglichkeiten, die Sie sich nie hätten träumen lassen. Je deutlicher die Absicht ist, um so erfolgreicher gestaltet sich die spirituelle Heilungsreise. Ehe Sie Ihre Spiritualität weiter erkunden, sollten Sie sich ein wenig Zeit nehmen, um sich Ihre Absichten zu verdeutlichen.

ÜBUNG

Absichten verdeutlichen

Über Ihr Engagement nachdenken: Entspannen und verankern Sie sich mittels einer der drei vorgeschlagenen Grundmeditationen auf den Seiten 19 und 20 (oder anderer Meditationen, die Sie vielleicht vorziehen). Der Zweck ist hier, daß Sie eine Verbindung zu sich selbst aufnehmen. Wenn Sie sich in Kontakt mit sich fühlen, stellen Sie sich eine der folgenden Fragen – suchen Sie nur diejenigen aus, die Ihnen angenehm sind:

– Was ist meine Motivation bei der Suche nach spiritueller Heilung?
– Bin ich mit meiner Motivation im reinen? Akzeptiere ich sie?
– Was genau ist hier und jetzt meine Absicht bei der Suche nach Spiritualität?
– Stehe ich voll und ganz hinter dieser Absicht?
– Wenn ich es als nötig empfinde, wie kann ich mich noch stärker meiner spirituellen Reise verpflichten?

Wenn Sie Antworten auf diese Fragen erhalten, vertrauen Sie Ihrer Reaktion auf diese. Lassen Sie zu, daß sich weitere Fragen und weitere Reaktionen in Ihrem Herzen bilden, bis Sie das Gefühl haben, das Thema abgeschlossen zu haben. Beenden Sie die Übung mit dem Gefühl des Engagements, das Ihnen zu diesem Zeitpunkt angemessen und angenehm erscheint.

Bestätigung der Absicht zur spirituellen Erneuerung: Bei dieser Übung benutzen Sie eine Phantasiereise, um Ihr Engagement für Ihre spirituelle Erneuerung zu stärken. Benutzen Sie die Übung als ein Modell für den Prozeß einer Phantasiereise. Nach jedem Absatz des folgenden Textes sollten Sie eine Pause einlegen, in der Sie sich beim Lesen dieser Übung auf Ihr inneres Bewußtsein konzentrieren.

Suchen Sie sich zunächst einen angenehmen Ort, an dem Sie sich sicher genug fühlen, um sich tief in sich zu versenken. Zentrieren Sie sich mittels einer der vorgeschlagenen Meditationen oder einer anderen Methode, die Ihnen gut erscheint.

Wenn Sie sich ruhiger und zentrierter fühlen, denken Sie an etwas, dem Sie sich verpflichtet haben, auf das Sie sich bereits konzentrieren und für das Ihre Energien offen sind. Das kann eine Kleinigkeit oder eine wichtige Angelegenheit sein. Vielleicht haben Sie sich dazu verpflichtet, am Abend ein besonderes Mahl zuzubereiten, oder Ihre Verpflichtung besteht in Ihrer Hingabe an ein Kind oder in Ihrem Willen, regelmäßig Sport zu treiben. Es spielt keine Rolle, was Sie auswählen, solange Sie sich dazu verpflichtet fühlen. Prüfen Sie, ob Sie wirklich offen sind und sich dafür interessieren, was Ihnen einfällt. Wenn Sie dies verneinen müssen, denken Sie an einen anderen Aspekt in Ihrem Leben, in dem die Energie der Verpflichtung stark fließt.

∗

Wenn Sie etwas mit einem Gefühl von Bereitwilligkeit empfinden, konzentrieren Sie sich darauf. Wie fühlt sich diese Verpflichtung für Sie an? Können Sie sie schmecken, riechen, hören? Wo im Körper fühlen Sie sie? Wie fühlt sich das in Ihrem Körper an?

∗

Machen Sie sich vertrauter mit dem Gefühl der Verpflichtung und der eindeutigen Absicht. Lassen Sie das Gefühl größer und größer werden und sich natürlich ausbreiten, wenn Sie ihm Aufmerksamkeit schenken. Verbringen Sie die nächsten Augenblicke in Freude über die eigene, fokussierte Energie der eindeutigen Verpflichtung.

∗

Nun wenden Sie dieses Gefühl der Verpflichtung auf Ihren Prozeß der spirituellen Erneuerung an. Schließen Sie die Augen, und stellen Sie sich selbst im Prozeß dieser spirituellen Erneuerung vor, danach übertragen Sie das Gefühl der Verpflichtung darauf. Versenken Sie sich in die Magie der Transformation und die Macht der Absicht. Bestätigen Sie, daß Sie bereit sind, sich zur spirituellen Erneuerung zu verpflichten.

∗

Wenn Sie das Gefühl haben, die Meditation sei abgeschlossen, lassen Sie sich langsam wieder ins normale Bewußtsein zurückgleiten. Bewegen Sie sich ganz bewußt ein wenig. Öffnen Sie langsam die Augen, und blicken Sie sich im Raum um. Wenn Sie sich bereit fühlen, nehmen Sie einen Stift, und schreiben oder zeichnen Sie diese Meditation auf.

Das Vorankommen auf dem Weg der spirituellen Erneuerung kann manchmal ziemlich schwer werden; andere Dinge verlocken Sie möglicherweise dazu, die vorgenommene Aufgabe aufzuschieben. Manche Frauen finden es hilfreich, eine bestimmte Zeit für ihre spirituellen Tätigkeiten festzulegen. Wenn Sie in einem Haushalt groß wurden, in dem bestimmte Tageszeiten spirituellen Dingen gewidmet waren, sollten Sie für sich herausfinden, ob sich dieser Rhythmus auch für Sie eignet. Wenn Sie keine Erfahrung mit einem festen Zeitplan für Spiritualität haben, erfordert dies eine völlig neue Umgehensweise. Nehmen Sie sich einen Moment Zeit, um zu bestimmen, wieviel Zeit Sie täglich oder wöchentlich für Ihre spirituelle Erneuerung aufwenden möchten. Wenn Sie mehr über Ihre spirituellen Bedürfnisse in Erfahrung gebracht haben, ändern Sie diesen Zeitplan vermutlich entsprechend ab. Sie werden wahrscheinlich nicht die gesamte festgelegte Zeit mit den Übungen aus diesem Handbuch verbringen, sondern sie auch für Meditationen oder Gebete nutzen oder Ihre Erkenntnisse mit Freundinnen austauschen. Wir schlagen vor, sich an einen bestimmten Zeitplan zu halten und diesen auch schriftlich festzulegen. Kritisieren Sie sich nicht zu stark, wenn Sie ihn mal nicht einhalten. Versuchen Sie lieber, ihn so aufzustellen, daß er Ihren Bedürfnissen entspricht. Seien Sie realistisch hinsichtlich Ihrer Zeit, und respektieren Sie auch andere Interessen und Verpflichtungen. In der ersten Begeisterung setzt man sich leicht unrealistische Ziele.

ÜBUNG

Zeitpläne

Denken Sie eine Weile über Ihren täglichen oder wöchentlichen Zeitplan nach. Werfen Sie einen Blick in Ihren Terminkalender, falls Sie einen führen. Sehen Sie eine bestimmte Zeit, die sich für spirituelle Aktivitäten anbietet? Lesen Sie die folgenden Fragen. Dann schließen Sie die Augen, und denken Sie darüber nach. Lassen Sie die Antworten frei fließen, auch wenn Sie Ihnen nicht realisierbar erscheinen.

Welche Zeit wäre für mich am angenehmsten und leichtesten einzurichten, um meiner Spiritualität nachzugehen? Wieviel Zeit am Tag oder in der Woche möchte ich meiner Spiritualität widmen?

Versuchen Sie, Ihre Reaktionen nicht kritisch zu beurteilen, sondern nehmen Sie sie einfach nur wahr. Nun öffnen Sie die Augen und stellen einen vorläufigen Zeitplan auf, der Ihre inneren Reaktionen mit den praktischen Gegebenheiten Ihres Lebens kombiniert. Wenn Sie sich auf einen Zeitplan festgelegt haben, überprüfen Sie noch einmal, ob er auch realistisch ist. Probieren Sie ihn aus, und ändern Sie ihn nötigenfalls ab.

Unterstützung und Beistand

Wenn wir eine Aufgabe übernehmen, hängt der Erfolg oftmals davon ab, wieviel wir wirklich in diese Aufgabe investieren. Dies ist genauso, wenn man sich auf einen spirituellen Pfad oder in einen Heilprozeß begibt. Wenn man sich unterstützt fühlt, ist man frei, alle Energien in die persönlichen spirituellen Aktivitäten zu stecken. Wir werden ermächtigt, Bereiche zu erkunden, vor denen wir sonst zurückscheuen würden. Es gibt aber auch Zeiten des Selbstzweifels, der Verwirrung und des Leids, aber es besteht keine Notwendigkeit, solche Augenblicke allein und isoliert durchzustehen. Spirituelle Freundinnen und Freunde oder der Beistand eines Netzwerks können alles ganz anders aussehen lassen. Indem wir uns das Bedürfnis nach Unterstützung zugestehen, schmälern wir nicht unser Bedürfnis nach dem Alleinsein. Wir gewinnen viel mehr Kraft und Energie aus kostbaren Augenblicken des Alleinseins mit den eigenen inneren Wahrheiten.

Viele Frauen, mit denen wir sprachen, erwähnten ihr Bedürfnis nach Unterstützung, die sie auf alle mögliche Weisen fanden. Manche glaubten, für ihre spirituellen Tätigkeiten den Beistand einer traditionell-religiösen Umgebung zu benötigen. Dort wurde ihre persönliche Spiritualität zwar nicht immer anerkannt, aber diese Frauen gewannen Kraft aus der Struktur und den Lehren, die eine traditionelle Religion ihnen bot. Manche fühlten sich von anderen Gemeindemitgliedern unterstützt, andere erfuhren dies nicht.

Letizia spricht über ihre Beziehung zu einer Kirche der Pfingstbewegung und ihren dortigen Kampf um Unterstützung:

Ich möchte manchmal etwas sagen, weiß aber nicht, wie ich das herausbringe, weil ich sowas nicht sehr oft tue. Ich muß damit vorsichtig sein. Also, die Kirche, in die ich gehe, gefällt mir sehr, denn ich habe das Gefühl, daß dort der Heilige Geist weilt. Ich kann ihn verstehen, und das ist gut für mich. Aber manchmal rege ich mich sehr auf, denn ich stimme mit vielem, was die Leute dort sagen und tun, nicht überein. Manchmal gehe ich drei, vier Monate lang nicht zur Kirche, weil ich auf die Leute dort wütend bin.

Es ist eine große Gemeinde mit vielen neuen Mitgliedern. Aber ich kenne viele Leute dort auch schon sehr lange. Wenn ich zur Kirche gehe und sie sehe, sage ich: »Hallo, wie geht's?« – bekomme aber keine Reaktion. Es scheint, als wollten sie gar nicht wissen, wer ich bin. Und das finde ich nicht sehr christlich. Wenn man an ein und demselben Ort zusammen betet, sollte man sich besser umeinander kümmern. Manchmal bin ich in der Kirche und begrüße viele Leute, komme mir aber trotzdem wie eine Fremde vor. Einmal habe ich mich dadurch so verletzt gefühlt, daß ich die Kirche fast verlassen hätte, aber der Herr hat es nicht zugelassen. Das ist komisch, denn obwohl ich für diese Leute fast eine Fremde bin, bin ich für den Herrn keine Fremde. Daher frage ich mich: Wozu gehe ich eigentlich in die Kirche? Wegen dieser Leute oder wegen mir selbst? Vermutlich hat das alles nur mit mir zu tun und nicht mit dem Beistand durch spirituelle Freunde.

Frauen, die ihre Spiritualität der traditionellen Religionen praktizieren, fühlen sich in ihrer Spiritualität oft nicht genügend unterstützt. Für sie ist es oft schwer, Gleichgesinnte zu finden, Menschen, die einer traditionellen Religion angehören und sich trotzdem nicht gleich von abweichenden Sichtweisen bedroht fühlen. Frauen in solchen Randgruppen gründen manchmal Freundinnenkreise, um einander zu unterstützen. Manche besuchen auch Kurse und Klausuren, um sich auf der spirituellen Reise verbundener zu fühlen.

Manche Frauen sprechen nicht gern über ihre spirituellen Erlebnisse, aus Furcht, daß ihre Einsichten und Erfahrungen kritisiert und heruntergemacht werden. Statt Kritik zu riskieren, bleiben sie lieber stumm und isoliert und gewinnen ihren Beistand aus Büchern und ihren individuellen Praktiken. Im allgemeinen jedoch sprechen Frauen gern über ihre spirituellen Erfahrungen. Sie wollen einander die Freude und das Mysterium ihrer Entdeckungen mitteilen und möchten ihre individuellen Wahrheiten gehört und respektiert wissen. Die Interviews mit Frauen über die Rolle der Unterstützung bei ihrer spirituellen Entwicklung ließ Carol den Beistand deutlicher sehen, den sie auf ihrem spirituellen Weg empfing:

Eine Geschichte von Carol

Ich verbringe jedes Jahr eine gewisse Zeit in der Wüste. Schon seit 16 Jahren übe ich mit meiner spirituellen Lehrerin und deren Schülerinnen buddhistische Meditation. Irgendwie habe ich das Gefühl, zusammen mit ihr gewachsen zu sein. Jedes Jahr, wenn ich in das Frauenzentrum zurückkehre, habe ich das Gefühl, eine Pilgerfahrt zu machen – nicht zu einem Heiligen oder einem Idol, sondern zurück zu meinem spirituellen Selbst, um es zu vertiefen und zu erneuern. Andere machen das genauso. Ein paar dieser Frauen kenne ich inzwischen ganz gut. Andere habe ich vielleicht nur ein- oder zweimal gesehen. Die Gesichter der älteren Schülerinnen kenne ich wie mein eigenes.

Die Chance, meine Spiritualität in einer sicheren, positiven Umgebung auszuüben, ist für mich ungeheuer stützend. Manchmal denke ich, ich habe eigentlich keine Ahnung, wie umfassend mein Unterstützungsnetzwerk ist. Wenn ich darüber nachdenke, empfinde ich ein tiefes Gefühl der Dankbarkeit meiner Lehrerin und den Frauen gegenüber, mit denen ich praktiziere. Ich frage mich, ob sie wissen, wieviel sie mir bedeuten, indem sie einfach nur da sind und an ihrer eigenen spirituellen Heilung arbeiten.

Quellen des Beistands

Erstellen Sie eine Liste von den Menschen, die Ihr spirituelles Wachstum auf irgendeine Weise unterstützen. Schreiben Sie neben jeden Namen ein paar Worte über die Art von Unterstützung, die Ihnen diese Person gibt. Nehmen Sie sich nun einen Moment Zeit, um diese Liste durchzugehen. Stellen Sie sich die folgenden Fragen:

Habe ich das Gefühl, daß die Liste vollständig und ausreichend ist? Bekomme ich alle Unterstützung, die ich brauche? War die Unterstützung von irgend jemandem nicht hilfreich? Auf welche Weise?

Kreisen Sie den Namen des Menschen ein, von dem sie am liebsten Unterstützung in spiritueller Hinsicht empfangen. Nun umkreisen Sie den Namen derjenigen, deren Unterstützung Sie am stärksten empfinden. Behalten Sie im Auge, daß Sie sich Unterstützung für Ihre spirituelle Reise wünschen. Hier ist eine Liste von Quellen, wo Sie Unterstützung finden können. Fragen Sie sich beim Durchlesen, ob diese Quellen für Sie aktiv sind. Fügen Sie andere hinzu, die Ihnen in den Sinn kommen:

- Freundinnen und Freunde mit einer ähnlichen spirituellen Orientierung
- organisierte religiöse Gruppen
- religiöse Institutionen
- Angehörige
- spirituelle Lehrerinnen und Lehrer
- spirituelle Kunst und Abbildungen
- spirituelle Bücher und anderes Informationsmaterial
- spirituelle Videos und andere Filme
- spirituelle Seminarhäuser und Klausurzentren

Man kann seine spirituelle Reise auch durch eine Stärkung der inneren Ressourcen unterstützen. Wir schlagen zwei wirksame Methoden vor, um spirituelle Unterstützung von innen heraus zu erlangen: das Finden eines Symbols für Unterstützung und Ermächtigung und die Arbeit mit der inneren Stimme. Innere Symbole sind zwar etwas ganz Persönliches, sie stellen aber starke Verbindungspunkte zur Spiritualität im allgemeinen dar. Ein persönliches Symbol, das für Ihre spirituellen Bedürfnisse einzigartig ist, kann Sie auf Ihrem spirituellen Pfad leiten und die Schönheit und Intensität Ihres spirituellen Lebens bestätigen. Natursymbole wie die aufgehende Sonne, ein schneebedeckter Berg oder eine schoßartige Höhle können besonders für Frauen machtvolle Symbole sein. Bei der Arbeit mit Ihrem Symbol wird die Essenz Ihres spirituellen Lebens bestärkt.

Die Stärkung der inneren Ressourcen

Ein Symbol zur Unterstützung und Ermächtigung finden: Beginnen Sie diese Übung, indem Sie mit einer der Verankerungsmeditationen eine Verbindung zu sich selbst schaffen. Stellen Sie sich mit geschlossenen Augen ein positives Symbol für Ihre spirituellen Tätigkeiten vor, lassen Sie es sich langsam vor Ihrem inneren Auge entwickeln. Erkennen Sie seine Schönheit, spüren Sie seine Macht. Lassen Sie es größer und stärker werden, bis Sie sich von seiner Energie völlig unterstützt fühlen. Wenn es ein Stern ist, lassen Sie sich von seinem Licht bescheinen. Wenn es eine Blume ist, lassen Sie sich von ihr und ihrer Schönheit umschließen. Versenken Sie sich in die dargebotene Unterstützung. Entspannen Sie sich. Erkennen Sie, daß für Sie gesorgt wird und Sie in Ihrem spirituellen Heilungsprozeß Beistand erhalten.

Der inneren Stimme lauschen: Beginnen Sie mit einer Erdungsmeditation. Fokussieren Sie sich langsam auf Ihr Zentrum – den Teil Ihres Körpers, der sich wie ein zentraler Energiepunkt anfühlt. Viele Menschen finden ihr Zentrum am Bauch oder in der Herzgegend. Sagen Sie sich, Sie gehen tief an einen Ort des inneren Wissens. Konzentrieren Sie sanft Ihre Aufmerksamkeit auf diesen Bereich. Entspannen Sie sich bis hin zu einer angenehmen Vertrautheit mit diesem inneren Erkenntnisgefühl. Manchmal fühlt sich dies so an, als kehre man zu sich selbst zurück. Wenn Sie bereit sind, stellen Sie sich eine Frage über Ihre spirituelle Reise. Die Antworten werden in Worten, Symbolen und/oder Gefühlen zu Ihnen kommen. Nehmen Sie sich diese Botschaften zu Herzen, denn sie stammen von einem heiligen Ort in Ihrem Innersten.

Hindernisse auf dem Weg

Sich auf einen spirituellen Weg zu begeben oder sich der eigenen spirituellen Heilung zu verpflichten spiegelt den Willen, die Beziehung zu sich selbst und zur Welt ringsum zu vertiefen. Die in diesem Buch beschriebene spirituelle Reise ist ein heilender Weg, und zur Heilung gehört immer auch Veränderung – die manchmal von Gefühlen des Verlustes und der Erneuerung begleitet wird. Der Weg kann zahlreiche schwierige Wendungen und Windungen nehmen. Man trifft unterwegs auf Hindernisse, manchmal auch in sich selbst. Sie müssen lernen, potentielle Hindernisse zu erkennen, die Stolpersteine als solche einzuschätzen und zu begreifen, wie sie auf Sie wirken. Sie können lernen, Neigungen zu kontrollieren, die dem spirituellen Fortschritt hinderlich sind. Wenn Hindernisse unerkannt bleiben und Sie sich diese nicht eingestehen, behalten sie Macht über Sie. Einmal erkannt, verlieren sie ihre Macht. Wenn Sie diese Universalität begreifen, gewinnen Sie festeren Boden unter den Füßen und fühlen sich sicherer und unterstützter.

Wir unterscheiden vier Bereiche von inneren Schwierigkeiten, die häufig auf einer Heilungsreise auftauchen: Einstellungen, die Energie, der Glaube und Selbstzweifel.

Einstellungen spiegeln Ihren allgemeinen seelischen und emotionalen Anspruch ans Leben; sie sind die seelischen Grundlagen, auf denen Ihre Reise basiert. Ihre Energie kann sie auf harmonische und ausgewogene Weise unterstützen. Ihr Glaube kann zum Hindernis für den spirituellen Fortschritt werden, wenn Sie sich dessen entweder nicht bewußt sind oder er zu starr wird. Selbstzweifel, das letzte potentielle Hindernis, ist vielleicht am schwierigsten, denn es untergräbt die Verbindung zur eigenen inneren Weisheit.

Einstellungen

Unsere Einstellungen durchdringen den Raum um uns her genauso wie uns selbst. Fortschritt in der Heilung und Erneuerung wird durch Einstellungen verzögert, die unsere Seele beunruhigen. Wir wünschen uns Spiritualität im Leben, wir wollen uns heilen, aber die Unfähigkeit, wohlwollend mit den unvermeidlichen Schwierigkeiten und Grenzen umzugehen, die vor uns auftauchen mögen, halten uns zurück. Wut auf uns selbst und andere bringt unser Leben in Aufruhr, sie kann Herz und Seele verstören. Wir fühlen uns vielleicht frustriert und werden dadurch gereizt und vorwurfsvoll. Wir versuchen das, was wir nicht wollen, fortzustoßen oder zu zerstören. Und bei diesem Prozeß verlieren wir den Kontakt zum tieferen Teil unseres Selbst.

Eine sehr störende und verletzende Einstellung ist Ungeduld. Ungeduld drückt sich darin aus, alles zu wollen, und zwar sofort. Oft wird sie durch die Angst hervorgerufen, daß wir vielleicht nicht das bekommen, was wir wollen. Ein Teil unserer Suche nach Heilung stammt vielleicht von dem Wunsch her, einen angenehmeren Zustand zu erlangen, glückseligere Momente zu erleben, die ganz uns gehören. Es ist aber wichtig, daß wir auf unserer Reise zu spiritueller Erneuerung in unserem eigenen Tempo fortschreiten. Voranzustürmen, zuviel auf einmal zu wollen kann den Fortschritt nur verzögern.

Wenn ich mich meiner Meditationsbank nähere und vor meinem Altar sitze, spüre ich einen Zug im Herzen. Ich möchte mich besser fühlen. Ich will ein spirituelles Erlebnis haben. Es ist, als würde ich mit ausgestreckten Armen dasitzen und nach etwas greifen, statt mich zurückzulehnen, mich zu entspannen und einfach nur ich selbst zu sein. Vermutlich ist das nicht ganz meine eigene Schuld. Ich arbeite immer sehr viel und versuche, sehr viel zu schaffen. Dann ist es sehr schwer, eine Weile mal aufzuhören, nicht immer nur etwas zu leisten und sich einfach zurückzulehnen und nur zu sein. Ich glaube, mein Schlüssel zum Glück liegt in diesem Kampf darum, mal nur zu sein. Bei meiner Heilungsreise geht es nur darum, mit mir im reinen zu sein. Aber selbst bei diesem Gespräch habe ich schon wieder das Gefühl, vorauszugreifen und fühle mich ungeduldig.

Köchin, 34 Jahre

Meine spirituelle Praxis ließ mich allmählich viel zu selbstkritisch werden. Es gab soviel zu erreichen, soviel zu leisten. Ich wurde es leid, immer nur unzufrieden mit mir zu sein. Es war schwer, einfach loszulassen, weil ich es nicht aushalten kann, zu scheitern.

Therapeutin, 36 Jahre

Eine Geschichte von Carol

Eines Morgens beschloß ich, mir ein wenig Zeit für spirituelle Übungen zu nehmen. Ich trank eine Tasse Tee, setzte mich in meinen Lieblingssessel und nahm ein Buch in die Hand. Ich schlug die Seite mit der Übung auf, die mir immer hilft, in Kontakt mit einer tieferen Ebene in mir selbst zu treten, die ich oft vernachlässige. Doch gerade als ich den ersten tiefen Atemzug genommen hatte, klingelte das Telefon. Ich ging an den Apparat, antwortete aber leicht gereizt. Es war meine Freundin, die meine Hilfe brauchte, weil sie mit dem Auto liegengeblieben war.

Später, nachdem ich von der Rettungstour zurückgekommen war, setzte ich mich wieder in meinen Sessel. Meine Gedanken schweiften ab, mein Herz war voller Groll. Ich hatte mir einen ruhigen, freien Tag vorgestellt, um meine spirituellen Erkundungen durchzuführen. Ich schaute auf die Uhr – kaum noch Zeit zum Entspannen, dachte ich, besonders weil ich jetzt so erregt war. Blitzartig erkannte ich, daß ich mich in Selbstmitleid und Vorwürfen verfing. Ich sah, wie mein Egoismus die Situation verschlimmert hatte. Ich versuchte, mich zu entspannen, aber meine Gedanken wanderten immer wieder in die Frustration ab. Ich hatte Angst, daß ich nie mehr Zeit für mich und meine Spiritualität finden würde. Nun war ich völlig blockiert. Es gab keinen Raum mehr für Entspannung und Spiritualität. Nach ein paar Minuten gab ich auf. Ich wollte mich von dieser unangenehmen Erfahrung ablenken, ging in die Küche und suchte nach etwas zu essen.

Ein nützliches Gegenmittel bei Ungeduld und Frustration ist die Übung der Herzensöffnung. Die Herzensöffnung wirkt sehr gut, denn sie ruft Gefühle der Liebe hervor – Liebe zu sich selbst und anderen – und schafft eine Atmosphäre, in der wir verbunden bleiben, auch wenn wir frustriert und enttäuscht sind. Bei der Öffnung des Herzens können wir den Schmerz und die Frustration anderer wie auch unser selbst empfinden. Das Öffnen des Herzens in einer unangenehmen Situation ist ein Weg zur Liebe und kann Wunder wirken, um die Schlaglöcher auf dem Weg zu überwinden.

Das Öffnen des Herzens

Auf Ungeduld achten: Verbringen Sie einen Tag damit, sich Ihre innere Haltung zu vergegenwärtigen. Achten Sie auf Gefühle von Frustration und Gereiztheit. Wenn Sie diese empfinden, fragen Sie sich, ob Sie ungeduldig sind. Falls das zutrifft, schließen Sie die Augen, und achten Sie auf das Gefühl der Ungeduld in Ihrem Körper. Achten Sie darauf, was Ungeduld bei Interaktionen mit anderen bewirkt.

Später denken Sie über die folgende Frage nach: *Wer beeinflußt meine Ungeduld und meine Einstellung mir selbst gegenüber?*

Ungeduld umwandeln: Denken Sie über eine besondere frustrierende Erfahrung nach, und beschreiben Sie, welche Rolle Ihre Ungeduld dabei spielte. Dann stellen Sie sich vor, wie sich die Lage geändert hätte, wenn Sie statt dessen Geduld und ein offenes Herz sich selbst und anderen gegenüber gezeigt hätten.

Kultivierung des offenen Herzens: Schließen Sie die Augen, und lenken Sie Ihr Bewußtsein sanft auf die Herzgegend. Spüren Sie, wie sich Ihr Brustkorb beim Ein- und Ausatmen hebt und senkt. Lassen Sie ein goldenes Licht in der Herzmitte aufglühen. Dieses Licht soll in Ihrem Herzen wachsen. Es wird immer stärker und wärmt und entspannt Sie. Stellen Sie sich Strahlen aus goldenem Licht vor, die aus der Herzgegend ausstrahlen, spüren Sie, wie Ihre Herzenergie stärker wird und ein Gefühl von großer Entspannung und Offenheit in der Brust erzeugt. Stellen Sie sich vor, daß diese goldenen Strahlen der Herzenergie nach außen zu jemand anderem strömen. Empfinden Sie dies, solange Sie sich dabei wohl und entspannt fühlen. Kehren Sie dann zu sich selbst zurück, und öffnen Sie die Augen.

Es wird Phasen geben, in denen wir uns trotz bester Absichten in Ungeduld und Frustration verfangen fühlen. Bestimmte Ereignisse in unserem Leben sind einfach ungerecht und unangenehm, und es wäre unangemessen, diese schmerzhaften Augenblicke nicht zu empfinden und zu erkennen. Wir müssen aber etwas tun, um sie hinter uns zu lassen. Dieser Schmerz kann rasch zu Groll und schließlich zu Haß führen – Einstellungen, die all unsere Bemühungen unwirksam machen. Wenn wir zögern und uns zu geben fürchten, kann uns die Betonung der Großzügigkeit in uns helfen, auf dem spirituellen Weg weiterzukommen. Als Frauen stehen wir allerdings vor bestimmten Schwierigkeiten: Wir haben ungeheure Fähigkeiten entwickelt, zu geben, aber unsere Motive dazu können ein Hindernis bei der spirituellen Entwicklung bilden.

Wenn Geben unsere einzige Möglichkeit wird, eine positive Identität zu entwickeln, wenn wir uns nur gut fühlen, wenn wir geben, wird unsere Großzügigkeit durch Angst auf der einen Seite und Liebe auf der anderen motiviert. Diese Art Großzügigkeit wird durch unser Bedürfnis nach Anerkennung und Liebe gekennzeichnet. Beim Kampf gegen Frustration und Ungeduld ist es wichtig, eine Haltung der Großzügigkeit zu kultivieren, die über Furcht und Berücksichtigung des Selbst hinausgeht. Es handelt sich eher um spontane Großzügigkeit, die direkt aus dem Herzen kommt, aus dem Verständnis, wie alles Leben miteinander verbunden ist. Es ist ein Akt der Liebe, angeregt durch den Wunsch, Leid zu verhindern. Mit diesem Verständnis stellt sich ein Gefühl von Reichtum und Überfluß ein. Dann weicht die Angst zurück, weil uns mehr vom Leben zur Verfügung steht.

ÜBUNG

Großzügigkeit aus offenem Herzen

Großzügigkeit kultivieren: Denken Sie über das Wort Großzügigkeit nach. Welche Bedeutung hatte es in der Vergangenheit für Sie? Schreiben Sie Ihre Assoziationen zu diesem Wort auf. Schauen Sie im Wörterbuch die Herkunft des Wortes nach. Setzen Sie sich einen Moment lang still hin, und denken Sie über Großzügigkeit als eine Einstellung aus dem Überfluß heraus nach. Begreifen Sie, daß Großzügigkeit eine starke Energie ist, die ihr Leben beeinflussen kann. Denken Sie über die Frage nach: Wie könnte ich großzügiger mir selbst gegenüber und gegenüber anderen sein?

Ergreifen Sie die Initiative. Experimentieren Sie mit Großzügigkeit sich selbst gegenüber. Laden Sie sich zu einem schönen Essen ein. Achten Sie mehr auf Ihre Gefühle. Achten Sie darauf, wie es sich anfühlt, großzügig zu sein. Nun experimentieren Sie mit Großzügigkeit gegenüber anderen. Wie fühlen Sie sich dabei?

Geschenke: Nehmen Sie sich die Zeit, einen Schrank oder eine Schublade durchzugehen, um ein paar der dort gefundenen Sachen herzuschenken. Denken Sie sowohl über die Freude nach, die Sie beim Geben empfinden, wie über die Freude anderer beim Empfangen.

Ein weiteres wirksames Gegenmittel zur Haltung der Ungeduld ist Dankbarkeit. Die Einstellung der Dankbarkeit konzentriert unsere Gedanken und Herzen auf das, was wir haben, statt auf Fehlendes. Sie hilft uns, eine Welt des Überflusses zu schaffen statt eine des Mangels. Wir verlangsamen unsere Schritte und erkennen die Schönheit und den Reichtum dessen, was wir haben. Unsere Bedürfnisse und Wünsche werden geringer.

Geduld, Großzügigkeit und Dankbarkeit sind also die Gegenmittel zu Ungeduld, Frustration und Groll. Es ist schwer, sich frustriert und wütend und gleichzeitig geduldig und dankbar zu fühlen. Sie haben die Wahl, auf was Sie Ihre

Energie zentrieren und welche Einstellungen Sie kultivieren wollen. Wenn Sie Geduld, Großzügigkeit und Dankbarkeit kultivieren, werden Sie enger mit der Göttlichkeit in sich selbst verbunden und sind besser auf Ihre spirituelle Reise eingestimmt.

ÜBUNG

Dankbarkeit

Dankbarkeit kultivieren: Verbringen Sie an jedem Tag der nächsten Woche ein paar Minuten damit, Dankbarkeit für etwas zu empfinden, das an diesem Tag geschah: ein freundliches Wort von jemandem, ein bißchen Glück, eine gute Idee. Erlauben Sie sich, alles Gute zu schätzen, das Ihnen widerfahren ist. Wenn es angemessen ist, drücken Sie Ihre Dankbarkeit gegenüber jemandem aus. Kaufen Sie ein kleines Geschenk, bieten Sie Hilfe beim Kinderhüten an, oder kochen Sie ein Essen für jemanden.

»Wir geben immer unser Bestes«: Dies ist eine Übung, um die eigenen Bemühungen anzuerkennen. Wir schlagen vier Möglichkeiten vor, Dank sich selbst gegenüber auszudrücken. Wählen Sie die Methode, die Ihnen am besten gefällt, oder probieren Sie alle vier aus, und achten Sie darauf, welche am besten zu funktionieren scheint. Ändern Sie ruhig die Methoden ab, oder erfinden Sie neue, um Ihren Einsatz anzuerkennen.

1. Schicken Sie sich selbst eine Karte mit einem Dank für etwas, das Sie für sich selbst getan haben.
2. Schreiben Sie ein paar Dinge auf, für die Sie dankbar sind, und kleben Sie den Zettel an einen Ort, wo Sie ihn oft sehen. Wenn Sie frustriert oder ungeduldig sind, lesen Sie die Liste durch.
3. Bei der Meditation oder im Gebet geben Sie sich Zeit, sich selbst zu schätzen und dankbar zu sein. Denken Sie über Ihre Bemühungen nach, Gutes zu tun. Lassen Sie sich von der Energie Ihrer Selbstachtung erfüllen. Danken Sie sich selbst und Ihrem Leben.
4. Wiederholen Sie täglich mehrmals den Satz: »Ich danke mir für meine spirituelle Heilung.«

Energie

Ihre innere Haltung und Ihre Energie sind eng miteinander verbunden. Die eine beeinflußt die andere. Frauen klagen oft, sie hätten nicht genug Energie für ihre Heilung oder eine spirituelle Erkundung. Nach einem besonders schwierigen Tag ist es vermutlich am besten, früh ins Bett zu gehen, statt sich auf eine spirituelle Ebene zu zwingen. Es ist aber wichtig zu erkennen, daß Müdigkeit manchmal eine Form von Widerstand oder Vermeidung von spiritueller Praxis sein kann.

Wenn man anfangs meditiert oder andere spirituelle Übungen ausprobiert, fühlt man sich im Kopf oft verschwommen und im Körper schwer und taub. Das liegt womöglich daran, daß wir noch nicht genug Erfahrung haben. Wenn wir innerlich gelassener werden, denken Körper und Seele vielleicht: »Ich bin müde – ich geh' schlafen.« Man kann mit Müdigkeit umgehen, indem man sie einem kleinen Test unterzieht. Machen Sie einen kurzen Spaziergang oder ein paar Streckübungen. Trinken Sie ein Glas Wasser, und waschen Sie sich das Gesicht. Vielleicht essen Sie eine Kleinigkeit. Verändern Sie Ihre Energie, und sehen Sie, was passiert. Müdigkeit ist nicht immer körperlich bedingt. Manchmal ist sie ein konditionierter Widerstand gegenüber Veränderungen. Sie verschwindet meist ganz leicht.

Zu anderen Zeiten wiederum hat man den Eindruck, zuviel Energie zu haben. Wir sind unruhig und sprunghaft. Das Stillsitzen fällt uns schwer, und wir werden leicht abgelenkt. Die Gedanken springen hin und her. Wir schweifen von einer spirituell zentrierten Tätigkeit ab und fegen lieber die Küche oder rufen eine Freundin an, ohne darüber eine klare Entscheidung getroffen zu haben.

Als ich mir anfangs jeden Tag ein wenig Zeit für meine spirituelle Entdeckungsreise nahm, konnte ich mich nie konzentrieren. Ich machte immer wieder etwas anderes, was mir so gerade einfiel, mitten in der Entspannungsübung.

Wir brauchen es, daß unsere Energie fließt, aber nicht auf chaotische Weise. Körperliche Übungen wie Yoga und Aerobic können Körper und Seele integrieren, die Energie fließt dann natürlicher. Bei innerer Unruhe ist es nützlich zu untersuchen, woher sie kommt. Unruhe wird oft durch Sorgen und Angst verursacht. Wenn man den Impuls verspürt, sich abzulenken, sollte man sich einen Moment Zeit nehmen und nachschauen, was man eigentlich tun will. Dann urteilen Sie für sich, woher die Motivation stammt und wie wichtig diese Unterbrechung ist.

Ihr leicht abzulenkender Geist entspannt sich besser in einer angenehmen Umgebung. Stellen Sie sich vor, wie es für Sie ist, einen besonders schönen Garten zu betreten, wenn Sie gerade lange in einem Verkehrsstau gestanden haben. Unsere Energien werden ausgeglichener, wenn wir uns auf eine schöne Umgebung einstimmen, denn wir nehmen die Eigenschaften der Dinge in uns auf, denen wir unsere Aufmerksamkeit schenken.

Energien ausgleichen

Verzeichnen Sie in der nächsten Woche stets Ihren Energiezustand, wenn Sie die spirituellen Übungen machen oder mit anderen spirituellen Praktiken beginnen. Beschreiben Sie ihn in kurzen Worten in Ihrem spirituellen Tagebuch. Manche Menschen empfinden zuviel Energie, andere verspüren einen Mangel. Wenn Sie Ihre Energien als unausgewogen empfinden, arbeiten Sie mit einigen unserer Vorschläge, wie man sie ändert und ausgleicht. Schreiben Sie sich alle nützlichen Strategien dafür auf, und benutzen Sie die Notizen als Erinnerungshilfen. Vielleicht belegen Sie auch einen Sportkurs oder gehen in ein Fitneßstudio, um regelmäßig mit Ihrer Energie zu arbeiten. Energieveränderungen können auch organische Ursachen haben; vielleicht möchten Sie das mit Ihrer Ärztin oder Ihrem Arzt besprechen.

Selbstzweifel

Manchmal zweifeln wir an uns selbst. Gewisse Bedenken können zwar zu wichtigen Fragen führen, aber schwerwiegende Zweifel können unseren Fortschritt auf dem spirituellen Weg verhindern. Wir müssen untersuchen, wie der Zweifel in unserem Leben funktioniert. Wenn der Selbstzweifel eine alte, konditionierte Stimme ist, die unsere innere Stimme der Erkenntnis und der Erfahrung übertönt, wird sie zum Hindernis, führt uns in die falsche Richtung und bewirkt, daß wir den Boden unter den Füßen verlieren. Im Gegensatz dazu können Zweifel auch Platz für ein authentisches Fragen schaffen und das Göttliche einfließen lassen. Wenn Zweifel Offenheit erzeugen, werden sie auf der spirituellen Reise zu Verbündeten.

Es ist wichtig, den Unterschied zwischen der einschränkenden Stimme des Selbstzweifels und der unseren Spielraum erweiternden, fragenden Stimme unterscheiden zu lernen. Eine neugierige, fragende Haltung kann hilfreich sein, Zynismus hingegen oder übergroßes Mißtrauen gegenüber spirituellen Erfahrungen können das spirituelle Wachstum behindern. Es besteht niemals die Notwendigkeit, eine Doktrin oder eine Erfahrung vollständig zu akzeptieren, die wir nicht ganz verstehen. Wir können mit Zweifeln umgehen, indem wir unseren Lehrerinnen und Lehrern wie auch unseren Gefährtinnen auf dem Weg Fragen stellen und unserer eigenen Erfahrung mehr Beachtung schenken.

Manche Frauen erzählten uns, daß, wenn sie eindringlich lauschten, die einschränkende Stimme des Selbstzweifels anders klang als die Stimme der Befragung, die ihren Spielraum erweitert. Andere Frauen meinten, sie könnten den Unterschied feststellen, wenn sie mit sich selbst und ihrem spirituellen Prozeß in engem Kontakt blieben. Wenn sie auf eine Stimme hörten, achteten sie sorgfältig darauf, wohin sie führte. Wenn sie herausfanden, daß der eingeschlagene Weg falsch für sie war, wußten sie, daß sie die Richtung ändern konnten. Es folgen einige Berichte von Frauen, die sich mit ihren Selbstzweifeln abmühen und darum kämpfen, ihre authentische Stimme zu vernehmen. Die erste Geschichte beleuchtet, wie Zweifel anderer sich als Selbstzweifel verkleiden können. Der zweite Bericht verdeutlicht, wie Zweifel Platz für neues Wachstum schaffen.

Manchmal höre ich beim Meditieren Stimmen in meinem Kopf, die sagen: »Warum machst du das? Du vergeudest doch nur deine Zeit.« Beim Beten höre ich manchmal eine Stimme, die sagt: »Vergiß es, du bist ganz allein. Niemand hört dich wirklich.« In diesen Augenblicken finde ich es immer nützlich, mich voll und ganz auf diese Zweifel zu konzentrieren. Statt zu versuchen, sie zu vertreiben, höre ich ihnen genau zu. Wenn ich mich auf sie konzentriere, erkenne ich, daß sie nichts weiter sind als Gedanken. Oft sind es die Gedanken von anderen – zum Beispiel meiner Eltern. Sie sind nicht stärker als andere Gedanken, aber wenn ich ihnen meine Beachtung schenke, mache ich sie stärker, als sie eigentlich sind.

Meditationsschülerin, 28 Jahre

Manchmal auf meinem spirituellen Weg habe ich sogenannte Dürreperioden. Inzwischen bin ich überzeugt, daß ich solche Phasen brauche; sie sind wichtig. Sie tragen zu meinem Wachstum insgesamt bei. Manchmal muß ich dann zu mir sagen: »Ich glaube nicht, daß etwas daran echt ist; es ist alles nur erfunden.« Manchmal muß ich einfach alles hinwerfen, denn das ist die einzige Möglichkeit, mit mir in Kontakt zu treten und den wahren Kern in mir zu berühren, von dem aus ich wieder von vorn anfangen kann. Vielleicht ist es die große Leere, der Schoß der Großen Mutter. Wenn mir das passiert, versuche ich einfach, alles stehen- und liegenzulassen, alles, was ich gedacht habe, meine Vorstellungen und Ideen. Bei spirituellen Erfahrungen kann man sich nie sicher sein, ob es sich vielleicht um Konstrukte handelt, die man aufgrund eigener Assoziationen errichtet hat; man hält sie leicht für echt. Bisweilen muß ich meinen Glauben in Frage stellen. Es gibt auch Phasen, in denen ich nur pragmatische Dinge erledige, mich ums Geschäft kümmere und mich kaum erinnern kann, jemals ein spiritueller Mensch gewesen zu sein. Ich muß einfach ein wenig Druck abbauen, dann kann ich mich wieder ausdehnen und ein Gefühl von Geistigkeit erlangen.

Ehemalige Pfarrerin, heute Anhängerin der Göttinnen-Religion, 42 Jahre

Nagende Zweifel

Sie können die Angewohnheit, ständig die Echtheit Ihrer eigenen Erfahrung an-
zuzweifeln, ablegen. Es folgen mehrere Fragen, die Sie sich stellen können, wenn
Sie Zweifel empfinden. Es sind Fragen, die Sie auch Ihrer inneren Stimme bei der
Meditation stellen können:

- Empfinde ich diese Erfahrung als echt?
- Empfinde ich sie als sicher?
- Bietet Sie mir Einsichten oder Wachstum?
- Hilft mir diese Erfahrung bei der Heilung?
- Fühle ich mich freier?
- Schadet diese Erfahrung mir oder anderen in irgendeiner Weise?

Die letzte Frage ist vermutlich die wichtigste. Wenn durch die Erfahrung keinerlei Schaden entstehen kann, befindet man sich auf sicherem Boden.

Das Selbstbild

Wenn wir uns mit unseren Zweifeln konfrontieren, sollten wir uns manchmal die
Frage stellen: Was wäre eigentlich so schlimm daran, wenn man einmal unrecht
hätte? Unser Selbstbild blüht auf, wenn wir etwas erreicht haben. Wir wollen
nicht den Anschein erwecken, daß uns Fehler unterlaufen. Wir wollen besser als
vorher oder besser als andere sein. Unser Selbstbild ist unser »kleines Selbst«, unser Gefühl von unserem Selbst als Individuum.

Ein gutes Bild von sich selbst zu haben ist notwendig, aber anstrengend. Unsere Spiritualität und unser Selbstbild haben eine schwierige Beziehung zueinander. Unser Selbstbild genießt spirituelle Erfahrungen, wenn es glaubt, dadurch
wachsen zu können. Doch die Spiritualität verändert letztendlich unsere Beschäftigung mit unserem Selbstbild und ersetzt es durch etwas, das sich nicht so
stark auf persönliche Dinge konzentriert: Ein Gefühl von gegenseitiger Abhängigkeit und gemeinsamer Schöpfung. Zweifel auf dem spirituellen Weg können
daher Symptome dafür sein, daß unsere Vorstellung vom Selbstbild um ihr
Überleben ringt.

Widerstände gegen eine authentischere und entwickeltere Spiritualität können
ihre Wurzeln in einer Verwirrung über das Selbstbild haben. Das Selbstgefühl
einer Frau mag stark entwickelt sein, aber sie steht vielleicht nicht in engem Kontakt mit ihren Bedürfnissen, um dem spirituellen Weg zu folgen. Doch ist es nicht
nötig, daß sie sich selbst und ihre Bedürfnisse aufgibt, um dem spirituellen Weg
zu folgen. Wir meinen keinesfalls, daß eine Frau die eigenen Bedürfnisse beiseite

schieben sollte, um zur selbstlosen Märtyrerin zu werden. Statt dessen sollte sie an einer Einstellung arbeiten, wie sie das Geben und Nehmen mit anderen ausgleichen kann. Wenn wir uns selbst Gutes tun, behalten wir bei Ängsten und Zweifeln eher festen und sicheren Boden unter den Füßen.

Hinderliche Glaubenssätze

Glaubenssätze sind grundsätzlich sehr starke Gedanken. Es sind Gedanken, die durch Gefühle bekräftigt werden, die wiederum durch Wiederholung und Verstärkung bestätigt werden. Schließlich werden unsere Glaubenssätze zu einem Bestandteil von uns und finden in Geist und Herz ein Zuhause. Wenn wir wachsen und reifen, integrieren wir unsere Überzeugungen zu einem komplizierten System aus Reaktionen, das wir Glaubenssystem nennen. Ein Großteil unserer Interaktion mit anderen wird durch dieses System bestimmt. Manchmal denken und handeln wir im Einklang mit diesen Überzeugungen, ohne uns dessen bewußt zu sein. Dann können unsere Überzeugungen Schaden anrichten.

Einige Glaubenssätze werden als Reaktionen auf Kindheitserlebnisse gebildet. Als Erwachsene handeln wir womöglich auf der Grundlage von Überzeugungen, die inzwischen unangemessen geworden sind, aber viel früher erlernt wurden und nun als selbstverständlich hingenommen werden. Es ist wichtig, daß wir diese Überzeugungen identifizieren, die uns schaden und Hindernisse auf dem Weg zu unserer spirituellen Heilung und unserem Wachstum bilden.

Glaubenssätze können die Spiritualität stark beeinflussen. Bei Ihrem Streben nach spiritueller Erneuerung wird Ihnen deutlich werden, welche Glaubenssätze Sie als spiritueller Mensch in sich tragen und welche Überzeugungen man über Spiritualität im allgemeinen haben kann. Dabei können Sie auf manche Überraschung stoßen.

Elaine beschreibt einen Glaubenssatz, den ihre Mutter auf sie übertragen hat:

Mit der Religion spielt man nicht und versucht auch nicht, sie zu ändern. Das ist Gottes Sache, er ist derjenige, der das Sagen hat.

Elaine stellte fest, daß diese Überzeugung ihre Fähigkeit behinderte, ihre eigene spirituelle Entdeckungsreise fortzusetzen. Jane hatte die gleiche Überzeugung mitbekommen. Aber sie hörte diese Botschaft noch eindringlicher:

Auch wenn ich nicht mehr der fundamentalistischen Religion anhänge, mit der ich aufgewachsen bin, erschrecke ich bei meinen eigenen spirituellen Gedanken oder wenn ich ein spirituelles Buch lese, in dem neue Ideen vertreten werden. Mir wurde beigebracht, daß alle anderen Religionen sündhaft sind und daß ich auf ewig in der Hölle schmore, wenn ich andere Religionen auch nur betrachte. Das war mir früher nie bewußt, aber ich hatte Angst, diese Überzeugungen auf die Probe zu stellen. Denn tief in mir war ich davon überzeugt, meine fundamentalistische Religion habe in diesem Punkt recht.

Shirley glaubte immer, sie müsse zur Kirche gehen, um spirituell zu sein.

Ich dachte immer, etwas stimme nicht mit mir, denn ich war nicht religiös. Ich dachte, man bräuchte eine Religion, um spirituell zu sein. Ich probierte einige Kirchen aus, auf der Suche nach einer, bei der ich spirituell zufrieden sein würde. Das hat aber nie funktioniert. Erst in meiner Heilung habe ich meine eigenen spirituellen Überzeugungen entdeckt.

ÜBUNG

Spirituelle Glaubenssätze in sich aufspüren

Probieren Sie eine der folgenden Methoden aus, um in Kontakt mit Ihren spirituellen Glaubenssätzen zu gelangen. Die verschiedenen Vorschläge helfen Ihnen, die Frage nach Ihren Glaubenssätzen von verschiedenen Gesichtspunkten aus anzugehen.

1. Lesen Sie Informationen darüber, an wen oder was andere Menschen glauben: Missionsartikel, inspirative Gesänge, Glaubensbekenntnisse. Lesen Sie spirituelle Bücher und Artikel.
2. Bitten Sie eine Person, die Sie respektieren, Ihnen ihre spirituellen Überzeugungen mitzuteilen. Machen Sie sich Notizen. Lesen Sie sie später noch einmal durch. Achten Sie auf Ihre Gefühle zu Ihrem Geschriebenen.
3. Probieren Sie eine Übung in freiem Schreiben aus. Fangen Sie einen Satz an mit den Worten: »Ich glaube an ...« und vervollständigen Sie ihn spontan. Es gibt keine richtigen Antworten – dies ist eine Übung in Selbsterkenntnis.

Bei der Fortsetzung Ihrer spirituellen Reise möchten Sie vielleicht Ideen und Konzepte ablegen, die Ihnen nicht länger nützen, um Platz für neue zu schaffen. Die Metapher eines Komposthaufens kann Ihnen dabei helfen. Wie beim Kompostieren wird nichts vergeudet: Ideen, Gedanken und Überzeugungen, die nun unangemessen erscheinen, können zur »Wiederaufbereitung« auf den Komposthaufen gebracht werden.

Der innere Komposthaufen

Stellen Sie sich vor, Sie hätten einen großen Komposthaufen in Ihrem Inneren. Kompostieren ist ein natürlicher Prozeß, bei dem das alte, verbrauchte Material verrottet und in neue, fruchtbare Erde umgewandelt wird. Hier ein paar Beispiele dafür, was Sie alles auf den Komposthaufen bringen können:

– alle Ideen in diesem Buch, die nicht zu Ihrer eigenen Wahrheit passen;
– alle Ideen, die Sie von anderen gehört haben und die Ihnen nichts mehr nutzen.

Sie können den Komposthaufen bei Ihrem spirituellen Wachstum immer wieder benutzen, um falsche und unnütze Überzeugungen abzulegen. Wenn Sie ein Konzept »über den Haufen« werfen, unterstützen Sie den natürlichen Prozeß, in dem es zu Gedanken umgewandelt wird, die Ihnen selbst und der Menschheit helfen.

Über die Veränderung

Eine Reise der spirituellen Erneuerung enthält auch viele Chancen zur Veränderung, die auf dem spirituellen Weg eine starke Verbündete sein kann, denn sie bietet uns die Gelegenheit zur Heilung. Manchmal wehren wir uns nur gegen Veränderungen, weil wir die Unsicherheit schwer ertragen können. Mit einer Veränderung machen wir einen Schritt ins Unbekannte, wo alles möglich ist: Wunderbares und Furchtbares. Doch wenn wir es recht bedenken, ist die Veränderung unsere ständige Begleiterin. Das Leben auf diesem Planeten ist eine ständige Veränderung. Veränderungen sind die Grundlage unserer Existenz und der Kern unserer spirituellen Entfaltung. Das Beschreiten des spirituellen Wegs wird leichter, wenn wir dazu eine offene Haltung der Veränderung gegenüber entwickeln. Dann können wir den Weg leichter gehen, können uns besser entfalten und haben einen sichereren Schritt.

Teil I
DIE HEILUNG DER SPIRITUELLEN ENTFREMDUNG

Einführung

Nun können wir die Reise in unsere spirituelle und religiöse Vergangenheit beginnen. Wir fangen an, indem wir uns auf unsere spirituelle Entfremdung konzentrieren. Wir blicken zurück, um eine ganz bestimmte Veränderung herbeizuführen, eine Veränderung, die heilend wirkt und altes Leid und frühere Herabwürdigungen in einen neuen Weg und eine neue Verbindung zu uns selbst umwandelt. Wenn wir eine neue Richtung einschlagen, können wir nie sicher sein, wohin der Weg uns führen wird. Es kann nützlich sein, sich dem Unbekannten mit Offenheit und Interesse an den kommenden Veränderungen zu stellen. Es kann auch helfen, den Willen spiritueller Erneuerung zu bekräftigen.

Der nächste Abschnitt der Reise wirkt eventuell etwas steinig und steil. Packen Sie sich einen Rucksack oder eine Tasche, füllen Sie sie mit den besten Werkzeugen und Hilfsmitteln, die Sie im ersten Kapitel über die Grundlagen angesammelt haben. Und denken Sie stets daran: Wenn Sie unsicher werden, können Sie immer zu den Übungen und Vorschlägen zur Verankerung und Sicherheit zurückkehren. Kultivieren Sie eine Einstellung der Großzügigkeit und Sanftheit sich selbst gegenüber.

Fühlen Sie sich frei, in diesem Abschnitt »herumzuwandern« und sich auf das zu konzentrieren, was für Ihre Heilung wichtig ist. Vielleicht möchten Sie zwischendurch etwas aus dem nächsten Teil, »Die Suche nach einer neuen spirituellen Verbindung«, lesen oder die dortigen Übungen ausprobieren. Ruhen Sie sich aus, wenn Sie müde sind, machen Sie eine Pause, wenn Sie sich überwältigt fühlen. Wenn Sie steckenbleiben oder eine neue Vision brauchen, müssen Sie Raum um sich schaffen. Wenn Sie sich verwirrt, ängstlich oder überfordert fühlen, denken Sie an Ihre inneren Ressourcen, Ihre Freundinnen und Freunde und Ihre Familie. Wir betrachten die spirituelle Entfremdung so gründlich, weil wir in den Interviews und Workshops gespürt haben, wie stark viele Frauen mit Schmerzen und Verletzungen aus der Vergangenheit verhaftet bleiben, und wir vermuten, daß ein Teil der weiblichen spirituellen Inspiration und des weiblichen Potentials in diesem alten Leid »gefesselt« ist. Vielleicht fühlen wir uns spirituell blockiert, »steckengeblieben« oder abgestumpft, weil wir meinen, einen Teil unserer natürlichen Essenz als spirituelle Frau verloren zu haben. Möglicherweise empfinden wir Traurigkeit oder Wut, ein Gefühl von Ausgeschlossensein, oder wir fühlen uns unzulänglich oder haben Angst vor unserer eigenen Spiritualität. Wir empfinden Schuldgefühle oder Isolierung, wenn wir unsere wahren spirituellen Überzeugungen aussprechen, oder sind verwirrt, weil wir nicht wissen, wie wir die spirituelle Reise beginnen können. Jede hat ihre eigenen Wunden, die sie heilen muß. Wir betrachten die spirituelle Entfremdung, um uns von ihr zu befreien und unseren Geist zu erneuern. Oder, wie eine der befragten Frauen es ausdrückte:

E s geht darum, in die Kindheit zurückzugehen, zu jener Person, die alles akzeptierte. Wir wurden durch dieses Akzeptieren verletzt, aber nun können wir zur Unschuld und zum Akzeptieren zurückkehren und die Wunden heilen.

Entfremdung ist ungebundene Energie. Wenn wir entfremdet sind, verirren wir uns und distanzieren uns von uns selbst, unserem Leben, unseren Freundinnen und Freunden und unserer Familie. Wir vergessen, wer wir sind, und verlieren aus den Augen, was wir wollen. Entfremdung wirkt wie subtile Unzufriedenheit und Unruhe; manchmal sind ihre Wirkungen aber auch deutlicher. Altes Leid wird nach innen gerichtet und schwelt in uns, um vielleicht später im Leben als Selbstmißbrauch oder Selbsthaß wieder aufzutauchen.

Spirituelle Entfremdung beginnt in der Kindheit, wenn unsere geheiligte Wahrheit mißachtet und unsere spirituellen Erfahrungen ignoriert werden. Manchmal werden uns fremde spirituelle und religiöse Gedanken aufgezwungen. Wir werden von unserer spirituellen Quelle getrennt, von dem Gefühl inneren Wissens. Wir verlieren den Kontakt zur tieferen Bedeutung des Lebens und seinen Sinn und Zweck aus den Augen. Wir fühlen uns aus der Umarmung eines göttlichen Wesens vertrieben.

Ein Großteil der Entfremdung, die wir als Frauen erleben, stammt daher, daß wir stets ignoriert und abgewertet werden. Nach einer Weile ist es fast jeder von uns zur Gewohnheit geworden, auch sich selbst zu ignorieren und alle Energie anderen zu geben. Ein wichtiger Teil der Heilung besteht darin, daß wir uns selbst akzeptieren und bestätigen. Eine Möglichkeit der Selbstbestätigung besteht darin, daß wir uns an die Vergangenheit erinnern und deren Einfluß auf unser Leben begreifen. Wir beginnen daher unsere Heilung mit der Aufzeichnung und Bestätigung der religiösen und spirituellen Fakten aus unserer Vergangenheit. Diese Tatsachen werden als Grundlage unserer spirituellen Heilung dienen.

Wir beginnen mit einer Liste von Fragen, die einige fundamentale Aspekte unserer persönlichen religiösen Geschichte ansprechen. Bei der Beantwortung der Fragen sollte man zulassen, daß sie neue Fragen und neue Erinnerungen hervorrufen. Beantworten Sie die Fragen, die Ihnen angemessen erscheinen, und fügen Sie weitere Fragen und Fakten hinzu, die Ihnen helfen, sich vollständiger an Ihr religiöses Erbe zu erinnern.

Fragen zur Religion der Kindheit

Hatten Sie als Kind eine religiöse Erziehung? . . . .

Wenn ja, um welche Religion handelte es sich? . . . .

Haben Sie als Kind eine Kirche, eine Synagoge, eine Moschee oder einen Tempel besucht? . . . .

Wie oft? . . . .

War das Ihre freie Entscheidung, oder wurden Sie von Ihren Eltern dazu gezwungen? . . . .

Haben Sie zur Zeit eine Verbindung zur Religion Ihrer Kindheit? . . . .

Falls nicht, in welchem Alter haben Sie diese Gemeinschaft verlassen? . . . . . .

Sind Sie als Kind in eine religiös gebundene Schule gegangen? . . . .

Wie lange? . . . .

Wurden Ihre Lebensübergänge (Geburt, Taufe, Konfirmation, Bar Mitzwah, Hochzeit) religiös gefeiert? . . . .

Wenn ja, welche? . . . .

Wurden Sie als Kind von anderen Religionen oder spirituellen Überzeugungen beeinflußt? . . . .

Beschreiben Sie, wie dieser Einfluß aussah. . . . .

. . . .

Als Kind war für Sie der Glaube an Gott (bitte Zutreffendes einkreisen)

sehr wichtig   ziemlich wichtig   nicht so wichtig   unwichtig

Hatte Ihre Umgebung in der Kindheit viel mit Religion zu tun?

Ja   irgendwie   nein

Waren Sie sich als Kind eines inneren, spirituellen Lebens bewußt?

Ja   irgendwie   nein

Waren für Sie als Kind Ihr spirituelles und Ihr religiöses Leben …

völlig eins   irgendwie verbunden   nicht sehr verbunden

völlig separate Bereiche?

Als nächstes legen Sie einen Stammbaum an, ein Bild Ihrer Familienstruktur über mehrere Generationen hinweg. Stammbäume können helfen, die Einflüsse und Muster in einer Familie zu entdecken: Man erbt gewöhnlich eine Menge von Angehörigen früherer Generationen und reicht ebensoviel an die nächste Generation weiter. Besonders religiöse und spirituelle Glaubenssätze und Überzeugungen werden über Generationen hinweg weitergegeben. Wenn Sie Ihre Geschichte unter die Lupe nehmen, hilft es Ihnen vielleicht, auch die spirituellen und religiösen Erfahrungen Ihrer Eltern und Großeltern zu untersuchen, um sie auf dem Familienplan einzutragen.

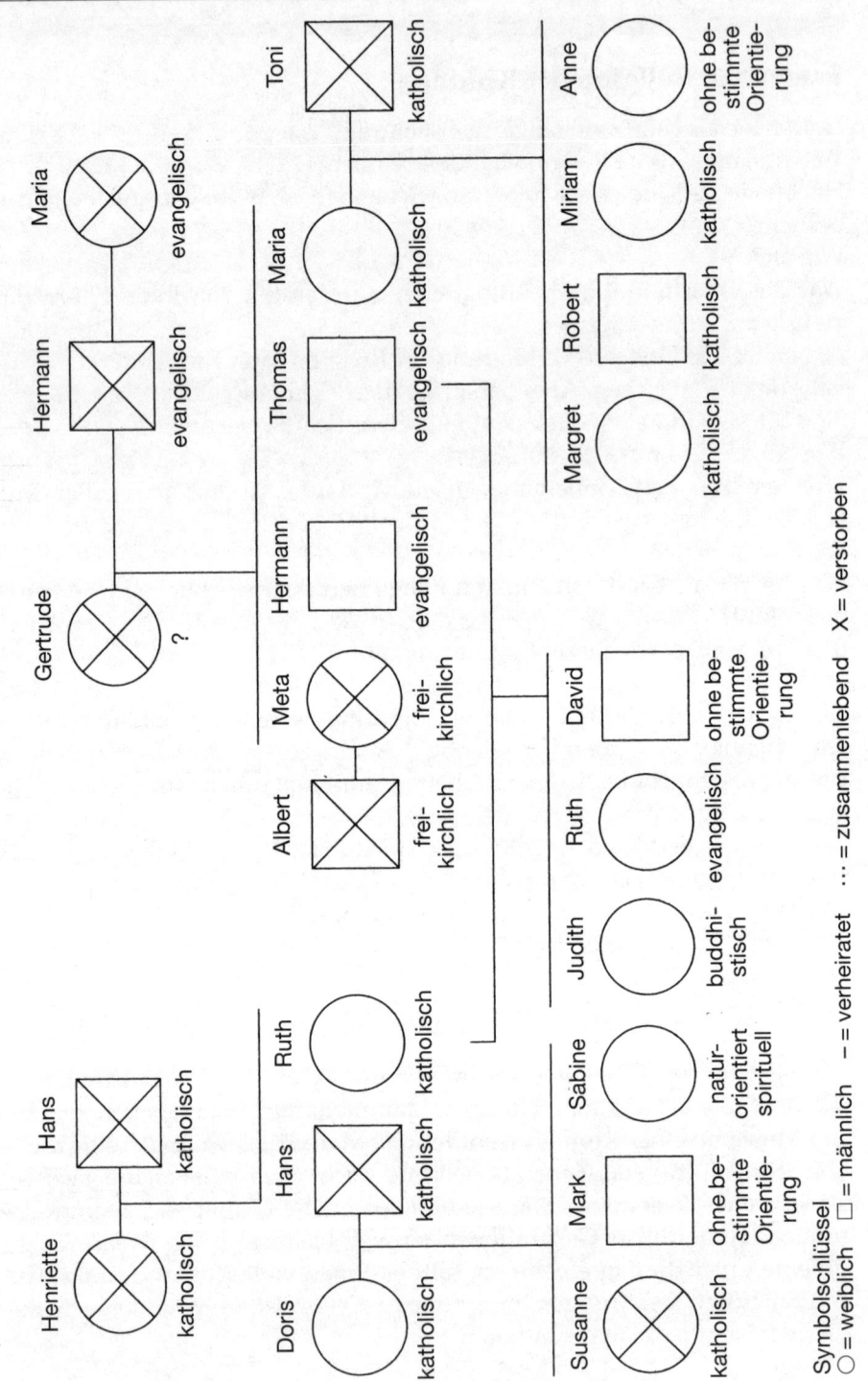

Muster-Stammbaum
Judith Kramer

Symbolschlüssel
○ = weiblich   □ = männlich   − = verheiratet   ··· = zusammenlebend   X = verstorben

Einen Stammbaum anlegen

Legen Sie einen Stammbaum an, eine Zeichnung, die Ihre grundlegenden familiären Beziehungen und Fakten zeigt. Meistens reichen Stammbäume bis in die Generation der Großeltern zurück, und von dieser aus gehen so viele Generationen ab, wie Ihre Familie aufweist. Legen Sie die Zeichnung jedoch so einfach wie möglich an. Wir zeigen Ihnen auf der gegenüberliegenden Seite ein Muster für einen solchen Baum. Man kann neben die Namen aller Angehörigen wichtige Informationen eintragen, darunter die religiöse Zugehörigkeit. In späteren Übungen tragen Sie weitere Informationen in den Plan ein. Lassen Sie am besten Raum für weitere Fakten, oder ziehen Sie Fotokopien des Baums, um sie bei künftigen Übungen zu benutzen.

Schließlich schlagen wir vor, eine Lebenslinie anzulegen, eine chronologische Aufzeichnung wichtiger spiritueller und religiöser Ereignisse in Ihrem Leben. Auch die Lebenslinie wird Erinnerungen aufzeigen, die Sie bei der Arbeit an den Übungen in diesem Buch brauchen könnten. Auf Seite 54 finden Sie ein Beispiel für eine solche Lebenslinie.

Die Lebenslinie wichtiger spiritueller und religiöser Ereignisse

Nehmen Sie ein leeres Blatt Papier. Ziehen Sie einen Strich von oben nach unten in der Mitte des Blattes. Dann tragen Sie die Daten wichtiger religiöser und spiritueller Ereignisse in chronologischer Reihenfolge ein, und beschreiben Sie das Ereignis links oder rechts davon. Fangen Sie oben auf der Seite mit Ihrem Geburtsdatum an. Vielleicht lassen Sie darüber etwas Platz für Ereignisse, die Ihr Leben bereits vor der Geburt beeinflußt haben könnten.

Machen Sie sich keine Gedanken darum, daß die Linie vollständig beschrieben werden müßte. Dies ist ein Prozeß, kein abzuschließendes Werk. Legen Sie jetzt nur die Grundstruktur an, und fügen Sie im Verlauf der Übungen weitere wichtige Daten und prägende spirituelle und religiöse Ereignisse ein. Versuchen Sie, bei dieser Übung so frei und kreativ wie möglich vorzugehen. Wichtig ist, eine chronologische Darstellung der Ereignisse zu haben, damit Sie Muster erkennen und Ihre Erfahrungen festhalten können. Wir zeigen unten ein paar der wichtigsten Ereignisse in Nellys spirituellem Leben.

Nellys spirituelle Lebenslinie

		Holocaust
		Zweiter Weltkrieg
Meine Geburt	1948	Gründung des Staates Israel
Begegnung mit Barbara, meiner	1951	
ersten spirituellen Freundin		
	1956	Ich »ahne« die Bombe im Kanal,
		Bestätigung meiner Intuition
		durch meine Mutter
Verlasse die Talmud-	1958	
schule nach wenigen Wochen		
Schlechter LSD-Trip	1969	College abgebrochen
	1972	Umzug aufs Land
Teilnahme an spirituellen	1973	
Frauengruppen		
	1974	Umzug in Frauenkommune auf
		dem Land, Zusammenleben mit Carol
		Schaffe Klausuren für Frauen und
		schreibe mein erstes Buch
Beginne tägliche Lektüre	1975	
spiritueller Bücher		
	1978	Erste Meditationsklausur
		Tägliche Meditationen
Tod meines Vaters	1979	
	1982	Beginn meiner Arbeit als
		Meditationslehrerin für Frauen
Studium der Psychologie	1986	Erste Interviews mit Frauen über
und Spiritualität		ihre Spiritualität
Therapeutin in der Beratung von	1988	
Aidskranken, Beschäftigung mit		
Tod und Sterben		
Beginn meiner Arbeit an diesem	1989	Magisterarbeit über ein »Gruppen-
Buch		modell für feministisch-spirituelle
		Führung«

Die meisten Menschen wissen, was Heilung ist, denn sie haben sie in mancher Hinsicht erfahren. Wenn wir eine Therapie gemacht haben, konnten wir destruktive durch neue, befriedigendere und erfreulichere ersetzen. Wenn wir in einer Alkoholikerfamilie aufwuchsen, haben wir nach dem Erinnern des Leids und der Verwirrung zumindest einen Teil der alten, dysfunktionalen und ungesunden Beziehungsmuster hinter uns gelassen. Überlebende von Inzest haben vielleicht festgestellt, daß sie nach dem Mitteilen der Erinnerungen in einer sicheren, stützenden Umgebung lustvolle Sexualität und Lebensvertrauen zurückgewinnen können. Heilen kann schwierig sein, wenn dazu das erneute Durchleben von Leid und Verletzungen gehört, aber wir müssen diesen Schmerz vielleicht nur genau betrachten, um seinen Einfluß auf uns aufzuheben. Wenn die Erinnerungen wieder auftauchen, fühlen wir uns noch genauso verletzlich wie in der Situation, als wir sie das erste Mal erlebten. Es ist wichtig, zu erkennen, daß nicht die Verletzungen wieder stattfinden, sondern nur noch die Erinnerung daran. Es ist auch wichtig, daß wir uns daran erinnern, daß wir nun Erwachsene sind, die für sich eintreten können.

ÜBUNG

Der Umgang mit schmerzlichen Gefühlen

Wenn Sie schmerzliche Gefühle empfinden, probieren Sie die folgenden Methoden in der angegebenen Reihenfolge aus. Wenn Ihnen das Gefühl vertrauter wird oder nachläßt, ist es nicht nötig, alle Methoden zu testen. Bleibt das Gefühl, arbeiten Sie alle Schritte nacheinander durch.

1. Beschreiben Sie das Gefühl. Wo im Körper spüren Sie es? Welche Gedanken sind mit dem Gefühl verbunden?
2. Identifizieren Sie das Gefühl. Fragen Sie sich: Was empfinde ich? Geben Sie dem Gefühl einen Namen, etwa Verletztsein, Wut, Zorn, Traurigkeit, Schuld oder Enttäuschung. Geben Sie dem Gefühl den Namen, der Ihnen am treffendsten erscheint.
3. Verharren Sie in dem Gefühl. Vergegenwärtigen Sie sich, daß alle Gefühle vorübergehend sind, und so wird auch dieses Gefühl vergehen.
4. Lernen Sie aus dem Gefühl. Fragen Sie sich: Was lerne ich durch dieses Gefühl über mein Leben, meine Erfahrungen und meine Bedürfnisse?
5. Lassen Sie sich von dem Gefühl zur Handlung anleiten. Fragen Sie sich: Gibt es etwas, das ich in meinem Leben tun oder ändern muß?

Wenn Sie immer wieder Gefühle der Entfremdung empfinden, ist es wichtig, daß Sie sich selbst sanft und fürsorglich behandeln. Wenn Sie Traumata wiedererleben, sind Sicherheit und Fürsorge sehr wichtig, damit Sie nicht wieder verletzt werden. Nehmen Sie sich Zeit, darüber nachzudenken, was und wen Sie als unterstützend empfinden. Gehen Sie noch einmal die Übungen im Anfangsteil durch.

Ich habe einen besonderen Ort für meine Heilungsarbeit. Anschließend lasse ich dort immer alle Gefühle und Erinnerungen zurück.

Ich beginne meine Heilungsarbeit immer damit, daß ich mich an meine Verbindung mit der Erde erinnere und sie erspüre. Ich fühle mich auf der Erde sicher, weil sie meinen Schmerz verwandelt.

Wenn ich intensiv mit meinen Emotionen arbeite, nehme ich mir immer genügend Zeit, um ebenso intensiv zu spielen.

Erinnerung an Heilungen

Denken Sie an einen Bereich in Ihrem Leben, in dem Sie von Entfremdung, Bindungslosigkeit und Verletzungen geheilt wurden. (Beachten Sie dabei, daß Heilung ein Prozeß ist, daher brauchen Sie sich nicht unbedingt vollständig geheilt zu fühlen.) Hier einige Möglichkeiten:

– Heilung von einer körperlichen Krankheit
– Heilung von einer Sucht
– Heilung nach einer Trennung oder nach dem Tod eines nahestehenden Menschen

Erinnern Sie sich, wie Sie sich vor der Heilung fühlten. Beschreiben Sie, wie Sie sich fühlten, in Worten oder Bildern, und versenken Sie sich in diese Gefühle. Nehmen Sie sich Zeit, um über Ihre Heilung nachzudenken. Rufen Sie sich jegliche Unterstützung ins Gedächtnis, die Ihnen dabei geholfen hat. Welche Menschen haben Ihnen geholfen? Wie haben sie Sie behandelt? Welche Situationen waren nützlich? Welche Gedanken wirkten hilfreich? Wenn Sie sich heute geheilt fühlen, schreiben Sie ein paar Erinnerungshilfen auf, die Sie bei der Heilung unterstützten. Lesen Sie die Liste immer durch, wenn Sie sich entmutigt oder überwältigt fühlen.

Carol und Nelly kennen beide aus ihrer Vergangenheit das Gefühl spiritueller Entfremdung.

Eine Geschichte von Carol

Ich wurde in der Episkopalkirche groß. Als Erwachsene war mir nicht bewußt, in welchem Ausmaß meine Ursprungsreligion mich immer noch beeinflußte, denn ich habe mich nie wirklich für das Christentum interessiert. Als Kind war es wie eine religiöse Pflicht, die mir am Sonntagmorgen immer eine Menge Zeit raubte, in der ich viel lieber auf Bäume geklettert wäre und im Wald gespielt hätte. Als Jugendliche schämte ich mich meines christlichen Erbes, als ich erkannte, wie viele Kriege im Namen meiner Religion ausgetragen worden waren. Ich kritisierte die mangelnde Unterstützung der Kirche für die Armen. Ich versuchte zu vergessen, daß ich als Christin erzogen worden war. Erst als ich Workshops über Spiritualität für Frauen leitete und als feministische Therapeutin arbeitete, erkannte ich, welch starke Wirkung meine Kindheitsreligion auf mich gehabt hatte.

Als Nelly und ich 1986 mit den Interviews begannen, besuchte ich in den Weihnachtsferien meine Eltern. Ich war in der Anfangsphase dieses Buches und stellte gerade erste, vorläufige Thesen darüber auf, welchen Einfluß meine Ursprungsreligion auf mich ausgeübt hatte. Heiligabend gingen meine Mutter und ich wie in jedem Jahr meiner Kindheit in die Mitternachtsmesse. An diesem Heiligen Abend war die Kirche voll bis zum letzten Platz. Die Flammen der Kerzen wärmten den Raum und spiegelten sich in den Bleiglasfenstern. Die vertrauten Gerüche von Weihrauch und Tannengrün drangen in meine Sinne. Der Priester trat vor den Altar, um die Oblaten zu segnen, das Fleisch und Blut Jesu Christi. Dann wandte er sich wieder der Gemeinde zu und lud uns zur heiligen Kommunion ein. Plötzlich schien er sich zu verändern. Seine Augen wurden schmaler, sein Gesichtsausdruck sehr streng. Es war, als würde eine dunkle Wolke über seinem Kopf schweben. Als er sich mir zuwandte, wirkte er viel

größer als vorher und sehr bedrohlich. Ich blickte mich in der Gemeinde um und spürte, daß ich als einzige diese Veränderung wahrnahm. Mir war schwindlig, und mir wurde übel. Meine Knie wurden weich. Ich dachte, ich würde auf der Holzbank zusammenbrechen. Aber ich wollte meine Mutter nicht enttäuschen oder Aufsehen erregen. Diese Gefühle dauerten etwa drei Minuten an, hinterließen aber eine einschneidende Wirkung.

Zuerst war ich unsicher, was diese Erfahrung bedeutete. Langsam erkannte ich, daß ich mich als Kind spirituell entmachtet und eingeschüchtert gefühlt hatte. Meine authentische Spiritualität war nicht ermutigt worden; statt dessen wurde mir etwas aufgezwungen, das ich nicht begriff. Ich empfing spirituelle und religiöse Energie von meiner Mutter, die ich zu imitieren versuchte. Aber die Objekte ihrer Frömmigkeit waren für mich nicht authentisch. Ich unterdrückte meine Gefühle, weil ich meine Mutter nicht verletzen wollte. Meine Erfahrung an diesem Weihnachtsfest deckte den Schatten auf, der für mich bis dahin verborgen gewesen war. Ich erkannte, in welchem Ausmaß meine Ursprungsreligion mich immer noch verfolgte.

Diese Erfahrung führte mich zu einem tiefen Verständnis meiner spirituellen Entfremdung. Ich erkannte auch die Tiefe der Verbindung zu meiner Mutter und in welchem Ausmaß sie für mich ein spirituelles Rollenvorbild gewesen war.

Eine Geschichte von Nelly

Wenn ich auf meine religiöse Vergangenheit zurückblicke, fällt mir auf, wie jüdisch ich mich fühle und wie wenig ich gleichzeitig über die jüdische Religion weiß. Das klingt paradox, aber es scheint eine übliche Erfahrung unter den jüdischen Frauen zu sein, die wir interviewten. Meine Eltern waren Kinder von Einwanderern, und ich glaube, um sich besser an die amerikanische Kultur anzupassen, lehnten sie alle alten Traditionen ab, auch die Religion.

Als Jüdin sehe ich überall Angst und Gefahren lauern. Mein Leben ist zwar bisher sehr friedlich verlaufen. Trotzdem werde ich nie vergessen, was Leid ist. Die Geschichte meines Volkes ist mir tief ins Bewußtsein geprägt, die Geschichte von fünftausend Jahren Schrecken und Verfolgung. Diese Erinnerung wird von der jüdischen Religion verlangt, aber manchmal werde ich auch wütend bei dieser Erinnerung. Gleichzeitig weiß ich aber, wie gefährlich ein Vergessen wäre. Ich wurde im Schatten des Holocaust geboren. Ich versuche immer wieder, einen Sinn im Holocaust zu finden und ihn irgendwie in meine spirituelle Vision zu integrieren. Ich glaube, daß jedes Wesen an sich heilig und göttlich ist und daß es im Leben und in den Menschen etwas grundsätzlich Gutes gibt. Ich frage mich aber, wie Hitler und seine Grausamkeiten in dieses Bild passen. Die Antwort auf diese Frage hat meine spirituelle Reise mein ganzes Leben lang begleitet. Ich habe ein geschärftes Bewußtsein für Ungerechtigkeiten und eine starke Motivation, angesichts von Ungerechtigkeit und persönlichem Unglück präsent und mitfühlend zu sein.

Meine Mutter hat ausgeprägte spirituelle Glaubenssätze und Überzeugungen, die ihr sehr wichtig sind. Sie war in vieler Hinsicht ein wunderbares Rollenvorbild, weil sie meine spirituelle Freiheit und Neugier förderte. Mit der Betonung meiner spirituellen Freiheit hat sie mir niemals spirituelle Ideen aufoktroyiert. Aber ohne eindeutige spirituelle Leitlinien von ihr fühlte ich mich zuweilen verloren und verwirrt. Ich wünschte mir als Kind, eine stärkere spirituelle Verbindung zu meiner Mutter zu haben.

Mein Vater war im Vergleich zu meiner Mutter zwar der religiösere, aber den jüdischen Glauben haben weder er noch sie auf mich übertragen. Ich habe mich nie als Mitglied einer religiösen Gemeinde gefühlt. Ich habe nie eine Beziehung oder Nähe zu einem göttlichen Wesen empfunden. Wir gingen an den hohen Feiertagen zur Synagoge, aber es war kein spirituelles Ereignis, eher ein gesellschaftliches. Die Gemeinde schien sich eher mit ihrem Auftreten zu befassen und damit ihrer Garderobe statt mit einer authentischen spirituellen Erfahrung. Wenn ich in den Tempel ging, verstand ich nichts. Der Gottesdienst fand in Hebräisch statt, und ich habe die Sprache nie gelernt. Die religiösen Rituale habe ich weder begriffen noch eine von ihnen ausgehende Wirkung gespürt. Unser Rabbi war Alkoholiker und ein sehr schwacher Führer. Ich habe mich nie spirituell versorgt gefühlt, obwohl ich glaube, daß ich spirituell »hungrig« war.

Als Teenager habe ich mich Tag für Tag mit dringlichen Fragen beschäftigt, etwa der, ob es einen Gott gibt. Das war eine meiner Hauptsorgen und ist für mich immer noch zentral. Ich bin dankbar für die Gelegenheit, zu meinen eigenen Antworten zu gelangen und meinen eigenen spirituellen Weg zu finden. Aber manchmal ist das sehr schwer. Bisweilen fühle ich mich spirituell einsam, und mir fehlt eine spirituelle Gemeinschaft.

Seit ich Feministin bin, habe ich mich mit den männlich bestimmten Elementen des Judentums abgerackert, dem ich mich gleichzeitig eng verbunden fühle. Ich dürste nach einer tieferen spirituellen Verbindung zum Judaismus. Ich suche nach einem Weg, der das Judentum enger mit meiner spirituellen Reise verbindet.

Die Heilung von spiritueller Entfremdung bringt Sie auf den Weg zu ihren Kindheitswurzeln. Sie müssen vielleicht alte Überzeugungen ausrotten, sie quasi an den Wurzeln herausziehen, weil sie Ihnen weh taten und tun. Andere Ihrer alten Einstellungen müssen Sie vielleicht ändern, damit sie zu dem passen, was Sie nun als Wahrheit erkennen; wieder andere Wurzeln von früher müssen ganz gekappt werden. Einige Wurzeln der Ursprungsreligion ernähren Sie vielleicht, und es ist an der Zeit, ihnen mehr Zuwendung zu geben und sie mit neuer Energie zu stärken. Der Heilungsprozeß wirkt zwar manchmal sehr schwierig, aber er bringt Ihnen viele Vorteile: spirituelle Bindung und feste Verwurzelung auf Ihrem eigenen, authentischen spirituellen Weg. Die folgenden Kapitel konzentrieren sich auf verschiedene Hindernisse auf dem Weg zu spiritueller Erfahrung.

ÜBUNG

Den Blick schärfen

Die nächsten Übungen lassen Sie deutlicher erkennen, auf was Sie Ihre Aufmerksamkeit lenken sollten. Jede Übung bedient sich einer anderen Technik, um Ihnen Informationen über sich selbst zu liefern.

Die Checkliste: Lesen Sie die Liste von Erfahrungen und Gefühlen durch, und kreuzen Sie diejenigen an, die auf Sie zutreffen. Dann gehen Sie zu den Aussagen zurück, die Sie als die Ihren erkannt haben, und verändern den Wortlaut, damit sie noch besser auf Ihre eigene Erfahrung zutreffen.

_____ Ich habe mich von Gott eingeschüchtert und verängstigt gefühlt.

_____ Ich empfand eine Entfremdung, weil Gott als weiß dargestellt wurde.

_____ Ich habe mich von meiner Religion ausgeschlossen gefühlt, weil alle ihre Leitfiguren Männer waren.

_____ Als Mädchen oder Frau war ich von Ritualen entweder ausgeschlossen, oder ich spielte allenfalls eine Nebenrolle.

_____ Was man mir über Religionen beibrachte, ergab für mich nie einen Sinn.

_____ Ich hatte nie so etwas wie einen religiösen Hintergrund, und das war schwierig für mich.

_____ Ich wurde in meiner Religion mißbraucht.

_____ Ich war immer so beschäftigt, daß ich keine Zeit für Spiritualität hatte.

_____ Ich hatte als Angehörige einer Religion, ethnischen oder anderen Gruppen Angst davor, diskriminiert zu werden.

_____ Mein Mißbrauch als Kind hatte Einfluß auf meine Spiritualität.

_____ Drogenmißbrauch, entweder mein eigener oder der von anderen, hat meine Spiritualität beeinträchtigt.

_____ Ich habe großes Leid und viele Verluste erlebt, und das hat meine spirituelle Entwicklung blockiert.

Wenn Sie eine der ersten drei Aussagen bestätigen konnten, sollten Sie sich auf das Kapitel über Gott konzentrieren. Haben Sie eine der darauffolgenden fünf Aussagen bestätigt, sollten Sie sich auf das über spirituelle und religiöse Hindernisse konzentrieren. Bei Zustimmung zu den letzten fünf Aussagen gehen Sie am besten das Kapitel über andere Hindernisse durch.

Probleme verdeutlichen: Betrachten Sie nun wieder Ihre Lebenslinie, und denken Sie an Ihre Erfahrungen.

Achten Sie auf Formen von spiritueller Entfremdung, die dabei entstanden sind. Worum ging es bei dieser Entfremdung? Gab es noch andere Hindernisse? Wurden Sie mißbraucht? Wurden Sie abgelehnt? Gehen Sie nun die folgenden Abschnitte durch, um zu sehen, ob eines dieser Themen Sie anspricht.

Führen Sie die Übungen auf Ihre Weise und in der Ihnen gemäßen Zeit durch. Einige Erlebnisse der interviewten Frauen stimmen vielleicht mit Ihren überein, andere nicht. Einige werden Sie als Wahrheit empfinden, andere nicht. Nutzen Sie, was zu Ihnen paßt. Verwerfen Sie, was nicht authentisch für Sie klingt. Entdecken Sie Ihre persönlichen Ursachen der Entfremdung und Ihre heiligen Wahrheiten. Erzählen Sie Ihre eigene Geschichte – und verschaffen Sie sich Gehör.

Eine Betrachtung Gottes

Als Kindern hat man uns viel über Gott beigebracht, und manchmal ging uns eine Botschaft zu Herzen, wie etwa: »Gott ist Liebe«. Dann wieder hat uns das Gelernte befremdet. Manche Bilder und Botschaften haben vielleicht gepaßt, als wir noch klein waren, doch als wir heranwuchsen, wurden sie für uns eingrenzend und verhinderten, daß wir eine lebendige Beziehung zu Gott aufbauen konnten. Manches von dem, was wir über Gott lernten, hat uns vielleicht sogar Steine in unseren spirituellen Weg gelegt. Jetzt haben wir Gelegenheit, das zu erkunden, was wir früher über Gott gelernt haben, und unserem Sinn für das Göttliche zu erlauben, zu reifen und zu wachsen.

Es kann schwierig sein, sich den eigenen Glauben an Gott genauer anzusehen, denn die Vorstellungen von Gott werden als absolute Wahrheiten dargestellt. Vielen von uns brachte man bei, sie dürften nichts in Frage stellen, und schon bloße Zweifel könnten sündhaft oder spirituell schädigend sein. Doch für viele Frauen heißt der erste Schritt für den Aufbau einer authentischen Beziehung zu Gott, die alten Überzeugungen über Bord zu werfen, die ihnen nicht mehr helfen. Wenn Sie Ihre Einstellung zu Gott überprüfen, können die folgenden Kernfragen für Sie nützlich sein.

Kernfragen

Wie kann ich Lehren aus der Vergangenheit in Frage stellen, aber gleichzeitig diejenigen respektieren, die mich geleitet und unterstützt haben?
Wie kann ich ein Gefühl göttlicher Gegenwart entwickeln, das meine Erfahrungen widerspiegelt?

Wenn wir uns vorstellen, wieder ein Kind zu sein, können wir uns besser an die Botschaften, die wir über Gott mitbekamen, erinnern. Man glaubt, daß die nichtdominante Seite des Körpers, mit der wir seltener Handarbeit verrichten, unsere eher kindlichen und vergessenen Teile repräsentiert.

Botschaften über Gott

Botschaften aus der Kindheit: Nehmen Sie sich Ihr spirituelles Tagebuch und einen Stift zur Hand. Dann stellen Sie sich selbst als Kind von etwa acht oder zehn Jahren vor, wie Sie vor diesem Blatt Papier sitzen. Beim Schreiben oder Zeichnen benutzen Sie die ungeübte Hand: Wenn Sie also rechtshändig sind, schreiben Sie nun mit der linken Hand. Wenn Sie Linkshänderin sind, benutzen Sie die rechte. Schreiben Sie alle Wörter oder Sätze nieder, die Ihnen in den Sinn kommen, wenn Sie an Gott denken. Schreiben Sie, so schnell Sie können, etwa fünf Minuten lang. Sie dürfen ruhig Wörter wiederholen. Vielleicht arbeiten Sie lieber mit Bildern als mit Wörtern. Lassen Sie die Bilder einfach aus sich herausfließen.

Familienbotschaften: Nehmen Sie den Stammbaum, und denken Sie an alle Angehörigen, die während Ihrer Kindheit zu Ihrem Leben gehörten. Dann schreiben Sie über jedes Familienmitglied einen Satz und sagen, was er oder sie geglaubt und Ihnen über Gott mitgeteilt hat. Nach diesen Übungen betrachten Sie die Listen und untersuchen, welche Botschaften Sie über Gott bekamen.

Wie wir Gott sehen

Ich konnte als Kind einfach nicht mit Gott umgehen. Ich stellte ihn mir als Mann mit einem langen Bart vor, der durch die Wolken späht. Er schien sehr weit weg und war ganz anders als ich und meine Welt. Er war freundlich, wie ein lieber, alter Großvater, der irgendwo im Himmel lebt. Ich glaubte, er liebte alle. Er war eine positive Kraft, aber sehr distanziert.

Man schreibt Gott oft körperliche Attribute zu. Dies kann es uns erleichtern, eine Beziehung zu Gott zu entwickeln. Schließlich sind wir es gewohnt, uns zu körperlichen Wesen in Beziehung zu setzen. Uns Frauen erschweren es allerdings gerade einige der »körperlichen Merkmale« Gottes, eine Beziehung zu ihm aufzubauen: zum Beispiel daß er alt und distanziert, männlich und weiß sein soll. Über seine Eigenschaften erfahren wir am direktesten etwas über die Bilder, die wir von Gott sehen. Eine andere Möglichkeit, sich Gott körperlich vorzustellen, beruht auf Beschreibungen in der Bibel und im Gebet. Ehe Sie die folgenden Übungen beginnen, gehen Sie an einen sicheren spirituellen Ort. Vielleicht möchten Sie ihn segnen, um in Kontakt zu Ihrem Wunsch nach Heilung und Erneuerung zu gelangen.

Bilder göttlicher Präsenz

Gefühle bei religiösen Bildern: Beginnen Sie diese Übung, indem Sie sich fünf Minuten lang auf ein spirituelles Objekt oder einen Gedanken konzentrieren, dem Sie sich momentan eng verbunden fühlen. Während der gesamten Übung behalten Sie das Objekt oder den Gedanken klar im Bewußtsein. Nun erinnern Sie sich an ein Bild Gottes aus Ihrer Vergangenheit – vielleicht ein Gemälde, ein Buntglasfenster oder ein anderes religiöses Objekt. Stellen Sie sich dieses Bild so deutlich wie möglich vor. Falls Sie dabei Schwierigkeiten haben oder die Erinnerung verstärken wollen, gehen Sie in eine Kirche, ein anderes Gotteshaus oder in eine Devotionalienhandlung. Machen Sie sich Notizen über die äußerlichen Eigenschaften Gottes, wie Sie ihn früher sahen. Gewinnen Sie ein Gefühl dafür, wie es Ihnen beim Anblick des Bildes geht, besonders, wie verbunden Sie sich zu ihm fühlen oder was Sie daran befremdet.

Erinnerung an Kindheitsgebete und Bibelstellen: Beginnen Sie diese Übung genauso wie die vorige, indem Sie sich auf ein Objekt oder einen Gedanken konzentrieren.

Dann denken Sie ein paar Minuten lang an ein Gebet oder eine Bibelstelle, in der es um Gott geht. Sprechen Sie sie laut. Vielleicht möchten Sie sie in Ihr spirituelles Tagebuch eintragen. Achten Sie auf bestimmte Hinweise für die körperlichen Eigenschaften Gottes. Erspüren Sie, wie Gott aussieht: sein Geschlecht, seine Hautfarbe, seine Augenfarbe. Lassen Sie alle Bilder von Gott einfach in sich hochsteigen. Achten Sie dabei stets auf die Eigenschaften Gottes.

Nun nehmen Sie sich Ihr spirituelles Tagebuch zur Hand und stellen eine Liste der körperlichen Eigenschaften Gottes auf und eine weitere seiner inneren Eigenschaften. Legen Sie diese Listen eine Weile beiseite. Wenn Sie sie später noch einmal durchlesen, achten Sie darauf, wie Sie auf diese körperlichen Kennzeichen und Eigenschaften reagieren.

Frauen fühlen sich oft von Bildern Gottes als Mann oder Vater befremdet. Als Mädchen oder Frau wissen wir oft nicht, wie wir in dieses männliche Modell von Göttlichkeit hineinpassen sollen. Religionen mit einem ausschließlich männlichen Gott oder männlichen religiösen Führern geben uns nur wenige Vorbilder für die eigene Spiritualität. Der Glaube an einen ausschließlich männlichen Gott verstärkt vielleicht unser Gefühl, nur begrenzte spirituelle Entfaltungsmöglichkeiten zu haben.

O hne es in Worte fassen zu können, wußte ich, daß Männer mehr wert sind als Frauen, daher ergab es einen Sinn, daß Gott ein Mann war, eine Vaterfigur. Jeder, der irgend etwas darstellte, war ein Mann. So war die Welt eben.

Der männliche Gott wird als Schöpfer des Universums dargestellt. Doch als Mädchen sehen wir, wie unsere Mütter und andere Frauen in unserem Leben Kinder gebären und versorgen. Wir stellen möglicherweise den Wert der weiblichen Schöpfung in Frage und unterscheiden ihn von der göttlichen Schöpfung. Oft schätzen wir die Beiträge unserer Mütter geringer ein – und damit auch unser eigenes Potential für Kreativität. Carter Heyward, Schriftstellerin und Priesterin der episkopalischen Kirche, drückt es schlicht so aus:

G ott der Vater war in Wirklichkeit die Projektion männlicher Werte. Dieser Gottvater war eine Ikone für Gehorsam und Unterwerfung, damit man tat, was einem aufgetragen war, und den Eltern keine Widerworte gab. Gott hat mich geknechtet und mir die Leidenschaft genommen.

Carter glaubt heute, daß ihre Spiritualität eine lebendige Kraft ist, die ihren freien Geist fördert.

Maggie, die 18 Jahre lang als katholische Nonne gelebt hat, war sich von Kindheit an bewußt, wie unzureichend die Bilder von Gott waren.

M ir gefielen die Bilder nie, die man mir von Gott zeigte, denn ich habe kein menschenähnliches Bild im Kopf, wenn es um Gott geht, und so war ich schon als Kind. Ich brauche auch keine Elternbezeichnung für Gott. Später, als ich Nonne wurde, erkannte ich, wie patriarchalisch die Kirche ausgerichtet war. Da wurde ich sehr hart gegen alles, was als männlich bezeichnet wurde, denn jeder Mensch mit Macht war ein Mann und Gott eben auch. Da habe ich mir sehr entschieden vorgenommen, genau das zu ändern.

In vielen Religionen wird das höchste Wesen als ein liebevoller, männlicher Gott dargestellt, ein Gott, dem wir vertrauen können und der uns beschützt. Das ist für manche Frauen tröstend. Die Männer in unserem Leben sind vielleicht keine Vorbilder in liebevollem, fürsorglichem Verhalten. Es kann schwer sein, an die letztendliche Liebe und Fürsorge eines männlichen Gottes zu glauben, wenn wir nur wenig Erfahrung mit fürsorglichen Männern haben.

Linda wurde als Kind von mehreren Männern mißbraucht. Aufgrund des Mißbrauchs verstrickte sie sich in Suchtmuster. Sie hat inzwischen im Zwölf-Schritte-Programm eine Hilfe gefunden, sucht aber nach eigenen Vorstellungen von einer Höheren Macht.

Ich möchte eine konkretere Vorstellung von meiner Höheren Macht entwickeln, damit ich mir das Programm besser erarbeiten kann. Aber mit den Bildern, mit denen ich aufgewachsen bin, kann ich nichts anfangen. Ich wurde von Männern mißbraucht. Ich bin nicht bereit, eine Höhere Macht zu haben, wenn das bedeutet, daß ein anderes Wesen Macht über mich hat. Dazu gehört doch eine gewisse Unterwerfung. Ich muß mir Unterwerfung ganz anders vorstellen, damit es nichts damit zu tun hat, Macht aufzugeben. Da meine Süchte mich so fest im Griff haben, hatte ich kein Problem, zu begreifen, daß ich keine Macht über die Sucht hatte. In diesem Kontext hatte das Aufgeben von Macht nichts Bedrohliches. Aber ich finde die Vorstellung bedrohlich, daß jemand anderer für mich und auch für das Universum einen Plan aufstellt. Ich bin sicher, das hat damit zu tun, daß mir schon so früh alle Macht genommen wurde, zusammen mit meinem Recht auf Zustimmung und körperliche Grenzen.

Vielen Menschen wird beigebracht, daß Gott ein weißer Mann ist. Farbige Frauen fühlen sich entfremdet von einem Gott, der so anders aussieht als sie und ihre Familien. Das Bild Gottes als eines Weißen kann uns so verwirren, daß wir Rassismus als eine Art göttlichen Auftrag akzeptieren. Unsere Gottesbilder sind durch menschliche Vorurteile und Ignoranz eingeschränkt. Angela ist heute eine presbyterianische Pfarrerin. Sie wurde als Katholikin groß und ging zu einer Zeit in eine katholische Schule, als die römisch-katholische Kirche sich rapide veränderte. In der siebten Klasse hatte Angela das Glück, ein Gottesbild zu sehen, das eher ihr selbst, einem afroamerikanischen Mädchen, ähnelte.

In der siebten Klasse zeigte mir eine aufgeschlossene Nonne ein Bild von Jesus, auf dem er nicht blond und blauäugig abgebildet war, sondern eher wie ein jüdischer Mann aus dem Nahen Osten, mit olivfarbener Haut, dunklem Haar und ebensolchen Augen. Ich war ganz hingerissen von diesem Bild. Ich kann es noch ganz deutlich vor mir sehen. So viele Menschen glauben an einen blonden, blauäugigen Jesus! Ich gehörte jedenfalls dazu. Nun weiß ich, daß dies ein Zeichen war. Es weckte in mir die Menschlichkeit, die hinter diesem Symbol stand. Ich begann, die Doktrinen zu hinterfragen. Mir schien, daß Gott viel größer war, als man es mir immer gesagt hatte. Für mich begann damit eine spirituelle Suche.

Shirley war sich als Kind nicht darüber bewußt, daß ihr Gottesbild das eines weißen Mannes war. Als sie älter wurde, entdeckte sie einen Gott, der nicht in Form einer Person existierte.

Ich weiß noch, wie ich, ein schwarzes Kind, in die Kirche ging und überall Bilder von Gott sah, auf denen er wie ein Mann mit einem weißen Bart aussah. Es war für mich lange in Ordnung, daß Gott einen weißen Bart hatte, aber später wurde mir klar, daß Gott gar kein Weißer sein mußte. Gott war gar keine Person.

Für viele Frauen sind Beziehungen sehr wichtig. In Beziehungen finden wir fundamentalen Sinn und Zweck. Verständlicherweise sehnen wir uns auch nach einer engen Beziehung zu Gott. Aber einige der von uns interviewten Frauen sagten uns, daß Gott für sie »irgend jemand« im Himmel sei, ganz, ganz weit weg. Der körperliche Abstand machte es schwer für sie, eine Bindung zu ihm zu empfinden. Er schien irgendwie unnahbar.

Ann sehnte sich als Kind immer nach einer solchen Beziehung zu Gott, aber ihre Eltern und die anderen Mitglieder der Kirchengemeinde hatten ein eher distanziertes Verhältnis zu ihm.

Meine Eltern gingen zur Kirche, aber ich hatte nie das Gefühl, daß Gott einen wichtigen Teil ihres Lebens darstellte. Ich erkannte schon als Kind, daß ein Gegensatz zwischen dem bestand, was die Priester über Gott sagten, wie Gott tagtäglich in unserem Leben sei, und dem Wochenendritual in der Kirche.

Als ich sechs oder sieben war, wußte ich, daß ich eine persönliche Beziehung zu Gott wollte, und ich wußte auch, daß es keine emotionale Beziehung sein sollte. Da meine Eltern keine solche Beziehung zu Gott hatten, suchte ich meinen eigenen Weg.

Es gibt zwar kein Verhältnis zu Gott, das für alle gleich gut wäre, aber sicher eine ganz bestimmte Beziehung, die genau richtig für Sie ist. Wenn Sie sich Ihre Distanz zu Gott bewußtmachen, können Sie sie vielleicht auch verringern, um sich ihm verbundener zu fühlen.

ÜBUNG

Distanz zu Gott

Denken Sie darüber nach, wie Sie Ihre Beziehung zu Gott bereichern können – indem Sie ein Ritual vollziehen, ein Gebet sprechen oder an einen heiligen Ort gehen. Tun Sie genau dies. Wo sehen Sie sich in Ihrer Beziehung zu Gott? Sind Sie zu weit entfernt von ihm oder ihm zu nahe? Experimentieren Sie, indem Sie sich vorstellen, wie der Abstand geringer werden könnte. Bringen Sie sich Gott näher, vielleicht sogar direkt in Ihr Herz. Dann stellen Sie sich vor, wie sich Gott von Ihnen entfernt. Achten Sie darauf, welcher Abstand für Sie am besten ist. Gibt es etwas in Ihrem Leben, das Sie ändern möchten, um den richtigen Abstand zu Gott herzustellen?

Gottes Eigenschaften

Wenn wir hinter unsere äußerliche Vorstellung von Gott schauen, entdecken wir göttliche Eigenschaften. Diese Eigenschaften enthüllen für uns grundlegende spirituelle Prinzipien. Gott vertritt für uns die höchsten spirituellen Werte. Daher können wir, indem wir unsere Eindrücke von Gott aufdecken, eine Menge über die spirituellen Glaubenssätze und Überzeugungen dahinter lernen.

ÜBUNG

Gott beschreiben

Kreisen Sie die Eigenschaften ein, die auf den Gott Ihrer Kindheit zutreffen:
KRIEGERISCH LIEBEVOLL VERURTEILEND AKZEPTIEREND KRITISCH WEISE MIT-FÜHLEND WÜTEND FEINDSELIG TRÖSTEND BESCHÜTZEND ANSPRUCHSVOLL EIN-SCHÜCHTERND ZÄRTLICH STARR WARM HERZLICH INSPIRIEREND RACHSÜCHTIG STRIKT STRAFEND FREUNDLICH AUTORITÄR MÄCHTIG

Fügen Sie weitere Eigenschaften hinzu, die Ihren Kindheitsgott beschreiben.

Nun betrachten Sie die Liste und stellen fest, welche Worte immer noch zu Ihrem Gefühl einer spirituellen Präsenz passen.

Manche von uns fuhlen sich von einem strafenden, wütenden Gott stark bedroht und eingeschüchtert, einem Gott, der uns straft, wenn wir nicht das Richtige tun und denken. Diese Strafe kann ewig währen; vielleicht werden wir sogar in die Hölle verdammt. Wir sind verschreckt, und so verschwinden all unsere natürlichen spirituellen Neigungen in einem Morast von Schuld und Minderwertigkeitsgefühlen.

Viele lernen einen Gott kennen, der die absolute letztendliche Autorität darstellt. Seine Macht gründet sich auf seine Dominanz. Dieses Gottesbild stellt die letztendliche Hierarchie dar. Wir empfinden dadurch oft eine große Distanz und Unterlegenheit.

Wenn man nicht an Gott glaubte und sich ihm gegenüber nicht gut benahm, würde man sterben und in die Hölle kommen. Das war's. Ich fand es fast unerträglich, mich der ständigen Prüfung und Kritik zu unterwerfen, die für mich von diesem Gott der protestantischen Kirche ausgingen.

Jackie hatte einen Unfall, der beinahe tödlich gewesen wäre und der ihren Glauben an einen rachsüchtigen Gott völlig veränderte.

Als ich 16 war, erfuhr ich, wie es ist, wenn man fast stirbt. Das hat bei mir bewirkt, daß ich den patriarchalischen Gott der katholischen Kirche ablehnte. Ich habe dadurch erkannt, daß es eindeutig irgend etwas gab, aber es war nicht der furchterregende, zornige Gott, der hinter mir her war. Ich erkannte, daß es weder Himmel noch Hölle gab. Ich hörte auch auf, an das meiste zu glauben, was die katholische Kirche mir beigebracht hatte.

Nach der Definition der katholischen Kirche war ich nicht sündenfrei, aber ich wußte auch, daß ich nicht in die Hölle kommen würde. Ich hatte einfach keine Angst mehr vor Gott und sorgte mich nicht mehr, ein schlimmes Kind zu sein. Ich weiß noch, wie ich den Priester an-

blickte, der mir die letzte Ölung gab, aber er schien völlig unwichtig. Ich empfand keine Herzensverbindung zu ihm. Statt dessen hatte ich die glückliche Erkenntnis, an einen höheren Ort zu gehen. Ich war weder traurig noch ängstlich. Solchen Frieden und solche Ruhe hatte ich noch nie zuvor erlebt. Ich war voller Liebe.

Nach dem Unfall konnte ich die Vorstellungen der katholischen Kirche über einen einschüchternden, zornigen Gott nicht mehr akzeptieren. Diese Gedanken standen in krassem Gegensatz zu dem liebevollen Gefühl meiner eigenen Erfahrung. Ich erkannte, daß meine Spiritualität ganz anders war als das, was man mir beigebracht hatte.

Marilyn Sewell spricht über die Schwierigkeiten, einen strafenden, männlichen Gott anzubeten, einen Gott, den sie sich nach dem Bild ihres Großvaters ausmalte. Schon als Kind fand sie es schwer, sich an den strafenden Gott der römisch-katholischen und der südlichen Baptistenkirche zu wenden. Als Erwachsene wurde sie Predigerin der Unitarier und hat heute eine enge Beziehung zu einem liebevollen Gott.

Meine Mutter war Katholikin, und ich war anfangs auch katholisch. Dann trennten sich meine Eltern, und ich zog mit meinem Vater, dessen Eltern, meinem jüngeren Bruder und meiner Schwester in eine Kleinstadt in Louisiana. Mit 13 traf ich die Entscheidung, aus der katholischen Kirche auszutreten. Ich hatte mit mehreren Dingen in der Kirche meine Probleme. Eines war die Beichte. Ich wußte, daß man alle Sünden beichten mußte, sonst kam man in die Hölle, und einige Dinge, die ich tat, auch wenn es kindisch war, wollte ich dem Priester nicht mitteilen, weil sie mir als

meine Privatangelegenheit erschienen. Ich wußte nicht, ob es Sünden waren oder nicht, aber ich fühlte mich schuldig. Ich versuchte ganz verzweifelt herauszufinden, was nun eine Sünde war und was nicht, ob ich in die Hölle kam oder nicht, weil ich etwa am Freitag in der Nase gebohrt hatte oder sowas, und das war ein ziemlicher schlimmer Trip für mich. Es hatte mit Schuldgefühlen zu tun, dem Gefühl, nicht akzeptiert zu werden und daß Gott ständig hinter mir her war, egal, was ich tat. Mit einem solchen Gott wollte ich eigentlich nichts zu tun haben. Als ich 14 war, trat ich der

Baptistenkirche bei. Der Gott dieser Kirche im Süden war auch nicht viel anders. Auch hier ging es oft um Schuldgefühle. Diese Gemeinde war sehr calvinistisch ausgerichtet und war in manchen Dingen sehr prüde. Bei den Sünden der Baptisten ging es vor allem um die sogenannte Fleischeslust. Ich wurde mit viel Angst vor Sexualität groß. Mein eigenes Gottesgefühl war leider stark an meinem Großvater ausgerichtet. Mein Großvater war eine sehr patriarchalische Figur, ein Viktorianer, der alle herumkommandierte. Wenn ich heute zurückdenke, glaube ich, daß er nicht ganz richtig im Kopf war. Manchmal war er sehr verdrießlich. Wir nannten ihn Big Poppa. Er war ein dicker Mann und beherrschte alles. Aber er war »gut« in dem Sinne, daß er keine offensichtlichen Sünden beging, wie Zigaretten rauchen, trinken oder hinter Frauen her sein. Aber er war eindeutig verklemmt und lieblos. Doch dieses Kindheitsbild von Gott habe ich lange behalten, bis ich erwachsen war. Mein Vater war das schwarze Schaf der Familie. Er trank in einer Stadt, in der alle trocken waren, wo Alkohol sogar illegal war. Er war hinter Frauen her, blieb immer lange aus und hielt sich in schlechter Gesellschaft auf. Er galt als schlimm, aber er wußte, was Spaß war. Mein Großvater hatte keine Ahnung, wie man sich amüsierte. Er war geizig und puritanisch und extrem sparsam. Um neun Uhr abends, wenn ich noch las, schaltete er immer das Licht aus, um Strom zu sparen. Die Verbindung zwischen Gott und meinem Großvater war daher ziemlich negativ für mich. Mein Gott war streng, autoritär, dominant, herrschsüchtig und lieblos. Er war das Alte Testament, eine Art Jehova-Gott. Er stand immer wie ein Zuchtmeister hinter mir. Das war spirituell gesehen sehr schädlich für mich.

Ich versuchte zu beten; das war mir sehr wichtig. Gelernt hatte ich es in der Kirche, der katholischen wie der baptistischen. Aber mit meinem Bild von Gott als jemandem, der groß, mächtig und lieblos ist, konnte ich nur schwer glauben, daß er sich mir kleinem Mädchen zuwenden würde. Ich hatte nicht das Gefühl, daß ich mit meinen Gebeten weit kam.

Marylin bestätigt im weiteren, welche spirituelle Verbindung sie zwischen ihrer Familie und ihrer Kirche empfindet:

Meine Großmutter war ein sehr liebevoller Mensch, sie war außerdem sehr religiös. Sie saß Tag für Tag in ihrem Schaukelstuhl beim Feuer und las laut aus ihrer großen schwarzen Bibel. Diese Bibel besitze ich immer noch und lasse sie gerade restaurieren. Sie las zum Beispiel: »Gesegnet sei der Herr, seine Seele und alles, was in mir ist. Gesegnet sei sein Name.« Ich habe dem Roman, den ich geschrieben habe, den Titel gegeben: »Alles, was in mir ist«. Meine Großmutter vermittelte mir, daß der Glaube an Gott bzw. ein gläubiger Mensch zu sein nicht unbedingt hieß, Vorurteile zu haben. Sie war sehr gut und liebevoll.

Da es bei mir zu Hause nicht sehr glücklich zuging, wurde die Kirche zum Mittelpunkt meines Lebens. Da fühlte ich mich aufgehoben. Die Kirche wurde quasi zu meiner Familie. Ein paar der Sonntagsschullehrer und Chorleiterinnen waren freundlich und kümmerten sich richtig um mich. Als ich meine eigenen Ideen darüber entwickelte, was Gott für mich war, wurde Gott auch mehr zu einem Wesen der Liebe und der Freundschaft.

Schuldgefühle sind nur selten nützlich. Wenn wir uns schuldig fühlen, verwechseln wir die Enttäuschung über etwas, das wir getan haben, mit einem Selbstbild, in dem wir uns als wertlos ansehen. Oft hilft es, herauszufinden, warum wir uns eigentlich schuldig fühlen. Dann können wir erkennen, ob wir etwas an unserem Verhalten ändern möchten. In jedem Fall ist es gut, sich in Selbstvergebung zu üben.

ÜBUNG

Schuldgefühle

Schuldgefühle heilen: Beginnen Sie mit einer Affirmation, daß Sie sich selbst gut finden. Dann nehmen Sie sich Ihr spirituelles Tagebuch hervor und denken an Ihre Kindheit. Denken Sie an eine Begebenheit, bei der Sie sich vor Gott schlecht fühlten:

Vervollständigen Sie die folgenden Sätze:

»Ich fühlte mich schlecht, weil ich . . . .
. . . .
und Gott würde denken, daß ich . . . .
Ich hatte Angst, daß . . . .
Dann suchen Sie eine neue Perspektive.
Vervollständigen Sie die Sätze:
Als ich . . . .
erfuhr ich etwas über . . . .
In Zukunft werde ich daran denken, daß . . . .
und hoffe, daß . . . .

Enden Sie mit der Affirmation von etwas in Ihrem Leben, das Sie gut finden.
In der letzten Zeit hatte ich immer ein gutes Gefühl bei . . . .

Schuldgefühle verwandeln: Achten Sie in den folgenden Tagen darauf, ob Sie Schuldgefühle empfinden – wie die meisten Menschen. Wenn Sie sich in einer Situation befinden, die bei Ihnen Schuldgefühle hervorruft, gehen Sie die folgenden Schritte durch:

1. Beschreiben Sie so genau wie möglich, für was Sie sich schuldig fühlen, zum Beispiel: »Ich fühle mich schuldig, weil ich die Übungen in diesem Buch noch nicht gemacht habe.«
2. Erinnern Sie sich daran, daß Sie ein wertvoller Mensch sind, zum Beispiel so: »Ich weiß, daß ich viel Verantwortung habe, und ich gebe mein Bestes.«

3. Gibt es Veränderungen, die Sie vornehmen möchten? Man kann seine Ziele abändern, die Einschätzung dessen, was geschieht und auch die eigenen Handlungen. Formulieren Sie so genau wie möglich, zum Beispiel: »Ich muß meine Prioritäten neu ordnen. Vielleicht könnte mein Partner die Kinder an zwei Tagen in der Woche zur Schule bringen. Dann hätte ich Zeit, mich auf dieses Buch zu konzentrieren«, oder: »Ich komme mit den Übungen in diesem Buch langsam und stetig voran, und das ist gut. Vielleicht hat es sogar Vorteile, so langsam voranzugehen.«

4. Üben Sie, sich selbst zu verzeihen. Wiederholen Sie diese oder ähnliche Worte: »Falls ich mich selbst oder andere durch Worte oder Taten verletzt habe, verzeihe ich es mir.«

Suchen und Fragen

Als kleine Kinder begreifen wir die Welt ganz konkret, daher sind hier konkrete Gottesbilder nützlich. Wenn wir älter werden, erlangen wir die Fähigkeit, abstraktere spirituelle Wahrheiten zu erfassen, die uns ein neues Verständnis eröffnen.

Die Suche nach eigener Erfahrung und einer Beziehung zu einer spirituellen Präsenz bedeutet, die Bilder und Botschaften, die uns die Eltern und unsere Religion vermittelten, zu hinterfragen und einzuschätzen. Idealerweise wird während der Jugend eine solche Suche von den Erwachsenen in unserem Leben unterstützt, besonders von unserer Familie und den religiösen Lehrerinnen und Lehrern. Häufiger werden wir durch sie allerdings davon abgehalten und bekommen ein starres Gottesbild vorgesetzt. In manchen Religionen gilt es als sündhaft oder ketzerisch, ein eigenes Gottesgefühl zu entdecken: Der Lohn dafür ist der Zorn Gottes.

Menschen, die mit atheistischen oder agnostischen Eltern groß wurden, wurden vielleicht davon abgehalten, überhaupt über Gott nachzudenken, und fühlen sich daher von ihrem spirituellen Bewußtsein wie von ihren Freundinnen oder Freunden entfremdet. Die meisten der von uns interviewten Frauen sehnten sich nach mehr Unterstützung, Rat und Bestätigung in diesen wichtigen Fragen.

Ich weiß noch, wie ich im Philosophieunterricht einmal einen Aufsatz darüber schreiben sollte, ob Gott existierte oder nicht. Ich fand es sehr schwer, zu schreiben, daß es keinen Gott gab, denn ich hatte Angst, wenn ich das schrieb, würde ich bestraft und in meinem Leben würde alles schiefgehen. Ich ging in die Sonntagsschule und stellte meiner Großmutter Fragen über alles, was ich nicht verstand. Sie antwortete immer: »Du bist ja der zweifelnde Thomas.« Antworten habe ich keine bekommen.

71

Bei dieser Suche können wir sehr wohl auf Zweifel stoßen. Zweifel können nützlich sein, wenn sie uns zu einer gründlicheren Suche nach der Wahrheit führen. Zweifel können uns aber auch behindern, wenn sie Bitterkeit und Entfremdung hervorrufen. Doch wenn wir eine respektvolle Haltung einnehmen, können wir uns auch mit unseren Zweifeln auf sicherem Boden befinden.

Bei der Erkundung neuer Ideen und Einstellungen können uns Rollenvorbilder helfen. Ann sieht Christus bei vielen Fragen als Vorbild an.

Christus hat damals auch ein paar sehr strenge Regeln gebrochen. Er sprach zu einer Zeit mit Frauen, als Rabbiner weder mit Frauen reden noch sie berühren durften.

Es gibt eine Geschichte, da berührt eine Frau Christus. In unserer Kultur scheint das zwar keine große Sache, aber damals war das die reine Rebellion. Wenn Christus Frauen als gleichrangig empfand, dann will ich auch so behandelt werden.

Immer wenn ein Gott hinter einer Theologie steht, lassen sich nur schwer Fragen stellen. In der Kirche stellen sie eine Wahrheit dar und schotten sie mit den Worten ab: Gott sagt es so. Wenn man anderer Meinung ist, wird man als Rebell gegenüber Gott eingestuft. Ich glaube, daß Menschen in religiösen Machtpositionen oft Angst vor Fragen haben. Sie fürchten, wenn sie anfangen, Fragen zu stellen, würde ihr gesamtes Glaubensgebäude einstürzen. Ich aber denke, wenn das wirklich passieren würde, ist der Glaube nicht viel wert.

Ann ist eine christliche Psychologin, die ihre Klientinnen zu einem tieferen spirituellen Verständnis führt:

Meine Klientinnen sind immer voller Schuldgefühle. Sie fühlen sich schon wegen der eigenen inneren Fragen schuldig, schuldig, weil sie nicht so blind sind, wie man es ihnen beigebracht hat und wie sie eigentlich sein sollten, schuldig wegen ihrer unabhängigen Ideen, schuldig, weil sie Dinge in der Bibel anzweifeln. Sie finden es schwer zu verstehen, daß sie fähig zu Einsichten und einem eigenen Standpunkt sein können, statt immer nur alles von anderen zu übernehmen.

Ich bin vor kurzem den Quäkern beigetreten, weil Frauen da sehr aktiv sind und dort für ihre Suche, ihre Fragen, ihren Zweifel und ihre Neugier geachtet werden. Man wird für sein Verständnis akzeptiert und nicht heruntergemacht. Dort herrscht viel mehr Freiheit. Es gibt zwar auch Probleme, aber es ist schon eine große Erleichterung für mich. Wenn ich mit Männern in führenden Positionen spreche, fühle ich mich nicht so geringschätzig behandelt, als stimme etwas mit mir und meiner Meinung nicht.

Viele Frauen wünschen sich mehr Unterstützung auf ihrer spirituellen Suche. Kennen Sie auch das Gefühl einer spirituellen Sehnsucht, einer Suche? Wurde es unterstützt und bekräftigt? Wir können zwar die Vergangenheit nicht ändern, aber vielleicht hilft es uns, jetzt um Unterstützung zu bitten.

Unterstützung bei der Suche

Erkennen Sie die Unterstützung an, die Sie in der Vergangenheit erfahren haben: Denken Sie an die Menschen, die Sie bisher auf Ihrer spirituellen Suche unterstützt haben. Denken Sie an Ihre Eltern und andere Angehörige, Lehrerinnen und Lehrer, Freundinnen und Freunde. Dann schreiben Sie einer dieser Personen einen Brief des Dankes und der Wertschätzung. Sagen Sie ihm oder ihr (und sich selbst), wie sehr Sie sich unterstützt gefühlt haben. Vielleicht möchten Sie den Brief abschicken, vielleicht aber auch nicht. Das ist auch gut. Es ist sehr wichtig für Sie zu wissen, daß Sie Unterstützung erhalten haben und sie schätzen.

Um Unterstützung bitten: Denken Sie zurück, und fragen Sie sich, ob es in der Vergangenheit eine Zeit gab, in der Sie sich gedrängt fühlten, Ihr Verständnis von Gott und der Beziehung zu ihm genauer zu untersuchen. Nun gehen Sie zurück zur Unterstützungsübung im ersten Kapitel, »Grundlagen«, und wählen Sie einen Menschen aus, der Ihnen heute spirituelle Unterstützung bietet. Erzählen Sie diesem fürsorglichen Menschen über Ihre Vergangenheit, als Sie sich schon einmal auf die Suche machen wollten, und bitten Sie dabei um die Unterstützung, die Sie sich heute wünschen.

Die Pubertät kann sehr aufregend und chaotisch verlaufen; es ist eine Zeit, in der wir uns eine eigene Meinung bilden und unsere Richtung im Leben einschlagen. Leider wird dieser natürliche Prozeß oft unterdrückt und kontrolliert. Wir werden vielleicht ängstlich und akzeptieren alles, was man uns sagt.

In der folgenden Übung haben Sie Gelegenheit, sich an Ihre Jugendjahre zu erinnern und um die Unterstützung zu bitten, die Ihnen damals fehlte. Aber hören wir erst einmal Nelly zu, die sich an ihre Teenagerzeit erinnert. In diesem Alter hatte sie das Gefühl, in ihrem Leben fehle etwas Grundsätzliches. Sie versuchte voller Leidenschaft, diese Lücke mit spirituellem Sinn und sexuellen Abenteuern zu füllen.

Eine Geschichte von Nelly

Wer ist eigentlich dieser Gott? Ich weiß es nicht. Es ist mir aber wichtig. Jetzt, als Teenager, bin ich viel allein. Meine Eltern arbeiten ständig. Jeden Tag nach der Schule bin ich allein zu Hause. Meine Freundinnen und Freunde besuchen mich, weil ich bei uns alles tun und lassen kann und keine Eltern da sind, die mir etwas verbieten. Ich möchte meine Sexualität erforschen. Ich will wissen, wer Gott ist, und herausfinden, ob es überhaupt einen gibt.

Am Nachmittag kommen immer ein paar Jungs von der katholischen Schule zu mir. Sie sind irgendwie anders: Italiener, katholisch – und sexy. Irgendwie fühle ich mich bei ihnen frei genug, meine aufkeimende Sexualität zu erforschen. Aber eines Tages gehen sie zu weit. Sie werfen mich im Keller auf den Boden – es sind vier, und ich bin ganz allein. Ich kann mich nicht gegen sie wehren, bin aber nicht sicher, ob ich das auch will. Mir gefällt diese Zuwendung. Das ist viel schöner als die Einsamkeit allein zu Hause. Aber sie bemächtigen sich meines Körpers. Das wirkt bedrohlich. Ich schreie sie an aufzuhören. Endlich hören sie auf. Am nächsten Tag kommen sie wieder. Sie

entschuldigen sich. Wir wechseln die Gangart und gehen zu Gott über, unserer anderen gemeinsamen Leidenschaft. Sie sind Katholiken, daher ist ihre Vorstellung von Gott seltsam exotisch. Ich finde die Frage, ob es einen Gott gibt, sehr aufregend – genauso aufregend wie meine neue Sexualität. Hier liegt ein Mysterium, das mich provoziert. Ich will alles über Gott wissen. Ich will »es« ganz genau und intim kennenlernen. Ich will alles bis an die Grenzen erkunden. Es mit anderen zu erforschen ist viel fesselnder.

Es war sehr aufregend, als die Jungen von der katholischen Schule da waren, dieses Hinausgehen über die gesetzten Grenzen. Aber es hat mir auch angst gemacht, meine Grenzen zu erkennen, und manchmal habe ich mir dabei die Finger verbrannt. Aber ich freute mich immer, wenn die Jungs vor der Tür standen.

ÜBUNG

Pubertät und Teenagerjahre

Suchen Sie nach Erinnerungsstücken aus Ihrer Teenagerzeit: Fotos, Tagebücher oder Souvenirs, die Sie aufbewahrt haben. Besonders nützlich wären solche, die eine religiöse oder spirituelle Bedeutung haben, zum Beispiel Fotos von einer Konfirmation. Lassen Sie diese Objekte Ihre Erinnerung anregen. Stellen Sie sich die folgenden Fragen: Wie sah meine Beziehung zu Gott aus, als ich ein Teenager war? Habe ich mich in meiner Spiritualität unterstützt gefühlt? Fühlte ich mich in meiner religiösen Gemeinde anerkannt?

Eine authentische Beziehung zu Gott

Als Kinder hatten viele von uns eine Verbindung zum Göttlichen, die vielleicht noch vor irgendwelchen Gottesvorstellungen existierte und über diese noch hinausging. Oft haben wir sie als direktes Wissen und Bindung an das Göttliche empfunden. Doch die meisten Menschen haben diese Verbindung verloren – und damit auch einen Teil der ihnen angeborenen Spiritualität. Nun können wir unsere ursprüngliche Kindheitsvision von Göttlichkeit durch die Linse der Erwachsenenvision betrachten.

Keine der Vorstellungen, die man mir von Gott vermittelte, paßten wirklich. Es ging immer um die Ursünde, aber ich glaube eher an eine Urspiritualität. Ich habe mich immer in Kontakt zu meiner ursprünglichen Spiritualität gefühlt. Als Kind *wußte* ich einfach, daß Gott in jedem Menschen war.

Ich weiß, daß ich, als ich noch sehr klein war, eine Stimme zu mir reden hörte, als ich unsere Auffahrt entlangging. Sie sagte: »Ich bin immer bei dir bis ans Ende der Welt.«

ÜBUNG

Die ursprüngliche Vision

Die folgende angeleitete Visualisierung soll Ihnen helfen, mit Ihrer ursprünglichen Vision einer göttlichen Präsenz in Kontakt zu treten. Suchen Sie einen ruhigen Ort auf, an dem Sie sich sicher fühlen und wo Sie ungestört sind, vielleicht Ihren spirituellen Ort. Nehmen Sie sich für diese Übung etwa zwanzig Minuten Zeit. Legen Sie Ihr spirituelles Tagebuch aufgeschlagen mit einem Stift in Ihre Nähe, damit sie am Ende der Visualisierung alles aufschreiben oder zeichnen können. Fangen Sie mit einer der Grundmeditationen an, damit Sie fokussiert und gelassen werden. Nehmen Sie ein Foto von sich als Säugling oder Kleinkind zur Hand. Werden Sie ganz ruhig und zentriert, und blicken Sie das Foto an, bis Sie wieder zu dem kleinen Kind darauf werden.

Schließen Sie die Augen, und lassen Sie sich von dem Kind auf dem Foto mit auf eine Reise nehmen, eine Reise zurück in Ihre Kindheit. Auf dieser Reise in die Vergangenheit denken Sie daran, wie Sie das erste Mal eine göttliche Bindung verspürt haben. Achten Sie darauf, wo Sie sind – zu Hause, in der freien Natur, in der Kirche, der Synagoge oder anderswo? Stellen Sie es sich so genau wie möglich vor. Lassen Sie die Erinnerung in allen Einzelheiten auftauchen. Sorgen Sie sich nicht, ob es tatsächlich die früheste Erinnerung ist; vielleicht ist es die wichtigste. Wenn Sie sich an nichts erinnern können, stellen Sie sich etwas vor. Vertrauen Sie den Bildern, auch wenn Sie sie nicht verstehen. Lassen Sie die Szene in Ihrem inneren Bewußtsein aufsteigen, und nutzen Sie die Gabe der inneren Vision. Achten Sie auf Farben und Geräusche, die Sie umgeben. Was wissen Sie über Gott? Lassen Sie Ihr erstes Gefühl von Göttlichkeit, Ihre ursprüngliche Vision, im Bewußtsein auftauchen.

Als kleines Kind fragen Sie sich nun: Wer ist Gott? Wie gehe ich mit dem Göttlichen um? Ist es mir nah oder fern? Ist es in mir oder außerhalb von mir? Wenn Sie sich nicht erinnern können, stellen Sie sich vor, wie Ihre ursprüngliche Vision von Gott ausgesehen haben mag. Wie fühlen Sie sich in Gegenwart dieses

Gottes? Achten Sie auf Ihre Körperwahrnehmungen. Wie kommunizieren Sie? Achten Sie darauf, ob Gott Ihnen etwas mitteilt. Gibt es etwas, was Sie diesem Gott sagen möchten? Öffnen Sie sich für eine Botschaft von Gott, an die Sie sich als Erwachsene wieder erinnern können. Lauschen Sie ganz aufmerksam. Wenn Sie das Gefühl haben, daß Sie die Übung abschließen können, verlassen Sie diese Phase Ihrer Kindheit. Lassen Sie sich in die Gegenwart zurückgleiten, zu Ihnen als Erwachsene. Sie wissen, daß die erhaltenen Informationen Ihnen weiterhin zur Verfügung stehen. Danken Sie sich und der spirituellen Präsenz für alles, das Sie erfahren haben. Spüren Sie, wie Sie aus- und einatmen. Spüren Sie die Erde unter sich. Öffnen Sie langsam die Augen, und blicken Sie sich um. Erkennen Sie, wo Sie sind. Schreiben Sie nun in Ihr Tagebuch Ihre Antworten auf die folgenden Fragen:

Was wußten Sie über Gott, als Sie klein waren? Wie haben Sie Kontakt mit Gott hergestellt? Was hat Ihr Gott Ihnen gesagt? Wie lautete ihre Reaktion? Gibt es etwas, an das Sie sich erinnern oder tun müssen, um dieses Bewußtsein in Ihre heutigen spirituellen Überzeugungen und Praktiken zu integrieren?

Wenn wir auf unserer Reise der spirituellen Erneuerung weiterziehen und die alten, verletzenden und unangemessenen Götter ziehen lassen, wollen wir wissen, mit wem oder was wir nun in Kontakt stehen. Dann beschäftigen wir uns mit fundamentalen Fragen: Wie erleben wir die zentrale spirituelle Essenz, die Kernessenz: Wie nennen wir sie? Wo finden wir sie? Was können wir tun, um unsere Beziehung zu dieser Essenz zu vertiefen? Die Antworten auf diese Fragen stimmen nicht unbedingt mit dem überein, was wir in der Kindheit gelernt haben. Wir suchen nun nach eigenen Antworten und einer authentischen Beziehung.

Frauen finden diese spirituelle Essenz in vielfältigen Formen mit verschiedenen Bezeichnungen; die weibliche Erfahrung von Gott ist ebenso vielfältig wie ihre Lebenserfahrung. Wir geben Gott viele Namen und mühen uns oft mit unzulänglichen Worten ab, um das Unbenennbare zu benennen. Das Göttliche hat eine Unzahl von Namen: Gott, Göttin, Naturgeist, Schöpfer, Schöpferin, Lebenskraft, Göttliches Wesen, Göttliches Muster, das Weiblich-Göttliche, Universale Wahrheit.

Dem Göttlichen einen Namen geben

Nehmen Sie Ihr spirituelles Tagebuch zur Hand. Machen Sie eine Liste von allen Namen, mit denen Sie Gott je angesprochen haben. Legen Sie die Liste einen Tag zur Seite. Dann schauen Sie sie durch und entwickeln ein Gefühl dafür, welcher dieser Begriffe nun für Sie richtig ist.

Obwohl die spirituelle Essenz, das Göttliche, in vielen Formen gefunden und mit vielen Namen angeredet wird, bleiben Grundfragen offen: Wie erlangen wir eine Beziehung dazu? Man kann eine persönliche Beziehung auf verschiedene Weisen aufbauen. Unsere Lebensmuster und persönlichen Bedürfnisse bestimmen das Wesen und den Rhythmus der Beziehung. Für Frauen zeichnet sich eine vitale Beziehung zu Gott oft durch Nähe und Intimität aus.

Cheryl wuchs in der »Church of God in Christ« (»Kirche Gottes in Christi«) auf. Ihre gesamte Kindheit drehte sich um die Gemeinde, und viele Stunden wurden mit kirchlichen Aktivitäten zugebracht. Mit 16 verließ sie diese Kirche und traf die Entscheidung, nie wieder zurückzukehren. Hören wir zu, wie Cheryl ihren Gott nun nennt und wie sie in ständiger Zwiesprache mit ihrem Gott lebt:

Heute ist das Göttliche für mich eine große, positive, starke schwarze Frau mit kräftigen und sanften Händen. Sie heißt Maat und ist eine afrikanische Göttin, die Göttin aller Götter. Mein Gottesbild ist sehr deutlich. In diesem letzten Jahr wurde das Göttliche für mich ganz persönlich. Meine Mutter war nie richtig liebevoll, aber immer, wenn sie lieb und herzlich sein wollte, tätschelte sie meine Knie.

Wenn ich heute eine schwere Phase durchmache, wenn ich Entscheidungen treffen muß und mir das schließlich auch gelingt, fühle ich wieder diese Berührung auf meinem Knie. Es ist, als würde das Göttliche ihr erlauben, meine Knie zu streicheln und mir zu sagen, alles sei in Ordnung und ich hätte es gut gemacht. Ich glaube, daher stelle ich mir das Göttliche mit diesen liebevollen Händen vor. Meine Göttin trägt eine lange, fließende rote Robe, und wenn ich Rot sehe, werde ich immer ganz ruhig. Ich versuche, stets etwas Rotes zu tragen, um mit ihr in Kontakt zu sein.

Ich stehe jeden Morgen um fünf Uhr auf und meditiere eine halbe Stunde. Dann gehen meine Göttin und ich zusammen spazieren. Wenn ich am Kanal entlanggehe, um halb sechs Uhr in der Frühe, könnte ich kaum näher bei meiner Göttin sein, so als wäre ich im Himmel. Wenn ich in mein Auto steige, biete ich ihr einen Platz an, und wenn ich nach Hause komme, lasse ich die Tür eine Sekunde offen, damit sie hereinkommen kann. Was immer ich auch tue, es ist auch Platz da für sie. Wenn ich meine Blumen gieße oder dünge, denke ich, ich gebe der Göttin etwas zurück, was sie mir gibt. Wenn ich etwas restauriere, nehme ich ein Stück Sandpapier für mich und ein anderes für meine Göttin. Wir arbeiten zusammen.

Cheryls Beziehung zu ihrer Göttin ist sehr eng. In der Kindheit hat Cheryl Stunden um Stunden in der Kirche verbracht. Als Erwachsene widmet sie der Beziehung zum Göttlichen viel Zeit und Gedanken. Nicht alle Frauen wählen einen so intensiven Rhythmus aus. Bei der Heilung finden wir unser eigenes Tempo und unsere eigene authentische Beziehung. Wenn wir nun ein eigenes Gefühl für Gott oder unsere Göttin entwickeln, müssen wir vielleicht neue Wege suchen, uns zu ihm in Beziehung zu setzen. Manche entdecken neue Praktiken, die sie in engeren Kontakt zu ihrem neugefundenen Gottesgefühl bringen. Viele Frauen finden eine starke Verbindung zu ihrem Gott, wenn sie die spirituellen Praktiken ihrer Vergangenheit in ihre heutige Spiritualität integrieren. Eine solche Vertrautheit wirkt oft tröstend und verbindend. Diese Frauen berufen sich auf ihre spirituellen Grundlagen. Oft beinhaltet diese Rückkehr eine kritische Überprüfung der religiösen Praktiken der Vergangenheit, um sicherzugehen, daß sie von einem Ort innerer Integrität stammen. Manche Frauen werden durch Gebet, Meditation und stille Kontemplation zu ihrer spirituellen Essenz geleitet. Andere werden durch aktivere Prozesse zur heiligen Zwiesprache mit Gott angeregt.

Angela, eine presbyterianische Pfarrerin, kommuniziert mit ihrem Gott auf unterschiedliche Art und Weise, doch stets in ruhiger und kontemplativer Form, das Gebet spielt dabei eine zentrale Rolle.

Mein spirituelles Leben ist abwechslungsreich. Ich war noch nie ein Mensch mit einer bestimmten spirituellen Routine oder Gewohnheiten. Meine Praktiken sind eher kontemplativ, verhalten und selbstbeobachtend. Beten ist wichtig, das ist eine ständige Unterhaltung mit Gott, die manchmal konzentrierter verläuft als zu anderen Zeiten. Beten ist eine Bewußtseinsebene, die uns über uns selbst hinaushebt. Es gibt verschiedene Arten von Gebeten: Bittgebete, mit denen wir in verschiedenen Formen um etwas bitten. Wir haben Dankgebete, wenn wir darüber sprechen, wie gut es uns geht. Es gibt Gebete der Fürsprache und der Heilung für uns oder andere. Sie erlauben uns, Umstände zu überstehen, die wir ansonsten nicht überleben würden. Schwarze Schriftstellerinnen sprechen oft vom Überleben, das in Gebeten verwurzelt ist und in einer Spiritualität, die sagt, wir seien trotz allem, was mit uns geschieht, kreative Wesen. Beten ist sehr machtvoll. Es ist nicht abstrakt. Beten ist ein extrem mächtiges Geschenk, das fast alle Religionen anbieten. Es ist wie ein Wunder, denn es erzeugt etwas, das man unmöglich umkehren könnte. Es ist die Antithese der Hilflosigkeit. Meine Spiritualität ist stets bei mir, ungeachtet dessen, was ich tue. Sie ist einfach eine gute Art der Kommunikation.

Bridget suchte den Kontakt zu ihrer spirituellen Essenz in einem ruhigen, kontemplativen Leben, fand sie darin aber nicht. Statt dessen begegnete sie ihr im Auf und Ab des täglichen Lebens.

Ich brauche meine Spiritualität vital, lebendig und leidenschaftlich. In dieser Beschreibung ähnelt sie derjenigen von Eingeborenenvölkern rund um den Erdball. Ich fühle mich von Voodoo und anderen afrikanischen Traditionen angezogen, von Tanz und Bewegung, Trommeln und Singen. In den Eingeborenenkulturen ist Spiritualität etwas ganz Alltägliches. Sie findet sich im Spiel, beim Kochen, Essen und in allen Bewegungen. Alles hat Bedeutung und Lebenskraft. Die ruhigeren, langsameren fern-östlichen Religionen interessieren mich weniger. Die Lebenskraft ist leiden-schaftlich und vital, es ist eine kreative, gestaltende Kraft.

Gott erreichen

Erlauben Sie Ihrem Inneren, sich zu zentrieren und zu erden. Denken Sie an Ihre Vergangenheit, und erinnern Sie sich an eine spirituelle Praktik oder ein Ritual, das Ihre Beziehung zu Gott kennzeichnet. Richten Sie Ihre Gedanken nicht bewußt darauf, sondern lassen zu, was Ihnen in den Sinn kommt. Stellen Sie sich vor, nun an diesem Ritual oder an der Praktik teilzunehmen. Fühlen Sie sich immer noch spirituell verbunden? Wenn nicht, überlegen Sie sich eine neue spirituelle Praktik, die Sie in engere Beziehung zu Ihrem Gott bringt.

Gott – Sie oder Er?

Wenn wir eine eigene Beziehung zur göttlichen Präsenz aufbauen wollen, müssen wir uns mit folgenden Fragen auseinandersetzen. Ist ein vermenschlichtes Gottesbild eigentlich nützlich? Erscheint uns unser Gott eher als weibliche und/oder männliche Energie bzw. weibliches oder männliches Abbild?

Manche Frauen fühlen sich zwar nicht mehr einem männlichen Gott verbunden, haben aber Angst vor anderen Gottesbildern. Bridget gibt zu:

Ab und zu fühle ich ein eher kindliches und primitives Schuldgefühl und habe Angst, weil ich nicht mehr vornehmlich Christus oder einen männlichen Gott anbete.

ÜBUNG

Angst vor der Veränderung des Gottesbildes

Wenn Sie Angst davor haben, Ihre Bilder oder Vorstellungen von Gott zu verändern, folgen Sie einem der folgenden Vorschläge. Diese Alternativen eröffnen Ihnen neue Perspektiven, um mit der Angst fertig zu werden.

1. Rufen Sie sich ins Gedächtnis, daß Sie lediglich über neue Ideen nachdenken und überhaupt nichts ändern *müssen*. Denken Sie auch daran, daß Sie dieses Buch so langsam durcharbeiten können, wie Sie wollen.
2. Werfen Sie alle Ideen auf den am Anfang beschriebenen »Komposthaufen«, die Ihnen nichts nützen, alle Ängste, die für Sie zum Hindernis werden.
3. Denken Sie an Menschen, die es gewagt haben, Konventionen zu sprengen und den eigenen Überzeugungen zu folgen.

Vermutlich gibt es auch in Ihrer eigenen Religion Beispiele dafür: z. B. Jesus Christus oder Martin Luther im Christentum oder Hillel im Judentum. Gibt es in Ihrer eigenen Familie dafür Vorbilder?

4. Bewerten Sie Ihre Angst nicht. Erkennen Sie sie nur an, und machen Sie sich klar, daß sie vorübergehen wird.

Bei der Auseinandersetzung mit dem Weiblich-Heiligen stoßen wir oft auf alte Gefühle von Enttäuschung über die eigene Mutter. Vielleicht haben wir unser Bedürfnis nach bedingungsloser Liebe von einer Göttlichen Mutter auf unsere irdische Mutter übertragen und von ihr erwartet, daß sie eine Göttin ist. Dann wurden wir enttäuscht und waren wütend, wenn sie sich als menschlich und unzulänglich erwies. In einer Welt, in der Mütter die einzige Vertreterin von weiblicher Perfektion und Fürsorge sind, kann keine von ihnen alle Bedürfnisse ihrer Kinder erfüllen. Angesichts der Komplexität ihrer Aufgaben und des Vakuums, das sie ausfüllen soll, können wir ihr vielleicht leichte Fehler verzeihen.

Wenn die Beziehung zu Ihrer Mutter sehr schwierig war, haben Sie möglicherweise Probleme, einer weiblichen Gottheit zu vertrauen, doch wenn Sie die Beziehung heilen und unrealistische Erwartungen aufgeben, entdecken Sie vielleicht eine Chance für eine Beziehung zur weiblichen Göttlichkeit. Gleichzeitig kann ein Bewußtsein des Weiblich-Heiligen für eine Heilung der Beziehung zur eigenen Mutter sorgen.

Enttäuschung umwandeln

Versuchen Sie mit dieser Übung alte Enttäuschungen freizusetzen. Beginnen Sie mit der Grundlagenmeditation 1 von Seite 19: *In den Armen von Mutter Erde*. Versenken Sie sich in eine Vorstellung davon, wie Sie die Beziehung zu Ihrer Mutter gern gehabt hätten und wie sie hätte sein können. Fragen Sie sich, warum Sie sich von ihr enttäuscht fühlen. Vielleicht hätten Sie es gern gehabt, wenn Ihre Mutter emotional zugänglicher gewesen wäre. Vielleicht hat Ihre Mutter aber auch deshalb Ihre Bedürfnisse nicht erfüllt, weil sie nicht in der Lage dazu war? Denken Sie eine Weile über die Möglichkeit nach, daß Ihre Mutter unfähig war, Ihre Bedürfnisse zu erfüllen. Nun stellen Sie sich vor, daß Ihre Bedürfnisse von einer spirituellen Macht erfüllt werden. Öffnen Sie sich dieser Macht auf eine Weise, die für Sie richtig ist. Lassen Sie sich von ihr versorgen und nähren.

Für Angela, die Presbyterianerin, wird die Frage nach dem Geschlecht Gottes von einem für sie dringlicheren Thema überschattet. Angela ist der Ansicht, daß die Frage des Geschlechts für weiße Frauen meist wichtiger sei als für schwarze.

Ich glaube, Gott ist jenseits von weiblich oder männlich. Ich finde auch, daß dieses Thema ein Stolperstein in der weißen feministischen Theologie ist. Aus der christlichen Perspektive spielt es keine Rolle, welches Geschlecht man hat, solange man mitfühlend und gerecht ist. Ich glaube, es ist gefährlich, wenn man sich Gott so vorstellt wie man selbst ist. Ich meine, es gäbe vielleicht wichtigere Dinge als das Bedürfnis, sich etwas vorzustellen, das aussieht wie man selbst.

Die Kunst wäre da vielleicht ein besserer Weg. Historisch gesehen geht Gott in der schwarzen Kultur über die Rolle als Vater und Mann hinaus. Die schwarze Theologie spricht von Frauenthemen und bezieht sich damit mehr auf die Gemeinschaft. Dies ist nicht entschuldigend gemeint oder als Sichabheben von einem männlich orientierten Hintergrund. Es hat einfach etwas Geheimnisvolles.

Für andere, wie Nancy, war die Öffnung für das Weiblich-Göttliche heilsam, sie erschloß ihnen neue Welten der Kreativität und der spirituellen Verbindung.

Ich stehe in engerer Verbindung mit Der Mutter, einem spirituellen Teil meines Selbst. Ich habe Den Vater abgelehnt, obwohl ich weiß, daß auch er ein Teil von allem ist. Ich bin überzeugt, daß wir in diesen Zeiten in engeren Kontakt mit Der Mutter treten sollten, denn Der Vater hat unangemessen viel Energie erhalten. Für mich hat Die Mutter eine sehr große Erscheinung, die viel Raum einnimmt. Ich baue kleine Göttinnenaltäre und fühle dabei ihren Geist in mir wirken.

Carter Heyward, die wir bereits zitierten, wechselt zwischen den Begriffen und Bildern – und vielleicht auch den Grundlagen ihrer Theologie:

Ich wende die religiösen Begriffe Gott und Göttin wechselweise an, obwohl ich weiß, daß sie eigentlich nicht austauschbar sind. Irgendwie stehe ich zwischen der Überzeugung, daß Gott weder weiblich noch männlich ist, und meiner Neigung, Gott als weibliches Abbild zu sehen. Ich beschäftige mich immer stärker mit Göttinnengeschichten und -mythen, stehe aber irgendwie dazwischen. Wenn ich noch eine Berufung im Christentum sehe, dann darin, den erlösendsten Teil der Jesusgeschichte mit der Göttinnenrealität zu vereinbaren. Vielleicht handelt es sich ja um ein und dieselbe Geschichte.

Es kann manchmal helfen, für Gott verschiedene Begriffe einzusetzen. In manchen christlichen und jüdischen Gemeinschaften wird Gott kein Geschlecht zugeschrieben.

Das Geschlecht des Göttlichen – ein Experiment

Stellen Sie sich Gott einen Tag lang in Ihren spirituellen Gedanken und Gebeten als einen Er vor. Am nächsten Tag wenden Sie sich in Ihren spirituellen Gedanken und Gebeten immer an eine Sie. Am folgenden Tag vermeiden Sie in Ihren spirituellen Gedanken und Gebeten jeden Hinweis auf das Geschlecht. An jedem Tag achten Sie auf Ihre Reaktionen und Gefühle. Wenn Sie möchten, schreiben Sie sie am Ende eines jeden Tages auf.

Die Göttin

Die Religion unserer Kindheit beinhaltete meist nicht das Weiblich-Göttliche. Man hat uns vielleicht von weiblichen Heiligen und Märtyrerinnen erzählt, aber vermutlich verschwiegen, daß eine allwissende und allmächtige Göttin unser Universum beherrscht. Es ist eine machtvolle Erkenntnis, daß der weibliche Körper einst verehrt und das weibliche Prinzip als heilig angebetet wurde. Schon das Wissen um die Existenz einer Göttin kann unsere Selbstachtung verstärken und unsere spirituelle Bindung verstärken. Wir können ein Gefühl dafür entwickeln, daß wir selbst Eigenschaften der Göttin in uns tragen. Diese Eigenschaften können wir verstärken, um sie auch göttlich auszudrücken.

ÜBUNG

Eigenschaften der Göttin

Im folgenden sind Attribute aufgeführt, mit denen die Eigenschaften der Göttin umschrieben werden. Kreisen Sie die Eigenschaften ein, die Sie am ehesten in ihrer Göttin suchen würden. Wählen Sie so viele aus, wie Sie es für richtig halten, und setzen Sie dann ein Sternchen neben diejenigen, die Ihnen am wichtigsten erscheinen. Sie können auch weitere Eigenschaften in die Liste aufnehmen.

TRÖSTERIN VERWANDLERIN HEILERIN SCHÖPFERIN LEHRERIN KRIEGERIN
GELIEBTE BESCHÜTZERIN FREUNDIN VISIONÄRIN MUTTER PROPHETIN
GEFEIERTE ZERSTÖRERIN

Für Bridget war es grundlegend wichtig, eine weibliche Gottheit zu entdecken. Sie erkannte, daß ihre religiöse Vergangenheit ihr die Grundlage für eine weibliche spirituelle Ermächtigung bot.

Ich wuchs in Südamerika auf und habe als Kind die Jungfrau Maria als eine Macht erlebt, die Christus zumindest gleichkam oder sogar übertraf. An erster Stelle stand der Gottvater oben im Himmel. Ich konnte nicht herausfinden, wie ich mit ihm in Kontakt treten konnte oder wer er überhaupt war. Aber Christus war in meinem Leben sehr gegenwärtig, und die Jungfrau Maria war seine Mutter. Ich weiß noch, wie man mir schon als ganz kleines Mädchen beibrachte aufzusagen: »Maria, madre de dios – Maria, Mutter Gottes«. Für mich als Kind war die Mutter viel mächtiger als der Sohn, egal wie alt der war und was er vollbracht hatte. Die Jungfrau Maria war für mich mächtiger als Christus. Wenn ich zurückdenke, glaube ich, daß mir dadurch der Übergang erleichtert wurde, Frauen spirituelle Macht zuzuerkennen und die Göttin als eine Einheit zu betrachten, die auf gleicher Ebene mit einem männlichen Gott stand. Ich hatte bereits eine weibliche Gestalt als ebenso mächtige, gottartige Figur erlebt, die in meinem Leben sehr gegenwärtig war.

Aber es ist nicht nur Maria – es gibt noch viele andere Jungfrauen. Ich kann spontan drei verschiedene Jungfrauen aufzählen, die in einem Umkreis von nur wenigen Kilometern leben. In Ecuador scheint es an die dreißig, vierzig verschiedene Jungfrauen zu geben, die alle als Mutter von Christus gelten. Ich weiß nicht, wie die katholische Kirche dieses Mysterium erklärt. Ich habe mir das so zurechtgelegt, daß sie verschiedene Manifestationen des weiblichen Prinzips sind, in verschiedener Gestalt und mit verschiedenen Aufgaben.

Ich erinnere mich deutlich, wie ich als Erwachsene für die Göttin bereit wurde. Eines Tages hörte ich, wie eine Frau meinte, Christus sei eine Frau. Kurz darauf hatte ich einen Traum, daß ich Christus zu Füßen saß und betete. Dann blickte ich hoch und sah eine nackte Frau. Für mich war das ein spiritueller Wendepunkt. Danach versuchte ich allmählich, mir Gott als eine Frau vorzustellen.

Heute glaube ich, daß man nicht wirklich »ganz« und erfüllt sein kann, wenn man Gott nicht als weiblich sehen kann. In religiösen Lehren heißt es, daß wir im Bild Gottes geschaffen seien. Gott dient als ein Spiegel, der uns zeigt, was Vollkommenheit ist, und ich sehe immer etwas anderes als mich selbst. Wie kann ich da ein Selbstbild entwickeln? Wenn ich immer einen Mann sehe, wie kann ich da gespiegelt sein? Wie kann ich mich selbst als erfüllt und vollkommen betrachten? Ich glaube, wir können nur ermächtigt und ganz wir selbst sein, wenn wir einen weiblichen Gott anschauen.

Wenn wir uns an spirituelle Momente in der Vergangenheit erinnern, erscheint uns möglicherweise das Weiblich-Göttliche. Es ist vielleicht verhüllt und entmachtet, wirkt aber dennoch in unserem Herzen und unserem Leben. Eine interviewte Frau erkannte, daß ihre imaginäre Kindheitsfreundin eine vertrauenerweckende spirituelle Führerin war:

I ch glaube, meine imaginäre Spielgefährtin war meine erste lebendige Göttin, eine heilige Präsenz. Sie war es, die mir sagte, ich könne alles werden, was ich nur wollte, und daß ich nicht auf die seltsamen Dinge hören sollte, die man uns in der Schule oder in der Kirche beibrachte – darüber, was es heißt, ein Mädchen zu sein. Sie war eine leidenschaftliche, lebhafte Freundin. In den letzten fünf Jahren habe ich erkannt, wie ich mit der Göttinnenrealität in Kontakt treten kann. Meine imaginäre Spielkameradin war die Göttin in der Gestalt eines kleinen Mädchens. Sie erschien in der Gestalt, in der ich sie am leichtesten erkennen konnte.

Camille entdeckte die weibliche Göttlichkeit in der Gestalt ihres Lieblingspferdes:

Als junges Mädchen war ich völlig in Pferde vernarrt. Ich hatte eine Lieblingsstute, die ich immer ritt. Auf ihrem Rücken hatte ich das Gefühl, fliegen zu können und daß sie mich überall hintragen würde. Oft hatte ich Tagträume von wunderbaren Abenteuern, die wir zusammen erlebten. Heute weiß ich, daß sie meinen Pfad zur Kreativität und meine Verbindung zum Unbekannten darstellte. Sie diente mir als Leitfigur und Beschützerin. Heute erkenne ich sie als eine Verkörperung der Göttin.

Erinnern Sie sich an eine Begegnung mit der Göttin? Wenn Sie sich auf Ihre Vergangenheit konzentrieren, entdecken Sie das Weiblich-Göttliche oft in unerwarteter Gestalt.

ÜBUNG

Das Wiederfinden des Weiblich-Göttlichen

Nachdem Sie sich geerdet und zentriert haben, lassen Sie die folgenden Fragen in Ihr Bewußtsein dringen. Wenn Sie über jeden Punkt nachgedacht haben, schreiben Sie alle Assoziationen auf, die Ihnen in den Sinn kommen:

1. Gab es Wesen in Ihrem Leben, die sich Ihnen gegenüber besonders beschützend verhalten haben und zu denen Sie eine enge Verbindung hatten? Welche Wesen waren es? Wie sah die Beziehung aus?
2. Gab es reale oder imaginäre Menschen in Ihrem Leben, die Sie, als Sie klein waren, bedingungslos liebten? Wer waren sie, und wie haben diese Sie unterstützt?

Beenden Sie diese Übung mit einem Dank an alle liebevollen Wesen, die Ihnen in den Sinn gekommen sind.

Für manche Frauen wird ihre Öffnung für die Göttin zum Beginn von neuen, lebensbestätigenden Erfahrungen. Da die Göttin für viele nicht gegenwärtig und verfügbar ist, müssen Sie sich erst auf die Suche nach ihr begeben. Die Wege zu ihr sind so vielfältig wie die Frauen, die Praktiken und Rituale für die Suche nach ihr entwickeln. Lassen wir einige Frauen beschreiben, was die Göttin für sie darstellt:

Die Macht der Göttin hat mit Zyklen und Schöpfung zu tun – mit Gleichgewicht und Liebe für alle Wesen gleichermaßen statt mit Macht über sie. Sie hält uns alle auf ihrem Schoß. Sie ist die Macht, zu »sein«, nicht die Macht »über andere«. Wenn wir die Göttin zu diesem Zeitpunkt in der Geschichte verehren, werden die maskulinen und femininen Prinzipien in uns allen ausgeglichen und vereinigt werden. Das heilige weibliche Prinzip ist die Bestätigung der Verbundenheit und Heiligkeit allen Lebens. Die Anbetung der Göttin schenkt allen Wesen auf der Erde die notwendige Heilung. Es würde weniger Kriege und Aggressionen geben.

Ich stelle mir die Göttin als ein Potential in mir vor. Wir sind alle unsere eigenen Göttinnen – sie ist kein erleuchtetes Wesen im Himmel. Sie ist die Energie reiner Güte.

Eine Geschichte von Carol

Es gibt in Puerto Rico eine in die Felsklippen gehauene Höhle, die ich bei meiner ersten Reise dorthin kurz besichtigte. Nie werde ich die Schönheit und die Aura dieses Ortes vergessen. Als ich auf die Insel zurückkehrte, machte ich eine Pilgerfahrt zu dieser Höhle, um möglicherweise Botschaften zu entdecken:

Als ich zum Höhleneingang hinabsteige, bemerke ich einen Mann, der hoch über mir auf einem Felsvorsprung sitzt. Er sieht mich nicht an, aber ich weiß, daß er mich bemerkt hat. Ich zünde Räucherstäbchen an und stecke sie vor den Höhleneingang als eine Bitte um Schutz vor negativen Energien. Dann knie ich mich vor den Eingang und bitte stumm um die Erlaubnis, eintreten zu dürfen. Aus der Mitte meines Herzens höre ich ein leises, aber eindeutiges Ja.

Beim Eintreten erkenne ich, daß es nicht ein großer Raum ist, sondern daß sich mehrere kleinere Höhlen aneinander anschließen. An einigen Wänden befinden sich Zeichnungen, die sie als eine Stätte kennzeichnen, die den Tano-India-nern heilig war, den Ureinwohnern Puerto Ricos. Die kleineren Höhlen umgeben eine runde Fläche im Boden, wo türkisfarbenes Wasser mit den Meeresbewegungen aufsteigt und fällt. Das Wasser hat einen Rhythmus. Es dringt ein und scheint kurz innezuhalten, ehe es wieder ins Meer zurückkehrt.

Ich steige in diesen Teich, schließe die Augen und warte auf ein Zeichen von Magie oder eine Botschaft. Das Wasser fühlt sich heilsam an, dies ist ein Ort, an dem man geläutert wird. Ich trage nur ein Baumwollhemd und Shorts und tauche ganz ins Wasser ein, als es wieder grüßend emporsteigt. Dreimal versenke ich mich im Wasser und kehre jedesmal vorsichtig wieder an den Rand zurück, wenn es rasch wieder zum Meer abfließt. Als ich aus dem Wasser steige, fühle ich mich erfrischt, aber auch sehr verletzlich, als habe ich mich einer Heilung, aber auch einer potentiell gefährlichen Situation ausgesetzt.

Ich lege mich in einem der kleinen Höhlenräume nieder. Der Raum scheint genau meinem Körper angepaßt. Ich liege mit dem Gesicht nach unten und fühle mich wie auf dem Bauch einer Mutter, an ihrer Haut. Der Sand ist weich wie Seide. Als ich sanft mit dem Körper über den Boden reibe, rufe ich sie an. Ich merke, daß ich weine. Ich rufe meine Mutter und das Wesen jenseits aller Mütter an. Sie antwortet, indem sie mich hält und streichelt und meine Tränen auffängt, die in ihrer Haut versinken. Ich höre, wie sie sagt: »Alles ist gut«, und ich weiß, sie wird mich so lange halten, wie es nötig ist. Das war meine erste Begegnung mit dem Weiblich-Göttlichen. Diese Erfahrung ermöglichte mir, die Göttin auf sehr intime und persönliche Weise zu sehen. Sie enthüllte sich mir von innen heraus, durch meine Wahrnehmung und meine Sinne, durch meinen eigenen Körper. Anschließend konnte ich sagen, daß ich sie *kannte*. Es war der Beginn einer Beziehung zum Weiblich-Göttlichen.

Wir können die Beziehung zur weiblichen Göttlichkeit auf eine einfache, aber beeindruckende Art erforschen, und zwar indem wir die Bilder der Göttin untersuchen, die uns heute zur Verfügung stehen. Neuere archäologische Ausgrabungen haben uralte Bilder von weiblichen Gottheiten freigegeben; moderne Künstlerinnen erschaffen heute neue Bilder von ihr.

ÜBUNG

Die Göttin erkunden

Bilder der Göttin: Suchen Sie Abbildungen der Göttin, die Ihnen gefallen. Versuchen Sie es in Buchhandlungen, Bibliotheken, Kunsthandwerksläden und Museen. Beschaffen Sie sich eine Reproduktion Ihres Lieblingsbildes und setzen sich oft davor. Stellen Sie es sich an Ihren spirituellen Ort oder auf Ihren Altar. Erlauben Sie sich, es von Zeit zu Zeit anzuschauen, und öffnen Sie sich für unterschwellige Botschaften und ein neues Verständnis. Erinnern Sie sich während des Tages an ihr Bild und daran, was es darstellt, innerlich wie äußerlich. Schreiben oder zeichnen Sie die Erfahrungen in Ihrem spirituellen Tagebuch auf.

Mit der Göttin sein: Beginnen Sie mit der Grundmeditation: *In den Armen von Mutter Erde* von Seite 19. Lassen Sie durch Phantasiereisen die Göttin vor sich erscheinen. Malen Sie sich ihre Gestalt in aller Schönheit und Majestät aus. Nehmen Sie sich Zeit, sie ins Bewußtsein aufzunehmen.

Nun denken Sie über die folgenden Fragen nach: Warum haben Sie sie ausgewählt? Welche Eigenschaften hat sie, die auch Sie besitzen? Welchen Teil von sich selbst möchten Sie so verehren, wie Sie diesen Aspekt der Göttin verehren? Lassen Sie die Antworten in sich emporsteigen. Wenn Sie die Übung als abgeschlossen empfinden, danken Sie Ihrer Göttin, daß sie für Sie und alle anderen da ist. Halten Sie für einen Moment des Dankes und der Selbstheilung inne.

Leben mit Gott und Göttin

Ungeachtet der körperlichen Eigenschaften Ihres Gottes oder Ihrer Göttin, gleich wo sie diese finden, wie Sie mit Gott oder der Göttin kommunizieren – es ist nur wichtig, daß Sie einen authentischen Weg finden, mit dieser Macht zu leben.

Sie stellen vielleicht fest, daß sich Ihr Gefühl für das Göttliche bei der Heilung und beim Weitergehen auf dem spirituellen Weg entfaltet, oder Sie merken, wie sich das bereits Erlebte verfestigt und stärker wird. Bewahren Sie sich Ihr Gefühl für spirituelle Präsenz auch bei der Arbeit mit den nächsten beiden Kapiteln. Nehmen Sie Ihren Gott oder Ihre Göttin, damit sie Sie zu tieferen spirituellen Verbindungen führen.

ÜBUNG

Integration

Nehmen Sie sich einen Moment Zeit, um sich an die in diesem Kapitel geleistete Arbeit zu erinnern. Lassen Sie die Ideen Revue passieren, über die Sie gelesen haben. Rufen Sie sich die Übungen ins Gedächtnis, die Sie absolviert haben.

1. Erinnern Sie sich an wichtige Ereignisse, die bei der Arbeit mit diesem Material ans Licht kamen. Fügen Sie sie zu Ihrer Lebenslinie auf Seite 53 hinzu.
2. Denken Sie über die dargestellten Konzepte nach, und werfen Sie alle, die sie nicht brauchen, auf Ihren Komposthaufen.
3. Überprüfen Sie, ob es noch Dinge gibt, die Sie in Ihr spirituelles Tagebuch eintragen wollen. Vielleicht möchten Sie einige Aufzeichnungen noch einmal durchlesen.
4. Denken Sie darüber nach, ob Sie noch weiter mit einem Teil des Materials arbeiten wollen, und wenn ja, wie. Sie möchten vielleicht einige Übungen später noch einmal durcharbeiten oder mit einem anderen Menschen, in der Therapie oder in einer Selbsthilfegruppe diskutieren.
5. Loben Sie sich für die getane Arbeit. Danken Sie für die Heilung und die spirituelle Erneuerung.

Religiosität und Spiritualität in der Lebensgeschichte

Manchmal fühlen wir uns in unserer Religion heimisch; ein Glauben mit bekannten und vertrauten Ritualen, Festtagen, Gebeten und Bekenntnissen kann zutiefst tröstend und verbindend wirken. Doch andere Teile unseres religiösen Erbes finden wir zuweilen entfremdend, denn sie wurden zu Hindernissen auf unserer spirituellen Reise. Wenn wir unseren Glauben mit anderen Augen betrachten, können wir diese Hindernisse aus dem Weg räumen und neue Möglichkeiten der Verbundenheit entdecken.

Historisch gesehen sind die meisten Religionen auf den Mann ausgerichtet, sowohl was die Teilnahme an ihren Ritualen als auch ihre Wertsysteme angeht. Als Mädchen und Frauen müssen wir feststellen, daß unsere spirituellen Perspektiven oftmals übersehen und unsere spirituellen Beiträge geringgeschätzt werden. Wenn unsere spirituellen Erlebnisse nicht akzeptiert werden, kann unsere Religion niemals wirklich unser Herz und unseren Geist anrühren.

In einer nichtreligiösen Familie aufgewachsen zu sein, kann durchaus einen fruchtbaren Boden für die eigene spirituelle Entdeckungsreise darstellen – oder uns das Gefühl geben, daß unsere spirituellen Äußerungen nichts wert sind.

Ein abwertender religiöser Hintergrund kann die Entdeckung unseres authentischen spirituellen Pfades sehr erschweren. Wir drehen uns im Kreis und finden niemals einen spirituellen Mittelpunkt oder Kern. Wir fühlen uns vielleicht einsam auf diesem Weg, denn wir haben keine Reisegefährten, die uns führen könnten.

Denken Sie darüber nach, bei welchen Gelegenheiten Sie sich in Ihrer Religion oder in Ihrer Beziehung zu ihr abgewertet fühlten. Keine dieser Erfahrungen muß unbedingt zum Hindernis werden. Sie sind die einzige, die beurteilen kann, ob sie Sie auf Ihrer spirituellen Reise behindern oder nicht.

ÜBUNG

Wie mein Glauben / meine Religion abgewertet wurde

Kreuzen Sie alle Erfahrungen an, die auf Sie zutreffen:

_____ Ich wuchs in einer Familie ohne Religion auf.

_____ Ich wurde in einer Familie groß, in der man nicht an Gott glaubte.

_____ Ich wurde in einer Familie mit verschiedenen Religionszugehörigkeiten oder deutlich unterschiedlichem Glauben groß.

_____ Ich fühlte mich in meiner Religion minderwertig, weil ich ein Mädchen/eine Frau war/bin.

_____ Ich fühlte mich als Mädchen/Frau in meiner Religion eingeengt.

_____ Ich habe als Kind phantasiert, eine religiöse Leitfigur zu sein, wußte aber, daß ich das nie sein konnte.

_____ Ich hatte Angst in meiner Religion.

Die angekreuzten Aussagen zeigen Ihnen, auf was Sie sich in diesem Kapitel konzentrieren sollten.

Nutzen Sie Ihre Phantasie, um sich an Augenblicke der Entfremdung oder Schwierigkeiten in Ihrer Religion zu erinnern.

ÜBUNG

Rückkehr zum Kindheitsglauben

Nehmen Sie sich ein paar Augenblicke Zeit, um sich geerdet und wohl zu fühlen. Dann schließen Sie die Augen und lassen sich auf eine Reise zurück in eine Kirche, eine Synagoge oder ein anderes religiöses Gebäude aus Ihrer Kindheit tragen. Stellen Sie sich das Gebäude so deutlich wie möglich vor. Malen Sie sich die Farben aus, die Ausblicke, die Gerüche und Ihre Gefühle. Nun betreten Sie in Ihrer Phantasie das Gebäude. Wenn Sie die Türschwelle überschreiten, achten Sie darauf, ob und wann Sie sich in diesem Gebäude entfremdet oder distanziert fühlten. Achten Sie darauf, wie Sie sich bei dieser Entfremdung oder Unverbundenheit fühlten, wie sie sich im Körper und im Herzen niederschlug. Denken Sie an das Grundthema dabei. Beschaffen Sie sich so viele Informationen wie nötig darüber. Wenn Sie damit abgeschlossen haben, bringen Sie sich in die Gegenwart zurück. Öffnen Sie langsam die Augen. Vielleicht tragen Sie ein paar Notizen über diese Erfahrung in Ihr spirituelles Tagebuch ein.

Ehe Sie gründlicher über verletzende religiöse Erfahrungen nachdenken, kann es beruhigend wirken, sich an Momente der Verbundenheit zu erinnern. Wenn man diese Verbindungen zu Beginn bestätigt, hat man eine sichere und angenehmere Grundlage für die Heilarbeit.

Die Frauen, die wir interviewten, klangen verzückt, wenn sie sich an Momente der Zugehörigkeit zu ihrem Glauben erinnerten. Diese Beschreibungen waren ausführlich und reich an köstlichen Düften, schönen Lauten und uralten Ritualen. Der Kontext war oft liebevoll und fürsorglich, wie eine Umarmung in der Familie oder Gemeinde.

Bei uns zu Hause gab es immer religiöse Sitzungen, die tagelang vorbereitet wurden. Ich habe sehr deutliche Erinnerungen daran, wie meine Mutter den Gefilte Fisch mit dem Beil kleinhackte und alles mit der Hand zuberei-

89

tete. Das sind meine frühesten Erinnerungen an Rituale, in denen man etwas

tut, das Sinn hat, weil man einer alten
Tradition folgt.

Zu Weihnachten lebte ich immer in
einer Zauberwelt. Ich glaubte ganz
fest an die Nikolausgeschichte. Ich
kannte den Nikolaus und Knecht Rup-
recht und die Zwerge, die ihm mit den

ganzen Spielsachen geholfen hatten.
Heiligabend schaffte er es irgendwie,
durch unseren Schornstein zu kommen,
und am Morgen lagen überall die Geschenke.

Religiöse Festtage sind die wichtigsten Tage des religiösen Jahres, und unsere Erinnerungen daran geben uns eine Menge Informationen über unsere religiösen
Erfahrungen. Unsere Reaktionen auf die Feiertage stellen oft eine Art Mikrokos-
mos unserer Gefühle über die Religion im allgemeinen dar.

ÜBUNG

Erinnerungen an Festtage

Denken Sie an Ihre Kindheit zurück, und suchen Sie sich einen Festtag aus, an
dem Sie besonders viel Freude empfanden. Sie können sich mit Feiertagen
auf ganz unterschiedliche Weise verbunden fühlen. Was war das Wichtigste für
Sie:

– die Bedeutung oder die Geschichte dieses Festtags,
– die Verbundenheit von Familie und Gemeinde an diesem Tag,
– das Festtagsessen,
– die Festtagsrituale,
– die Musik an diesem Tag,
– die an diesem Tag demonstrierte Großzügigkeit?

Überlegen Sie sich weitere Punkte der Verbundenheit.
Versuchen Sie sich noch intensiver an Ihre Gefühle zu erinnern. Freuen Sie sich.
Gibt es etwas, das Sie am nächsten Feiertag dieser Art vielleicht in Ihre Feier ein-
bringen möchten?

An Festtage werden meist besonders hohe Erwartungen gestellt, und unsere
Sehnsucht nach einer inneren Verbundenheit führt oft zu Enttäuschungen. Die
Erkundung dieser Enttäuschungen kann uns zu einem Punkt führen, der unsere
spirituelle Reise vielleicht behindert.

Die Entfremdung bei Festtagen

Im folgenden führen wir verschiedene Aussagen auf, die Entfremdungsgefühle in bezug auf religiöse Festtage beschreiben. Kreuzen Sie an, welche auf Sie zutreffen:

_____ Ich habe die Bedeutung dieses Festtages nie verstanden.

_____ Der Festtag entsprach nicht meiner Erfahrung als Mädchen.

_____ Ich stamme aus einer Familie, die keine Festtage (auch nicht die allgemeinen Feiertage) beging, und ich fühlte mich von allen entfremdet.

_____ Ich wollte mich stärker an den Ritualen beteiligen, durfte aber nicht, weil ich ein Mädchen war.

_____ Familienprobleme machten es zu schwierig zu feiern.

_____ Die Festtagsgestaltung war nur Show. Sie hatte keinerlei spirituelle Bedeutung.

Schreiben Sie die Aussagen, falls nötig, um, damit sie Ihre persönliche Wahrheit besser spiegeln. Wenn Sie sich auf andere Weise entfremdet fühlten, fügen Sie es der Liste hinzu.

Mangelnde religiöse oder spirituelle Anleitung in der Kindheit

Manche Frauen wurden in einer Familie ohne religiösen Hintergrund groß, ohne einen spirituellen Kontext oder einen Glauben an Gott. Eine solche Umwelt wirkt oft abwertend, weil spirituelle Neigungen und Hoffnungen ignoriert, abgelehnt oder verspottet werden. Angemessene Unterstützung und Anleitung muß nicht von einer Zugehörigkeit zu einer der Hauptreligionen stammen; es gibt viele andere Hilfsquellen. Wichtig ist, daß wir eine Umgebung finden, in der unser spirituelles Leben unterstützt und für wertvoll gehalten wird.

Die spirituellen Bedürfnisse der Kindheit können auf verschiedene Weise erfüllt werden. Eine Familie beispielsweise ohne einen Glauben an Gott kann aber eine religiöse Identifikation oder ein spirituelles Wertesystem haben; sie vertritt vielleicht ethische oder moralische Prinzipien, die uns sicher durch die Herausforderungen des Lebens steuern können. Eine Familie identifiziert sich mit der Kultur und der Gemeinschaft einer Religion, aber nicht mit deren Theologie. Ein Kind kann Unterstützung für seine Spiritualität in der größeren Gemeinde finden.

Wenn Sie in einer Familie außerhalb der Hauptreligionen aufwuchsen, fühlen Sie sich möglicherweise von anderen mit einem eher traditionellen Hintergrund entfremdet. Sie fühlen sich zuweilen wie eine Außenseiterin. Es fehlt Ihnen vielleicht ein gewisses Gemeinschaftsgefühl, oder Sie vermissen andere Menschen, die Sie auf Ihrer spirituellen Reise begleiten. Sie entdecken eventuell auch fruchtbaren Boden für die eigene, einzigartige spirituelle Perspektive, die nicht vom Glauben und den Bedürfnissen anderer konditioniert ist. Zum Heilungsprozeß gehört es auch zu schätzen, wie man spirituell versorgt wurde. Vielleicht stellen Sie fest, daß Ihnen einzigartige spirituelle Reserven zur Verfügung stehen.

Unkonventionelle spirituelle Lektionen

Betrachten Sie Ihren Stammbaum, und überlegen Sie, welche spirituellen Bedürfnisse auf unkonventionelle Weise befriedigt wurden. Denken Sie an jedes Familienmitglied, und erinnern Sie sich an spirituelle Perspektiven und Lehren, die sie Ihnen vermittelten. Denken Sie an Aspekte, die Sie vielleicht vorher abgelehnt haben. Bestätigen Sie alle spirituellen Ressourcen, die Sie möglicherweise vorher übersehen haben.

Zoë wurde in einem Zuhause groß, das sie als religiös neutral und unabhängig beschreibt. In schwierigen Zeiten in der Familie vermißte sie einen Gott, an den sie sich um Trost und Unterstützung wenden konnte. Nun kämpft Zoë bei ihrer Suche nach ihrem eigenen spirituellen Weg gegen Frustrationen an. Es mangelt ihr an einer Orientierung und an Zuversicht.

Irgendwie hatte ich immer das Gefühl, daß mir ein religiöser Hintergrund fehlt. Wenn ich als Kind mit meinen Freundinnen in die Kirche oder Synagoge ging, fiel mir immer die Versunkenheit auf, mit der diese Menschen in einem Raum zusammen beteten. Ich wußte, daß sie zu Gott beteten, aber ich hatte kein Gottesgefühl. Ich spürte die Macht, aber ich verstand sie nicht. Manchmal wollte ich auch beten, ich wollte beten, daß mein Vater und meine Mutter sich nicht mehr stritten, aber es war mir peinlich, in meiner eigenen Familie zu beten. Wie hätte ich das meinen Eltern erklären sollen? Ich erinnere mich an einen Heiligabend als Jugendliche, als ich eine katholische Messe besuchte. Zuerst fühlte ich mich wie eine Außenseiterin, aber nachdem ich mich gesetzt hatte, wurde ich zum Teil der Gruppe. Ich nahm an, daß alle anderen Gotteserfahrungen hatten, aber eigentlich hatte ich keine Ahnung, was sie fühlten.

Ich habe nie konkret begriffen, welchen Zweck Spiritualität eigentlich haben soll. Ich fand es schwer, meine eigene Spiritualität zu entdecken, denn sie war nie greifbar oder real. Ich war zum Beispiel vor diesem Gespräch sehr nervös, weil ich dachte, über was zum Teufel soll ich eigentlich reden? Ich habe keinerlei religiösen Hintergrund, über den ich sprechen könnte. Ich beneide manchmal Leute, die eindeutige spirituelle Praktiken kennen, und bin frustriert, weil ich keine habe. Ich frage mich, warum das für mich so schwer ist. Liegt es daran, daß es keine Priorität für mich hat? Vielleicht sollte ich denken, daß ich es allein schaffen muß. Ich hätte gerne spirituelle Rituale, aber möchte auch nicht starr damit umgehen. Ich wünsche mir weiterhin die Flexibilität meiner Kindheit.

Leila wurde in einer jüdischen Familie groß, in der aber der Glaube an Gott unterbunden wurde. Leilas spirituelle Neugier wurde unterdrückt. Als Erwachsene ist sie zu den jüdischen Wurzeln zurückgekehrt und führt ein aktives religiöses und kulturelles Leben.

Ich erinnere mich an eine Unterhaltung mit meinem Vater, in der ich ihm sagte, ich würde vielleicht an Gott glauben. Da schüttelte er den Kopf und sagte: »Du glaubst nicht an Gott.« Ich schämte mich, weil ich an Gott glaubte, weil ich dachte, Gott sei etwas für dumme Leute. Ich weiß, daß man mich als Kind von meiner spirituellen Suche abbrachte. In meiner Familie sprach man nicht über undefinierbare Dinge. Heute weiß ich, daß das ein Mangel ist. Ich frage mich allerdings, ob die Kinder, die religiös stärker angeleitet wurden, wirklich ein Gefühl für Göttlichkeit und dafür, selbst göttlich zu sein, entwickelten.

Toby empfand immer schon eine spirituelle Verbundenheit, verknüpfte sie aber nie mit ihrer Religion. Ihre spirituelle Reise wurde stets durch die Freiheit, suchen zu dürfen, geprägt.

Meine Eltern glaubten nicht an Gott, und als Kind habe ich immer respektiert, daß sie nicht sagten, sie glaubten an etwas, das sie mir nicht erklären konnten. Ich fühlte mich anders, und irgendwie gefiel mir dieses Anderssein. Manchmal war es auch schwierig. Als Teenager dachte ich, ich wäre verrückt, und fragte mich oft, wohin ich gehörte. Ich sehnte mich nach einer andersweltlichen Verbindung. Auf meiner verzweifelten Suche nach einem Zugehörigkeitsgefühl probierte ich alles mögliche aus, wie Drogen, Töpferei, Yoga und Meditation. Heute weiß ich, daß ich die Wahl habe. Ich vertraue mir. Ich brauche keine der Hauptreligionen. Ich fühle mich auch nicht in irgendein bestimmtes System gepreßt. Ich suche mir von den verschiedensten spirituellen Orientierungen etwas aus.

Ohne einen Glauben an Gott aufzuwachsen ist für jede eine andere Erfahrung. Wenn Sie ohne einen Glauben an Gott groß wurden, versuchen Sie nun, sich an diese Erfahrung zu erinnern und sie zu verstehen.

Für Frauen, die ohne einen Glauben an Gott heranwuchsen

Entspannen Sie sich, und erinnern Sie sich daran, wie Ihnen zum ersten Mal klar wurde, daß Ihre Eltern nicht an Gott glaubten. Wenn Sie sich nicht daran erinnern können, haben Sie die Möglichkeit, sich vorzustellen, wie das vielleicht war. Wie haben Sie herausgefunden, daß Ihre Eltern nicht an Gott glaubten? Haben sie es Ihnen gesagt? War es jemand anders? Was haben Sie von all dem begriffen? Wie fühlten Sie sich dabei?

Nun denken Sie an Ihr heutiges Leben. Wie wirkt sich das Aufwachsen ohne einen Glauben an Gott für Sie aus? Gibt es alte Überzeugungen und Gefühle, die wertlos geworden sind, die Sie hinter sich lassen möchten? Gibt es neue Überzeugungen und Gefühle, die Sie bestätigen möchten?

Ein anderes Dilemma entwickelt sich, wenn ein Elternteil an Gott glaubt und der andere nicht oder wenn zwei einflußreiche Personen in unserem Leben unterschiedlichen Glaubenssystemen anhängen. Wir fühlen uns zwischen diesen beiden Menschen hin- und hergerissen und fühlen uns angesichts derart unterschiedlicher Botschaften herausgefordert, die eigene Richtung zu finden, riskieren aber auch, unsicher und verwirrt zu werden.

Adeline, Nellys Mutter, stammt aus einer jüdischen Familie, in der die Mutter sehr religiös war, der Vater aber sehr antireligiös. Statt aber davon verunsichert zu sein, holte Adeline sich bei beiden Eltern Rat. Wenn Sie Adelines Bericht lesen, erkennen Sie vielleicht ein paar der Ideen, die zu diesem Buch führten: Sie wurden von der Mutter, Adeline, an Nelly, die Tochter, weitergegeben. Am auffallendsten ist das bei der Einschätzung, daß die eigene Spiritualität durch Lebenserfahrung bereichert wird.

Meine beiden Eltern hatten sehr unterschiedliche religiöse Auffassungen. Meine Mutter sagte ja zur Religion, mein Vater nein, und so war ich gezwungen, einen eigenen Weg und einen eigenen Glauben zu finden. Meine Mutter zitierte ständig aus dem Talmud, der Morallehre des Judentums. Er enthält die gleichen ethischen Prinzipien wie andere Religionen, wie Ehrlichkeit, Wohltätigkeit und Verzicht. Ich übernahm diese Moral von den Lehren meiner Mutter. Ich glaube daran und versuche, danach zu leben.

Wenn ein jüdischer Feiertag anstand, erzählte uns meine Mutter die Geschichte dazu. Dann sagte mein Vater, diese Geschichte sei völlig lächerlich und es habe nichts so stattfinden können. Er sagte, es sei alles ein Märchen. Die religiösen Ansichten meines Vaters ergaben für mich eher einen Sinn als die meiner Mutter.

Ich lehne mich gegen die Einschränkungen der orthodoxen Religionen auf. Ich habe wie mein Vater nie an einen persönlichen Gott geglaubt. Ich kann zwar die Welt nicht erklären und auch nicht, was es mit sogenannten Gottheiten auf sich hat, aber ich habe ein spirituelles Glaubenssystem, das mir hilft, die Welt und meinen Platz darin zu begreifen – jetzt und nach meinem Tod. Ich habe in den achtzig Jahren meines Lebens ein eindeutiges spirituelles Glaubenssystem entwickelt.

Wenn man von den Bezugspersonen im Leben unterschiedliche spirituelle Botschaften erhalten hat, kann es nützlich sein, diese Botschaften unter die Lupe zu nehmen und nur jene für sich zu bewahren, die die eigene Wahrheit und Erfahrung spiegeln.

ÜBUNG

Für Frauen, die gegensätzliche spirituelle oder religiöse Botschaften erhalten haben

Beginnen Sie diese Übung mit einer Bestätigung, daß Sie Ihre eigene Wahrheit finden können. Denken Sie nun an etwas in Ihrem Leben, über das Sie sich in Ihren Ansichten recht sicher sind, obwohl andere abweichende Meinungen dazu haben.

Nun denken Sie an Menschen in Ihrem Leben, die einen starken, aber abweichenden Einfluß auf Ihre Spiritualität gehabt haben. Klären Sie entweder in Gedanken oder schriftlich, was diese Menschen glauben und wie diese Überzeugungen einander überlappen oder widersprechen. Achten Sie darauf, welche Überzeugungen Ihnen unwahr oder sogar schädlich erscheinen. Werfen Sie diese Überzeugungen über Bord – vielleicht auf Ihren imaginären Komposthaufen. Dann betrachten Sie die Überzeugungen, die Ihnen wahr erscheinen. Bestätigen Sie diese Wahrheiten. Überlegen Sie, welche Ihrer eigenen Überzeugungen eine Synthese dieser unterschiedlichen Ansichten sein können. Finden Sie heraus, ob der Kontakt mit diesen unterschiedlichen Überzeugungen es Ihnen ermöglicht, zu einem tieferen Verständnis Ihrer selbst zu gelangen.

Die Grenze zwischen Nachlässigkeit und Offenheit kann leicht verwischen. Wenn Sie aus einer Familie stammen, die sich religiös nicht konform verhielt, betrachten Sie Ihren Hintergrund, und entdecken Sie für sich, welche Aspekte Sie abwerteten und welche Sie stärkten. Es ist möglich, ja sogar wahrscheinlich, daß die gleichen Aspekte sowohl im guten wie im problematischen Sinn gewirkt haben.

Für Frauen, die nicht in einer der Hauptreligionen aufwuchsen

Reagieren Sie in einer freien Schreibübung auf die folgenden Aussagen. Schreiben Sie ohne Unterbrechung alles auf, was Ihnen in den Sinn kommt. Verbringen Sie mit jeder der drei Aussagen fünf Minuten.

– Ich fühlte mich anders, weil ...
– Das Anderssein war schwierig, weil ...
– Das Anderssein war gut für mich, weil ...

Wenn Sie Ihre Reaktionen auf die drei Aussagen aufgeschrieben haben, versuchen Sie das Geschriebene in wenigen Sätzen zusammenzufassen.

Die Abwertung von Mädchen und Frauen innerhalb der Religion

Die meisten Religionen sind an männlichen Werten orientiert und auf Männer ausgerichtet, und die Auswirkungen dieser Privilegierung durchziehen fast das ganze religiöse Leben. Nicht nur Gott ist als Mann versinnbildlicht, auch die anerkannten herausragenden Persönlichkeiten in den Schriften sind Männer. Die meisten religiösen Führer sind Männer, und Männer sind gewöhnlich auch die Hauptpersonen bei religiösen Ritualen.

Die Ausrichtung der Kirchen auf Männer kann die Möglichkeiten für Mädchen und Frauen stark einschränken, und wir akzeptieren vielleicht diese Zweitrangigkeit, damit wir uns nur ja zugehörig fühlen. Wir werden zum Schweigen gebracht, unsere Stimmen werden übertönt. Was heilig ist, ist nicht weiblich, daher nehmen wir an, selbst unheilig zu sein. Wir verlieren den Kontakt zu unserer angeborenen spirituellen Verbundenheit. Wir fühlen uns wie Zuschauerinnen, die die spirituelle Reise anderer verfolgen.

In einer von Männern beherrschten Welt können Mädchen und Frauen leicht zu der Überzeugung gelangen, daß Männer das Recht auf Wahrheit »gepachtet« haben. Eine Heilung ist für uns Frauen nur möglich, wenn unsere Wahrheiten angehört und geschätzt werden. Daher ist es wichtig, daß wir uns einen sicheren Ort schaffen, an dem wir unsere spirituellen Wahrheiten aussprechen können, wo sie gehört und akzeptiert werden.

Die Wahrheit sprechen

Denken Sie an etwas, das für Sie spirituell wahr ist, eine Überzeugung, die Sie schon lange vertreten, oder vielleicht etwas, das Sie bei einer früheren Übung gelernt haben. Nun stellen Sie sich einen Ort vor, an dem Sie diese Wahrheit aussprechen können. Es kann bei einer Freundin oder einer oder einem Angehörigen sein, vielleicht auch in einer Gruppe. Vielleicht ist es eine spirituelle Versammlung. Wichtig ist, daß Sie eine Situation auswählen, in der Ihnen zugehört wird. Sie möchten eventuell einen besonderen Zeitpunkt wählen, um diese Wahrheit auszusprechen, oder nur die Absicht dazu erklären und dann abwarten, bis es spontan passiert – vielleicht soll es einfach im Gespräch erwähnt werden. Tun Sie, was Sie für richtig halten. Geben Sie sich die Erlaubnis, angehört und geschätzt zu werden.

Leider ist Respekt für die Überzeugungen von Frauen in Kirchen nicht die Norm. Immer wieder haben uns Frauen von einer Diskriminierung innerhalb ihrer Religion berichtet.

Die Diskriminierung von Frauen in der katholischen Kirche ist universell. Ich habe sie immer abgelehnt.

Ohne es mit Worten ausdrücken zu können, wußte ich, daß Männer Frauen überlegen sind, daher ergab es für mich einen Sinn, daß Gott ein Mann war. Jeder, der in der Welt etwas darstellte, war ein Mann – der Präsident, der Rabbiner. So war das eben.

Sie brauchen eine klare Vorstellung davon, wie die Rolle der Frau in Ihrer Religion aussah bzw. aussieht. Denken Sie darüber nach, ob und bei welcher Gelegenheit Sie männliche Überlegenheit erfahren haben. Ein besseres Verständnis der eigenen Situation kann Sie zu Heilung und Erneuerung führen.

Die Rolle der Frau in meiner Religion

Es gibt viele Aspekte der Frauenrolle, über die Sie nachdenken können, daher sollten Sie sich mit den Antworten auf die folgenden Fragen Zeit lassen. Wenn Sie von Ihrer ursprünglichen Religion zu einer anderen konvertiert sind, gehen Sie die Fragen für jede Glaubensrichtung durch, der Sie im Verlauf Ihres Lebens angehört haben.

Fragen:

- Ist die Teilnahme von Frauen an religiösen Ritualen begrenzt?
- Gibt es Einschränkungen für Frauen beim Gebet?
- Wie ist Ihr Verständnis von der Rolle der Frau in der Schrift?
- Schreibt die Religion Frauen eine bestimmte Rolle innerhalb der Familie vor?
- Falls das zutrifft, wirkt diese vorgeschriebene Rolle einschränkend?
- Gibt es religiöse Führer*innen*?
- Hat deren Führerschaft Grenzen?
- Hat sich die Rolle der Frau in Ihrer Religion geändert?
- Wie wohl fühlen Sie sich mit der Rolle von Frauen heute?

Wenn Sie über diese Fragen nachgedacht haben, erleben Sie vielleicht eine heilsame Wirkung. Sie brauchen nichts zu planen, nur darauf zu achten, ob Sie ein neues Gefühl im Herzen spüren oder Ihnen neue Gedanken in den Sinn kommen.

Konservative religiöse Gemeinschaften diskriminieren Frauen oft ganz offen. Nelly erinnert sich an ihre Erkenntnis, daß Mädchen und Frauen im Judentum anders als Jungen und Männer behandelt werden.

Ich erinnere mich, wie ich als Kind in den orthodoxen Tempel zum Gottesdienst ging. Die Mädchen und Frauen saßen oben und blickten auf den Gottesdienst herab, an dem die Männer und Jungen teilnahmen. Ich war schockiert! Es erinnerte mich daran, wie ich 1950 zum ersten Mal in den amerikanischen Süden fuhr und man dort getrennte Klos für Schwarze und Weiße hatte.

Diskriminierungen sind häufig aber auch subtiler. Rituale, bei denen Mädchen zugelassen sind, gelten als unwichtiger als jene für Jungen. Sylvia erinnert sich daran, wie sich die Diskriminierung in ihrer recht progressiven Gemeinde auswirkte:

Mit 13 nehmen jüdische Jungen an der Bar Mitzvah teil. Das ist eine sehr wichtige Zeremonie, wenn sie zu »Männern« werden. Als ich etwa 13 war, veranstalteten sie im Tempel Bar Mitzvahs auch für Mädchen. Das erschien mir wie ein Trostpflaster, daher wollte ich eine solche Feier nicht.

Sylvia spricht auch von ihrer Enttäuschung, daß Frauen von der Minyan ausgeschlossen sind, der wichtigen Gebetsgruppe. Claudia, eine Mormonin, spielte in ihrer religiösen Gemeinde die vorgeschriebene weibliche Rolle. Heute begreift sie, wie eng diese Rolle gefaßt war, und hat in ihrer Kirche eine viel befriedigendere Aufgabe gefunden.

Irgendwie kam ich in der Kirche nicht weiter. Die Botschaft lautete, zu heiraten und Kinder zu haben. Ich bekam vier Kinder in sechs Jahren. Die Frauen verrichteten praktisch die ganze Arbeit in der Kirche. Sie seien zu diesem »Dienst« berufen. Ich habe so lange Kuchen für den Kuchenbasar gebacken, bis ich fast den Verstand verlor. Mein Mann war sehr dominierend, und ich glaube, ich hatte eine ganz verrückte Vorstellung davon, wie ich zu sein hatte. Meine Selbstachtung war völlig verschwunden. Zwölf Jahre lang habe ich Therapie gemacht. Als ich diese Themen durcharbeitete, wurde ich sehr wütend auf die Kirche. In neuerer Zeit habe ich aber einen Weg gefunden, wie ich in der Mormonenkirche mitwirken, aber meine persönliche Macht behalten kann und gleichzeitig ein Gefühl von Zufriedenheit und Zugehörigkeit gewinne. Sie lehnen mich nicht ab, und ich lehne sie nicht ab.

Claudia arbeitet nun mit einer Therapeutin zusammen, die Kirchenmitglieder berät, und wird aus dem Kirchenfonds bezahlt.

Das Bewußtsein, daß man sich von der eigenen Religion ausgeschlossen fühlt, kann Frauen zu Handlungen veranlassen, mit denen sie sich auf neue Weise integrieren.

Der Ausschluß von Ritualen und wie Frauen damit umgehen können

Erinnern Sie sich an ein wichtiges Ritual in Ihrer Religion, entweder von früher oder aus der Gegenwart. Dann denken Sie über die folgenden Fragen nach: Wie waren Sie an dem Ritual beteiligt? War das Ausmaß der Beteiligung für Sie in Ordnung? Waren oder sind Sie in Ihrer Teilnahme an dem Ritual eingeschränkt? Was hat Sie eingeschränkt? Fühlen Sie sich mit diesen Grenzen wohl?

Wenn Sie festgestellt haben, auf welche Weise Sie sich ausgeschlossen oder abgewertet gefühlt haben, denken Sie über eine heilende Handlung dafür nach. Wenn Sie zum Beispiel an ein Ritual in Ihrem heutigen Leben dachten, besprechen Sie möglicherweise mit der Leiterin oder dem Leiter Ihrer Gemeinschaft, wie Sie stärker daran beteiligt werden könnten. Wenn es sich um ein Erlebnis aus der Vergangenheit handelt, sprechen Sie vielleicht mit einer spirituellen Freundin darüber.

In manchen Familien blockiert die Dominanz des Mannes die Möglichkeiten der Frau, am religiösen Leben voll teilzunehmen. Nellys Mutter, Adeline, eine achtzigjährige Jüdin, spricht von den Grenzen, die ihre Mutter in der Synagoge empfand:

Meine Mutter war sehr religiös, aber mein Vater war dagegen. Er war wütend auf die Religion und lehnte sie ab, weil er sie für die Quelle von allem Unheil hielt. Meine Mutter war unglücklich darüber, daß mein Vater nie in die Synagoge kam, denn wenn der Mann nicht an den Gottesdiensten teilnimmt, wird die Frau als zweitrangiges Mitglied der Gemeinde betrachtet. Meiner Mutter entging so die Möglichkeit, ihre Religion auszuüben.

Eine Generation später hatte Jean ein ähnliches Problem. Der Einfluß ihres dominanten Mannes verhinderte, daß sie ihren religiösen Neigungen nachgehen konnte.

Mein Mann war sehr dominant, und er wollte nicht in die Kirche gehen. Ich ließ mich davon beeinflussen, auch wenn ich mich hätte wehren sollen. Ich fühle mich schlecht, weil wir nicht in die Kirche gingen, denn die Kirche gibt mir innere Kraft, ein Gefühl von Zuversicht. Die Kirche wäre auch für die Kinder gut gewesen, als mein Mann so plötzlich starb. Die Kirche hätte uns keine Antwort gegeben, aber vielleicht ein wenig Kraft.

Andere Frauen sprachen davon, daß sie sich von der Religion unbeeindruckt fühlten, was nicht unbedingt mit ihrem Geschlecht zu tun hatte. Sie beschrieben »schale«, veraltete Rituale, »so alt wie die Welt«. Andere fühlten sich entfremdet, weil sie nicht begriffen, was in den Ritualen vor sich ging; sie waren gelangweilt und desinteressiert. Manche sprachen von Ritualen in einer Sprache, die sie nicht verstanden, Latein oder Hebräisch, andere von Zeremonien, für die es in ihrem Leben keinen Sinn und keine Bedeutung gab. Marilyn Sewell war enttäuscht, als sie sich taufen ließ. Sie hatte auf eine tiefe, spirituelle Erfahrung gehofft, aber fühlte sich statt dessen nur verlegen und entfremdet.

Mit 14 trat ich der Baptistenkirche bei. Die Baptisten im Süden glauben, daß man erst erlöst wird, wenn man Jesus Christus als den Erlöser anerkennt und bei der Taufe im Wasser ganz untertaucht. In einem weißen Gewand wurde ich vor der versammelten Gemeinde ins Wasser getaucht. Dann wurde ich, triefend naß, wieder hochgehoben. Das Gewand klebte nur so an mir. Ich hatte gehofft, durch dieses Ritual angerührt zu werden, aber ich war bloß verlegen.

Ich glaube, ich trat dieser Kirche nur bei, weil ich von anderen dazu gedrängt wurde und glaubte, ich müsse das tun. Alle Leute, die ich kannte, gingen in diese Kirche – meine Freunde, meine Großeltern. Ich fand, daß ich auch dazugehören müsse. Ich stand unter einem großen psychologischen Druck. Ich habe es einfach getan, weil ich dachte, das müsse so sein, um zu einer Gruppe zu gehören.

Wir stellen als Mädchen und Frauen oft fest, daß unsere spirituelle Reise sich von der der Männer unterscheidet. Manche Frauen werden durch die Rhythmen ihres Körpers spirituell inspiriert. Männlich beherrschte Religionen trennen oft körperliche und spirituelle Erfahrungen. Sie halten körperliche Erfahrungen für minderwertig und spirituell zweitrangig – für ein Hindernis auf dem spirituellen Weg.

Ich fuhr immer ganz schnell mit meinem Fahrrad die Berge hinunter. Das war wie Fliegen. Ich war dann ganz hingerissen. Es war irgendwie andersweltlich, transzendent.

Als Kind bin ich oft ohne Hemd und Schuhe herumgelaufen, weil ich mich dann mit der Erde verbunden fühlte.

Wenn die Sexualität erwacht, wenden wir uns vielleicht an unsere Religion, um moralische Richtlinien zu erhalten. Doch allzuoft wird unsere natürliche Freude beschämt, und wir werden verunsichert. Viele Frauen, mit denen wir sprachen, gaben an, wie ihre natürliche Verbundenheit mit dem eigenen Körper durch kirchliche Lehren untergraben worden war. Annie, die katholisch aufwuchs, hatte große Angst, als sie die Sünde der Masturbation beichtete:

Beichten war schrecklich. Man mußte in diesen kleinen dunklen Raum gehen und dem Priester sagen, wie oft man etwas getan hatte, was als sündig galt. Ich begann schon sehr jung zu masturbieren, und ich wußte, daß das vermutlich eine Sünde war. Ich wußte auch, daß ich es beichten mußte, aber ich wußte nicht wie. Ich wußte einfach nicht, was ich sagen sollte. Schließlich sagte ich dem Priester, ich hätte mich 14 Mal gekitzelt, aber er hat es nicht verstanden. Er hat mich nie gefragt, was ich damit meinte. Als ich zehn war, besuchte ein anderer Priester unsere Gemeinde, und er fragte: »Wie meinst du das, gekitzelt?« Ich sagte: »Ich habe mich da unten berührt.« Da hat er mir eine Extrastrafe auferlegt, aber keinerlei Ratschläge gegeben. Ich hatte lange Zeit große Angst vor der Sexualität.

Marilyn Sewell machte in der Baptistenkirche ähnliche Erfahrungen.

Bei den Sünden drehte sich in der Baptistenkirche alles ums Fleischliche. Das war für meine sexuelle Entwicklung sehr schädlich. Ich wurde mit großer Angst vor der eigenen Sexualität groß. Mit 14 oder 15 fühlte ich mich stark zu Jungen hingezogen. Ich bekam immer so warme Gefühle an meinen Beinen, wenn ich einen Jungen berührte, der in der Kapelle neben mir Trompete spielte. Ich dachte: »Mein Gott, was ist das nur? Ich weiß nicht, was das bedeuten soll.« Nach der Kirche fuhren die jungen Leute immer mit dem Auto los zum Feuerwehrturm, so etwa drei Meilen außerhalb der Stadt. Dort stiegen sie aus und kletterten auf den Turm. Es war eigentlich eine Maifeier der Sexualität und der Sinnlichkeit. Es war dann schon spät abends, und niemand konnte uns dort sehen, und alle Paare küßten und streichelten sich. Es gab sogar Kußwettbewerbe, um zu sehen, wer es am längsten aushielt. An sowas habe ich nie teilgenommen. Ich war dafür zu gehorsam. Ich hatte auch viel zuviel Angst, aus dem Auto zu steigen, weil ich fürchtete, bestraft zu werden. Ich hatte diesen strafenden Gott vor Augen und glaubte: Wenn ich auf diesen Turm steige, breche ich mir den Hals. Daher stand ich immer nur neben dem Auto. In der obersten Klasse wurde ich zur besten Christin gewählt, ich glaube, weil ich nie einen Freund hatte und »asexuell« war.

Heute weiß ich, daß Sexualität und Spiritualität nicht voneinander getrennt werden sollten. Mit der Sexualität muß man vorsichtig umgehen, weil sie sehr mächtig ist. Wenn diese Macht aber in einem Umfeld der Liebe und Fürsorge stattfindet und die Persönlichkeit insgesamt berücksichtigt wird, wird sie zu einer der besten und stärksten Ausdrucksmöglichkeiten für Spiritualität.

Manchmal werden wir von religiösen Botschaften über Sexualität eingeengt. Das geschieht auf verschiedene Weise. Wir haben etwa Ratschläge internalisiert, die ihre Nützlichkeit inzwischen verloren haben, wir lehnen uns gegen Leitsätze auf und tun das Gegenteil. Es ist wichtig, daß wir als Erwachsene unsere eigenen ethischen Grundsätze über unsere Sexualität entwickeln und uns soweit wie möglich daran halten. Dazu sollten wir überlegen, ob die Sexualität anderen oder uns selbst schadet. Wenn sie niemandem schadet, stehen wir auf ziemlich sicherem Boden. Wenn Sie über Ihre Grundsätze nachdenken, beachten Sie, daß Sie sich mit zunehmender Lebenserfahrung immer weiter entwickeln.

Botschaften über die Sexualität

Führen Sie diese Übungen an einem sicheren, geschützten Ort durch. Zu Beginn segnen Sie sich selbst und den Ort. Verpflichten Sie sich, ihre eigene, wahre Erfahrung zu entdecken. Dann folgen Sie einem der folgenden Vorschläge, um überkommene Botschaften über die Sexualität in sich aufzudecken und die durch sie entstandenen Wunden zu heilen.

Spiritueller Rat in Sachen Sexualität: Erinnern Sie sich an ein frühes sexuelles Erlebnis, eines, bei dem Ihnen ein gewisser Rat gutgetan hätte. Mit Hilfe einer angeleiteten Phantasie stellen Sie sich vor, Sie hätten damals beschlossen, die Situation mit einer Leitfigur Ihrer Religion zu besprechen. Wie reagiert diese Person? Welche Ratschläge erhalten Sie? Wie fühlen Sie sich bei diesem Gespräch? Empfinden Sie die Situation anschließend eindeutiger und klarer?

Wenn Sie sich durch dieses Gespräch nicht hundertprozentig befriedigt fühlen, versuchen Sie, es sich anders vorzustellen. Sie können es so verändern, wie Sie wollen. Sie können woanders Rat suchen, Sie können sich Personen ausmalen, wie Sie es wünschen.

Dann stellen Sie sich vor, wie die Ratgeberin oder der Ratgeber Ihnen sagt, was für Sie am hilfreichsten wäre, auf eine Weise, die klärend und heilsam wirkt. Zum Schluß danken Sie für die Heilung und bestätigen sich, von Natur aus gut zu sein.

Sexuelle Richtlinien: Stellen Sie eine Liste der Botschaften über Sexualität auf, die Sie von Ihrem Glauben her internalisierten. Schreiben Sie, so schnell Sie können. Zensieren Sie nichts, und sorgen Sie sich auch nicht, ob dies auch tatsächlich so ausgedrückt wurde. Wichtig ist nur, was Sie verstanden und glaubten. Schreiben Sie so lange, bis Ihnen nichts mehr spontan einfällt. Dann versuchen Sie, noch ein oder zwei Botschaften aufzuschreiben. Lassen Sie die Liste ein paar Minuten, vielleicht sogar ein paar Tage lang liegen.

Wenn Sie zu der Liste zurückkehren, legen Sie eine zweite an, die auf die erste eingeht, aber Ihre heutigen sexuellen Leitlinien spiegelt. Manche Botschaften von der ersten Liste stimmen vielleicht immer noch für Sie, und wenn das der Fall ist, schreiben Sie sie auf. Andere Botschaften müssen vielleicht abgeändert werden; passen Sie sie an die Wahrheit an, wie Sie sie gegenwärtig begreifen. Andere treffen vielleicht überhaupt nicht mehr zu. Diese ersetzen Sie durch das, was heute für Sie stimmt.

Beenden Sie die Übung mit Dankbarkeit und Vergebung für sich selbst.

Wenn Frauen ihre eigene Körpererfahrung zurückgewinnen, sprechen sie oft über eindeutig weibliche Dinge wie Menstruation und Geburt.

Eine Geschichte von Nelly

Ich erinnere mich an meine erste Menstruation: Das war vor 32 Jahren, aber ich weiß es noch so genau, als sei es gestern geschehen. Ich hatte schon länger auf meine erste Blutung gewartet. Meine beste Freundin und ich haben ständig über die körperlichen Veränderungen in unserer weiblichen Entwicklung geredet, denn dieser Prozeß erschien uns sehr aufregend und geheimnisvoll.

Der Tag, an dem meine Periode endlich einsetzte, war Yom Kippur, der heiligste Tag des Jahres für Juden. Wir waren Hunderte von Meilen weit gereist, um den Feiertag mit entfernten Verwandten zu verbringen. Da begann ich zu bluten. Als es endlich soweit war, bekam ich ziemliche Angst und fühlte mich sehr allein. Ich schämte mich, und es war mir peinlich. Niemand sprach jemals offen über die Menstruation, und irgendwie hatte ich den Eindruck, es sei eine schmutzige, schändliche Angelegenheit. Ich weiß noch, wie ich im Badezimmer stand und überlegte, wo ich die Binde verstecken könnte, damit niemand etwas merkte. Ich behielt meinen Übergang zur Frau bei der öffentlichen

Feier in der Synagoge ganz für mich, ganz geheim.

Aber ich wollte eigentlich nur schnell wieder nach Hause, um meiner Freundin zu berichten, daß meine Periode endlich eingesetzt hatte. Jetzt war auch ich eine Frau, was immer das auch bedeuten würde. 32 Jahre später, kurz vor der Menopause, ermahne ich mich, *diesen* Übergang anständig zu begehen. Dieses Mal weigere ich mich, mich beschämt oder vernachlässigt zu fühlen.

Als Sie darüber nachdachten, wie Frauen innerhalb Ihrer Religion ausgeschlossen werden, wurden vermutlich viele ähnliche Erinnerungen geweckt. Gab es eine Zeit, in der Sie sich spirituell zugehörig fühlten, aber nicht akzeptiert wurden? Nehmen Sie sich nun ein paar Augenblicke Zeit, um einen spirituellen Moment in Ihrer Vergangenheit zu bestätigen.

Ein spiritueller Augenblick

Erinnern Sie sich an einen spirituellen Augenblick in Ihrer Vergangenheit, der nicht akzeptiert oder nicht angemessen bestätigt wurde. Bestätigen Sie ihn jetzt. Es gibt viele verschiedene Möglichkeiten, eine solche Bindung anzuerkennen. Suchen Sie eine aus, bei der Sie sich akzeptiert fühlen. Vielleicht schreiben Sie darüber oder zeichnen ein Bild von dieser Verbundenheit. Vielleicht legen Sie auch etwas auf Ihren Altar, das die Zugehörigkeit symbolisiert. Sie könnten auch einem nahestehenden Menschen davon erzählen. Lassen Sie Ihre Phantasie spielen, und wählen Sie etwas aus, bei dem Sie sich wohl fühlen.

Mißbrauch in der Religion

Religiöse Institutionen und religiöse Leitfiguren können uns stark verletzen. Mißbrauch reicht von Unsensibilität und Täuschung bis zur klaren Ausbeutung. Viele Umstände, auch die Ungleichheit zwischen den Geschlechtern, können Bedingungen schaffen, die Mißbrauch fördern.

Religiöse Leitfiguren werden oft als übermenschlich betrachtet, als unfehlbare Stellvertreter Gottes. Sie können von der eigenen Macht berauscht und machthungrig werden. Da ihre Autorität von Gott selbst stammt, betrachten wir ihre Handlungen vielleicht als über allen Zweifeln stehend. Wir sehnen uns nach Menschen, denen wir nacheifern und bedingungslos vertrauen können, und daher vergessen wir oft, daß auch sie Menschen sind, genau wie wir selbst.

Wie bei allen Formen von Mißbrauch sind Kinder hier am anfälligsten, und ihre Verletzungen gehen am tiefsten. Kinder haben nicht die Kraft, religiöse Leitfiguren in Frage zu stellen oder religiöse Institutionen zu verlassen. Auch für Erwachsene kann es sehr bedrohlich sein, Mißbrauch in einer Religion anzuprangern. Wir wollen ja glauben, daß unsere Führer uns auf dem spirituellen Weg vorangehen, daß sie eine höher entwickelte Vision haben. Vielleicht meinen wir, den Glauben insgesamt anzuzweifeln, wenn wir etwas in Frage stellen. Wir haben Angst, Aspekte des Glaubens zu verlieren, die uns kostbar sind. Wenn wir uns der religiösen Gemeinde verbunden fühlen, kann es sehr schwer sein, das Schweigen zu brechen, denn damit brechen wir auch die Verbindung zu anderen ab. Statt dessen werten wir unsere eigene Wahrheit ab und ignorieren sie. Einer der ersten Schritte auf dem Weg zur Heilung heißt, den Mißbrauch zu identifizieren.

Anne vergleicht die Dynamik, die sie in christlichen Kirchen miterlebte, mit dem Mißbrauch in manchen Familien:

Denken wir an eine mißbrauchende Familie. Hier wird eine bestimmte Realität verfügt, und niemand darf aus der Familie heraustreten, um einen anderen Blickwinkel zu gewinnen. Die Familie ist in sich abgeschlossen und von der Umwelt abgesetzt. In Kirchen besteht eine ähnliche Tendenz. Es herrscht eine autoritäre Struktur, in der eine Person über die Wahrheit verfügt. Nur diese Wahrheit wird dargestellt, und es gibt keinen Raum für Diskussionen. Der normale, gesunde Frageprozeß ist abgeschnitten, und man spürt eine ungeheure Verpflichtung, das Ganze zu schlucken. Wenn einer eine eigene Entscheidung trifft, besteht die Möglichkeit, daß das System ihn ablehnt, weil es nicht mit dem allgemeinen Programm übereinstimmt. Wenn die Wahrheit an den Tag kommt, erfolgt stets Vertuschung, und man sucht nach einem Sündenbock.

Wir erwarten von unseren religiösen Führern, nach der Moral zu leben, die die Religion lehrt. Vermutlich fühlen wir uns zutiefst desillusioniert, wenn sich eine solche Leitfigur unmoralisch verhält. Ruth, über siebzig Jahre alt und Angehörige der Episkopalkirche, erinnert sich:

Als junge Frau geriet ich einmal in eine emotionale und spirituelle Krise, als ich herausfand, daß einer unserer Priester mit seiner Sekretärin ins Bett ging und ein anderer Alkoholiker war. Ich trat aus der Kirche aus und suchte anderswo nach religiösen Antworten. Als ich in die Kirche zurückkehrte, hatte ich einen individuellen Glauben und das Verständnis gewonnen, daß Priester Menschen wie ich sind und auch ihre Schwächen haben.

Cheryl gehörte als Kind der »Kirche Gottes in Christus« an. Sie erinnert sich an die Gier der Prediger und konnte dies nicht mit der Großzügigkeit von Jesus in Einklang bringen.

Wir standen kurz vor dem Verhungern, und ich sah, wie meine Mutter dem Prediger ihr ganzes Geld und Essen gab. Ich haßte das. Der Prediger hatte doch zwei Jobs und genug zu essen.

Dann las ich in der Bibel, daß Jesus die Menschen speiste. Warum nur speisten wir den Prediger? Das konnte mir meine Mutter nie erklären. Sie war ein Mensch, der immer tat, was man ihm sagte.

Sexuelle Beziehungen zwischen einer religiösen Leitfigur und einer Schülerin oder einem Schüler sind aufgrund des impliziten Machtgefälles immer mißbrauchend. Schüler oder Laien haben vielleicht ein idealisiertes Bild von dem Lehrer und empfinden naturgemäß Vertrauen. Sie verhalten sich zu einem Kirchenangehörigen vielleicht wie zu einem Boten oder einer Verkörperung Gottes. Diese Idealisierung kann in den Gedanken der Schülerin oder des Schülers erotisiert werden, aber es ist Aufgabe des Lehrers bzw. der Lehrerin, deutliche Grenzen zu wahren, die Sex und romantische Liebe ausschließen.

Weitaus schädlicher ist es, wenn die Schülerin oder der Schüler ein Kind ist oder Sex ohne Zustimmung geschieht. Wir wissen aus Berichten von Überlebenden, daß der Schmerz darüber tief und anhaltend ist und der Heilungsprozeß nur langsam vonstatten geht. Die Wunden reichen in den Kern der Persönlichkeit hinein. Wenn man nicht einmal in der eigenen Religion sicher sein kann, wo dann?

Die extremste Form von Mißbrauch in einer religiösen Gruppe ist der rituelle Mißbrauch, der verbreiteter ist als allgemein angenommen wird. Kulte mit rituellem Mißbrauch gibt es seit Generationen, und sie begehen entsetzliche körperliche und sexuelle Übergriffe. Oft werden bei diesem Mißbrauch religiöse Symboliken gebraucht, und er wird im Namen Gottes oder des Satans vollzogen. Kultangehörige werden von gesunden spirituellen Einflüssen abgeschnitten und lernen, Gewalt mit Spiritualität gleichzusetzen. Hier sehen wir spirituelle Entfremdung in ihrer ausgeprägtesten Form. Lily wurde zusammen mit anderen Kindern ihrer Kirche von Priestern und Nonnen rituell mißbraucht. Vielleicht findet man es zu schwer, Lilys Geschichte zu lesen, aber es war auch schwer für sie, sie zu erzählen. Beim Reden merkte sie, daß sie zum ersten Mal darüber sprechen konnte, ohne zu zittern. Es ist verstörend, daß solche Dinge im Namen einer Religion und mit der vermeintlichen Billigung Gottes geschehen.

Ehe Sie diese Geschichte lesen, überlegen Sie, ob es für Sie ein passender Zeitpunkt ist. Besonders, wenn Sie selbst Opfer von Mißbrauch sind, könnte die Geschichte schlimme Gefühle auslösen. Lesen Sie sie, wenn Sie es können und wollen und wenn Ihnen Unterstützung zur Verfügung steht. Lilys Geschichte ist aus mehreren Gründen bedeutsam: Zum einen ist es wichtig, daß ihre Wahrheit gehört wird. Aber sie ist auch ein unglaubliches Zeugnis für die Macht von Heilung und für die Chancen zu spiritueller Erneuerung. Heute ist ihr Leben voll von Ritualen, ihren eigenen Heilritualen, die in die täglichen Dinge des Alltags eingewoben sind. Beim Reden verströmt sie diesen Geist:

Ich wurde in einer traditionellen katholischen Familie groß. Alles bei uns drehte sich um die Kirche und die Gemeinde. Meine Eltern waren Alkoholiker und kamen ihren Aufgaben als Eltern nicht nach, daher erfüllte die Kirche manche Funktionen der Familie.

In meiner Kirche gab es damals eine Gruppe von Priestern, die Kinder mißbrauchten. Meine Mutter und Großmutter waren so besessen von der Kirche und den Priestern, daß ich natürlich diesem Rollenvorbild folgte und mich mit den Priestern anfreundete. Päderasten erkennen die Kinder, die sie haben können, auf den ersten Blick, und ich glaube, ich war eine perfekte Kandidatin. Ich ging oft ins Pfarrhaus und besuchte die Köchin. Der Priester war sehr freundlich zu mir. Ich setzte mich auf seinen Schoß, und dann berührte er mich. Dann wurde ich nach oben gebracht und weiter mißbraucht. Es waren auch andere Kinder und Erwachsene dort, die mißbraucht wurden, auch die Köchin. Ich erinnere mich an diesen Mißbrauch durch blitzartige Erinnerungen, »Flashbacks«, und Träume. Ich erinnere mich an Schreie und Erbrechen. Seit Jahren schon arbeite ich an diesen Erinnerungen.

Für mich war das vernichtend. Ich versuchte, es meinen Eltern zu erzählen, aber sie glaubten mir nicht. Sie sagten, ich sei ein schlechtes Kind, und Priester täten so etwas nicht. Ich hätte mir alles nur ausgedacht. Die ganze dritte Klasse hindurch war ich krank, und meine Mutter sagte, alle hätten gedacht, ich würde sterben. Ich hörte auf zu essen. Zurückblickend glaube ich, daß ich versuchte, mich umzubringen, ohne es zu wissen. Später im Leben wurde ich immer wieder depressiv und hatte Selbstmordgedanken.

Es ist unmöglich für eine Fünfjährige, jemanden in einer Machtposition, den sie als von Gott eingesetzt betrachtet, von einem Menschen zu unterscheiden, der Kinder schändet und mißbraucht. Ich weiß, daß ich geglaubt haben muß, er sei Gott. Auf einer gewissen Ebene weiß ich, daß er eine Autorität war, auf einer anderen Ebene verraten mir meine Zeichnungen und Notizen, daß ein Teil in mir wußte, daß dies nicht recht war und ich versuchte, ihm zu entkommen. Das konnte ich aber nicht, daher versuchte ich mich zu entziehen. Ich spürte etwas sehr Bedrohliches und habe dieses Unheil internalisiert.

Ich halte das Geschehene aufgrund des Ablaufs, der Umgebung, in der es geschah und wie es geschah, für rituellen Mißbrauch. Es war eine gewisse Routine dabei. Inzwischen sind mehrere andere Menschen an die Öffentlichkeit getreten, die zur gleichen Zeit in derselben Kirche mißbraucht wurden. Heute, da ritueller Mißbrauch immer mehr ins Bewußtsein dringt, bekommt man das Gefühl, eine Pandorabüchse geöffnet zu haben. Die Auswirkungen wage ich mir gar nicht vorzustellen. Einerseits habe ich Todesangst, andererseits bin ich sehr erleichtert. Ich glaube, man wird bald erkennen, daß es Hunderte von Priestern und Nonnen gibt, die solche Dinge vertuschen, die selbst mißbraucht wurden und mißbraucht haben.

Bei der Aufarbeitung meines eigenen Mißbrauchs wurde ich immer wütender über die spirituellen Schäden. Wie konnten sie es wagen, mit Gott herumzufuschen? Wie konnten sie es wagen, zu sagen, sie seien Gott und machten mit uns nur, was wir verdienten? Wie konnten sie den Gott in uns allen so entstellen! Gott hat mich vergewaltigt! Um zu heilen, muß ich mich durchgraben, bis ich zu einem Teil in mir gelange, wo ich mich göttlich fühle, um dann darauf neu aufzubauen. Das ist eine Höllenarbeit. Ich konnte nur heilen, indem ich den Priester auf einer tiefen Verständnisebene von Gott abspaltete. Heute weiß ich, daß dieser Priester auch

Gott in sich trug, daß er aber völlig verstört war.

Ich habe es geschafft, aber viele schaffen es nicht. Ich mußte genau untersuchen, wie ich durchgekommen bin und was mir dabei half. Irgendwie muß ich sehr stark sein, denn ich habe es geschafft. Diese Kraft ist fundamental mit meiner Spiritualität verbunden. Man spricht oft von Ursünde, aber ich glaube, es gibt auch eine Urspiritualität. Ich glaube, dazu hatte ich immer einen Zugang.

Glücklicherweise brauchen die meisten Menschen keinen solchen Mißbrauch in ihrer Kirche zu erleiden. Doch es gibt viele verschiedene Formen von Mißbrauch.

Nehmen Sie sich nun die Zeit zu erforschen, ob Sie in Ihrer Religion in irgendeiner Weise mißbraucht wurden.

ÜBUNG

Mißbrauch in der Religion

Im folgenden sind verbreitete Formen von Mißbrauch innerhalb religiöser Gruppen aufgeführt:

1. Überlegen Sie, ob Sie in Ihrer Kindheits-Religion irgendeine Art von Mißbrauch erlitten, konzentrieren Sie sich dabei auf die unten aufgeführten Formen. Die Lücken können Sie selbst ausfüllen.
   – Mißbrauch von Drogen, Alkohol
   – körperlicher Mißbrauch
   – finanzieller Mißbrauch
   – sexueller Mißbrauch
   – Mißbrauch von Einfluß und Macht
   . . . .
   . . . .

2. Wenn Sie gegenwärtig einer religiösen oder spirituellen Gruppe angehören, achten Sie auf Zeichen für diese Arten von Mißbrauch:
   – Mißbrauch von Drogen und Alkohol
   – körperlicher Mißbrauch
   – finanzieller Mißbrauch
   – sexueller Mißbrauch
   – Mißbrauch von Einfluß und Macht

. . . .
. . . .

Wenn Sie irgend etwas Derartiges erlebt haben, sprechen Sie mit einer vertrauenswürdigen Person über die Situation und überlegen sich vielleicht, was Sie tun könnten. Ehe Sie etwas unternehmen, sorgen Sie für angemessene Unterstützung.

Lily beschreibt einen wichtigen Aspekt bei ihrer Heilung: Sie trennte die Verletzung und den Mißbrauch von ihrer Spiritualität insgesamt. Wie Lily sagt, dauert dieser Prozeß oft länger und entfaltet sich Schicht für Schicht. Der grundsätzliche Prozeß bedeutet aber, das, was uns in der Vergangenheit verletzte, von dem zu trennen, was uns heute stützt und hilft.

ÜBUNG

Sich vom Leid trennen

Mit dem folgenden Prozeß kann man die Verletzungen von den positiven Aspekten der Religion trennen.

1. Denken Sie daran, wie Sie in Ihrer Religion verletzt wurden. Drücken Sie es genau aus, zum Beispiel: »Der Priester war Alkoholiker.«
2. Lassen Sie das Verständnis reifen, wie Sie das im einzelnen verletzte. Überlegen Sie, wie es Ihre Spiritualität behinderte, zum Beispiel: »Ich versuchte, ihn zu meiden, weil ich Angst vor ihm hatte, wenn er betrunken war. Daher bin ich zu manchen Kirchenveranstaltungen nicht gegangen.«
3. Wenn wir verletzt sind, besteht eine verbreitete Reaktion darin, alles zu meiden, was uns an diese schlimme Situation erinnert. Das wirkt schützend und hilft, aber es kann uns immer stärker einschränken. Achten Sie darauf, ob Sie dazu neigen, Ihre Gefühle über die Situation zu verallgemeinern, zum Beispiel so: »Ich versuche, alle Priester zu meiden, weil ich denke, die anderen sind auch betrunken.«
4. Überprüfen Sie diese Verallgemeinerung und suchen nach Ausnahmen, zum Beispiel: »Ich kenne viele Priester, die wunderbar sind – inspirierende Persönlichkeiten, die keine Trinker sind.«
5. Verleugnen Sie nicht die Realität des Mißbrauchs. Überlegen Sie sich lieber eine Strategie, die Sie in einer ähnlichen Situation anwenden könnten, zum Beispiel: »Wenn ich merke, daß ein religiöser Führer Drogen nimmt oder trinkt, werde ich meine Sorgen äußern, sowohl gegenüber der Person als auch zu anderen in der Gemeinde.«
6. Ehe Sie etwas unternehmen, sorgen Sie für Ihre Unterstützung.

Spirituelle Führung

Beim Weitergehen auf unserem spirituellen Weg möchten wir unsere Einsichten und Erfahrungen meist mit anderen teilen, und eine natürliche Reaktion auf spirituelles Interesse und Anteilnahme ist der Wunsch nach spiritueller Führung: Wenn unsere Wahrheit der von anderen entspricht, wendet man sich ganz natürlich an uns um Rat. In einem männlich dominierten Modell werden unsere natürlichen Führungsqualitäten und -neigungen aber vielleicht unterdrückt.

Wir haben möglicherweise die Botschaft internalisiert, daß wir spirituell unzulänglich oder einer führenden Rolle unwürdig sind. Wir zweifeln an unserer eigenen Weisheit oder legen an uns die strengen Maßstäbe für männliche Führerschaft an. Da wir es nicht gewöhnt sind, im Rampenlicht zu stehen, haben wir vielleicht Angst davor. So behindern wir uns auf unserem spirituellen Weg oft selbst.

Unter den Frauen, die wir interviewten, gab es ein verbreitetes Thema: Der Kindheitswunsch, eine spirituelle Führungsrolle einzunehmen. Als Kinder probieren wir im Spiel oft aus, welche Stellungen wir im Leben anstreben. Wir werden aber manchmal entmutigt, wenn wir erkennen, daß diese Phantasien für uns nicht zu verwirklichen sind. Mehrere der von uns befragten Frauen nahmen als Erwachsene führende Rollen in einer der Hauptreligionen ein, doch der Kampf um Anerkennung geht weiter.

Andrea drückte ihre Wut und Frustration darüber aus, daß sie von einer führenden Rolle in der Kirche ausgeschlossen blieb:

Der Priester war ein Mann. Die Jungen wurden Meßdiener. Ich habe mir so sehnlichst gewünscht, auch Meßdiener zu werden, daß ich es kaum aushalten konnte. Mein Bruder und ich spielten immer Priester und Meßdiener und wechselten uns in den Rollen ab. Aber natürlich war er derjenige, der Meßdiener wurde.

Als Maggie als Kind »Kirche« spielte, war sie immer die Priesterin; sie fühlte sich einfach dazu berufen. Doch als das Spiel Wirklichkeit werden sollte, mußte sie feststellen, daß sie auf die Rolle einer Nonne beschränkt wurde.

In der High School habe ich einmal vor der versammelten Schule mit 500 oder mehr Schülern die Frage gestellt, warum Frauen nicht Priester werden konnten. Ich wußte immer schon, daß Nonnen nicht das gleiche wie Priester waren, und ich fühlte mich zum Priesteramt berufen. Nachdem ich Nonne geworden war, kämpfte ich weiter dafür, denn ich glaubte, bessere Fähigkeiten für die Rituale zu haben als mancher Priester. Ich plante bestimmte Liturgien für die Priester und war sehr wütend, als Frau immer hinter dem Mann zurückstehen zu müssen.

Wenn wir es wagen, eine führende Rolle in einer männlich beherrschten Religion einzunehmen, stoßen wir oft auf Diskriminierung und ungerechte Behandlung. Darlene erzählt, wie sie aus ihrer Kirche der Pfingstbewegung ausgestoßen wurde. Ihre führende Rolle wurde nicht geduldet:

Ich mußte die Kirche schließlich verlassen, weil mir die Augen geöffnet wurden gegenüber dem, was ich heute als Patriarchat bezeichnen würde. Damals hatte ich keinen Begriff dafür. Ich wußte nur, daß ich wütend war über die Heuchelei und die Machtrangeleien.

Ich war immer schon sehr leidenschaftlich. Ich konnte mich frei äußern und hatte Führungsqualitäten, und so hatte ich auch Anhänger. Sie wissen, wie das ist, wenn jemand bereit ist, eine führende Rolle einzunehmen, dann finden sich gleich Anhänger. Ich kann mit reinem Gewissen sagen, daß ich die besten Absichten hatte, aber man warf mir alles mögliche vor, und alles hatte damit zu tun, daß der Priester sich von jemandem bedroht fühlte, der kompetent war und mächtig und außerdem eine Frau. Es gab alle möglichen Anschuldigungen, und schließlich wurde ich aus der Kirche für Dinge ausgeschlossen, die ich nicht getan hatte.

Annes Engagement in der Kirche führte sie ganz natürlich zum Priesterseminar, wo sie auf ihrer Suche nach Antworten auf spirituelle Fragen die Bibel studierte. Als sie dort unter anderem auch rechtfertigende Passagen fand, wurde sie als Frau zum Schweigen gebracht.

Ich hatte nicht die Freiheit, als Frau frei zu sprechen, und wenn ich etwas sagte, wurden meine Beiträge kaum beachtet. Es hieß, daß es nicht recht sei, wenn Frauen Führungsrollen übernähmen, denn Adam sei zuerst geschaffen worden und erst dann die Frau. Und das würde die Hierarchie festlegen. Alle Stellen aus der Bibel, die Frauen in dieser Rangordnung darstellen, wurden betont, aber diejenigen, in denen die Gleichrangigkeit der Frau erwähnt wird, wurden verschwiegen. In einer Geschichte in der Bibel gibt es zum Beispiel eine Frau namens Priscilla, eine Lehrerin und Priesterin. Sie lehrte einen Mann namens Apollos. Ihr Name wird immer zuerst erwähnt, als die Lehrerin und als Person in der Beziehung. Aber im Seminar wurde die Geschichte unterschlagen, und Frauen war es nicht gestattet, Männer zu unterrichten. Diese Doppelmoral war quälend für mich, aber ich hatte kein ausgeprägtes Identitätsgefühl, um tatsächlich zu glauben, was ich mit eigenen Augen sah.

Wie Anne haben viele Frauen die Bibel auf der Suche nach Versen studiert, die Frauen bestätigen. Man kann eine Menge von ihren Entdeckungen lernen.

Frauen in der Bibel

1. Gehen Sie in eine Buchhandlung oder Bibliothek, und suchen Sie Literatur zum Thema »Frauen und Religion«. In letzter Zeit sind viele Bücher erschienen, die die Bibel in dieser Hinsicht untersuchen und zuvor nie erwähnte Stellen und Geschichten beschreiben. Viele Verse, in denen die Frauenrolle eingeschränkt erscheint, sind neu gedeutet worden. Lesen Sie ein Buch, das Sie interessiert.
2. Lesen Sie die Bibel und die entsprechenden Stellen selbst, und überlegen Sie sich neue Interpretationen.

Carter Heyward konnte ihren Kindheitstraum verwirklichen. Trotz aller Hindernisse wurde sie 1974 als Priesterin in der Episkopalkirche geweiht.

Meine Eltern haben mir erzählt, daß ich schon mit fünf, sechs Jahren immer davon gesprochen hätte, Geistliche zu werden. Damals wurden Frauen nicht Priester. Mein Vater sagte mir, er habe Probleme mit meiner Phantasie gehabt, denn er wollte mich nicht in etwas unterstützen, was unmöglich war, aber andererseits hielt er es immer für ein gutes Ziel.

Carter konnte ihren unmöglichen Traum verwirklichen: Sie gehörte zu den ersten elf Frauen, die von der Episkopalkirche ordiniert wurden.

Ich wurde 1974 ordiniert, als die Kirche noch nie eine Frau zugelassen hatte. Entgegen dem Beschluß der Kirche wurde ich zusammen mit zehn anderen Frauen von drei Bischöfen geweiht. Das brachte uns sofort auf Kollisionskurs mit den anderen Bischöfen. In diesem Prozeß wurde mir klar, an was ich glaubte. Ich konnte mich nie als Verbündete der kirchlichen Institutionen fühlen, sondern immer nur von anderen Frauen und Menschen, die für Gerechtigkeit kämpfen. Das Seminar, in dem ich unterrichte, liegt neben der Episkopalkirche, und ich fühle mich auch so, als würde ich in der Kirche immer nur am Rande stehen.

Für Marilyn Sewell war es nur natürlich, eine Führungsrolle einzunehmen, vermutlich, weil die Umstände sie auch in eine führende Rolle in der Familie gebracht hatten. Ihr ganzes Leben lang ist sie in Führungsrollen geraten, die ihr später verweigert wurden. Es war ein Weg voller Verzweiflung und Hingabe an Gott für Marilyn, um in ihr volles Führungspotential hineinzuwachsen. Gegenwärtig ist sie Priesterin der Unitarierkirche, und zwar in der drittgrößten Gemeinde dieser Glaubensrichtung.

Ich war das älteste von drei Kindern, und wir wurden ohne Mutter groß. Ich war die Ersatzmutter für die ganze Familie. Mein Vater war Alkoholiker, mein Bruder und meine Schwester waren noch klein, und meine Großeltern waren beide senil. Irgendwie war ich die stärkste Person im Haus. Ich wurde mit der Überzeugung groß, alles zu können. Manchmal überraschte ich mich selbst, weil ich mich eigentlich nicht für eine Führungspersönlichkeit halte, aber ich weiß, wenn es irgendwo ein Führungsvakuum gibt, trete ich vor. Andere haben mich immer schon als Leitfigur betrachtet. Es scheint mein Schicksal zu sein, daher habe ich es akzeptiert. Nachdem mein Mann und ich uns getrennt hatten, stellte ich fest, daß sich meine Stellung in der Baptistenkirche änderte. Vorher hatte ich die Kinder im Chor und im Sommerlager betreut, aber nun sagte man mir, das ginge nicht mehr. Ich nahm an, es sei wegen der Scheidung, weil ich eigentlich sehr gut in der Rolle der Betreuerin war. Sie sagten, ich könne in der Küche Gemüse putzen, aber sie wollten nicht mehr, daß ich Kinder betreute.

Ich machte nach meiner Scheidung eine Phase großer Unsicherheit und Desillusionierung durch. Auch finanziell ging es mir schlecht. Ich war zweimal arbeitslos und hatte große Probleme mit meiner Identität und fragte mich nach dem Sinn des Lebens. Wie sollte ich meine beiden Kinder großziehen? Ich war so ausgelaugt von allem, daß ich einmal im Auto ohnmächtig wurde und einen Unfall verursachte. Damals war ich ungeheuer depressiv, so richtig am Boden. Dann beschloß ich: Okay, irgendwie komme ich mit meinem Leben momentan nicht so gut zurecht. Ich dachte, ich würde es schaffen, aber ich schaffe es nicht. Ich begebe mich also in deine Hände, Gott, wer immer du bist und wo immer du bist, ich will, daß du mich für eine gute Sache einsetzt.

Zuerst passierte nichts Besonderes, aber nach einer Weile beschloß ich, aufs Priesterseminar zu gehen. Ich hatte von dieser wunderbaren Schule gehört, wo man mit Respekt und Vertrauen behandelt wurde. Man konnte seinen eigenen Lehrplan aufstellen. Man konnte auf eine Weise dienen, wie man sich berufen fühlte. Ich beschloß dorthinzugehen, aber es war eine sehr schwierige Entscheidung, denn ich wollte meine Kinder nicht mitnehmen, die damals gerade auf die High School überwechselten. Ich fand, daß sie bei ihrem Vater besser aufgehoben waren. Außerdem hatte ich fast überhaupt keine Mittel, und es schien wie ein anderes Land – ich war noch nie vorher in Kalifornien gewesen. Körperlich und emotional steckte ich immer noch tief in der Depression, und ich wußte, daß ich mich davon erholen mußte. Tagelang habe ich nur geweint. Die Kinder zurücklassen war wie einen Körperteil zurücklassen, meinen linken Arm etwa. Aber ich wußte, es war nötig. Daher tat ich es. Heute sind sie 19 und 20, sie sind zu netten, gesunden jungen Männern herangewachsen. Wir haben eine gute Beziehung. In dem Seminar hatte ich tatsächlich eine Schule gefunden, die auf radikale Weise ja zu den Studentinnen und Studenten sagte. Ich stellte fest, daß mein Talent viel tiefer reichte. Ich begann nun ernsthaft zu schreiben. Das Programm war für mich wunderbar, denn ich habe mich zur Schriftstellerin entwickelt, zur Den- kerin und zu einer Führungspersönlich- keit.

Die Rolle der Frau verändert sich in vielen Religionen. Immer mehr Kirchen ordinieren auch Frauen. Ein von einer Frau geleitetes Ritual kann sehr aufregend und befreiend sein.

<hr>

ÜBUNG

Frauen als spirituelle Führerinnen

Gehen Sie zu einem religiösen Ritual oder einer Zeremonie, die von einer Frau geleitet werden. Denken Sie über diese Erfahrung nach, und schreiben Sie sie auf. Fühlen Sie sich bereit, eine weibliche Führungsrolle zu akzeptieren? Fühlen Sie sich wohl mit einer Frau als Leitfigur? Wie würden Sie diese Leitung beschreiben? Hatten Sie den Eindruck, daß die Realität als Frau ihre Rolle beeinflußte?

<hr>

Frauen geben einer Führungsrolle andere Aspekte als Männer. Die folgende Übung hilft Ihnen, Ihre eigenen Vorlieben hinsichtlich spiritueller Führerschaft zu entdecken.

<hr>

ÜBUNG

Führungsqualitäten

Kreisen Sie zunächst die Worte ein, die Sie gern mit einer Person in einer spirituellen Führungsrolle verbänden. Fügen Sie alle Eigenschaften hinzu, die Ihnen einfallen.

FÜHRER/IN   LEITER/IN   MENTOR/IN   MEISTER/IN   LEHRER/IN   GURU PARTNER/IN

Nun lesen Sie die folgenden Beschreibungen verschiedener Führungsstile. Überlegen Sie, und schreiben Sie auf, ob Sie mit den einzelnen Aspekten einverstanden sind oder nicht.

Ich wünsche mir eine spirituelle Führerin,

– zu der ich aufschauen kann;

– die so ist wie ich;

– die die Zeremonien leitet;

– die mir sagt, was ich tun soll;

– die mehr weiß als ich und die mich unterweisen kann.

Was erkennen Sie nun über Ihre Vorlieben und Bedürfnisse bei einer spirituellen Führerin?

<hr>

Viele Menschen träumen von spiritueller Führerschaft – nicht unbedingt als Beruf, aber als einem wichtigen Übergang auf der spirituellen Reise. Carter und Marilyn sind beide Führungspersönlichkeiten in einer traditionellen Religion, doch es gibt viele andere Formen der Führung. Sie sind vielleicht die spirituelle Führerin in der eigenen Familie, möglicherweise fehlt Ihnen nur die Anerkennung. Aber vielleicht möchten Sie eine neue Führungsrolle ausprobieren. Fassen Sie den Mut dazu.

ÜBUNG

Für Frauen, die von einer spirituellen Führungsrolle träumen

Nehmen Sie sich ein paar Momente Zeit, um sich zu zentrieren und zu erden. Dann denken Sie an die Ursprünge Ihres Wunsches nach Führung. Hatten Sie ihn schon als Kind oder erst später im Leben? Wurden Sie ermutigt, entmutigt oder ignoriert?

Haben Sie jemals eine spirituelle Führungsrolle übernommen? Wie fühlten Sie sich dabei? Haben Sie die Phantasie, eine solche Rolle einzunehmen? Gibt es einen kleinen Schritt, den Sie nun zu deren Verwirklichung unternehmen könnten?

Nicht jede oder jeder ist dazu berufen, eine spirituelle Führungsrolle zu übernehmen, aber wir alle brauchen Anerkennung auf unserer spirituellen Reise. Wir blühen auf, wenn uns jemand bestätigt und wenn unsere einzigartigen Gaben erkannt werden. Jede hat ihr eigenes spirituelles Schicksal. Wenn man genau hinhört, vernimmt man den Ruf und weiß, daß man am spirituellen und religiösen Leben teilnehmen kann.

ÜBUNG

Integration

Nehmen Sie sich Zeit, sich die in diesem Kapitel geleistete Arbeit vor Augen zu führen. Denken Sie an die neuen Ideen, die Sie gelesen haben. Erinnern Sie sich an die Übungen, die Sie absolviert haben.

1. Erinnern Sie sich an wichtige Ereignisse, die Ihnen bei der Arbeit mit diesem Material wieder einfielen. Tragen Sie sie auf Ihrer Lebenslinie ein (siehe Seite 54).
2. Denken Sie an die vorgestellten Ideen und werfen Sie alle, die nicht mehr passen, auf Ihren inneren »Komposthaufen« (siehe Seite 48).
3. Überprüfen Sie, ob Sie noch mehr in Ihr spirituelles Tagebuch eintragen möchten. Vielleicht möchten Sie das Aufgeschriebene auch noch einmal durchlesen.
4. Überlegen Sie, ob Sie noch weiter mit dem Material arbeiten müssen. Überle-

gen Sie, wie Sie das tun wollen. Vielleicht möchten Sie die Übungen später noch einmal durchgehen oder die Themen mit einer Freundin, in der Therapie oder in einer Selbsthilfegruppe besprechen.

5. Loben Sie sich für die getane Arbeit. Danken Sie für die Heilung und spirituelle Erneuerung.

Hindernisse

Es gibt auch Hindernisse, die nicht direkt mit Ihrem Gottesbild oder den Lehren Ihrer Religion zu tun haben, aber dennoch für Ihren spirituellen Weg hinderlich sein können. Sie stoßen vielleicht im Alltag immer wieder auf Probleme mit der Familie, der Gemeinde oder der Gesellschaft – Herausforderungen scheinen ein integraler Bestandteil des Menschseins zu sein.

Aber was für die eine ein Hindernis ist, braucht für die andere keines zu sein. Sie selbst wissen als einzige, was Ihren spirituellen Weg behindert. Vielleicht sind Ihnen beim Durcharbeiten der Übungen und Gedanken in den vorausgegangenen Kapiteln andere Arten von Stolpersteinen eingefallen.

Hindernisse sind ein integraler Bestandteil der spirituellen Reise wie auch des Lebens im allgemeinen. Aber auf der Suche nach einer Möglichkeit, diese Probleme zu überwinden, können wir zu neuen spirituellen Einsichten gelangen. Was anfangs wie ein Hindernis aussieht, erweist sich bald als spirituelle Chance.

Kernfragen

Was sonst hat meine spirituelle Entfaltung blockiert oder meine spirituelle Natur grundsätzlich beeinträchtigt? Wie kann ich eine Beziehung zu Leid entwickeln, in der ich weder deren Realität noch alles Gute im Leben verleugne?

ÜBUNG

Hindernisse

Nehmen Sie sich nun die Zeit, andere Hindernisse unter die Lupe zu nehmen, die Ihren spirituellen Weg blockiert haben. Wir schlagen dazu zwei verschiedene Methoden vor, die beide neue Informationen aufdecken können. Sie können nur eine davon, aber auch beide anwenden.

Über andere Hindernisse schreiben: Versuchen Sie, mit freiem Schreiben Ideen zu entwickeln, derer Sie sich vorher nicht bewußt waren. Denken Sie daran, so schnell wie möglich zu schreiben und nichts zu zensieren. Schreiben Sie fünf Minuten lang, und machen Sie dann eine Pause. Wiederholen Sie das mehrere Male. Befassen Sie sich mit der Frage: Was hat sonst noch meine Spiritualität blockiert?

Hindernisse in verschiedenen Lebensaltern: Nehmen Sie Ihre Lebenslinie zur Hand (siehe Seite 54). Entspannen Sie sich, und verankern Sie sich mit Meditation 1: *In den Armen von Mutter Erde* (siehe Seite 19).

Betrachten Sie Ihre Lebenslinie. Denken Sie an sich selbst in verschiedenen Lebensaltern. Was geschah zu diesen Zeitpunkten in Ihrem spirituellen Leben? Wenn Sie sich auf sich selbst auf den verschiedenen Lebensstufen konzentrieren, denken Sie auch an damalige Hindernisse für Ihre spirituelle Entfaltung. Erinnern Sie sich gründlich. Beachten Sie alles, was Ihnen in den Sinn kommt. Wenn Sie sich erfüllt genug von diesen Gedanken fühlen, möchten Sie vielleicht weiteres zu Ihrer Lebenslinie hinzufügen oder in Ihr spirituelles Tagebuch eintragen.

Mangel an Zeit und Raum für Spiritualität

Viele Menschen sind ständig beschäftigt und haben keine Zeit für spirituelle Praktiken. Tage mit zahlreichen Terminen und künstliche Zeitbeschränkungen, bei denen es sich stets um materielle Bedürfnisse und persönliche Leistungen dreht, erschweren es, sich in den natürlichen Fluß des Lebens fallenzulassen und der eigenen Spiritualität Raum zur Entfaltung zu geben.

Spirituelle Erfahrung ist immer das erste, das verschwindet, wenn mein Leben organisierter und weniger flexibel wird. Wenn ich mein Leben so durchstrukturiere, ist es schwer, die natürliche Ordnung der Dinge zu sehen.

Ich bin Alleinerziehende und bringe meine vier Kinder ganz allein durch. Das ist eine ganze Menge Arbeit. Wie kann ich da immer nur lächeln und nichts zu persönlich nehmen? Ich glaube, es geht um Entspannung und das Lauschen auf innere Stimmen. Ich betrachte manche ältere Frauen als Rollenvorbilder. Sie haben viel durchgemacht und sind immer noch sanft und nicht verbittert.

Die Rolle der Frau in unserer Gesellschaft ist im Umbruch. Frauen übernehmen führende Rollen im Arbeitsprozeß, die früher Männern vorbehalten waren. Viele ziehen ihre Kinder allein groß. Eine Menge Frauen klagen auch, am Ende eines langen Tages müde zu sein, überwältigt von der Kombination einer Arbeit außer Haus, der Hausarbeit und der Fürsorge für die Familie. Sie sehnen sich nach einer spirituellen Perspektive, die ihr Leben mehr ausgleichen könnte, fühlen sich aber zu ausgelaugt, um sich darauf einzulassen. Sie sprachen in den Interviews von dem Bedürfnis nach neuen Vorbildern, von Frauen, die trotz der Hektik ihres Alltags ein befriedigendes spirituelles Leben haben.

Rollenvorbilder

Schauen Sie sich um. Denken Sie an Frauen, die Sie kennen: am Arbeitsplatz, in Ihrer Familie, Ihrer Gemeinde. Halten Sie nach Frauen als Rollenvorbild Ausschau, die gleichzeitig belastet und spirituell ausgeglichen wirken. Sprechen Sie mit Ihnen. Fragen Sie sie, wie sie das machen. Denken Sie an Frauen, von denen Sie gelesen haben. Denken Sie an Frauen, über die Sie anderweitig erfahren haben. Geben Sie sich die Erlaubnis, von der Erfahrung anderer zu lernen und sich von deren spiritueller Reise anregen zu lassen.

Wenn wir lernen, unsere Spiritualität in unser betriebsames Leben zu integrieren, hilft das auch, Momente der Ruhe und der Verjüngung zu finden.

Innere Ruhe finden

Verankern Sie sich mit Meditation 3 *Zum Baum werden* (siehe Seite 20). Dann suchen Sie in Ihrer Phantasie in sich einen Ort der Ruhe und der Verjüngung, einen Platz, an dem Sie sich vollständig sicher fühlen und wo nichts getan oder geleistet werden muß. Stellen Sie sich diesen heilsamen Ort in allen Einzelheiten vor. Wenn Sie irgendeinen Anspruch empfinden, passen Sie die Umgebung oder die Situation so an, daß Sie sich entspannter und frischer fühlen. Genießen Sie die Zeit in dieser Umgebung, weil Sie wissen, auch eine kurze Pause kann sehr erholsam wirken. Suchen Sie sich ein Symbol oder ein Andenken, das diesen heilsamen Ort und Ihre innere Ruhe darstellt. Wenn Sie sich bereit fühlen, verlassen Sie diesen Ort der Ruhe wieder. Erkennen Sie, daß Sie jederzeit dorthin zurückkehren können, weil Ihnen Ihr Symbol oder Ihr Andenken dabei hilft.

Für viele Menschen ist das Klingeln der Mikrowelle oder das Biepen des Computers ein viel vertrauteres Geräusch als die Töne von inspirierender Musik oder die Laute der Natur. Das Informationszeitalter bietet uns zwar stets neue Chancen, hat uns aber von der fundamentalen Realität des Lebens immer weiter entfernt. Die Welt der Technologie kann dem traditionellen spirituellen Leben diametral entgegenstehen, aber das braucht nicht zum Hindernis auf unserer spirituellen Reise zu werden. Wir können die neuen und effizienten Instrumente, die uns die Technologie bietet, für unsere spirituellen Aktivitäten nutzen. Diese sehen zwar dann ganz anders aus als traditionelle Praktiken, wirken aber genauso spirituell erhebend.

Technologie und Spiritualität

Stellen Sie eine Liste aller neuen Technologien in Ihrem Leben auf. Dann überlegen Sie, wie Sie sie im einzelnen auf Ihrer spirituellen Reise benutzen könnten. Lassen Sie Ihrer Kreativität freien Lauf. Sie könnten zum Beispiel Ihr spirituelles Tagebuch auf dem Computer schreiben und Teile davon ausdrucken, um sie an spirituelle Gefährten weiterzugeben. Vielleicht bilden Sie eine spirituelle Selbsthilfegruppe, die per E-mail kommuniziert. Vielleicht widmen Sie die Zeit, die Sie durch das Kochen mit der Mikrowelle gespart haben, an einem Tag der Woche einer spirituellen Aktivität. Wenn Sie ein Videogerät haben, könnten Sie Filme mit spirituellem Inhalt ansehen. Gehen Sie alles auf Ihrer Liste durch, und probieren Sie die verschiedenen Möglichkeiten.

Hierarchie, Ungerechtigkeit und Mißbrauch

Eine weitere Eigenheit der Welt, in der wir leben, besteht darin, daß sie auf dem Modell der Hierarchie aufbaut. Eine solche Gesellschaft betrachtet manche Menschen als von Natur aus wertvoller und mächtiger, und diese beherrschen das Leben anderer. Wenn es eine gute Herrschaft ist, hat man davon Vorteile. Doch die beherrschten Menschen sind vielleicht noch nicht vollständig ermächtigt und können noch keine eigene Verantwortung übernehmen. Allzuoft ist Herrschaft aber ungerecht und mißbrauchend.

Macht führt oft zu Ungerechtigkeiten. Wir vergessen unsere angeborene Verbundenheit und mißachten das grundsätzliche spirituelle Prinzip: »Behandle deinen Nächsten, wie du selbst behandelt werden willst.« Statt dessen werden manche Menschen als besser betrachtet als andere, und sie haben prinzipiell einen höheren Status und mehr Rechte. Andere werden als minderwertig betrachtet und schlecht behandelt. Man verweigert ihnen die Erfüllung ihrer Grundbedürfnisse und ihre Integrität. Diese Urteile haben nur wenig mit den Menschen selbst zu tun, sondern beruhen auf willkürlichen Maßstäben, die dann auf ganze Gruppen übertragen werden.

Mißbrauch ist der falsche Gebrauch von Macht. Er entstammt der Unwilligkeit oder Unfähigkeit, anderen mitfühlend zu begegnen und unsere angeborene Verbundenheit zu achten. Mißbrauch entstammt Angst und Respektlosigkeit gegenüber menschlicher Verletzlichkeit und einem verzerrten Gefühl für das, was uns zusteht. Mißbrauch weist auf eine Krise in Beziehungen und in grundlegenden spirituellen Werten hin. Mißbrauch verletzt und erzeugt ungeheures Leid, und die Erinnerung daran durchdringt unseren Körper, unseren Geist und unsere Seele. Macht distanziert, Mißbrauch vernichtet den Geist. Gleich ob wir uns mit dem Täter oder dem Opfer identifizieren, Macht und Mißbrauch verletzen uns. Wir trauen einander nicht mehr. Wir verschießen unser Herz. Wir glauben nicht mehr an unsere angeborene Göttlichkeit. Wir mißtrauen Gott und verlieren den Kontakt zum spirituellen Teil unseres Selbst.

Aber wir können geheilt werden. Herz und Seele sind bemerkenswert widerstandsfähig. Unsere Fähigkeit zu vertrauen wartet nur darauf, sich wieder hervorzuwagen und das Leben auszuprobieren, auf eine Zeit der Sanftheit und der Heilung hoffend. Mißbrauch findet oft hinter dem Schleier von Geheimhaltung statt. Wenn dieser sich hebt, begeben sich die Tapferen auf eine Heilreise. Wir kennen zahllose Geschichten von Frauen, die widrige Umstände in eine Chance für spirituelle Erneuerung und Vertiefung umgewandelt haben, die sich selbst von Opfern in Überlebende verwandelten.

Macht, Ungerechtigkeit und Mißbrauch werden von einer Haltung genährt, die uns schon früh beigebracht wurde. Diese Einstellungen sind tief verwurzelt und sehr schwer abzulegen. Die meisten Frauen haben zum Beispiel ein Gefühl internalisiert, weniger wert zu sein als die Männer in ihrem Leben. Viele haben gelernt, daß weiße Menschen besser sind als jene mit dunklerer Hautfarbe und daß die Angehörigen der christlichen Hauptreligionen besser sind als Juden. Familien, die schon seit Generationen in den Vereinigten Staaten leben, halten sich für besser als Einwandererfamilien. Heterosexuelle empfinden sich als wertvoller als Schwule und Lesben. In allen diesen Fällen gelangen wir zu dem Glauben, daß andere weniger wichtig sind als wir. Wenn wir uns unseres Selbstwertgefühls nicht sicher sind, setzen wir andere herab, um uns besser zu fühlen. Vielleicht beginnen wir auch zu glauben, daß wir minderwertiger und weniger wertvoll als andere sind. Jede hat wohl schon Dominanz erlebt, vermutlich in einer Situation, in der jemand Macht hatte und andere damit kontrolliert wurden. Ungeachtet der Position, wird man durch eine solche Herrschaft von sich selbst entfremdet und abgespalten. Nehmen Sie sich nun Zeit, um darüber nachzudenken, wie Sie Herrschaft erlebt haben.

ÜBUNG

Macht

Im folgenden sind verbreitete Formen der Macht und ein paar allgemeine Definitionen aufgelistet. Im freien Raum auf der linken Seite können Sie die Kategorien ankreuzen, die Sie am tiefsten betroffen haben. Auf den freien Zeilen können Sie Herrschaftsformen eintragen, die nicht aufgeführt sind, dazu Ihre eigene Definition.

_____ Rassismus: Glaube an die natürliche Überlegenheit bestimmter ethnischer Gruppen (am häufigsten der weißen)

_____ religiöse Überlegenheit: Glaube an die natürliche Überlegenheit von Angehörigen bestimmter Religionen

_____ Klassenvorurteil: Glaube an die natürliche Überlegenheit von Menschen mit mehr Geld und aus einer höheren Gesellschaftsschicht

_____ Sexismus: Glaube an die natürliche Überlegenheit des Mannes

_____ Vorurteile gegen Homosexuelle: Glaube an die natürliche Überlegenheit von Heterosexuellen

_____ Altersvorurteil: Glaube an die natürliche Überlegenheit von Personen bestimmter Altersgruppen

_____ Vorurteile gegenüber Behinderten: Glaube an die natürliche Überlegenheit von Personen ohne körperliche Behinderungen

_____ Glaube an . . . .

_____ Glaube an . . . .

Ein wichtiger Schritt bei der Heilung von Machtmißbrauch und Ungerechtigkeit ist das Verständnis, wie diese Ihr Leben und Ihre spirituelle Entwicklung beeinträchtigt haben. Wenn Sie erkannt haben, inwiefern Sie dadurch verletzt wurden, können Sie einen Weg zur Heilung finden. Denken Sie an die oben angekreuzten Kategorien, und tragen Sie Ihre Reaktionen an den entsprechenden Stellen unten ein.

In meiner Kindheit erlebte ich . . . .
. . . .
genauer gesagt . . . .
Ich erlebte es direkt durch . . . .
. . . .
und indirekt . . . .
. . . .
Es tat mir weh, weil . . . .
. . . .
Diese Verletzung blockierte meine Spiritualität, indem . . . .
. . . .

Wir leben in einer hierarchischen Gesellschaft, die manchen Kulturen mehr Wert und Respekt zukommen läßt als anderen. Wenn Menschen einer unterdrückten Kultur oder Gruppe sich jedoch zusammentun, können sie ein tiefes, grundsätzliches Band bilden, durch das sie gestärkt werden. Eine gemeinsame spirituelle Grundlage kann zu einer nachhaltigen Quelle für Kraft werden – einer Grundlage, von der aus man Veränderungen bewirken kann.

In der Kultur der Schwarzen war es Gott, der uns über alle Logik hinaus half zu überleben. Gebete helfen einem, das Verständnis auf solche Weise neu einzuordnen, daß das, was einen vorher fast umbrachte, einem nichts mehr anhaben kann.

Als Jüdin habe ich mich immer unter meinen eigenen Leuten sicherer gefühlt. Es herrscht Erkennen, wenn ich jemanden wie mich selbst sehe, jemanden mit dunklem Haar und einer raschen Auffassungsgabe, der gern mit Ideen spielt. Dann fühle ich mich entspannt und als ich selbst.

Meine griechisch-orthodoxe Religion ist mit meiner Kultur eng verbunden. Es geht dabei um meine Geschichte, eine Kultur, die versuchte, auch unter türkischer Herrschaft ihre Identität zu bewahren. Das stärkt die Religion und die spirituellen Praktiken. Ich kann meine Kultur nicht von meiner Religion und meinen Überzeugungen trennen.

Da Kultur und Spiritualität so eng miteinander verwoben sind, verliert man stets die eine, wenn man die andere verliert. Als Bridget in die USA auswanderte, verlor sie ihre Kultur. Erst als sie in ihre Heimat und ihren Kulturkreis zurückkehrte, fand sie einen authentischen spirituellen Weg.

Als Einwanderin aus Lateinamerika erlebte ich eine sehr subtile Form des Rassismus. Ich war zehn, als wir in dieses Land kamen. Zuerst waren alle nett, hatten aber keine Ahnung, woher ich kam. Ich wurde gefragt, wie es ist, wenn man Schuhe und Kleider trägt – und das waren Lehrer! Sie nahmen an, daß ich noch nie Schuhe und Kleider getragen hatte, weil die Menschen in Südamerika alle Heiden und Wilde seien. Das war sehr demütigend und beleidigend. In der Schule stellte man mein Land als arm und mein Volk als Analphabeten und schmutzig dar. Auf allen Bildern, die ich sah, war ein schmutziges Kind. Ich hatte es anders in Erinnerung, aber man verliert die Bilder der Vergangenheit in einer Kultur, in der sie nicht bestätigt werden. Alles Neue untergräbt das Gedächtnis und saugt ihm das Leben aus. Meine Erinnerungen wurden zur Mythologie; sie schienen nicht mehr real. Ich stand unter dem Druck meiner Altersgenossen: Ich wollte dazugehören und wie alle anderen sein. Man sagte mir, etwas an mir sei wertlos und habe keinerlei Realität.

Es herrschte zwar ein ziemlicher Druck, mich anzupassen, aber meine Familie, besonders meine Mutter, Großmutter und Tante, waren sehr stolz auf unsere Kultur. Sie hielten sie bei uns zu Hause lebendig. Als der Rektor der Schule meine Mutter bat, zu Hause nicht mehr Spanisch zu sprechen, hat sie sich geweigert.

Nach der High School schickte meine Mutter mich für drei Monate nach Südamerika, damit ich meine Heimat kennenlernte. Das war völlig überwältigend für mich. Ich fühlte mich verraten, weil Ecuador so ganz anders war, als man mir in der Schule erzählt hatte. Das hat mich sehr wütend gemacht, so daß ich den Amerikanern nie wieder etwas geglaubt habe. Überraschend ist, daß die Erkenntnis meiner Unterdrückung mein spirituelles Leben anregte. In dem Prozeß der Wut auf dieses Land geriet meine kulturelle Identität in eine Krise. Ich wurde wütend auf diese Kultur und verließ das

Land mehrere Male. Die Rückkehr nach Südamerika hat in mir die Kapazität für Spiritualität geweckt. Ich lebte in den Bergen, in der Nähe der Vulkane, unter den Eingeborenen und versenkte mich in deren Glauben. Die Nähe zur Erde stärkte meine Offenheit für meine eigene weibliche Spiritualität. Zur lateinamerikanischen Kultur, die vom Wertesystem der Eingeborenen durchdrungen ist, gehört Spiritualität ebenso wie die Sprache und das Essen. In allen Alltagsdingen drückt sich die Seele aus. Um meine Kultur zurückzugewinnen, mußte ich meine Spiritualität entwickeln. Um meine Spiritualität zu gewinnen, mußte ich meine Kultur zurückerobern.

Wenn wir erkennen, wie wir durch bestimmte Überzeugungen voneinander entfremdet werden, fühlen wir uns häufig angeregt, diese willkürlichen Unterschiede zu überbrücken. Und wenn wir diese Unterschiede überwinden, können wir uns ermächtigt und verbunden fühlen.

ÜBUNG

Verständnis kultivieren

Denken Sie an jemanden, der oder dem Sie regelmäßig begegnen und die oder den Sie als anders als sich selbst empfinden. Das könnte jemand aus Ihrer Kirche sein, aus einer spirituellen Gruppe, vom Arbeitsplatz oder wo immer Ihnen im Alltag Menschen begegnen. Denken Sie über die folgenden Fragen hinsichtlich Ihrer Beziehungen zu dieser Person nach: Wie beeinflussen die kulturellen Unterschiede Ihre Beziehung? Wie entfremden diese Unterschiede Sie voneinander? Auf welche Weise bringen die Unterschiede mehr Vitalität in die Beziehung? Wie könnten Sie mehr Verbundenheit entwickeln? Unternehmen Sie einen kleinen Schritt, um die Beziehung enger zu gestalten.

Es ist eine ungeheure spirituelle Herausforderung, alle Menschen mit der gleichen grundsätzlichen Würde und dem gleichen Respekt zu behandeln. Diesen spirituellen Wert vertreten die meisten Religionen. Allzuoft haben unsere religiösen Institutionen es entweder versäumt, sich gegen Ungerechtigkeit zu wenden, oder sie haben eine Haltung eingenommen, die weitere Ungerechtigkeiten erzeugt. Carter Heyward, eine Priesterin der Episkopalkirche, findet Unterstützung für den Kampf gegen Ungerechtigkeit in der Lebensgeschichte Jesu.

Ich identifiziere mich als Christin. Ich akzeptiere, daß meine eigene Geschichte in gewisser Hinsicht eine sinnvolle Fortsetzung der Jesusgeschichte ist. Das heißt nicht, daß Jesus Gott ist oder der Sohn Gottes oder von Gott geschätzter als andere Menschen. Die Geschichte von Jesus von Nazareth hat etwas an sich, das ich sehr zwingend, instruktiv und ermächtigend finde. Ich fühle mich

Jesus' Einsatz für die Armen und Randgruppen und seinem Trotz gegenüber weltlichen wie religiösen Autoritäten verbunden. Er legte großen Wert auf Freundschaft und sammelte die Randgruppen um sich. Ich empfinde das als eine ermächtigende Geschichte. Ich glaube aber in keiner Weise, daß diese Geschichte das Zentrum des Universums ist oder daß jeder, der die Geschichte hört, auf die Knie sinken und einfach beten muß. Ich finde, das widerspricht im Kern dem, um was es in der Geschichte geht. Ich weiß, daß die meisten Menschen, die an diesem Punkt in der Geschichte Christen sind, das, was ich gerade gesagt habe, als ziemlich unchristlich bezeichnen würden. Allgemein finde ich die Haltung des Christentums in den meisten gegenwärtigen Auseinandersetzungen furchtbar, ob es nun um Sexualität oder die Umwelt geht. Entweder bleiben die Kirchen stumm, oder sie unterstützen aktiv die Unterdrücker. Ich sehe keinen Grund für die Kirche, als eine Institution weiterzubestehen, wenn sie sich nicht für Gerechtigkeit einsetzt. Wir können unsere Spiritualität auch auf andere Weise organisieren, aber wir brauchen die Kirche politisch, um das aufzuzeigen, was moralisch ist. Am häufigsten wird mir die Frage gestellt, warum ich Mitglied der Kirche bleibe. Das ist eine Frage, die ich nicht ein für allemal beantworten kann. Ich begreife völlig, warum manche einfach austreten. Die Kirche hat zum Mißbrauchskreislauf vieler Frauen beigetragen.

Ein weiterer wichtiger Schritt heißt, etwas gegen Ungerechtigkeiten zu unternehmen, die wir miterleben. Wir können nicht nur in der eigenen Haltung Veränderungen vornehmen, sondern auch innerhalb der eigenen Familie und Gemeinde.

ÜBUNG

Aktionen

Tun Sie etwas, um eine Situation zu verändern, die Sie als ungerecht empfinden.

1. Setzen Sie sich etwa für eine Polizei ein, die Arbeiterinnen und Arbeiter mit mehr Respekt behandelt und ihnen die gleichen Rechte zugesteht.
2. Organisieren Sie eine Gruppe in Ihrer Kirche, die sich um Belange der Gemeinde kümmert, die Sie für wichtig halten.
3. Schreiben Sie an die entsprechenden Stellen, um gerechtere Gesetze zu unterstützen.
4. Sprechen Sie mit Ihren Kindern über ein Thema, das sie berührt.

Carters Worte erinnern uns daran, daß manche Menschen glauben, ihre Religion habe die spirituelle Wahrheit gepachtet und Anhänger anderer Religionen und Glaubensrichtungen seien im Unrecht. Juden wissen nur allzu gut, welches Unglück die Herrschaft bestimmter Religionen bedeuten kann.

Roberta spricht darüber, wie der Antisemitismus ihr Leben beeinträchtigte:

Die meisten meiner Angehörigen sind irgendwo in Osteuropa umgekommen. Die jüdische Geschichte ist die Geschichte der alten europäischen Juden, die sich in sieben Sprachen verständigten, weil sie in sieben verschiedene Länder auswanderten, um den Pogromen zu entkommen. Es gibt einen alten jüdischen Witz, in dem es heißt, Juden hätten einen so schlauen Kopf, weil er das einzige ist, was man auf der ständigen Flucht mitnehmen kann.

Meine Mutter hat mir nicht einfach nur von dem Leid ihres Volkes erzählt. Es war eher so, als hätte ich ihren Schmerz mit der Muttermilch aufgenommen. Aber es war nicht nur ihr Schmerz, sondern der von 5500 Jahren. Im Zweiten Weltkrieg hatte ihr Vater einen Laden in einem deutschen Viertel in Brooklyn, der boykottiert wurde. Ihre Familie lebte von Karotten und Kartoffeln. Als ich größer wurde, bewahrte sie in einem Schrank immer ganz viele Dosen mit Lebensmitteln auf, und als ich einmal die Tür öffnete, fielen mir die Dosen auf den Kopf. Sie hatte immer noch Angst vor dem Verhungern. Ich wollte das Leid meiner Mutter wiedergutmachen. Ich wollte die Welt und mich selbst vor Ungerechtigkeit, Leiden, Unzuverlässigkeit, dem Holocaust, Häßlichkeit, Sünde, Schmeichelei und Schuld bewahren.

Roberta erlebte selbst die brutalen Auswirkungen von Machtmißbrauch, als sie ausgeraubt und angeschossen wurde. Sofort verband sie diesen Vorfall mit ihrer jüdischen Identität und ihrem Gottesgefühl.

Vor ein paar Jahren bin ich überfallen und ernsthaft verletzt worden. Dieser Überfall war für mich wie mein eigener persönlicher Holocaust. Ich dachte sofort: »Was für ein Gott läßt so etwas zu?« Ich identifiziere mich immer mit den Opfern, und das hat eine gute und eine schlechte Seite. Ich finde, daß die Juden eine menschliche, geschichtsbewußte ethnische Gruppe sind. Wir sind Sozialarbeiter, Komödianten und Therapeuten. Wir wissen, daß wir ein Herz haben, weil wir nämlich nicht das Leiden in der Welt vergessen dürfen.

Während Roberta über die Auswirkungen der Ungerechtigkeit auf ihre Familie und ihr Volk nachdenkt, weist sie auch auf die Stärken hin, die durch widrige Umstände entstehen. Ein wichtiger Schritt in dem Erneuerungsprozeß liegt darin, diskriminierende Einstellungen über sich selbst abzulegen.

Schädliche Botschaften umwandeln

Schreiben Sie fünf Minuten lang frei über diskriminierende Urteile über sich selbst, über Ihre Religion oder Ihr Volk, an die Sie sich erinnern. Schreiben Sie ohne innere Zensur alles auf, was Ihnen in den Sinn kommt. Dann verbrennen Sie das Papier und werfen diese Gedanken auf Ihren inneren Komposthaufen. Nun schreiben Sie die Wahrheit darüber auf, wer Sie sind.

Bei dem Prozeß, falsche und diskriminierende Botschaften über uns selbst zu verwerfen, verwandeln wir unsere Energie. Wir entdecken eine spirituelle Tiefe, die aus der Überwindung von widrigen Umständen stammt.

Aus Dreck Gold machen

Gehen Sie zurück zu der Übung *Macht* auf Seite 20. Denken Sie an die von Ihnen angekreuzten Kategorien, und überlegen Sie, wie Sie die Erfahrungen mit Macht in wertvolle Lektionen umgewandelt haben. Beantworten Sie die Fragen: Habe ich etwas über Liebe und Mitgefühl gelernt? Wie und wo habe ich Verbündete und eine Gemeinschaft gefunden? Welche anderen Lektionen habe ich gelernt? Was hatte einen positiven Einfluß auf meine Spiritualität?

Manche Menschen erleben innerhalb der eigenen Familie Dominanz und Mißbrauch. Gewalt in Familien prägt unweigerlich unsere spirituellen Einstellungen.

Wir interviewten mehrere Frauen, die mißbraucht worden waren. Jede Einzelerfahrung von Mißbrauch ist zwar anders, aber all diese Frauen durchlebten eine extrem schwierige Phase, in der sie glaubten, ihr Leben und ihr Verstand stünden auf dem Spiel. Zur Heilungsreise scheint eine Phase der Krisen zu gehören sowie das Verarbeiten der schmerzlichen Emotionen. Alle Frauen gingen gestärkt aus der Krise hervor und fanden Heilung. Jede gewann eine neue Beziehung zur ihrer spirituellen Essenz – oder zu Gott.

Randy war immer schon empfindlich gegenüber Ungerechtigkeit. Sie glaubt, daß ihr unabhängiger Geist und ihre Sensibilität gegenüber Ungerechtigkeiten sie für Mißbrauch empfänglicher machten, aber auch ihre Heilung leiteten. Während der Heilung konnte sie auf ihre spirituelle Kraft zurückgreifen, über die sie schon seit der Kindheit verfügt hatte. Sie begreift widrige Umstände als einen stärkenden Faktor. Randy zerriß den Schleier der Verleugnung, der generationenlangen Mißbrauch in ihrer Familie verhüllt hatte. Sie verwandelte ihre

Wut, ihren Kummer und das Gefühl, durch den Mißbrauch verraten worden zu sein, in Energie, die sie im Kampf gegen Kindesmißbrauch einsetzte und die half, andere Kinder zu heilen.

Mein Vater war Alkoholiker und häufig wütend und gewalttätig. Meine Mutter war sehr egozentrisch und fand es immer sehr schwer, jemand anderen zu berücksichtigen als sich selbst. Kindesmißbrauch und Alkoholsucht gab es schon seit Generationen in meiner Familie – Generationen von körperlichen Mißhandlungen, sexuellem Mißbrauch und emotioneller Ausbeutelei. In meiner Familie herrschte ungeheure Trauer, die aber nicht geäußert, sondern in Wut gegen Kinder umgemünzt wurde. Ich kann mich zwar nicht direkt an Inzest erinnern, aber es gab häufig sexualisierte Gewalt. Mein Vater rannte zum Beispiel oft hinter mir her, warf mich auf sexuell-aggressive Weise auf den Boden und kitzelte mich, während ich schrie und nur von ihm wegwollte. Ich empfand immer eine katastrophale Angst, daß etwas Sexuelles oder Gewaltsames passieren würde. Ich war die Älteste und bekam am meisten ab. Irgend etwas an mir hat meinen Vater provoziert. Ich glaube, es war meine Unabhängigkeit und meine Unwilligkeit, als Frau passiv und unterwürfig zu sein. Ich hatte meine eigenen Vorstellungen und vertrat immer meinen Standpunkt. Ich wehrte mich gegen die meisten Ungerechtigkeiten seinerseits, und dann stürmte er wütend hinter mir her und schlug mich. Ich dachte dauernd darüber nach, wie ich mich vor ihm verstecken konnte.

Ich glaube, ich lernte, mich hinter meiner Spiritualität zu verbergen. Ich sah mich eher als Seele statt als Körper und lernte abzuspalten, in Trance zu fallen. Dann konnte keiner meine Seele verletzen, auch wenn sie meinem Körper weh taten. Ich fühlte mich von Märtyrern und Heiligen und deren Leben angezogen. Sie praktizierten, was sie predigten, und halfen den Menschen. Sie hatten Kämpfe und widrige Umstände überlebt, und ich glaube, durch ihr Leiden konnte ich meinem eigenen Leiden in meiner Familie einen Sinn geben.

Ich durchlebte die dunkle Nacht der Seele, ausgelöst durch eine Spiritualität, die nicht mehr funktionierte, durch meine mißbrauchende Familie, mein beschädigtes Selbstbild und die Erkenntnis, daß ich lesbisch war. Ich dachte, wenn das ans Tageslicht käme, würde ich alles verlieren – meine Familie und meine Kirche. Ich dachte viel an Selbstmord. Das war in meiner atheistischen Phase. Ich trank damals ziemlich viel und nahm Valium, um zu unterdrücken, was ich war. Ich konnte diese dunkle Nacht der Seele hinter mir lassen, indem ich aus der Kirche austrat. Ich wußte damals, daß ich nicht leben konnte, ohne das zu sein, was ich war, und dazu gehörte eben auch, Frauen zu lieben. Ich hatte das Gefühl, daß ich durch einen Tunnel gewandert und am anderen Ende wieder herausgekommen war. Ich begann eine spirituelle Reise, die um den Feminismus kreiste, aber ihre Wurzeln in meiner Kindheitsspiritualität hatte. Ich lauschte nach innen und bekam Antworten. Ich kämpfte gegen Ungerechtigkeit.

Heute bin ich Sozialarbeiterin und arbeite mit mißbrauchten Kindern und Familien von Alkoholikern und Drogensüchtigen. Ich habe einen tiefen Sinn in meinem Leben gefunden. Meine Familie akzeptiert mich heute, solange ich nicht so konfrontativ bin. Ich durchbreche das Schweigen und die Verleugnung in meiner Familie, aber auf sanfte, helfende Weise. Ich habe meinen Bruder als Kinderschänder angezeigt. Ich gab ihm die Chance, sich selbst zu stellen, brachte aber das Thema an die Öffentlichkeit, und das hat in meiner Familie große Probleme verursacht. Meine Familie betrachtet mich als eine Kreuzzüglerin. Das mißbrauchte Kind in mir, das kämpfen und eine Heilige sein wollte, hat einen Sinn im Leben gefunden, indem ich anderen Kindern helfe.

Wie wir aus Randys Geschichte sehen können, setzt sich Mißbrauch in Familien, der verborgen und unerwähnt bleibt, durch Generationen hinweg fort. Ungeheilt schwären die Wunden weiter. Aus Opfern werden Täter, und diese begehen weiteren Mißbrauch. Menschen, die mißbraucht wurden, mißbrauchen oft sich selbst mit Drogen, Alkohol und selbstzerstörerischem Verhalten. Die nächste Generation kann, wenn sie nicht ebenfalls mißbraucht, versuchen, die Wunden zu heilen, indem sie die Last des Leids vergangener Generationen auf sich nimmt und absorbiert. Doch Heilung kann diesen Kreislauf aus Mißbrauch unterbrechen. Es scheint eine Verbindung zwischen einer spirituellen Perspektive – einem Lebensgefühl, das stärker ist als das Leid und der Verrat durch den Mißbrauch – und der Fähigkeit zu geben, vom Opfer zur Überlebenden zu werden.

Ein erster Schritt zur Heilung heißt, den Mißbrauch zu bestätigen und den Schleier der Verleugnung zu zerreißen. Zum Zeitpunkt des Mißbrauchs reagieren Opfer oft damit, daß sie sich vorstellen, an einem sicheren Ort zu sein – daß diese schrecklichen Dinge gar nicht mit ihnen passieren. Das ist eine sinnvolle Reaktion während des tatsächlichen Mißbrauchs, kann aber im späteren Leben Probleme erzeugen. Es kann zur Gewohnheit werden, die wichtigen Dinge im Leben auszublenden. Doch die Fähigkeit, eine Situation zu verlassen und sich eine andere auszusuchen, ist auch ein Weg der Transzendenz, ein effektives spirituelles Instrument.

Ein wichtiger Teil der Heilung ist es, die Verantwortung genau dorthin zu verlegen, wo sie hingehört, zum Täter oder dem Verhalten der Person, die den Mißbrauch beging. Oft glauben Menschen, die mißbraucht wurden, irgendwo tief in sich, daß sie selbst die Schuld daran trifft. Diese Reaktion ist zwar natürlich, aber auch falsch und wenig nützlich. Wenn man sich an diese Schuld klammert, kann dies den spirituellen Weg versperren und es unmöglich machen, die eigene natürliche Göttlichkeit zu erkennen.

Ein weiterer Bestandteil des Heilungsprozesses ist die Wiederentdeckung von Vertrauen. Wenn man mißbraucht wurde, ist man tief im Innern davon überzeugt, daß man niemandem trauen kann. Das ist eine wichtige Lektion. Aber es stimmt ebenso, daß niemand und nichts vollständig und von Natur aus unzuverlässig ist. Wenn wir den Schritt vom Opfer zur Überlebenden tun, treffen wir Unterscheidungen und finden neues Vertrauen. Für viele heißt das auch, sich erst einmal selbst zu vertrauen. Nun wissen wir, daß wir es schaffen, egal wie schmerzlich oder schwierig das Leben auch ist. Wenn das Vertrauen in einem selbst wächst, kann man sich dem übrigen Leben öffnen und eine Quelle für spirituelle Kraft finden, die viel vertrauenswürdiger ist als die mißbrauchende Macht, die uns so verletzte.

Sie haben sich vermutlich in irgendeinem Aspekt des Lebens vom Opfer zur Überlebenden verwandelt. Es ist wichtig, diesen Schritt zu bestätigen und zuzulassen, daß er sich auf andere Lebensbereiche auswirkt.

ÜBUNG

Vom Opfer zur Überlebenden

Denken Sie an einen Schritt, den Sie von dem Gefühl, Opfer zu sein, zur Überlebenden getan haben. Schreiben Sie darüber, und lesen Sie Ihre Zeilen in der folgenden Woche mindestens einmal täglich durch. Vielleicht haben Sie sich früher immer Partner ausgesucht, die sie kritisierten, und Ihr neuer Partner behandelt sie mit Respekt. Vielleicht hatten Sie immer Angst, allein zu Hause zu sein, und fühlen sich nun sicher, weil Sie eine Alarmanlage einbauen ließen.

Machtvolle Gefühle der Heilung können einsetzen, wenn Menschen, die mißbraucht wurden, einander begegnen und ihre Erlebnisse austauschen. Wenn Sie Überlebende von Mißbrauch sind, nutzen Sie alle Chancen, anderen die Auswirkungen des Mißbrauchs auf Ihre Spiritualität mitzuteilen.

ÜBUNG

In Sicherheit über Mißbrauch und Spiritualität reden

Treffen Sie sich mit anderen Überlebenden von Mißbrauch. Diese Übung funktioniert am besten in einem Kreis aus zwei bis fünf Frauen. Sprechen Sie anhand der folgenden und anderer Fragen, die Sie miteinander absprechen, darüber, wie der Mißbrauch Ihre Spiritualität beeinträchtigte. Wir schlagen die folgenden Grundregeln vor – passen Sie sie Ihren Bedürfnissen an, oder fügen Sie andere Regeln hinzu:

Jede Frau spricht eine gewisse Zeit ohne Unterbrechung, vielleicht eine Viertel- bis zu einer halben Stunde. Die anderen Frauen üben sich im konzentrierten Zuhören und nehmen die Geschichte offen und mit dem Herzen auf. Darauf folgt eine bestimmte Zeit des Feedback (fünf bis zehn Minuten). Jede Frau definiert die gewünschte Art des Feedback.

In dem Gespräch sollten keine Details des Mißbrauchs dargestellt werden. (Es kann sehr heilsam wirken, Einzelheiten auszusprechen, aber dies muß in einem sicheren Rahmen geschehen, sonst erzeugt es nur noch mehr Leid. Die Einzelheiten sollten besser mit einer Expertin durchgesprochen werden.)

Vorgeschlagene Fragen: Welche Botschaften bekam ich von meiner Religion über den Mißbrauch, falls ich überhaupt welche erhielt? Was hatte meiner Meinung nach Gott mit dem Mißbrauch zu tun? Wie kann meine Spiritualität mir jetzt bei der Heilung helfen?

Drogen und Alkohol

Substanzmißbrauch kann Familien, das Selbstbild, Beziehungen und Lebensentscheidungen zutiefst beeinträchtigen. Er hat eine ähnliche Wirkung auf unsere wachsende Spiritualität. Es ist kein Zufall, daß man im Englischen Alkohol auch als »spirit« bezeichnet. Der Rausch kann die Zufriedenheit und die Freuden des spirituellen Lebens vortäuschen. Manche Drogenerlebnisse können einem sogar die Tür zu spirituellen Erfahrungen öffnen. Doch die Befriedigung ist nur kurzlebig und endet häufig in der Agonie der Sucht. Es ist auch kein Zufall, daß die Anonymen Alkoholiker und Anonymen-Gruppen von Drogenabhängigen, die nützliche Programme gegen Substanzmißbrauch anbieten, stark spirituell ausgerichtet sind. Es scheint eine innere Verbindung zwischen Spiritualität und Drogenmißbrauch zu geben.

Maggie wuchs in einem Haushalt auf, der von der Gemeinschaft abgeschnitten, von Armut niedergedrückt und von Alkoholismus und Selbstmord zerrissen war. Schon als Kind hielt sie ihre Spiritualität intakt.

Ich wurde in einer Familie mit acht Kindern groß, und es war ein ständiger Kampf ums Überleben. Mein Vater war Alkoholiker und beging Selbstmord, als ich zwölf war. Meine Mutter brachte uns mit ihrem Gehalt als katholische Lehrerin durch. Über Gefühle wurde bei uns zu Hause nicht geredet. Aber wenn es wirklich schlimm wurde, hatte ich immer das Gefühl, daß Gott es wußte und verstand und mir half. Jesus war mein geheimer, besonderer Freund, der immer wußte, was ich empfand. Das gab mir einen Rahmen und ein Gefühl der Sicherheit in einer ziemlich verrückten Umgebung.

Sharons Mutter war Alkoholikerin, und Sharon hat lange gebraucht, um die Wunden zu heilen, die sie in einer Familie mit Abhängigkeiten erlitt. Sie weiß aber, daß sie auch wichtige Lektionen lernte.

131

Ich war emotional sehr, sehr stark an meine Mutter gebunden, daher war ich sehr einsam und eingeschüchtert, wenn sie betrunken war. Es wurde zu einer spirituellen Aufgabe, sie zu versorgen und vom Trinken abzubringen. Ich versteckte ihre Flaschen, ich goß ihre Drinks weg, damit sie mich liebte, denn meine Mutter konnte mich nicht lieben, wenn sie betrunken war.

Mein ganzes Leben lang hat sich meine Spiritualität immer auf den Dienst an anderen konzentriert. Als Kind dachte ich daran, Nonne zu werden, obwohl ich nicht katholisch war. Ich wollte ein Leben des Dienstes führen und allen materiellen Bedürfnissen entsagen. Mich um meine Mutter zu kümmern war meine erste Aufgabe. Heute bin ich dazu berufen, meine Kinder zu versorgen.

Heute versucht Sharon ganz bewußt, Muster von Co-Abhängigkeit in Beziehungen zu vermeiden.

Ich mache es aber heute anders. Ich habe das Muster der Co-Abhängigkeit in einen Dienst umgewandelt, der wahrhaft spirituell ist. Co-Abhängigkeit ist kein echter Dienst oder echte Selbstlosigkeit, sondern sehr ich-zentriert. Wenn ich mich co-abhängig verhalte, gebe ich anderen, damit sie mich weiterhin lieben. Wenn ich diene, praktiziere ich ein Bewußtsein mit dem Ziel, die Leiden aller Lebewesen zu lindern. Ich sehe mich selbst aber im gleichen Kontext und denke daran, auch für mich zu sorgen.

Sharon erklärt, daß sie trotz der co-abhängigen Elemente wichtige und prägende spirituelle Lektionen aus der Versorgung ihrer alkoholsüchtigen Mutter lernte.

Ich hatte eine Menge Übung darin, anderen zu helfen, sie zu lieben und mitfühlend zu bleiben, obwohl ich nicht gern tat, was ich tun mußte.

Wenn Sie in einer Familie aufwuchsen, in der Alkohol oder Drogen mißbraucht wurden, hat das wahrscheinlich Ihre Spiritualität beeinträchtigt. Nehmen Sie sich nun Zeit für die folgende Übung:

ÜBUNG

Für Frauen, die mit Drogen- oder Alkoholmißbrauch in der Familie aufwuchsen

Beginnen Sie mit einer Erdungs- und Entspannungsmeditation (siehe S. 19 f.). Erinnern Sie sich an Ihre Definition von Spiritualität. Denken Sie dann an eine Zeit, in der Sie mit Drogen- oder Alkoholmißbrauch konfrontiert waren. Erinnern Sie sich an alle Einzelheiten, solange es Ihnen angenehm ist. Gewinnen Sie ein Gefühl dafür, wie der Drogenmißbrauch Ihre wachsende Spiritualität beeinflußte. Fühlten Sie sich blockiert? Haben Sie daraus gelernt?

Wie wirkt sich das Aufgewachsensein in einer solchen Umgebung auf Ihre heutige Spiritualität aus? Wenn Sie das Gefühl haben, die Übung abschließen zu können, bringen Sie sich wieder in die Gegenwart zurück. Denken Sie nun an eine Sache in Ihrem Leben, die positiv für Sie ist.

Als Jugendliche und Erwachsene haben viele Alkohol oder Drogen ausprobiert. Manche können Drogen oder Alkohol mäßig konsumieren; dann haben diese Substanzen keinen Einfluß auf unsere Spiritualität. Wein ist in manchen Religionen sogar Bestandteil des Sakraments. Andere verstricken sich tief in eine Sucht. Der Weg zur Heilung ist einer der gefährlichsten und kann auch eine Reise der tiefgreifenden Umwandlungen sein.

Cheryls Nüchternheit ermöglichte ihr ein spirituelles Leben und bereicherte es.

Ich brauchte eine wirklich starke Lebensäußerung, um wieder mit meinem spirituellen Selbst in Kontakt treten zu können, und ich glaube, nichts hätte mächtiger wirken können als meine Nüchternheit. Clean und nüchtern zu sein ermöglicht es mir, näher bei Gott zu sein.

Nellys Drogenmißbrauch öffnete ihr viele Türen, aber viele davon hätte sie lieber geschlossen gehalten. Doch sie lernte wichtige Lektionen über Angst und Verpflichtung.

Eine Geschichte von Nelly

Ich begann in den späten Sechzigern, Drogen zu nehmen. Marihuana und LSD schienen mir neue Bereiche des Denkens und der Erfahrung zu eröffnen. Ich fühlte mich nicht mehr von Konventionen eingeengt, und das Leben war für mich ein großes Abenteuer. Vermutlich bin ich ziemlich wild gewesen. Ich nahm LSD und machte die verrücktesten Dinge. Ich vertraute Fremden, die mein Vertrauen mißbrauchten. Plötzlich sah ich eine ganz neue Seite des Lebens und bekam unglaubliche Angst davor. War das das Böse? Danach tat ich alles Erdenkliche, um das Gefühl von Angst zu vermeiden, und mied dabei auch die vielen guten Dinge, die das Leben zu bieten hat. Ich schützte mich vor meinen Ängsten, aber sie schienen nicht zu verschwinden.

Die Angst hat mich vom LSD abgebracht, aber Marihuana habe ich weiter geraucht. Ich wurde allmählich davon abhängig, wenn ich mich amüsieren, entspannen oder schlafen wollte. Nach einigen Jahren fühlte ich mich tatsächlich abhängig. Am schwierigsten war es, wenn ich in spirituelle Klausur ging. Man durfte dort nichts nehmen, aber ich konnte mich daran nicht halten. Anschließend fühlte ich mich sehr schuldig und wußte, daß meine spirituelle Entwicklung durch meine Sucht beschränkt wurde. Schließlich beichtete ich eines

Tages einem Lehrer dort, daß ich mich nicht an die Regeln hielt und Marihuana rauchte. Er war gleichzeitig hart und mitfühlend. Er riet mir, sofort damit aufzuhören. Er sagte, ich sei sehr wohl in der Lage, meine Ängste durchzustehen. Er gab mir ein Gedicht als Leitlinie. Es ging darin um die Macht und den Zauber von Verpflichtungen. Ich las die Zeilen immer wieder, statt Pot zu rauchen. Es endete mit einem Vers von Goethe, in dem es hieß, daß man alles anfangen soll, was man kann oder erträumt. Die Kühnheit allein habe Genie, Macht und einen inneliegenden Zauber.

Es war eigentlich okay ohne das Marihuana. Die Abhängigkeit hatte ich mir bloß eingebildet. Aber die Gedanken daran wurden schon sehr stark. Sie hatten mich über ein Jahrzehnt lang im Griff gehabt. Als ich ohne Drogen weiter durchs Leben ging, spürte ich den süßen Geschmack der Freiheit. Ich lernte, meine Stimmungen mit subtileren und wirksamen inneren Methoden zu beeinflussen. Die Lektion über die Macht der Verpflichtung werde ich nie vergessen. Es ist wirklich ein Zauber, sich an seine Träume zu verpflichten, statt von Ängsten eingeschränkt zu sein.

Für Frauen im Heilungsprozeß

Der Heilungsprozeß von einer Sucht kann sehr schwierig sein. Oft stellen sich uns dabei Hindernisse in den Weg. Verdeutlichen Sie sich zunächst, wie Sie sich fühlen und handeln, wenn die Heilung bedroht erscheint. Schreiben Sie Ihre »Warnzeichen« und »Symptome« auf. Dann schreiben Sie sich ein »Rezept« für Ihren Geist. Malen Sie sich kreativ aus, was Ihre Seele ohne Drogen nähren kann. Sie können sich auch daran erinnern, wie Sie bestimmte Texte lasen, die Ihnen wahr erschienen. Vielleicht schreiben Sie auch eigene Wahrheiten auf und lesen sie laut, wenn die Heilung bedroht wirkt. Vielleicht müssen Sie zu einer Gruppe mit einem Zwölf-Schritte-Programm, z. B. den Anonymen Alkoholikern, in eine Kirche oder eine Synagoge gehen. Denken Sie daran, Ihrem Rezept zu folgen, wenn Sie auf dem Weg zur Heilung auf Hindernisse stoßen.

Der Schmerz, ein Mensch zu sein

Das Leben ist manchmal schwierig. Manche nennen es Leid, andere das Böse. Wie immer wir es nennen, die meisten Menschen haben intensives Leid erlebt oder bezeugt. Es ist schwierig, mit Widerständen zu leben und zu begreifen, warum sie existieren. Die gleichen Erfahrungen können uns aber auf der Suche nach Sinn und Lösungen auf einen spirituellen Pfad führen. Viele religiöse Traditionen haben einen Namen dafür: »Feuertaufe« oder »die Rückkehr aus dem Exil«. Anne, eine Psychologin, kämpft mit dem Leid, das ihre Klienten bei ihr »abladen«. Theologische Antworten befriedigen sie nicht mehr, aber ihr eigenes spirituelles Bewußtsein leitet sie durch den Schmerz und das Leid, deren Zeugin sie ist.

Ich befasse mich auf emotionaler Ebene mit dem Bösen. Warum erleben und bewirken Menschen soviel Schmerz und Leid? Ich frage mich, wo Gott ist, wenn wir so etwas durchmachen müssen. Ich kenne die theologische Antwort darauf, warum es das Böse in der Welt gibt, aber sie befriedigt mich nicht mehr. Manchmal ergeben das Böse und das Leid einfach keinen Sinn für mich, und dann ergibt auch Gott keinen Sinn. Ich muß auf das zurückgreifen, was ich kenne und dem ich traue – die Existenz Jesu. Damit kehre ich zu meiner eigenen Erfahrung des Wunderbaren zurück und ermahne mich, nicht so zu tun, als würde ich den Sinn Gottes begreifen. Ich glaube, daß Gott mitfühlend und fürsorglich ist und daß unser Leid nicht als Strafe gedacht ist.

Angesichts von Schmerz und Schwierigkeiten ist Unterstützung sehr wichtig. Damit können wir unser Leid in Mitgefühl umwandeln. Unterstützung baut man sich am besten kontinuierlich auf. Unternehmen Sie etwas, um sich Unterstützung zu beschaffen. '

Hilfen

Führen Sie drei »Stützen« auf, auf die Sie in schwierigen Zeiten zurückgreifen können. Denken Sie an Ihre inneren Ressourcen und auch an die äußeren. Sie können zum Beispiel einen hilfsbereiten Freund anrufen und sich unterhalten. Sie können sich aber auch ermahnen, angesichts von Unannehmlichkeiten ausgeglichen zu bleiben, indem Sie sich an eine Situation aus der Vergangenheit erinnern. Sie können sich eine Lehre Ihres Glaubens ins Bewußtsein rufen. Betrachten Sie die Arbeit aus früheren Übungen, um sich an all Ihre Ressourcen zu erinnern.

Schwere Zeiten können uns einen spirituellen Weg weisen. Aber unsere Spiritualität kann uns auch durch schwierige Zeiten helfen.

Wenn ich ganz bedrückt bin und mich hilflos und schwach fühle, weiß ich, daß nichts in der Welt mir die Kraft geben kann, die ich brauche. Nur mit meiner Spiritualität kann ich meine Kraftreserven auffüllen und ein Gefühl für den Sinn des Lebens zurückgewinnen.

Leid kann auch aus den Entscheidungen entstehen, die unsere Kinder treffen. Darlene ist geschieden, und ihr Sohn entschied sich, bei seinem Vater zu leben.

Die Trennung von meinem Sohn ist vermutlich das Schmerzlichste, das ich je erlebt habe. Ich muß mir immer wieder ins Gedächtnis rufen, daß er in Gottes Hand ist und es sein Weg ist und nicht meiner. Das bedeutet für mich die äußerste Hingabe, und ich berufe mich auf meine Spiritualität, wenn ich jeden Tag aufs neue trauere. Bei solchem Kummer weiß ich nicht, wie Menschen das ohne Spiritualität durchstehen.

Ein allen Menschen gemeinsames Problem ist vermutlich das Leiden bei Krankheit und Tod. Die medizinische Versorgung ist zwar heute viel besser als früher, aber wir werden dadurch nicht vor dieser grundsätzlichen menschlichen Erfahrung bewahrt. Angesichts einer Krankheit greifen viele auf ihre Spiritualität zurück. Peggy lebt mit Aids. Als man sie als HIV-positiv diagnostizierte, begann sie sofort die Suche nach einem spirituellen Sinn. Während Peggy direkt mit dem Tod konfrontiert wird, läßt sie sich von ihrer inneren Kraft und einer festen spirituellen Grundlage leiten.

Vor etwas mehr als zwei Jahren wurde bei mir Leukämie festgestellt und daß ich HIV-positiv bin. In dem Moment, als ich die HIV-Diagnose erhielt, hatte ich Angst, aber ich war auch sehr neugierig, welche spirituellen Lektionen auf mich warteten. Ich wußte sogleich, daß ich eine Wahl hatte, und fragte meinen Arzt, welche Lektionen ich wohl daraus lernen würde. Der Arzt fand die Frage recht seltsam. Ich sagte ihm, ich wüßte, daß dies eine ungeheure Chance sei. Danach fragte ich mich, ob diese spirituelle Reaktion eine Art Verleugnung war, und teilweise war es das wohl. Es hat seitdem viele Momente gegeben, in denen ich nichts mehr verleugnet habe. Dann war ich sehr wütend und dachte, wenn ich mich nur an meine Spiritualität klammern könnte, dann hätte ich diese Gefühle nicht und würde alles überstehen. Aber ich wußte auch, daß es bei einem Teil meiner Spiritualität auch um Gefühle geht, die ich empfinde, und darum, zu wissen, wer ich bin. Ein Teil von mir ist eine wütende Frau, die dieses Virus haßt.

Kurz nach meiner Diagnose war ich so konzentriert aufs Spirituelle, daß ich mich nicht genug um praktische Dinge kümmerte und mich Behandlungen unterzog, die mir nicht sehr guttaten. Nun halte ich mich an ein Naturheilprogramm, und es geht mir besser als je zuvor in den drei Jahren. Ich habe gelernt, was am besten für meinen Körper ist und was ich spirituell brauche, um es durchzustehen.

Die Infektion mit HIV ist eines der wichtigsten Dinge in meinem Leben. Sie hat mir die Chance gegeben, mich zu verändern. Sie bietet mir den Anlaß, mich mit meiner Angst vor der Sterblichkeit zu konfrontieren und herauszufinden, was ich spirituell wirklich fühle und denke. Es war ein richtiger Schuß vor den Bug. Ich weiß nicht, wie lange ich noch Zeit in dieser Dimension habe. Das Gefühl, man hätte alle Zeit der Welt, ist mir gründlich ausgetrieben worden. Da die Chance besteht, daß ich nächsten Monat sterbe, muß ich wissen, wie ich jetzt damit fertig werde, und kann nicht warten, bis es passiert. Ich denke also daran, was ich wirklich glaube. Ich glaube an meine innere Energie und die Verbindung mit anderen Energien. Ich begreife nun den Unterschied zwischen positiver und negativer Energie und die Wirkung, die die Energie anderer Menschen auf mich, auf meine Gesundheit und meine Angst hat. Ich weiß, daß ich meine eigene innere Energie entwickeln muß, um das Zusammensein mit anderen Menschen zu überstehen, deren Energie nicht so positiv ist, weil ich nicht in einer Luftblase leben will. Ich mußte hart daran arbeiten, meine spirituelle Energie auszugleichen, genau wie ich meine körperliche Energie und meine körperlichen Leistungen ausbalancieren muß.

Ich denke, Aids zu haben, hat meinen Verstand und meine Seele wirklich überzeugt, daß dieses Leben nur einen Teil der Reise darstellt. Ich glaube heute an Reinkarnation. Für mich ist es offensichtlich, daß dieses Leben nur eine Chance ist, die ich ergreifen muß, um zu wachsen und mich enger mit meiner Spiritualität zu verbinden.

Peggys Überzeugungen wurden durch die Realität auf die Probe gestellt. Ein paar Wochen nach dem Gespräch stand sie vor einer neuen Prüfung. Sie reagierte auf den Tod ihrer Enkelin mit Kraft, Liebe und Mitgefühl. Ihre spirituellen Überzeugungen wurden durch ihr Verhalten bestätigt.

Meine Enkelin war nur eine Stunde alt, als sie starb. Ich werde nie vergessen, wie meine Tochter mir mitteilte, daß das Baby tot sei: Das war eine schwere Prüfung für mich. Es gab keine Zeit für Pläne. Es geschah einfach völlig unerwartet. Wenn sonst jemand stirbt, hat man ein wenig Zeit, die Gefühle zu verarbeiten. Statt dessen war dieses perfekt aussehende Baby plötzlich gegangen. Ich hätte dies völlig negativ sehen können, und zuerst dachte ich: Jetzt ist es genug, warum noch mehr Tod und Krankheit in meinem Leben? Dann erkannte ich, daß es nicht um mich ging und daß ich noch viel Kraft habe, die ich meiner Tochter geben kann. Ich mußte all meine spirituelle Energie sammeln, aber ich hatte gelernt, mich auf das zu konzentrieren, was mir wichtig ist. Als meine Enkelin starb, war es wichtig, liebevoll, empathisch, mitfühlsam und stark zu sein und auch zu erkennen, daß es sehr schmerzte und schrecklich war. Das war das erste Mal, daß mir meine spirituelle Kraft sofort zur Verfügung stand, und ich hielt das für einen Maßstab, wie weit ich in den zwei Jahren seit meiner Diagnose spirituell gekommen war. Ich hatte an diesen Themen gearbeitet, und es klang gut, wenn ich darüber sprach, aber meine Überzeugungen waren vorher noch nicht auf die Probe gestellt worden. So nahe war ich dem Tod noch nie gewesen. Ich hatte ihn immer ausgeblendet. Ich spürte eine Verbindung zu meiner Enkelin. Ich spürte ihre Präsenz im Raum. Ich glaube, sie war so lange hier, wie sie brauchte. Die Stunde Leben, die ihr beschieden war, hatte eine ungeheure Wirkung. Sie löste eine Menge Veränderungen in der Familie aus und brachte uns alle näher zueinander. Sie gab meiner Tochter und ihrem Mann eine Gelegenheit, zu reifen und einander näherzukommen. Ich weiß, daß nicht Quantität im Leben zählt, sondern Qualität. Das hilft mir jetzt wirklich mit meiner Krankheit.

Ich glaube, daß ich mir meine Familie aussuchte, um meine Lektionen zu lernen. Ich habe mir den Katholizismus ausgesucht, weil ich meine innere Kraft entwickeln mußte, um darüber hinauszugehen und mich mit einer viel positiveren Spiritualität zu verknüpfen, die

für mich wahr war, statt mit von außen aufgezwungenen Überzeugungen. Ich habe gelernt, daß man nicht zu leiden braucht. Bei Aids leidet man stark unter der Krankheit, aber nicht, weil das Leiden ein Weg zu Gott ist. Ich habe gelernt, den Schmerz zu spüren, aber diese Bewußtmachung lindert ihn tatsächlich. Ich glaube, ich habe ständig Schmerzen, aber ich muß an so viele andere Dinge denken. Ich betrachte Schmerz als ein Zeichen dafür, ob mein Leben im Gleichgewicht ist oder nicht.

Angesichts der größten Prüfungen in ihrem Leben gewann Peggy einen Sinn für ihr Leiden, der über den Katholizismus hinausging, mit dem sie aufgewachsen war. Manche Menschen stellen fest, daß die Lehren ihrer Religion ihnen in schwierigen Zeiten helfen. Andere müssen die Lehren abändern, um in Zeiten der Widerstände und Schwierigkeiten darin Sinn und Unterstützung zu finden.

ÜBUNG

Sinn schaffen

Beginnen Sie diese Übung, indem Sie sich vor Augen führen, wie Ihre Spiritualität oder Ihre Religion Ihnen durchs Leben hilft. Dann denken Sie an die Lehren ihrer Religion über Schmerz und Not. Denken Sie zunächst an die Religion Ihrer Kindheit. Wenn sich Ihre religiöse Zugehörigkeit geändert hat, denken Sie auch an die Lehren der Religion, der Sie nun angehören. Wie wird Schmerz erklärt? Gibt es einen Verantwortlichen für unglückliche Lebensumstände? Wenn ja, wer ist es? Was bedeutet Unglück? Gibt es Leitlinien, wie man damit umgeht? Wenn Sie über diese Fragen nachdenken, überlegen Sie, ob die Antworten Ihnen helfen und Ihre Erfahrung und Ihr Verständnis spiegeln.

Peggy verwandelte ihre Krankheit sofort in eine Gelegenheit für einen spirituellen Reifeprozeß um. Manchmal ist das Potential für eine spirituelle Vertiefung ganz offensichtlich – dann wieder müssen wir danach suchen.

Von der Herausforderung zur Chance

Denken Sie an ein schwieriges Erlebnis in Ihrer Vergangenheit. Wählen Sie eine Erfahrung, in der Sie das Gefühl hatten, daß Heilung eintrat. Vielleicht haben Sie eine Scheidung oder eine schwere Krankheit durchgemacht. Wie war Ihre Erfahrung? Denken Sie nach, was Sie taten. Wie haben Sie sich in der Situation gefühlt, und was haben Sie gedacht? Hat diese Erfahrung Ihr Selbstvertrauen gestärkt? Ihren Mut? Ihr Mitgefühl? Wie stand es mit Ihren inneren Ressourcen? Wenn Sie Reue darüber empfinden, wie Sie mit der Situation umgingen, nehmen Sie sich nun Zeit, um zu erklären, wie Sie mit einer ähnlichen Situation in Zukunft umgehen wollen. Denken Sie daran, daß es immer leichter ist, rückblickend alles besser zu wissen. Vergeben Sie sich selbst und anderen, sollten Sie noch Groll empfinden. Bestätigen Sie die Kraft und die spirituelle Richtung, die Sie durch diese Erfahrung hindurch leiteten. Halten Sie sich vor Augen, daß Sie Schwierigkeiten überstehen und daß diese Ihre Spiritualität vertiefen können.

Wie wollen wir in einer Welt voller Dominanz und Mißbrauch ein spirituelles Leben führen? Wie behalten wir unsere Energie und Hoffnung angesichts von Schmerz und Leid? Wie finden wir Zeit für Spiritualität in einem hektischen, vollgepackten Leben? Das sind Fragen, die nur Sie selbst beantworten können. Denken Sie daran, daß es eine lebenslange Aufgabe ist. Seien Sie sanft zu sich, aber auch klar und engagiert. Mit dieser Sanftheit werden Sie zur Partnerin für sich selbst und für Ihre spirituelle Reise.

Beim Weiterlesen werden Sie die spirituellen Bindungen in Ihrem Leben erforschen. Diese Momente der Verbundenheit können vielleicht bestehende Fragen beantworten. Bei der Weiterreise auf dem spirituellen Pfad können Sie eine Zukunft schaffen, die Sie spirituell nährt und froh macht. Sie finden immer mehr Gelegenheiten für Spiritualität im Alltag.

Loben Sie Ihre bisher geleistete Arbeit, um Ihre spirituelle Entfremdung zu heilen und spirituelle Hindernisse umzuwandeln. Für die meisten ist das der schwierigere Teil, die folgenden Texte und Übungen werden leichter sein. Doch die bisher geleistete Arbeit ebnet den Weg für eine tiefere spirituelle Verbundenheit. Loben Sie sich für Ihre Mühen und Ihre Bereitschaft.

Integration

Nehmen Sie sich einen Moment Zeit, um sich an die in diesem Kapitel geleistete Arbeit zu erinnern. Denken Sie an die Ideen, über die Sie gelesen haben. Erinnern Sie sich an die Übungen, die Sie durchgearbeitet haben.

1. Erinnern Sie sich an wichtige Ereignisse, die bei der Arbeit mit diesem Material ans Licht kamen. Tragen Sie sie auf Ihrer Lebenslinie ein (siehe Seite 54).
2. Denken Sie über die vorgestellten Ideen nach, und werfen Sie alle auf Ihren inneren Komposthaufen, die Sie nicht gebrauchen können (siehe Seite 48).
3. Überprüfen Sie, ob Sie noch etwas anderes in Ihr spirituelles Tagebuch eintragen möchten. Vielleicht wollen Sie Ihre Aufzeichnungen noch einmal durchlesen.
4. Denken Sie darüber nach, ob Sie noch mehr tun müssen und wie Sie dies tun könnten. Sie wollen vielleicht später noch einmal bestimmte Übungen durchgehen oder sie mit einer Freundin in der Therapie oder einer Selbsthilfegruppe durchsprechen.
5. Loben Sie sich für die geleistete Arbeit. Danken Sie für die Heilung und die spirituelle Erneuerung.

Teil 2
EINE NEUE SPIRITUELLE VERBUNDENHEIT

Einführung

Bei Ihrer Rückkehr in die Vergangenheit, bei den Erinnerungen an spirituelle Entfremdung und Ausgeschlossenheit sind Ihnen vermutlich Erlebnisse eingefallen, bei denen Sie sich verbunden, spirituell umsorgt und geschätzt gefühlt haben. Das sind die Erlebnisse, auf die wir uns nun konzentrieren möchten. Die Beschäftigung damit wird Ihr Bewußtsein für authentische Spiritualität schärfen. Und wenn Sie diese Momente beleuchten, stärken Sie gleichzeitig die erneute Verbundenheit mit Ihren spirituellen Fähigkeiten.

Dieser Teil der Reise ist für viele Frauen sehr erfreulich. Wenn eine Frau in Kontakt zu ihrer echten spirituellen Verbundenheit tritt, erfolgt ein heiliger Moment des Erkennens. Die Energie fließt frei und sprüht geradezu Funken. Überall tun sich neue Möglichkeiten auf. Menschen begegnen einander, und die Dinge kommen ins Rollen. Der Weg unter Ihren Füßen fühlt sich an, als würde er Sie begrüßen und ihnen helfen. Wir nehmen schöne Anblicke und angenehme Laute wahr. Wir verbringen viel Zeit in der Begegnung mit anderen. Wir werden von einem tiefen, machtvollen Fluß getragen: Wir kehren heim.

Für manche ergibt sich diese spirituelle Verbundenheit im Kontext einer Religion. Vermutlich berühren alle Religionen einen Kern spiritueller Wahrheit. Rituale verschaffen uns Zugang zu tiefen Gefühlen, indem sie an unsere Sinne appellieren: mit alter Musik, dem intensiven Duft von Weihrauch, bunten Gewändern und flackernden Kerzen. Religiöse Ereignisse erzeugen oft ein Gefühl von Verbundenheit. Dieses Gefühl knüpft oft ein starkes Band unter den Angehörigen einer religiösen Gemeinde. Wenn eine Familie jahrhundertelang die gleichen religiösen Bräuche und Rituale vollzogen hat, empfindet sie vielleicht sogar eine spirituelle Verbindung zu den Ahnen.

Für andere vollzieht sich spirituelle Verbundenheit außerhalb der organisierten Religionen: in Augenblicken tiefer Vereinigung mit Familie und Freunden, in vollständiger Harmonie mit der Erde, dem Meer, dem Himmel, in kreativen Erlebnissen, in denen wir dem Unbekannten und Ungeformten Raum geben, in Momenten tiefer innerer Erkenntnis. Manchmal wird die Erinnerung an solche Augenblicke spiritueller Verbundenheit vorübergehend vergessen. Damals spürten wir ihre Macht und Bedeutung, aber mit dem Verstreichen der Zeit nimmt diese Empfindung ab. In einigen Fällen liegt das an dem Umfeld, in dem wir die Verbundenheit empfanden. Vielleicht war mit der Erfahrung Scham verbunden, sie fand außerhalb der eigentlichen Religion statt oder deckte sich nicht mit den Lehren der Eltern. Oder uns war einfach die Intensität der damit verbundenen Gefühle peinlich. Allzuoft werden unsere Erfahrungen und Einsichten von anderen und uns selbst abgewertet und geringgeschätzt.

Verbundenheit ist die Erfahrung, in einer Beziehung zu sein. Dazu gehören eine gewisse Übereinstimmung und Affinität. Verbundenheit ist ein gutes Gefühl. Dabei wird einem innerlich warm. Der Atem geht tiefer, man spürt eine Lebenskraft im Körper. Wenn wir uns verbunden fühlen, scheint das Leben mehr Sinn und Bedeutung zu haben. Wir sind ermächtigt. Aber es handelt sich nicht um die Macht des Herrschens. Wir gehen über das Eigeninteresse hinaus und verschmelzen mit der Welt im allgemeinen.

Ein tiefes Gefühl der Verbundenheit kann man mit allem und jedem erleben. Verbundenheit kann sich als eine Öffnung für das innerste Selbst äußern, für einen anderen Menschen, die Göttin/den Gott oder das Leben selbst. Wichtig dabei scheint das Bedürfnis nach Intimität zu sein, mit der man einen anderen Menschen oder eine andere Realität erlebt. Wenn wir uns spirituell verbunden fühlen, geschieht etwas, das man kaum mit Worten beschreiben kann. Scheinbar zufällig berührt uns eine Macht, die größer und umfassender ist als wir selbst. Wir stehen in Kontakt mit unserer natürlichen spirituellen Weisheit. Wir werden größer und schöner als je zuvor.

Beim Weiterschreiten auf unserer spirituellen Reise sollten wir überlegen, welche Verbindungen wir vertiefen möchten. Welche Richtung soll unsere spirituelle Reise nehmen? Welche Pfade wollen wir erkunden? Dieser Teil des Handbuches hilft Ihnen, Bilder, Hilfsmittel und Praktiken zu entdecken und zurückzugewinnen, die für die spirituelle Reise förderlich sind.

Nelly berichtet uns von ihrer besonderen Verbindung zum Passahfest als Kind und als Erwachsene.

Eine Geschichte von Nelly

Passahfest 1958. Wir sind um den großen ovalen Tisch meiner Großmutter versammelt. Die Szene wirkt einladend und vertraut. Die Speisen werden auf dem roten Glasgeschirr serviert, das man nur am Passahfest benutzt. Ich halte mir diese Schüsseln und Teller gern vor die Augen, weil ich dann die ganze Welt in rötlichem Licht sehe. Überall umgeben mich die rituellen Passahspeisen, die alle eine symbolische Bedeutung haben. Dieses Jahr, wie alle anderen Jahre, wird mir erzählt, warum diese Speisen auf dem Tisch stehen und warum wir feiern. Aufs neue höre ich die Geschichte vom Passahfest, die Geschichte von der Befreiung der Juden aus der Sklaverei.

Ich blicke mich um und sehe neue, unvertraute Gesichter um den Tisch. Diese Menschen haben alle eine dunkle Haut. Meine Großmutter erklärt: »An den Festtagen heißen wir alle Juden an unserem

Tisch willkommen. Niemand braucht am Passahfest allein zu sein.« In meinem Leben gibt es gewöhnlich nur Menschen, die eher wie ich aussehen. Ich bin neugierig und aufgeregt, weil ich das Fest mit so unterschiedlichen Menschen begehe.

Passahfest 1984: Etwa hundert Menschen haben sich in einer großen Halle versammelt, um ein Passahfest der Frauen und Kinder zu begehen, das meine jüdischen Freundinnen und ich organisiert haben. Alle sind festlich gestimmt, während sich die Küche mit all den mitgebrachten Köstlichkeiten füllt – besonderen rituellen Speisen wie Matzen, hartgekochten Eiern und Meerrettich, aber auch Alltagsgerichten wie Hühnersuppe und Salat. Das Passahfest ist eine Frühlingsfeier und erinnert an die Befreiung des jüdischen Volkes.

Wir haben die Haggadah umgeschrieben, das Buch, das man für das Ritual am Passahfest benutzt. Wir passen das Ritual an, damit es für die versammelten Frauen mehr Sinn bekommt, die verschiedene religiöse Hintergründe haben. Als wir die traditionellen Geschichten lesen und ihnen eine neue Bedeutung verleihen, empfinde ich eine tiefe Verbundenheit mit meinen Schwestern. Die Geschichte des Passahfestes gibt dem Leid einen Sinn und schlägt einen Weg in die Freiheit vor.

Nach dem rituellen Mahl geht die Feierei erst richtig los. Ich führe die Gruppe in einen Kreis zum Tanzen. Ich fühle mich völlig beschwingt und springe und

drehe mich zu den klagenden Tönen der israelischen und jiddischen Musik.

Passahfest 1993. Auch in diesem Frühjahr begehe ich das Passahfest, wie jedes Jahr. Dieses Jahr ist es nur eine kleine Feier. Das Passahfest ist eine Gelegenheit, meine Kultur mit meiner Partnerin zu teilen, die italienischer Abstammung und katholisch erzogen ist. Wie viele Juden versuche ich meine kulturelle und religiöse Identität in einer multireligiösen und multikulturellen Beziehung beizubehalten.

Dieses Jahr ist meine zweijährige kleine Freundin der Ehrengast. Kinder spielen bei jüdischen Festen immer eine Hauptrolle. Mit zwei Jahren kann sie noch nicht die vier traditionellen Passahfragen lesen, aber sie fragt auf ihre Weise, warum dieser Tag so anders ist als sonst. Wir erzählen ihr von ihren jüdischen Wurzeln.

Mir läuft ein kalter Schauer über den Rücken, als wir aus der Haggadah lesen und den Text im heutigen Sinne interpretieren. Die Geschichte der Juden beim Verlassen Ägyptens bedeutet, daß jeder die Fesseln der Engstirnigkeit zerbrechen muß, die uns an Ignoranz und Haß binden. Ich schlage vor, daß wir alle überlegen, wie wir uns durch Engstirnigkeit gefesselt fühlen und was für eine Vision wir von der Befreiung haben. So können wir einander unterstützen und vorwärts schreiten, aus der eigenen persönlichen Versklavung heraus.

Eine Geschichte von Carol

Ich habe als Kind oft im Wald hinter unserem Haus gespielt. Das war für mich ein richtig magischer Ort. Da fühlte ich

mich immer völlig stark und konnte ganz ich selbst sein. Mit meinen Freunden baute ich Verstecke und Höhlen im

Unterholz und in den Brombeerbüschen, wo wir uns manchmal verbargen und mit den Eichhörnchen und Vögeln sprachen. Mein Lieblingsspiel hieß »Helden«. Wir stellten uns vor, daß wir von irgend jemandem bedroht wurden. Ich wußte immer, wie wir uns retten konnten, denn ich bekam eine geheime Botschaft, was man tun konnte, um sich in Sicherheit zu bringen. Meine Fluchtpläne stammten von den Tieren, »Stimmen« in den Bäumen, einer Botschaft aus den Wolken, die über uns vorbeizogen. Ich weiß nicht, ob ich damals schon von Johanna von Orléans gehört hatte, aber wenn ich heute darüber nachdenke,

erkenne ich Ähnlichkeiten: Ihr heldenhaftes Temperament und die Botschaften und Anweisungen, die sie von Stimmen erhielt. Ich war so darauf eingestimmt, daß ich überall Zeichen sah – in den Bienenschwärmen, im Vogelflug. Ich hockte oft im Apfelbaum und betrachtete die umliegende Gegend. Wenn ich die Lage gründlich studiert hatte, schoß ich los, meine Freunde hinter mir her, zu einer geheimen Höhle oder einem magischen Hain, wo uns niemand etwas anhaben konnte. Es war wunderbar, sich so eins mit der Natur zu fühlen. Alles schien irgendwie eine Bedeutung zu haben.

ÜBUNG

Der Anfang

Um einen engeren Kontakt zur eigenen Spiritualität zu gewinnen, schlagen wir die folgende Übung vor. Sie kann dabei helfen, den Übergang von Entfremdung zu Verbundenheit zu finden und kann einige angenehme Erinnerungen neu beleben.

Nehmen Sie sich ein paar Augenblicke Zeit, um sich zu erden und zu entspannen. Nutzen Sie dazu vielleicht die dritte Meditation von Seite 20. Erinnern Sie sich an eine Zeit, als Sie Ihre Spiritualität als stark empfanden. Das kann überall und unter allen möglichen Umständen gewesen sein. Vertiefen Sie sich einen Moment lang in diese Erinnerung. Spüren Sie die Energie der Verbundenheit mit sich selbst und einer Energie oder Kraft, die darüber hinausgeht. Wenn Sie bereit sind, lassen Sie sie sanft los und kehren in sich selbst zurück.

Stellen Sie sich die folgenden Fragen, und denken Sie über Ihre Reaktionen nach – jetzt, oder wenn Sie die Zeit dazu haben. Ihre Antworten geben Ihnen Hinweise auf neue Richtungen bei Ihrer spirituellen Reise.

– Welche Bedingungen ermöglichten die Verbundenheit?
– Was genau habe ich getan, als ich Verbundenheit empfand?
– Kam die Verbundenheit, an die ich mich erinnere, innerhalb oder außerhalb einer organisierten Religion zustande?
– Wie beschreibe ich das Gefühl? Ist es etwas, das ich gern öfter erleben würde?

Auf der Reise, bei der Momente spiritueller Verbundenheit »ausgegraben« und neu belebt werden, werden Sie durch Ihre eigenen Anstrengungen dabei unterstützt. Mit diesem Erinnerungsprozeß schaffen Sie die Bedingungen dafür, daß Ihre spirituelle Verbundenheit wieder aufblüht. Doch da wir alle unterschiedlich sind, öffnen wir uns auch auf verschiedene Weise unserer Spiritualität. Man kann sich die Spiritualität als einen Diamanten mit vielen Facetten vorstellen, und jede Facette spiegelt die authentische, aber einzigartige Spiritualität des Menschen. Durch die Verbundenheit mit unserer Spiritualität werden wir vollständiger zu der Frau, die wir wirklich sind. Und diese Vollständigkeit führt uns zu unendlich vielen Möglichkeiten. Auf dieser Reise wird die natürliche Schönheit der Seele gespiegelt.

Lesen Sie die Geschichten, Berichte und Übungen in Ihrem eigenen Tempo. Einige Wege zur Verbundenheit fühlen sich vielleicht vertraut an. Fangen Sie da an, wo es Ihnen am liebsten ist. Jeder Abschnitt bietet eine Chance, Ihre Spiritualität aus einer anderen Perspektive zu erkunden. Wir bieten Ihnen die Gelegenheit, sich zu fordern und eine noch tiefere Verbundenheit zu dem zu gewinnen, was für Sie bereits vertraut ist.

Die Natur erleben

Es gab eine Phase in meinem Leben, in der ich sehr unglücklich war. Oft konnte ich nachts nicht schlafen. Ich wachte noch vor dem Morgengrauen auf und ging dann mit meinen Sorgen an den See.

Ich weiß noch, wie ich reglos am Ufer stand und auf den Sonnenaufgang wartete. Die Luft war dann ganz besonders still. Kein Laut war zu hören. Und dann kam das Licht, ganz allmählich und anfangs ohne Farben. Bald darauf erschienen Streifen in Gelb und Rosa am Horizont. Die Luft begann sich zu bewegen, Muster aufs Wasser zu malen und in den Blättern zu rascheln. Ich fühlte mich, als würde ich zum Leben erwachen, als würde sich mein Herz öffnen, um den Morgen zu begrüßen. Bald schon verloren meine Probleme ihre Macht über mich.

Die Gaben der Natur

Die stille Erhabenheit der Natur, ihre beeindruckende Schönheit und ihre profunden Mysterien – wir beginnen unsere Reise zu spiritueller Verbundenheit in der Natur, denn die natürliche Welt ist für junge Mädchen ein Ort, an dem sie sich sicher, gesund und versorgt fühlen, ein Ort, an dem wir uns auch als Frauen spirituelle Nahrung und Inspiration holen können. Wie oft schon haben wir gesagt: »Wenn ich nur ein paar Tage lang hinaus in die Natur könnte!«, um allen Ablenkungen und Wirren durch künstlich geschaffene Prioritäten aus dem Weg zu gehen. Wir begeben uns in die freie Natur, weil wir einen natürlicheren Zugang zum Leben suchen, nach einem In-der-Welt-Sein, das ruhiger und konzentrierter ist, einer Methode, die uns hilft, mit uns selbst und unserer Essenz Kontakt aufzunehmen. In einer Umgebung von natürlicher Schönheit fühlen wir uns voller Wertschätzung, ja beeindruckt. Unsere Stimmung hebt sich. Es ist, als würde uns eine Macht umgeben, die stärker ist als wir selbst. Nach einer Weile in der freien Natur fühlen wir uns oft erfrischt und erholt.

Viele Frauen antworten auf die Frage nach Erlebnissen von spiritueller Verbundenheit mit Geschichten über Erkenntnisse in der Natur, Geschichten, die eng mit Mutter Erde verbunden sind. Frauen beschrieben, wie ihre Spiritualität erwachte und in ihrer Beziehung zur Natur weiterhin wächst.

Angela erinnert sich daran, wie sie in einer natürlichen Umgebung lebte, die ihr die Ruhe gab, die sie brauchte, um sich ihres spirituellen Selbst bewußt zu werden.

Als ich ein Kind war, wohnten wir nahe bei einem Fluß. Die Präsenz dieses Flusses war ein wichtiger Bestandteil meiner Spiritualität. Wenn man sich draußen in der Natur aufhält, verändert sich der Körper wie auch das Bewußtsein. Wenn ich neben dem Fluß saß, lernte ich, still zu sein. Als Erwachsene habe ich die Fähigkeit, zu schweigen und darauf zu lauschen, was wirklich ringsum vor sich geht. Wenn man eine gewisse Zeit im Freien zubringt, öffnet man sich leichter dem Mysterium des Lebens.

Viele Kinder kennen einen älteren Menschen, der ihnen hilft, in Kontakt mit ihrer Spiritualität zu gelangen. Annie lernte mit den Werten, die ihre Mutter ihr vermittelte, die Natur zu lieben und zu respektieren.

Ich verbrachte viel Zeit in einem großen Pfirsichbaum auf unserem Hof. Das war meine Zuflucht, wo ich allein sein und über das Leben nachdenken konnte. Mama zeigte mir, wie man auf den Ästen sitzen konnte, ohne sie zu verletzen. Ein Baumhaus durfte ich nicht bauen, weil sie nicht wollte, daß der Baum durch Nägel verletzt würde. Sie brachte mir die Ehrfurcht gegenüber der Natur schon in frühem Alter bei, und sie ist mir auch geblieben.

Janices Spiritualität erwachte auf langen Spaziergängen im Wald mit ihrem Großvater.

Großvater liebte die Erde. Er lehrte mich, die Heiligkeit der Natur zu achten. Man könnte sagen, daß ich die Natur anbete. Meine erste tiefgehende Verbindung zur Natur erlebte ich, als wir zusammen Pilze sammelten. Dann gingen wir ganz leise durch den Wald und suchten das, was er die kleinen Schätze der Natur nannte. Mir erschien es wie ein Wunder, daß diese erstaunlichen Dinger über Nacht einfach so aus dem Boden schossen und mitten in einem leeren Feld oder auf einem morschen Baumstamm auftauchten. Ich glaube, damals habe ich die Gaben der Natur wahrhaft erkennen gelernt. Großvater brachte mir bei, welche Pilze eßbar waren, welche man zu Heilzwecken gebrauchte und welche man einfach nur ihrer Schönheit wegen bewunderte. Pilze gibt es in so vielen verschiedenen Formen und Farben: von hellrot bis tief kastanienbraun. Je mehr ich mich mit Pilzen befaßte und ihre Namen und Eigenschaften lernte, um so mehr liebte ich sie. Diese Erfahrung hat mir tatsächlich das Herz für die Natur geöffnet.

Man hat die Natur als die Kontrollinstanz unseres Planeten bezeichnet, die uns eine Struktur bietet, ein System, auf dem unsere gesamte Existenz beruht. Die Rhythmen und Zyklen der Natur schwingen manchmal auf einer tiefen Ebene in uns mit. Man weiß schon lange, daß die Gezeiten der Meere durch die Schwerkraft des Mondes auf die Erde bewirkt werden. Aber »zieht« der Mond nicht auch uns an? Wir spüren oft, wie wir auf die Rhythmen der Natur reagieren – ob es sich um die Mondphasen handelt oder um Wetterumschwünge. Haben Sie schon einmal die Auswirkungen eines Mondwechsels in Ihrem Körper gespürt? Solche Muster können Ordnung und Sinn in unser Leben bringen.

Die Macht der Natur, Schönes zu erschaffen und zu vernichten steht weit über der Macht der Menschen. Die Destruktivität eines Hurrikans oder einer Überflutung macht viele Menschen hilflos. Bauern sind sich der lebenspendenden Kraft der Natur wohl bewußt, wenn sie Regen auf ein von Dürre bedrohtes Land bringt. Das kreative Potential der Natur läßt sich deutlich in der Regenerierung eines Waldes erkennen, der von Feuer vernichtet worden ist.

Eine persönliche Begegnung mit der Macht der Natur kann unsere Verbindung zur spirituellen Realität bekräftigen. Die Erde läßt uns aufgrund ihrer Zyklen nie vergessen, wie unvermeidlich Veränderungen sind. Das Erdbeben von 1989 in San Francisco veranlaßte Bridget, sich intensiver auf ihre spirituelle Reise zu konzentrieren.

W enn ich mich an das letzte Erdbeben erinnere, denke ich daran, daß die Erde ein lebendiges Wesen ist. Nach dieser Naturerfahrung weiß ich, daß ich mir die Zeit nehmen muß, um mir meiner inneren Gefühle zu Gott und der Erde bewußter zu werden.

Nicht jeder hat die Möglichkeit, die Natur vor der eigenen Haustür zu erleben, aber fast jeder kann ihre Mysterien kennenlernen. Wenn man zusieht, wie ein Schößling sich im Blumentopf auf der Fensterbank in eine Pflanze verwandelt, wenn man mitbekommt, wie junge Katzen geboren werden, erlebt man etwas Natürliches, das einem die Tür zur spirituellen Verbundenheit öffnen kann.

Eine Geschichte von Nelly

Ich weiß noch, wie ich, als ich klein war, stundenlang damit zubrachte, die Staubkörnchen zu beobachten, die durch die Luft wirbelten. Dieser Tanz der Staubkörnchen, die in der Sonne aufglitzerten, versetzte mich einfach in Trance. Was suchte ich nur in diesen Mustern? Es schien eine natürliche Ordnung zu herrschen. Ich sah mit meiner ganzen Aufmerksamkeit genau zu, und dann tröstete mich dieses Gefühl von Ordnung. Aber ich verspürte auch eine innere Sehnsucht. Ich wünschte mir, mein Körper könnte sich ebenso hingebungsvoll bewegen wie die Staubkörnchen. Ich wollte diese Ordnung in jeder Zelle meines Körpers spüren. Wenn ich auf die Staubwolken starrte, war ich im Einklang mit dem wilden, aber geordneten Tanz der Staubkörnchen.

Wenn ich heute an mein Erlebnis mit den Staubkörnchen denke, scheint es eine perfekte Metapher für mein Verständnis vom Spirituellen und meine Beziehung dazu. Ich glaube, das Reich der Spiritualität ist stets sichtbar, aber nur, wenn ich die Zeit und die Aufmerksamkeit aufwende hinzusehen. Mein Gott ist die kosmische Ordnung, das Muster, wie man es in der Natur findet. Meine spirituellen Praktiken bringen mich in Kontakt zu diesen Mustern. Meine tiefste Sehnsucht heißt, mich eins mit diesem kosmischen Plan zu fühlen.

Ruth wuchs in New York in einer kleinen Wohnung heran. Ihre Familie arbeitete schwer und hatte nur wenig Zeit und Geld für Ausflüge aufs Land.

Das Leben in Manhattan war hektisch und schwer. Wir mußten uns immer abstrampeln, um bloß am Leben zu bleiben.

Heute, mit 77 Jahren, erinnert sich Ruth an die prägende Kraft, die die Natur auf sie in ihrer Jugend hatte:

Ich weiß noch, als ich mit 18 nach der High School in die kanadische Wildnis zum Zelten fuhr. Wir trugen unsere Kanus von einem See zum anderen. Wir angelten in den Bächen. So etwas hatte ich noch nie probiert. Es war so aufregend. Die tiefe Stille und die gelegentlichen Laute in der Nacht – die Eulenschreie! Aber am deutlichsten erinnere ich mich an die Sterne, besonders die Kometen. Ich hatte noch nie solche Sterne gesehen. In der völligen Dunkelheit schienen sie so nah. Es gab Millionen von ihnen.

Ich stammte ja aus der Stadt und dachte immer, ich sei so gescheit, aber unter diesem riesigen Sternenhimmel wurde mir klar, wie unbedeutend und unwissend ich doch war. Es war, als hätte ich einen Meilenstein der Erkenntnis erreicht. Anschließend war ich verändert. Ich sah die Dinge mit anderen Augen.

Ich habe nie ein eigenes Zimmer gehabt, einen Ort, an den man sich zurückziehen kann. Ich hatte auch nie eigene Dinge. In der riesigen Weite der Natur wurde ich angeregt, über meine Grenzen hinauszugehen. Wenn es da draußen so viel mehr gab, als ich je gewußt hatte, dann war ich selbst vielleicht auch wichtiger.

Zoë hatte in der frühen Kindheit eine körperliche Beziehung zur Erde. Es ist ihr gelungen, ihr ganzes Leben lang eine enge Beziehung zur Natur beizubehalten, aber sie erinnert sich an eine Gefährdung dieses Verhältnisses in ihrer Kindheit.

Als ich klein war, war ich der Erde so nah wie nur möglich. Ich stieg auf Bäume und rannte barfuß herum. Ein Hemd trug ich nie, denn nackt fühlte ich mich der Erde verbundener und auf sie eingestimmt. Ich weiß noch, wie wütend ich war, als man mir mit sechs sagte, ich müsse nun ein Hemd tragen. Wenn ich ein Junge gewesen wäre, hätte ich den Rest meines Lebens ohne Hemd herumlaufen dürfen. Das hat mich furchtbar geärgert. Ich fand das einfach völlig unverständlich.

149

Zoë wuchs in einer Familie ohne religiösen Hintergrund auf und entdeckte als Jugendliche eine erdverbundene Spiritualität. Als Erwachsene fühlt sich Zoë aufgrund ihrer Arbeit immer noch in engem Kontakt zur Natur.

Ich arbeite jetzt viel mit Bäumen. Zuerst habe ich Bäume gepflanzt, und nun stutze ich sie. Als Pflanzerin verbrachte ich lange Phasen allein draußen im Wald.

Zoë lebt zwar in der Stadt, aber sie arbeitet in enger Verbindung zur Natur.

Ich beschneide die Stadtbäume. Auch wenn ich tagsüber viel herumfahre, schaue ich mir immer die Bäume an. Bäume sind meine Arbeit und meine Inspiration.

Um die Beziehung zur Natur wieder neu zu erleben und zu vertiefen, schlagen wir vor, an dem Punkt zu beginnen, an dem Sie nun stehen. Wenn man alles einfach mal langsamer gehen läßt, um genauer zu betrachten, was man eigentlich tut, ist das wohl am sichersten und gleichzeitig sehr aufschlußreich. Oft stellt man einen Kontakt wieder her, indem man bloß aufmerksam betrachtet, was besteht, und diese Erfahrung dann bestärkt. Es folgt eine angeleitete Übung, um diesen Prozeß zu unterstützen.

ÜBUNG

Wo stehe ich?

Sie fangen am besten mit der Grundmeditation 2 an: *Ich bin mein Atem* (siehe Seite 20), um sich stärker auf sich selbst zu besinnen. Wenn Sie ein paar Minuten lang Ihren Atem bewußt erlebt haben, machen Sie einen Spaziergang durch Ihr Haus. Halten Sie Ausschau nach Zeichen für Ihre Verbundenheit mit der Natur. Achten Sie auf Bilder an den Wänden, Objekte auf Regalen und Tischen. Welche Bilder oder Gegenstände sind natürlich? Empfinden Sie sie als lebendig und stark? Vielleicht möchten Sie sie umstellen oder Dinge entfernen, deren Sinn für Sie verlorenging.

Wählen Sie ein Bild oder ein Objekt aus der Natur aus, mit dem Sie Ihre Verbundenheit stärken möchten. Das könnte ein Foto sein, das Sie vielleicht besonders mögen, oder eine Muschel vom Strand. Legen Sie den Gegenstand an eine zentrale Stelle, wo Sie ihn oft sehen. Geloben Sie sich, jeden Tag ein wenig Zeit damit zuzubringen.

Sollten Sie merken, daß Ihnen die Natur im Leben fehlt, möchten Sie vielleicht ein natürliches Objekt in Ihre Wohnung bringen. Das kann alles mögliche sein, solange Sie das Gefühl haben, es spricht Sie persönlich an. Hier ein paar Vorschläge:

– ein Poster oder eine Grafik
– eine große Pflanze
– ein Stein oder Kristall
– eine Webarbeit.

Die Natur als Heilerin

»Die Natur ist meine Heilerin. Sie erfrischt mich spirituell und nährt meine Seele.«

Warum gewinnen Frauen durch die Natur einen so leichten Zugang zu ihrer spirituellen Verbundenheit? Vielleicht liegt es daran, daß die Natur heilende Eigenschaften hat. Wir werden von ihr wahrhaft bemuttert und versorgt. Wenn der Apfelbaum seine Früchte ansetzt, werden wir genährt. Wenn die Sonne jeden Morgen unseres Lebens bescheint, fühlen wir uns getröstet und schöpfen Hoffnung. Mutter Erde schützt und umsorgt uns seit Beginn aller Existenz. Frauen wenden sich an die Natur wie an eine spirituelle Freundin, die in der Stunde der Not für sie da ist.

Für Darlene ersetzt die Beziehung zur Natur die fehlende körperliche Nähe in den Familienbeziehungen ihrer Kindheit. Sie empfindet es so, als würde die Natur sie körperlich umfangen.

Ein Großteil meiner emotionalen Umsorgung entstammt der Natur. Ich lebte bei meinen Großeltern, die einer Generation angehörten, in der man keine Zuneigung zeigte. Meiner Mutter wurde geraten, daß zuviel Zuwendung mich verwöhnen würde. Ich wußte, daß sie mich liebte, aber es gab kaum körperlichen Kontakt. Nur draußen in der Natur fühlte ich mich umfangen. In den Büschen und Bäumen, die mich umgaben, spürte ich eine körperliche Präsenz, so daß ich mich in ihren Armen entspannen konnte.

Helen wuchs mit sehr vielen Schwierigkeiten auf. Ihre Familie war arm, der Vater war Alkoholiker. Sie wurde von einem Priester sexuell mißbraucht. Helen kämpft sich weiter durch in ihrem Heilungsprozeß und weiß, daß die Kraft der natürlichen Welt sie über persönliche Sorgen hinausleiten kann.

Ich erinnere mich an das Gefühl von Ehrfurcht, wenn ich als Kind die Sterne anschaute und von Blumen fasziniert war. Diese Erfahrungen haben eine Perspektive in mein Leben und meine Gefühle gebracht. Heute habe ich immer noch die Neigung, mich selbst zu ernst zu nehmen. Ich gerate leicht aus der Fassung. Wenn ich in der Natur Ehrfurcht empfinde, spielen meine persönlichen Belange keine so große Rolle mehr.

Linda wurde als Kind sexuell mißbraucht. Oft dachte sie über die Ordnung in der Natur nach und fühlte sich durch die damit verbundene Sicherheit getröstet, wenn die Menschen ihrer Umgebung nicht vertrauenswürdig und verletzend zu ihr waren. Die Welt der Natur hingegen war zuverlässig für sie da.

Wenn die ganze Welt für mich auf dem Kopf stand, schaute ich nur einen Baum an oder die Erde. Ein Baum ist in jeder Hinsicht echt, wahr und solide. Bei einem Baum kann man restlos darauf vertrauen, daß er nichts anderes ist als ein Baum. Die Zyklen der Jahreszeiten und des Mondes sind ebenfalls hundertprozentig zuverlässig, auch wenn der Rest der Welt dies nicht ist.

Denken Sie an eine Zeit, in der Sie sich bedrückt fühlten und etwas in der Natur Sie aufheiterte. Denken Sie an eine Episode, in der die Schönheit Ihrer Umgebung Sie anrührte: Das waren Momente der Heilung. Wie kurz sie auch gewesen sein mögen, sie haben Ihr Bewußtsein verändert und Ihr Wohlgefühl verstärkt.

Wenn wir unsere Sorge um die Umwelt in Taten Ausdruck verleihen, vertiefen wir unsere Verbindung zur Natur. Wenn wir uns beispielsweise um eine Pflanze kümmern, gehen wir eine enge Verbindung mit dieser Pflanze und deren heilenden Energien ein. Und indem wir sie umsorgen, umsorgt sie uns.

Sylvia hat eine sehr fürsorgliche und großzügige Beziehung zur Natur. Sie spürt auch das Bedürfnis, sie zu beschützen.

Wenn ich allein eine gewisse Zeit draußen verbringe, vertieft sich meine Spiritualität. Ich gehe jeden Tag in den Bergen spazieren, um meine Seele aufzufrischen. Ich habe gelernt, mich über die Grenzen meines Körpers hinaus der Natur zu öffnen. Dann habe ich das Gefühl, die Natur zu *sein*. Vor ein paar Jahren haben mein Partner und ich ein großes Grundstück auf dem Land gekauft. Ich finde, wir sind nun für dieses Stück Boden und alle dort lebenden Wesen verantwortlich. Ich kümmere mich um mein Land, und das Land kümmert sich um mich.

Für die Umwelt dasein

Entwickeln Sie eine Beziehung zu einer Pflanze außerhalb Ihres Hauses, indem Sie ihr besondere Zuwendung schenken. Sprechen Sie mit ihr, wenn Sie an ihr vorbeigehen. Grüßen Sie sie vom Küchenfenster aus. Vielleicht kaufen Sie ihr einen guten Dünger oder stutzen sie. Achten Sie darauf, daß sie genügend Wasser hat.

Beobachten Sie die Beziehung, die Sie mit dieser Pflanze entwickeln. Sie kümmern sich um die Pflanze. Haben Sie das Gefühl, auch etwas zurückzubekommen? Vielleicht machen Sie sich darüber Notizen in Ihrem Tagebuch.

Die heilende Kraft der Natur beruht auf unserer Fähigkeit, sie zu begreifen und uns tief mit ihr zu verbinden. Die Energien und Muster, die wir in der Natur erleben, können wir auch in uns selbst spüren. Heilen hat oft etwas damit zu tun, daß wir auf die natürlichen Zyklen und Rhythmen achten, die wir in uns selbst entdecken. Heilen heißt, zu sein, wer wir wirklich sind, in Kontakt mit unserem echten Selbst zu kommen, uns Raum zu geben und uns zu erlauben, wir selbst zu sein. Es geht auch darum, fest darauf zu vertrauen, daß wir grundsätzlich gut sind.

ÜBUNG

Mit den natürlichen Kreisläufen eins sein

Kontemplation: Versenken Sie sich geistig in den Aufgang und den Untergang der Sonne, in das Abend- und das Morgengrauen. Versenken Sie sich in die Gezeiten, Ebbe und Flut. Denken Sie an die ewig wechselnden Winde. Inwiefern ähneln Sie Ihnen? Wie steht es in diesem Augenblick um Ihre Energie? Ist sie eher mit dem Sonnenaufgang oder dem Sonnenuntergang vergleichbar? Denken Sie daran, daß Gefühle und Ereignisse kommen und gehen. Empfinden Sie, wie Sie mit den Mustern der Natur verbunden sind. Fühlen Sie die Kreisläufe Ihres Lebens.

Im folgenden finden Sie ein paar Tätigkeiten, die Ihnen helfen, sich die natürlichen Veränderungen bewußter zu machen:

1. Tragen Sie die Mondphasen in Ihren Terminkalender ein.
2. Legen Sie eine Tabelle mit Ihrem Menstruationszyklus an.
3. Beobachten Sie ihr tägliches Energiemuster, um festzustellen, ob Sie ein »Morgen-« oder ein »Abendmensch« sind.
4. Messen Sie jeden Tag vor dem Aufstehen Ihre Temperatur. Achten Sie auf Veränderungen.
5. Lassen Sie von Ihrem Appetit bestimmen, was Sie essen wollen. Wann sind Sie normalerweise hungrig?
6. Gehen Sie Ihr Tagebuch durch, und achten Sie dabei auf Ihre Stimmungen. Verfolgen Sie, wie diese kommen und gehen.

Es gibt Stellen in der Natur, die einen Schlüssel zur spirituellen Verbundenheit für uns darstellen. Ein Stück Land kann zum Beispiel eine gelassene Vertrautheit ausstrahlen oder die Elemente der natürlichen Umwelt aufweisen, in der wir aufwuchsen. Tina wurde in den Wäldern des Mittleren Westens groß, in denen ihre Familie schon seit Generationen immer wieder wandern ging.

Das Laufen durch die Wälder gehörte zu meiner Kindheit. Heute stille ich meine spirituellen Bedürfnisse, indem ich im Wald spazierengehe.

Obwohl Tina heute an der Küste lebt, hat sie sich nie ans Meer gewöhnt.

Ich habe Angst vor dem Meer. Ich habe mich nie an diese ungeheure Macht und das Wasser gewöhnen können. Mir gefallen die Berge einfach besser.

Andrea traf die bewußte Entscheidung, in die natürliche Umgebung ihrer Kindheit zurückzukehren, um sich für ihre spirituelle Reise anregen zu lassen.

Bei meinem spirituellen Weg geht es unter anderem um die Göttin und darum, zu lernen, die Erde wieder zu lieben. Meine tiefsten Erinnerungen und Bilder von der Erde stammen aus meiner Kindheit: wie das Land aussieht, die Berge, die Eichen, das irische Moos. Ich ging in das Land zurück, in dem ich aufwuchs, und dadurch geriet ich in engeren Kontakt zu meiner Spiritualität.

Eine Pilgerfahrt in das Land, in dem wir aufwuchsen, oder die Rückkehr an bestimmte Orte, die uns spirituell inspirierten oder förderten, kann die Erinnerungen verstärken und sie in unserem Bewußtsein schärfen. Ob wir tatsächlich an diese Orte zurückkehren oder nur in der Erinnerung dorthin reisen, wir können die Lektionen, die wir in der natürlichen Welt gewinnen, in unseren Alltag integrieren.

Canyon Sam, eine Schriftstellerin und Buddhismus-Schülerin, fuhr auf der Suche nach ihren kulturellen Wurzeln und einer tieferen Spiritualität nach Asien. Sie berichtet von einem inspirierenden Moment auf einer Wanderung durch das Rongbuck-Tal in Tibet, das zum Mount Everest führt. Der richtige Name dafür lautet Chomalunga, Muttergöttin der Erde.

Als ich das Tal betrat, verstummte ich. Meine Gedanken wurden leicht und klar, wie der lapisblaue Himmel über uns auf dieser kargen Hochebene. Mein Bewußtsein wurde so ruhig wie der leise pfeifende Wind, der vom Himalaja herabwehte. Mein Körper fühlte sich gebräunt, fest und verwurzelt an wie die alten, verwitterten Klippen über mir. Mein Herz war erfüllt und zufrieden wie ein Tag, an dem die Vögel glücklich singen. Die Glöckchen der Yak klingelten durch die zartlila Luft und ließen alle wissen, daß die Berge gut schlafen würden – und wir auch.

Diane Mariechild, spirituelle Lehrerin und Verfasserin des Buches »Motherwit«, machte eine Pilgerfahrt zu einem großen Wildreservat. Dort in den Wiesen begegnete sie Mutter Natur in ihrer stärksten Ausprägung. Mit diesem Öffnen der Natur gegenüber gelangte Diane über ihre Individualität hinaus zu einem Gefühl von Verbundenheit mit allem, was existiert.

Ich gehe oft in die Wälder und zum Meer, um zu meditieren, um näher bei Mutter Natur zu sein. Einmal waren meine Freundin Sharon und ich während der Paarungszeit der Hirsche unterwegs. Wir saßen stundenlang auf der Wiese und beobachteten die Tiere aus zwanzig Metern Entfernung. Es war eine Herde von fünfzig Ricken, beherrscht von einem riesigen Bock mit ausladendem Geweih. Der Paarungsruf ist sehr laut, klingt tief und hat Ähnlichkeit mit dem Wiehern eines Pferdes, ist aber urtümlicher. Als der Bock röhrte, vibrierte der Ton in mir mit einer solchen Intensität, daß ich zum Laut selbst wurde. Meine Aufmerksamkeit war völlig von dem Anblick gefesselt, weil die Energie zwischen Männchen und Weibchen so stark war. Ich war so konzentriert, daß ich alles andere vergaß. Ich war mir meines Körpers bewußt und blickte durch meine eigenen Augen, aber weder meine Augen noch mein Körper gehörten mir. Sie öffneten sich nach außen, um die gesamte Welt einzuschließen. Es war so, als säßen Sharon und ich mitten in der Herde und verschmolzen mit dem Wind, der Sonne, dem goldenen Gras und dem blauen Wasser der Bucht unter uns. Wir lagen im hohen Gras zwischen den Disteln und waren völlig eins mit allem.

Ihr Platz in der Natur

Beginnen Sie mit der Grundmeditation 1: *In den Armen von Mutter Erde* (siehe Seite 19). Wenn Sie sich in die Erde fallen lassen und sich umfangen fühlen, stellen Sie sich vor, tatsächlich an einem Ort zu liegen, wo Sie sich früher schon einmal mit der Natur verbunden gefühlt haben. Schauen Sie sich um. Benutzen Sie Ihre Sinne, um den Ort und das Gefühl des Umsorgtsein voll auszukosten. Welche Bilder tauchen auf? Welche Geräusche? Welche Gerüche? Beenden Sie Ihre Meditation mit einem Dank für dieses Erlebnis in der Natur.

Gibt es einen solchen Ort irgendwo in der Gegend, in der Sie heute wohnen? Falls nicht, ist es vielleicht möglich, eine Stelle zu suchen, die die gleichen Gefühle in Ihnen wachruft. Planen Sie, solche Orte öfter zu besuchen.

Mögliche Aktivitäten:
1. Besorgen Sie sich einen Stadtplan, und planen Sie kurze Besuche in Parks und Erholungszentren – jedes Wochenende in einem anderen.
2. Achten Sie auf Bäume und Vögel in Ihrem Viertel. Machen Sie sich mit ihnen vertraut. Lernen Sie ihre Namen.
3. Ziehen Sie in Erwägung, Ihre spirituelle Beziehung zur Natur in einer Atmosphäre zu untersuchen, die relativ unberührt von Menschenhand ist. Planen Sie z. B. einen Besuch in einem Naturschutzgebiet. Ein solches Areal bietet viele Beispiele für die Kraft und Schönheit der Natur. Planen Sie, falls möglich, einen Besuch an einem Ort, wo die Naturkräfte besonders stark ausgeprägt sind – einem Vulkan, einem Wasserfall oder einer Schlucht.

4. Falls möglich, fahren Sie dorthin, wo Sie aufgewachsen sind. Entdecken Sie das alte Gefühl wieder, in dem Sie sich als Kind mit der Natur verbunden fühlten.

Tiere werden oft zu natürlichen Gefährten und spirituellen Lehrern. Annie, die auf einem Bauernhof groß wurde, empfand immer eine starke Beziehung zu Tieren. Sie versucht, diese Verbundenheit auch in der Stadt aufrechtzuerhalten.

Ich lebe gerne in dieser Stadt. Ich liebe einfach die Tiere, mit denen ich jetzt zusammenlebe, und habe eine ganz besondere Beziehung zu ihnen. Ich glaube, ich kann mit meinen Tieren kommunizieren, und sie verstehen mich auf einer sehr tiefen Ebene. Meiner Meinung nach sind die Tiere hier, um uns zu dienen, damit wir die Dinge klarer sehen und uns selbst lieben. Sie sind Boten bedingungsloser Liebe.

Manchmal überraschen uns die Wesen der Natur mit ihrer Gegenwart und geben unserem Leben Schönheit und Inspiration. Als Kim aus der Stadt in einen Vorort zog, entschieden sie und ihr Mann sich für ein Haus mit einem großen Garten. Sie ist heute froh darüber, denn sie stellte begeistert fest, daß viele Tiere sie besuchen.

Mich beglücken besonders die Rehe. Sie kommen nach Sonnenuntergang, um hier zu schlafen und das lange Gras zu äsen. Ich bin so froh, daß sie sich auf unserem kleinen Hang so sicher fühlen. Nachts denke ich oft daran, wie die Rehe hinter unserem Haus friedlich schlafen, und dann fühle ich mich auch sicher. Morgens, wenn ich die Pflanzen gieße, finde ich ihre Spuren im Gras, ihre Schlafplätze der vergangenen Nacht. Eines frühen Morgens sah ich eine Ricke mit einem ganz kleinen Kitz. Auch als sie schon lange verschwunden waren, spürte ich das Glück ihrer Gegenwart.

Julie Wester, eine Lehrerin für Vipassana-Meditation und Buddhismus, erklärt oft, was es für sie bedeutet, »in der Welt des Geistes« zu leben. Sie spricht hier über ihre Reise zum Monterey-Aquarium, wo sie die Quallen beobachtete:

Dort sah ich diese durchsichtigen Wesen in ihrer vollen Anmut und Schönheit durchs Wasser schweben, die ich vorher nur zusammengesunken als einen kleinen Haufen am Strand erlebt hatte, wenn sie angespült worden waren. Die Anlage ist gut besucht und voller Menschen, die herumlaufen und die Fische betrachten. Doch mitten in dem Getriebe blieb ich plötzlich wie gebannt stehen und kniete mich auf eine Bank vor dem Quallenaquarium. Ich hatte das Gefühl, in einem Tempel zu sein, an einem heiligen Ort – in Gegenwart dieser erstaunlichen, einfachen Kreaturen, deren Leben aus Atmen und Schweben zu bestehen schien ... Atmen und Schweben ... Ihr Einatmen und Ausatmen ist deutlich erkennbar, weil sie vollständig ein- und dann völlig entspannt wieder ausatmen. Die Quallen sind für mich zu einer Mahnung geworden, mich auch mitten in einem Umbruch in die Schlichtheit des Lebens zu versenken, in der nichts wichtiger ist als Atmen und Schweben.

Finden Sie Ihr eigenes Naturbild

Beginnen Sie mit der Grundmeditation 2: *Ich bin mein Atem* (siehe Seite 19). Wenn Sie bereit sind, bitten Sie Ihre innere Leitfigur, Ihnen das Bild eines Objekts in der Natur oder ein Tier zu zeigen, das für Sie heilig ist. Es kann ruhig eine Weile dauern, bis sich ein Bild anbietet. Fragen Sie sich, ob Ihnen der Anblick gefällt. Wenn ja, verbringen Sie einige Zeit damit, das Bild genauer zu untersuchen. Achten Sie auf Ihre Gefühle dabei. Wenn Sie die Meditation beendet haben, denken Sie darüber nach, wie Sie Ihre Verbindung zur Natur stärken können, indem Sie dieses Objekt oder Tier in Ihr heutiges Leben einbringen.

Aktivitäten: Wenn das Objekt zum Beispiel ein Stein war, suchen Sie vielleicht nach einem ähnlichen Stein, den Sie auf Ihren Altar legen oder in die Tasche stecken können. Wenn es sich um ein Tier handelte, einen Elefanten z. B., können Sie in den Zoo gehen und einen besuchen, oder Sie suchen ein eindrucksvolles Abbild von einem Elefanten, das Sie bei sich behalten könnten.

Die Erfahrung mit den Elementen Feuer, Wasser, Luft und Erde kann eine tiefe spirituelle Verbundenheit erzeugen. Carol erzählt uns von ihrer Erkundung der Wasserelemente und von dem Gott, den sie im Wasser entdeckte.

Eine Geschichte von Carol

Als Kind war die See meine Vertraute und meine Beraterin. Ich saß oft auf einer Klippe über der Bucht und starrte mit tausend Fragen im Kopf aufs Wasser hinaus. Manchmal gab das Meer mir klugen Rat und Hilfe.

Als Erwachsene hatte ich eine distanziertere Beziehung zum Meer. Ich bin mir seiner Gefahren ebenso bewußt wie seiner Gaben. Oft scheint es wild und abweisend. Einmal bat ich am Ufer in einem Gebet um Hilfe bei einem Problem. Als ich dort in den Wellen stand, tauchte ein Stachelrochen aus den Wellen auf und verletzte mich. Ich weiß noch, wie angegriffen und verwirrt ich mich fühlte, als ich versuchte, in diesem schmerzhaften Unfall einen Sinn zu sehen.

Vor ein paar Wochen ging ich abends am Meer spazieren. Als ich auf die zurückebbenden Wasser blickte, malte das goldene Licht Muster auf die Steine.

Ich sah in einem den Körper einer Frau. Das wirkte auf mich wie ein Geschenk, eine Bestätigung meiner Verbundenheit mit dem Meer. Ich nahm den Stein mit nach Hause und legte ihn in meinen Garten.

Als ich neulich in Hawaii war, wollte ich hinaus zu einem Schwarm Delphine schwimmen, die zum Spielen in die Bucht gekommen waren. Beim Schwimmen merkte ich, daß das Meer sich sanfter und weicher anfühlte als sonst. Ich entspannte mich und spürte den Ozean um mich, fühlte, wie mein Körper durch die Wellen glitt. Das Meer wurde zu einem riesigen, mächtigen Wesen – das mich umgab, mich stützte und trug. Ich ließ alle verbliebenen Ängste fahren und schwamm mühelos zu den Delphinen.

Wenn ich die verschiedenen Energien des Meeres spüre, erlebe ich die verschiedenen Gesichter der Göttin. Sie ist für mich eine Realität, in der vermeintliche Gegensätze in Beziehung zueinander und zum Ganzen treten. Für mich umfaßt sie alles, was heilig und natürlich ist.

ÜBUNG

Die vier Elemente: Kontemplation

Denken Sie über die vier Elemente, Luft, Erde, Feuer und Wasser, nach. Visualisieren Sie: Welches Element wirkt auf Sie am interessantesten? Was sind seine Eigenschaften? Was zieht Ihr Interesse am stärksten an?

Mögliche Aktivitäten:

1. Setzen Sie sich an einem Nachmittag nach draußen, und sehen Sie zu, wie das Wetter sich verändert. Achten Sie auf Veränderungen in den Regentropfen oder im Licht der Sonne. Achten Sie auf Veränderungen in Wind und Wolken.
2. Machen Sie sich mit der Erde vertraut, über die Sie gehen. Graben Sie sie um. Schauen Sie, wie viele Steine Sie finden. Achten Sie darauf, ob Wesen darin leben. Halten Sie die Erde in der Hand, achten Sie auf ihre Beschaffenheit: Ist sie feucht oder trocken? Wie riecht sie? Denken Sie über die Vorstellung nach, daß Sie Mutter Erde in den Händen halten.
3. Setzen Sie sich still an ein Lagerfeuer oder an Ihren Kamin oder Ofen. Öffnen Sie sich der Wärme des Feuers. Lassen Sie Ihr ganzes Wesen davon durchdringen.
4. Achten Sie bei der morgendlichen Dusche darauf, wie das warme Wasser auf Ihren Körper fällt. Denken Sie darüber nach, wie es Ihre Muskeln lockert. Beim Abduschen spüren Sie die reinigende Kraft. Achten Sie darauf, wie das Wasser Ihre Müdigkeit fortspült und Sie auf einen neuen Tag vorbereitet.

Hallie Iglehart Austen ist Lehrerin für weibliche Spiritualität und Autorin von »WomanSpirit« und »The Heart of the Goddess«. Sie verbindet sich mit ihrer Spiritualität durch das, was sie die Göttin oder das heilige Weibliche nennt; ein Großteil ihrer spirituellen Erfahrung spiegelt ein gründliches Verständnis der

Natur und die Verbundenheit mit ihr. Hallie spricht darüber, daß sie die Erde als sehr bedroht empfindet und sich spirituell verpflichtet fühlt, sie zu schützen.

Mitte der siebziger Jahre begegnete ich einer hawaiianischen Kahuna-Frau. Sie gab mir einen Auftrag, den ich heute noch als bindend empfinde. Ich befolge ihn und versuche, ihn an andere weiterzugeben. Sie trug mir auf, an drei verschiedene Stellen auf der Insel zu gehen und dort zu lauschen. Einer dieser Plätze war ein riesiger Banyan-Baum vor einem Luxushotel auf Honolulu. Ich fand das Hotel und setzte mich unter den Banyan-Baum. Es war mir zwar etwas peinlich, aber ich setzte mich mit geschlossenen Augen nieder und umfaßte den Baum. Kurz darauf kam eine Gruppe von Männern vorbei. Sie lachten mich aus und machten häßliche Witze und Bemerkungen mit einem sehr bedrohlichen Unterton. Ich hörte sie ganz deutlich, obwohl ich versuchte, auf den Baum zu lauschen – und so etwas hatte ich noch nie zuvor getan. Ich fühlte mich von diesen Männern bedroht, aber ich blieb sitzen, konzentrierte mich auf den Baum und öffnete meine Sinne, um ihm zuzuhören. Die Drohungen nahm ich nur am Rand meines Bewußtseins wahr. Nach etwa einer Viertelstunde sagte einer von ihnen: »Ach, laßt sie in Ruhe, wir müssen weiter.« Ich erkannte, daß dies eine Prüfung meiner Fähigkeit war, mich auch angesichts von Ängsten zu konzentrieren, und das war eine sehr gute Erfahrung.

Jahre später stellt Hallie fest, daß ihre Verbindung zur Natur sich vertieft hat. Sie bringt heute viele Stunden damit zu, die Stimmen der Erde zu deuten, die Stimme Gaias, der Göttin, die für die Griechen die Erde verkörperte.

In der letzten Zeit habe ich von der Erde nur Hilferufe erhalten. Ich hörte sie zuerst Mitte der achtziger Jahre, als ich nach Point Reyes zog, in einen riesigen Naturschutzpark am Meer. Dort hielt ich mich oft im Freien auf und saß einfach auf der Erde. Und schließlich hörte ich zu meiner Überraschung tatsächlich eine deutliche Stimme. Es war keine Stimme von außerhalb, sondern eine, die *durch* mich ertönte. Ich hörte diese Stimme der Erde, und ich nenne sie nun die Stimme Gaias. Ich nenne diese Praktik »Gaia zuhören«. Ich hörte ihren ungeheuren Schrei, einen dringenden Hilferuf vom Meer, aus der Luft, aus der Erde. Das hat mich zutiefst angerührt. Es hat mich angeregt, meine Aufgabe, Frauen zu ermächtigen, auf die Ermächtigung von allen auszuweiten, die der Erde helfen können. Das ist eine so wichtige Sache, die wir einfach tun müssen. Nach dieser Erfahrung lauschte ich öfter auf Gaia und fragte sie, was ich tun könnte. Unter ihrer Leitung lehre und ermutige ich nun andere, ebenfalls auf die Erde zu lauschen. Es ist nicht leicht, trotz des inneren Geplappers, der Hektik unseres Alltags und trotz der eigenen Phantasien zu vernehmen, was die Erde zu sagen hat. Man muß aber wissen, daß wir alle schließlich das hören können, was wir als authentische Stimme der Erde erkennen, und für mich ist das die Stimme Gaias.

Versuchen Sie, den Einfluß der Natur auf Ihren Alltag zu erkennen. Stellen Sie fest, ob Sie eine Verbindung zu den natürlichen Elementen spüren können und wie Sie diese Verbindung erleben.

ÜBUNG

Die Natur in Ihrem Alltag

Hier ein paar Vorschläge, die Ihnen helfen können, eine engere Verbindung zur Natur und ihrer Spiritualität zu pflegen. Probieren Sie diejenigen aus, die Ihnen am interessantesten erscheinen:

Mögliche Aktivitäten:

1. Besuchen Sie einen natürlichen Ort in Ihrer Nähe – einen Fluß, einen Bach, das Meer. Dort können Sie die Grundmeditation 3 durchführen: *Zum Baum werden* (siehe Seite 19), um sich stärker für die Erfahrung Ihrer Spiritualität in der Natur zu öffnen.
2. Pflanzen Sie einen Baum, oder legen Sie einen kleinen Garten an.
3. Fragen Sie sich, was Sie für ein Tier in Ihrer Nähe tun können. Gibt es Eichhörnchen oder Vögel in Ihrer Nähe? In der Stadt leben heißt auch, daß vielleicht ein Wiesel oder ein Fuchs in Ihrer Nähe haust oder eine streunende Katze auf Ihrer Schwelle sitzt. Öffnen Sie Ihr Herz für die Möglichkeit, die Vögel und vielleicht auch anderes Getier in Ihrer Umgebung zu füttern. Achten Sie darauf, wohin Sie das führt.
4. Versuchen Sie, ein Buch zu lesen oder ein Video anzusehen, in dem es um Aspekte der Natur geht, die Sie schon immer interessiert haben.
5. Befassen Sie sich mit den Programmen von Umweltschutzgruppen. Überlegen Sie, welche Umweltthemen Sie am stärksten interessieren. Vielleicht unternehmen Sie etwas in Sachen Umwelt bzw. für den Schutz der Erde.

Die Praktiken der amerikanischen Ureinwohner beziehen oft die Natur und die Erde mit ein. Teresa ist eine Mexiko-Amerikanerin indianischer Abstammung. Zu ihrer spirituellen Reise gehören auch Praktiken, die die Indianer ihr schon als Kind beigebracht haben. Teresa schildert in ihrer Geschichte eine besondere Heilkraft der Natur. Sie war von Neu-Mexiko nach Kalifornien gezogen und fühlte sich nach dem Umzug dort nicht wohl.

Als ich nach Kalifornien gezogen war, bekam ich Heimweh, so, als würde ich einfach nicht dorthin gehören. Ich war irgendwie nicht im Gleichgewicht und fühlte mich sehr bedrückt.

Die Situation verschlechterte sich bis zur Krise, und obwohl Teresa sich normalerweise selbst helfen konnte, brauchte sie nun jemanden, der mit ihr zusammen arbeitete. An diesem Tag begegnete sie einem indianischen Paar, das ihr half, sich spirituell zu heilen. Achten Sie auf die Bedeutung von Mutter Erde in dieser Heilungsgeschichte.

Wir trafen uns am frühen Montagmorgen in dem Indianerdorf. Es war ziemlich kühl, denn es war November oder Dezember. Das Dorf ist ein wunderschöner spiritueller Ort, es ist sehr friedlich. Man braucht keinen anderen Menschen. Wenn man früh genug dorthin geht, kommen die Rehe ganz dicht heran, und man hört die Vögel durch den Nebel – Nebel herrscht dort nämlich oft. Wenn man dort hinauffährt, weiß man, daß man einen heiligen Ort erreicht, einen Ort der Gebete und des Danks.

Teresa beschreibt im folgenden ihre Heilungserfahrung in der Natur:

Wir drei setzten uns an einen der Picknicktische. Ich blickte der Frau tief in die Augen – es herrschte eine sehr intensive Anziehung – und sagte, was ich bräuchte. Ich bat um Heilung für mich und meine Familie. Die Frau schlug vor, einen Pfefferstrauch zu suchen. Ich benutze immer Salbei für meine Reinigungsrituale; die Leute hier benutzten Pfeffersträucher und Angelikawurzeln dafür.

Dann hörte ich: »Du bist schon die ganzen Jahre hier in der Bucht, hast aber die Geister der Ahnen noch nicht um Erlaubnis darum gebeten, daß du hier sein darfst.« Und ich erwiderte: »Nein, niemand hat mir davon erzählt. Ich war einsam und habe zu Gott gebetet und geweint, aber ich hatte noch nie das Gefühl, hier zu sein, ohne um Erlaubnis gebeten zu haben.« Das war ein ganz neuer Gedanke für mich. Die Frau blieb bei mir und schlug vor, eine Weile zusammen spazierenzugehen.

Unterwegs sagte sie: »Du scheinst ein ehrliches Herz zu haben. Ich habe Medizin für dich.« Das nenne ich einen von Gott gesandten Geist, eine Heilung. Wir sammelten Pfefferstrauchblätter. Es war das erste Mal, daß ich mit so etwas arbeitete. Sie sagte, es sei in Ordnung, sie zu sammeln, weil sie für einen guten Zweck gebraucht würden. Inzwischen hatte ihr Mann im Rundhaus ein Feuer angezündet. Dann betrat ich zum ersten Mal ein Rundhaus. Ich bin schon in Tipis und bei Zusammenkünften im Freien dabeigewesen, auch in Schwitzhütten, aber noch nie in einem Rundhaus. Es ist eine ganz neue Erfahrung, denn man befindet sich unter der Erde. Selbst die Schwitzhütten sind oberirdisch. Ich glaube, manchmal werden sie aus Lehm an Flußufern bei einer Weide errichtet, aber hier war das Rundhaus wirklich halb unterirdisch. Es ist wie ein Loch in der Erde, über das man Stangen legt, die man mit Tierhäuten und Planen bedeckt; anschließend folgt eine Schicht aus Lehm und Gras. Als ich das Rundhaus das erste Mal sah, hielt ich es für einen kleinen Hügel. Ich wußte nicht, daß sich darunter ein vollständiger Raum befindet, ein richtiger Versammlungsort.

Als ich eintrat, riet man mir, die vier Himmelsrichtungen zu grüßen. Meine

Begleiterin betete, ihrer Tradition folgend. Sie ist eine Pomo und Miwok-Indianerin, und ihr Mann ist ein reinblütiger Miwok. Als wir in der Kälte zum Feuer traten, hatte ich das Gefühl, daheim zu sein. Ich verstehe bis heute nicht ganz, was das genau bedeutete, aber ich weinte. Nicht, daß ich heftig schluchzte; es war einfach nur ein Tränenstrom, den ich schon monatelang zurückgehalten hatte. Ich weinte nicht um das, was mit mir oder meiner Familie geschah, ich weinte Tränen der Freude, weil ich nach Hause gekommen war. Dann sagte man mir, ich könne die Schuhe ausziehen, falls ich das wünschte (die Miwok tanzen barfuß). Ich fühlte mich so daheim, so erleichtert, daß ich sofort meine Schuhe auszog. Ich weiß noch, wie kalt sich die Erde anfühlte.

Alles wirkte sehr heilend und spirituell. Es hat mich zutiefst berührt. Bei meiner ersten Schwitzerfahrung hatte ich ein ähnliches Heilgefühl. Ich bin nämlich vor Jahren von meiner Mutter verlassen worden. Damals dachte ich, ich bräuchte keine Mutter mehr. Aber in der Schwitzhütte glaubte ich, von Mutter Erde umfangen zu werden. Ich spürte mein Bedürfnis nach Bemutterung und war dankbar, daß die Erde mir bieten konnte, was meine Mutter mir versagt hatte. In dem Rundhaus der Miwok habe ich den Zusammenhang nicht so genau gespürt – erst später, bei Gesprächen und nach vielen weiteren Besuchen im Dorf erkannte ich, was ich dort fühlte. Es war wieder eine Mutter, Mutter Erde, die mich hielt. Mein Gefühl, verlassen worden zu sein, heilte, indem ich über diese Erde ging und dies akzeptierte und erkannte. Ich fühlte mich in dem Rundhaus geheilt und wohl, weil ich auf der Erde stand, einem heiligen Ort, wo andere Menschen ihre Gebete und Gaben zurückgelassen hatten. Ich fühlte mich zu Hause. Sie beteten für mich mit den Pfefferstrauchblättern und reinigten mich. Anschließend verbrannten wir die Blätter, um unsere Gebete an den Schöpfer zu senden.

Am Schluß baten mich beide, sie zu segnen, denn sie wußten, daß für mich gebetet worden war. Anfangs dachte ich: »Aber ich bin so darnieder, so schwach, so von meinem eigenen Kern entfernt, wie könnte ich jemanden segnen?« Aber im gleichen Moment beruhigte ich mich und bat um Kraft von der Erde und vom Großen Geist, und mir kamen die rechten Worte in den Sinn. Meine Heilung war vollständig.

Teresa und Hallie reisten beide an einen heiligen Ort der Heilung und der spirituellen Einsichten. Eine Pilgerfahrt, eine Reise an einen heiligen Ort, könnte auch für Sie richtig sein. Wenn Sie mit einer Frage ringen oder eine Entscheidung treffen müssen, hilft es manchmal, an einen besonderen Ort in der Natur zu gehen. In einer natürlichen Umgebung kann man leichter mit der inneren Stimme in Kontakt treten. Sie können an einen Ort gehen, den Sie als Kind kannten, oder an eine Stelle, zu der Sie sich als Erwachsene hingezogen fühlen. Eine solche Reise muß gewöhnlich gründlich überlegt und vorbereitet werden. Oft geschieht dies am besten mit einer spirituellen Freundin oder einer Lehrerin. Egal, wohin Sie gehen, treten Sie die Reise mit offenem Herzen und bereitwillig an.

Eine spirituelle Pilgerfahrt

Mögliche Aktivitäten:

1. Vielleicht bitten Sie um einen Segen oder versuchen ein Gebet, wenn Sie den spirituellen Ort betreten.
2. Bitten Sie um Inspiration für eine bestimmte Bestätigung, die Sie benutzen können, wenn Sie zu Hause mit dem Ort und Ihrer eigenen Kraft in Kontakt treten wollen.
3. Vielleicht suchen Sie ein Objekt, das Sie als Erinnerungsstück mit nach Hause nehmen können.
4. Beim Verlassen des Ortes können Sie Ihre Dankbarkeit gegenüber der Natur und der in ihr gemachten Erfahrungen Ausdruck verleihen.
5. Geben Sie sich zu Hause genügend Zeit, um Ihrer Familie und Freundinnen von der Reise zu berichten.
6. Beschreiben Sie Ihre Gefühle und Erfahrungen in Ihrem spirituellen Tagebuch.

Vielleicht brauchen Sie nun eine kurze Pause, um Ihre Erfahrungen zu verarbeiten.

Integration

Diese Übung hilft Ihnen, die Rolle zu verdeutlichen, die die Natur in Ihrem spirituellen Leben spielt. Sie können Ihre Erfahrungen darüber eventuell aufschreiben.

– Welche Rolle hat die Natur bei meiner spirituellen Reise gespielt?
– Fühle ich mich angeregt, mehr Zeit in der Natur zu verbringen? Wenn ich meinen Lieblingsplatz in der Natur nennen müßte, welchen Ort würde ich wählen?
– Gibt es etwas, das ich unternehmen könnte, um die Natur sinnvoll in meinen Alltag zu integrieren?

Schönheit und Sinnlichkeit

Ist es nicht tröstend zu erkennen, daß Schönheit einem eine Verbindung zum spirituellen Leben bieten kann und daß man Spiritualität nicht allein durch Leiden oder Schwierigkeiten erreicht?

Wir brauchen nicht zu leiden, um Gottes Antlitz zu erkennen, sondern erleben Spiritualität auch durch das Erkennen von Schönheit in unserer Umwelt. Wenn wir uns von der Natur angezogen fühlen, dann hauptsächlich durch ihre atemberaubende Schönheit und das Glücksgefühl, das sie in uns hervorruft.

Wir erfahren die Schönheit unserer Welt mit den Sinnen. Der melodiöse Gesang eines Vogels, der Duft von einem guten Essen, das Lächeln eines Freundes, frisch gefallener Schnee: Solche Sinneserfahrungen sind angenehm. Wenn uns gefällt, was wir hören, riechen oder sehen, öffnen wir uns diesen Empfindungen und damit auch der Schönheit des Lebens. Wenn unsere Freude stark und bezwingend ist, fühlen wir uns vielleicht in eine andere Existenz versetzt und bereichert. Sobald wir bei einem Konzert schöne Klänge hören, öffnen wir uns nicht nur einer neuen Einschätzung von Musik, sondern auch den Freundinnen und Freunden, mit denen wir dieses Erlebnis teilen, dem Wetter oder was auch immer wir beim Verlassen des Konzertsaals erleben. Dieses Gefühl von Glückseligkeit kann sich sogar auf einen bärbeißigen Taxifahrer auf der Heimfahrt erstrecken. Wenn wir es eher der Schönheit als der Häßlichkeit erlauben, unser Leben zu beherrschen, erweitern wir unser Bewußtsein. Wir entwickeln ein Gefühl von Wohlbefinden und eine optimistischere Perspektive für das Leben im allgemeinen.

Allzuoft jedoch sind wir abgelenkt und versäumen es, die Schönheit unserer Umgebung und sinnlicher Erfahrungen wahrzunehmen. Morgens springen wir in solcher Eile unter die Dusche, daß wir kaum spüren, wie uns das warme Wasser streichelt oder wie glatt und angenehm die Seife über die Haut gleitet. Doch um Schönheit in unserem Leben zu erfahren, brauchen wir eigentlich nur für sie dazusein.

Versuchen Sie, jeden schönen Augenblick zu genießen. Wenn Sie das nächste Mal eine prachtvolle Blume sehen oder die warme Sonne auf der Haut spüren, nehmen Sie sich Zeit für ein Lächeln. Erlauben Sie sich auch, das Glück als Ihr angestammtes Recht zu betrachten.

Ein gesunder Säugling schätzt seine Umwelt ganz natürlich und interessiert sich für jeden Aspekt. Seine Welt ist voller Gefühle und Empfindungen. Nehmen

Sie sich einen Moment Zeit, um sich an das Gesicht eines Kindes zu erinnern, wenn ihm etwas Schönes begegnet und es vor Staunen die Augen weit aufreißt. Wie oft haben wir das erlebt und wieder vergessen, doch solche Erlebnisse waren die Grundlage für unsere Verbindung zur Welt. Solche Gefühle förderten unsere spirituelle Verbundenheit. Sie erzeugten die Liebe zum Leben. Manchmal erinnern wir uns an die Kindheitsmomente der Ehrfurcht und des Staunens und erkennen unsere Fähigkeit, Freude zu empfinden und Schönheit im Alltag zu erkennen. Wir erleben Schönheit durch unsere fünf Sinne – sie sind die Türen, durch die Schönheit eintritt.

Geruch und Geschmack

Manche Menschen halten den Geruchs- und Geschmackssinn zwar nicht für den wichtigsten, aber er beeinflußt unser Leben stark. Können Sie sich an den Geruch in dem Haus erinnern, in dem Sie aufwuchsen? An den Duft eines besonderen Gerichts, das Ihre Mutter für die Familie kochte?

Diese beiden Sinne bergen vielleicht den Schlüssel zu angenehmen Erinnerungen und Erfahrungen, die ein Gefühl von Ganzheit und Verbundenheit erzeugen. Debbie wuchs auf Long Island auf, etwa eine Meile vom Strand entfernt, und nach der Schule fuhr sie oft mit dem Fahrrad ans Meer. Sie erinnert sich daran:

Nach der Schule fuhr ich oft hinab zum Strand, um mich zu erholen. Wenn ich oben auf dem Hügel ankam, konnte ich ganz plötzlich das Meer riechen. Der Geruch an der Ostküste hat für mich etwas ganz Besonderes – irgendwie ist das der Inbegriff des Meeres. Ich roch die Muscheln und den Schlamm, aus dem man sie ausgräbt, die Fische im Wasser, den Tang, der an der Oberfläche treibt. All das war in einem Atemzug enthalten, wenn ich oben auf dem Hügel Luft holte. Wenn ich mir heute manchmal einen Nachmittag von der Arbeit freinehme, fahre ich oft automatisch zur Küste. Schon vor der letzten Kurve vor dem Strand rieche ich das Meer. Sobald ich die salzige Luft schmecke, entspannt sich mein Körper. Meine Gedanken werden ruhiger. Mein Bewußtsein verändert sich, und ich bin wieder ich selbst.

Religiöse Festtage bieten eine ausgezeichnete Gelegenheit, die sinnlichen Aspekte unserer Spiritualität zu genießen. Als Kinder erlebten viele Frauen eine schlichte, sinnliche Freude über die Bilder und Düfte, den Geschmack und die Musik religiöser Festtage. Diesen Erinnerungen kann man nachspüren, sie neu erleben und in die »erwachsene« Spiritualität integrieren. Zu Bridgets spiritueller Vergangenheit gehörten viele religiöse Praktiken voller Sinnlichkeit: an ungewöhnlichen Andachtsorten, in bunter Farbenpracht und mit eindrucksvollen spirituellen Bildern. Sie erinnert sich an die Kirche ihrer Kindheit in Ecuador:

Wir besuchten immer die Hauptkathedrale der Stadt, in die alle gingen, auch die Einheimischen. Ich ging sehr gern dorthin. Ich habe ganz lebhafte Erinnerungen an diese Kirche an Allerseelen, mit all den braunhäutigen Menschen mit Kerzen und Weihrauch. Die Eingeborenen sprachen während der gesamten Messe laut mit Gott und den Heiligen. Sie brachten auch Gaben mit in die Kirche, Früchte und sogar lebendige Tauben.

Bridget läßt sich auch gern von der ungeheuren Vielfalt von Aromen und Farben beeinflussen. Auf den Markt zu gehen war für sie eine sinnliche Erfahrung, die ihre Spiritualität stark vertiefte.

Meine Großmutter brachte Stunden damit zu, aus den Bergen von Gemüsen und Früchten in allen Reifestadien etwas auszusuchen. Als Kind war ich immer der Erde näher, wo Gemüse und Früchte zertreten und zerquetscht herumlagen. Da meine Nase dichter am Boden war, wurden alle meine Sinne vom Geruch der faulenden Früchte durchdrungen. In der Fleischabteilung hingen die Tiere unzerteilt, und in ihren Augen war noch der Ausdruck ihres Todes eingefangen. Ich schmeckte Blut in der Luft. Wir beendeten unseren Einkauf immer in der Blumenecke, wo wir vom Duft von Tausenden von Blumen wieder reingewaschen wurden. Für mich war der Markt das spirituelle Erlebnis von Leben schlechthin, von Fäulnis und Tod.

Bridget arbeitet heute in einer Klinik für seelisch Kranke. Sie bringt die Sinnlichkeit ihrer religiösen Vergangenheit oft in ihre Arbeit ein.

Ich habe die Jungfrau Maria an einer Wand in meinem Büro. Meine Heiligenbilder hängen auch dort. Ab und zu spiele ich Indianermusik und segne das Büro. Dann fühle ich mich sehr wohl.

Schönheit schätzen lernen

Gerüche: Gehen Sie in einen Laden für Räucherstäbchen und ätherische Öle. Probieren Sie verschiedene Öle aus. Riechen Sie an den Räucherstäbchen durch das Einwickelpapier hindurch. Identifizieren Sie den Geruch, der Ihnen am liebsten ist, von dem Sie sich am stärksten angezogen fühlen. Bringen Sie ihn heim, und brennen Sie die Räucherstäbchen in einer Zeremonie ab. Setzen Sie sich still daneben, und achten Sie darauf, ob der Duft Einfluß auf Ihre Gedanken hat; reiben Sie ein wenig Öl in Ihre Haut, und achten Sie darauf, ob der Duft im Laufe des Tages eine Wirkung auf Sie hat.

Geschmack: Nehmen Sie sich einen Moment Zeit, um an Speisen zu denken, die Sie bei einer Zeremonie gegessen haben. Hier ein paar Vorschläge, von denen vielleicht einige zutreffen:

- Gemüse aus dem eigenen Garten
- ein besonderer Wein für eine besondere Gelegenheit
- ein Spanferkel
- ein heißer Kakao an einem kalten Wintertag
- Mutters Spezialgericht an einem Festtag
- geröstete Kastanien
- eine Hochzeitstorte
- eine Weihnachtsgans

Hat der Geschmack dieser Speisen das Gefühl der spirituellen Verbundenheit für Sie verstärkt? Hat der Geschmack einer bestimmten Speise jemals zu Ihrem Wohlgefühl oder Ihrer spirituellen Verbundenheit beigetragen?

Angeleitete Phantasie: Erinnerung an Schönheit: Schließen Sie die Augen, und lassen Sie Ihre Gedanken zurück zu einem Anlaß treiben, bei dem Sie durch eine spirituelle Erfahrung besonders angerührt wurden.

Denken Sie über diesen Moment nach. Empfinden Sie Ehrfurcht oder Staunen? Was ist an dieser Erfahrung am fesselndsten? Achten Sie auf die Schönheit, berühren Sie eventuell Objekte in Gedanken. Nun achten Sie auf Laute, Geruch und Geschmack. Wenn Sie das Gefühl haben, dieses Erlebnis voll ausgekostet zu haben, wenden Sie Ihr Bewußtsein wieder dem Atem zu. Wenn Sie bereit sind, öffnen Sie die Augen, und beantworten Sie die folgenden Fragen. Vielleicht schreiben Sie Ihre Reaktionen in Ihr Tagebuch.

1. Kreisen Sie den Sinneseindruck ein, der sich am besten mit Ihrer Erfahrung verbinden läßt:

   SEHEN RIECHEN HÖREN SCHMECKEN BERÜHREN

   Kreuzen Sie auch den Sinn an, den Sie bei der Erfahrung Ihrer Spiritualität einsetzen.
2. Gab es Objekte und Bilder, denen Sie sich verbunden fühlten? Welche? Was gefiel Ihnen daran?
3. Wie war das allgemeine Grundgefühl dieser Erfahrung: friedlich, aufregend, glücklich, anregend? Wie würden Sie es beschreiben? Beginnen Sie mit den Worten: »Ich fühlte mich ...«

Anblicke

Wenn die Welt wahrhaft schön erscheint, weiß ich, daß ich sie durch die Augen der Göttin sehe. In diesem Augenblick reift der Teil, der ihr gehört, in mir ein wenig.

Bibliothekarin, 63 Jahre

Die Suche nach Schönheit kann einen Weg zu einem erweiterten Bewußtsein darstellen, besonders, wenn man selbst etwas erschafft. Wir erleben Schönheit, indem wir uns auf sie einstimmen und bringen unseren Eindruck von dem Erlebnis mit zurück in die Welt.

Die Anziehungskraft von Farben und Formen regte Tina an, Steinskulpturen zu schaffen. Die Schönheit der verschiedenen Farben und Formen von Steinen führen sie zu einer tieferen Ebene ihres Selbst. Sie gibt sich dem Drang hin, sie zu berühren und zu ordnen und gewinnt daraus tiefe Freude und Befriedigung. Das Erschaffen von Schönheit belebt ihre Sinne. Sie tritt mit einem spirituellen Teil in sich in Kontakt, der ihr Einsichten und Selbstachtung vermittelt.

Ich mache nun etwas Neues mit Steinen, die mir meine Freunde oft zum Geburtstag schenken. Ich bewahre sie alle in einer großen Glasschüssel in Wasser auf. Das Wasser bringt die Farben besser zur Geltung und läßt die Einzelheiten gut erkennen.

Ich habe noch eine andere sehr schöne flache Schale, die mit Sand gefüllt ist. Dort arbeite ich an meinen Skulpturen. Wenn ich eine Weile in die Schüssel mit den Steinen geblickt habe, nehme ich ein paar aus dem Wasser und lege sie in die Sandschüssel. Ich suche die Steine nach ihren Farben und Formen aus und danach, ob ich mich von ihnen angezogen fühle, danach, von wem ich sie bekommen habe usw. Heute fühlte ich mich stark von der tiefroten Farbe in einigen Steinen angezogen. An einem anderen Tag fesselt etwas anderes meinen Blick. Die Steine werfen für mich Fragen auf – es ist wie eine kleine Meditation, die ich eine Weile verfolge, bis ich bereit bin zu etwas anderem. Jedesmal, wenn ich mit den Steinen spiele, überrascht mich ihre unmittelbare Wirkung. Als Kind ist mir nie beigebracht worden, wie leicht man Freude und Befriedigung erreichen kann.

Für Helene waren religiöse Festtage immer eine Zeit der Schönheit und der sinnlichen Erfahrung. Sie gibt sich gern der sinnlichen Freude der Lichterpracht zur Weihnachtszeit hin.

Ich erinnere mich an all die Lichter zu Weihnachten und wie sie mich schon als kleines Mädchen faszinierten. Wenn es bei uns zu Hause richtig hektisch wurde, legte ich mich unter den Weihnachtsbaum, blickte hinauf in die Kerzen und sah, wie sich die Flammen in den Kugeln spiegelten und alles funkelte. Manchmal lag ich lange so, in einer ganz eigenen Welt aus Schönheit und Licht …

Später konnte Helene ihre visuellen Vorlieben nutzen, um sich mehr am Leben zu erfreuen.

Als ich älter wurde, habe ich gern die Sonnenstrahlen betrachtet, wenn sie schräg durch die Äste fielen, oder habe beobachtet, wie sich die Sonne glänzend im Colorado spiegelte. Dann fühlte ich mich friedlich und glücklich. Ich fühle mich oft von Licht stark beeinflußt und achte auch immer darauf, wie Licht sich auf meine Umgebung auswirkt. Es ist für mich eine Quelle spiritueller Inspiration.

Menschen, die von spirituellen Gefühlen bewegt werden, nutzen manchmal Bilder und Objekte, um ihre religiöse Erfahrung auszudrücken. Bridget wird von ihrer visuellen Erinnerung an die religiösen Zeremonien in Ecuador angeregt.

Es gab vielfältige Traditionen, und es war viel zu sehen und zu erleben. An eine bestimmte Sache erinnere ich mich besonders, weil sie mir besonders gefiel. Am Palmsonntag, dem Festtag vor Ostern, sah ich einmal, wie die Leute Palmwedel zu Körben, Vögeln und allen möglichen Gebilden flochten.

Annie erinnert sich an die spirituelle Verbundenheit, die sie in Hawaii beim Anblick religiöser Gemälde empfand.

In South Kona gibt es eine kleine Kirche, die man die »Malerkirche« nennt, denn der gesamte Innenraum der Kirche ist mit wunderbaren religiösen Themen und Geschichten bemalt. Wenn ich diese Bilder betrachte, empfinde ich die Freude und Ehrfurcht der Menschen, die dort beteten. Beim Gottesdienst merke ich, wie die Bilder mir helfen, mich diesen Eigenschaften in mir selbst zu öffnen.

ÜBUNG

Schönheit sehen

Diese Übung zielt darauf ab, Ihre Wahrnehmung für Schönheit in Ihrer Umgebung zu schärfen, um durch schöne Anblicke mehr Freude zu erleben.

Wählen Sie ein Bild aus, das Sie besonders schön finden. Setzen Sie sich davor, und verbannen Sie alle oberflächlichen Gedanken. Öffnen Sie sich der Schönheit des Bildes, seinen Farben und Formen. Achten Sie auf Einzelheiten, die es besonders schön machen. Lassen Sie Ihr Herz von einem Gefühl der Wertschätzung durchdringen.

Berührung

Wenn es ein spirituelles Konzept gibt, das seit meiner Zeit in der presbyterianischen Kirche in meiner Erinnerung geblieben ist, dann die Vorstellung, daß unser Körper ein Tempel Gottes ist.

Kirsten, Hausfrau, 27 Jahre

Sinnliche Erfahrungen bilden die Grundlage für zahlreiche spirituelle Praktiken. Der Körper dient als das Medium, durch das spirituelle Verbundenheit entsteht. Bewegungen, Tanz, Musik und Rhythmen evozieren eine Energie, die zur religiösen Praxis genutzt werden kann. Manche Frauen sprechen davon, daß sie »mit dem Geist gehen« oder »mit Gott durch himmlische Musik verschmelzen«.

Alice erkennt die Bedeutung von Tanz und Bewegung in ihrem Leben und die Rolle, die Sinnlichkeit in den spirituellen Feiern ihrer Kultur spielt.

Ein Freund von mir, ein Priester, zeigte mir einen Film, den er in Afrika gedreht hatte. Darin führen Frauen ihre rituellen Tänze vor. Als ich den Film sah, fand ich, daß manche Rhythmen und Körperbewegungen Ähnlichkeit mit dem hatten, was ich tue, wenn ich tanze oder mich bewege oder wenn ich in der Kirche bin. Ich erzählte ihm, daß ich den gleichen Gott oder den gleichen Geist erkannte. Ich spürte ihn aus dem fernen Afrika, einem anderen Land, zu einer anderen Zeit, aber es waren der gleiche Rhythmus und die gleichen Bewegungen – die gleiche Spiritualität, die gleiche Verbundenheit, die man tief im Körper erkennt. Ich empfinde das auch heute, wenn ich tanze.

Ronnie lernte Taekwondo zunächst, um sich zu verteidigen, nachdem sie auf der Straße ausgeraubt worden war. Doch mit dem kontinuierlichen Training der Bewegungen und der Disziplin entwickelte es sich zu einer spirituellen Praktik, die ihr schließlich das Leben rettete.

Ich weiß noch, als ich zum ersten Mal die Bewegungen übte. Ich spürte eine mächtige Energie, wie ich sie noch nie zuvor erlebt hatte. Je mehr ich trainierte, um so deutlicher wurde das, und dann merkte ich, daß ich keine Angst mehr hatte. Bald brauchte ich nur zu trainieren, um mich besser zu fühlen und meine Einstellung zum Leben ins Gleichgewicht zu bringen. Wenn ich mit mir selbst und meinen Übungen im reinen bin, kann mich nichts bremsen. Ich trete und wirbele nur so herum … Das ist völlig zeitlos, denn ich bin ganz allein mit mir selbst und meiner Energie. Seit ich damit angefangen habe, bin ich wieder überfallen worden, aber es war das gleiche Gefühl: Ich bewegte mich in einer Spirale der Energie, und mein Bewußtsein konzentrierte sich ausschließlich auf meine Bewegungen. Ich glaube, so habe ich das überlebt.

Empfindungen

Diese Meditationsübung hilft Ihnen, in engeren, bewußteren Kontakt zu Ihrem Körper zu gelangen. Man kann sie ganz einfach ausprobieren, wenn man am Schreibtisch sitzt oder irgendwo Schlange steht. Sie kann helfen, sich auf sich selbst zu besinnen, wenn man sich unkonzentriert oder verwirrt fühlt. Ihre langfristigen Wirkungen sind gedankliche Klarheit und die Fähigkeit, sich ganz dem Augenblick hingeben zu können.

Schließen Sie die Augen, und achten Sie auf Ihren Atem. Richten Sie Ihr Bewußtsein auf das Heben und Senken Ihrer Brust. Nach ein paar Minuten fokussieren Sie Ihre Aufmerksamkeit auf Ihre Füße: Spüren Sie, wie sie den Boden berühren. Dann richten Sie, bei den Füßen beginnend, langsam Ihre Aufmerksamkeit den Körper aufwärts bis zum Kopf. Achten Sie dabei auf alle Empfindungen. Es gibt vermutlich Körperbereiche, wo Sie nur wenig oder kein Gefühl spüren. Das ist ganz normal. Vielleicht wollen Sie dort länger verharren. (Wenn das zu schwierig erscheint, können Sie sich auf einen bestimmten Körperteil konzentrieren, wo Sie Empfindungen spüren, etwa die Schultern oder den Hals.)

Ob wir etwas mit den Lippen berühren, mit den Fingerspitzen oder den Fußsohlen, sensorische Erfahrungen schicken ständig angenehme Botschaften oder auch Schmerzsignale ans Gehirn. Manche Empfindungen sind bloß angenehm, andere grenzen an Ekstase. Darlene ist Priesterin. Sie hat die Stimme Gottes in sich erfahren. Beim Predigen spürt sie die Präsenz Gottes im ganzen Körper:

Als ich klein war, sind wir immer mit einem Tamburin durch die Kirche marschiert. Dabei fühlte ich mich ungeheuer gut. Ich weiß noch, wie ein paar Freundinnen meiner Mutter vorwarfen, bloß auf solcherlei »Kitzel« aus zu sein, weil sie durch die Religion so richtig sinnlich erregt wurde. Sie meinten, sie setze sich bloß für die Religion ein, um so etwas zu erleben, aber ich bin zu der Erkenntnis gelangt, daß jene Erfahrungen und Gefühle ihre Art waren, mit Gott zu kommunizieren.

Wenn Frauen früher in die Kirche gingen, waren sie ganz heiß darauf, weil sie dort richtig loslegen konnten. Das habe ich ihnen abgeguckt. Als ich Predigerin wurde, begann ich mich zu entfalten. Das war meine Chance, in der Kirche das Wort zu ergreifen. Ich merkte, wie gerne ich redete. Das ist für mich eine ganz starke, spirituelle Erfahrung, weil ich die Präsenz Gottes im Körper spüre und das Gefühl habe, daß etwas Höheres mit mir geschieht.

Wenn wir ganz eng mit dem eigenen Körper und seinen Bewegungen verbunden sind, geraten wir manchmal unerwartet in andere Bewußtseinszustände. Carol teilt uns ihre Geschichte von einer unerwarteten Begegnung mit der Göttin in Bewegung und Tanz mit:

Eine Geschichte von Carol

Gegen Ende meiner Zeit in Puerto Rico nahm ich an einem Tanztraining teil, in dem ich glaubte, über die Grenzen hinausgehen zu können, die ich mir in meiner spirituellen Erkundung oft selbst setzte. Ich erreichte eine Hingabe an den Geist, die tiefer ging als alles vorherige. Die Sitzung wurde von einer erfahrenen Lehrerin geleitet, der ich vertraute, die Tanz als einen Weg zu Göttlichkeit und ekstatischen Erfahrungen lehrte. Nach einer kurzen Demonstration der Lehrerin begann das Trommeln. Sie tanzte mit uns und regte jede einzeln an, aktiv teilzunehmen. Als ich auf die Tanzfläche wirbelte, fühlte sich mein Körper sofort leicht und sehr geschmeidig an. Die anderen waren mir zwar bewußt, aber ich nahm sie nicht als Individuen wahr. Sie waren einfach Elemente des Tanzes, wie Partikel eines Atoms, das sich in Zeit und Raum zu einem göttlichen Rhythmus bewegt. Ich tanzte nicht – jemand anderer tanzte mich, in mir drinnen. Jemand gab mir die Zeichen, wenn ich mich drehen und wie ich mich bewegen sollte.

Es war wunderbar, sich so gehen zu lassen, das göttliche Muster im Tanz zu spüren und zu wissen, daß ich dazugehörte. Ich spürte die Freude, angekommen zu sein, das gefunden zu haben, was ich gesucht hatte. Ich tanzte mit »der Herrin«. Und während sie in mir tanzte, wurde ich zu ihr. Ich fühlte mich körperlich verändert, stärker und anmutiger. Ich spürte eine Freude, wie ich sie noch nie empfunden hatte.

Ich weiß nicht mehr, wie lange es dauerte, aber es schien eine Ewigkeit. Und als es vorbei war, war ich immer noch freudig erregt. Ich war naßgeschwitzt, das Hemd klebte mir am Körper. Mein Haar hing mir feucht und kraus in die Stirn. Seitdem habe ich erfahren, daß es eine ausgeprägte Tradition von heiligen Tänzen für Frauen gibt, Wege zur Göttin, um deren Freude und Ekstase zu feiern.

Sinnlichkeit erfahren

Genau wie diese Frauen möchten Sie vielleicht ebenfalls Ihre Beziehung zum Körper vertiefen, indem Sie sein Potential als Instrument für spirituelle Erfahrungen erkunden. Hier ein paar Übungen, die diese Verbindung stärken helfen:

Freies Schreiben: Mit freiem Schreiben können Sie erleben, wie Sie sich zu Ihrem Körper und seiner Sinnlichkeit verhalten. Versuchen Sie, die folgenden Fragen zu beantworten: Welche Aktivitäten stärken meine Sinnlichkeit? Betrachte ich mich als sinnlich? Warum oder warum nicht? Lassen Sie Ihre Gedanken und Gefühle über Ihre Sinnlichkeit frei fließen.

Sinnliche Aktivitäten: Um Ihnen zu helfen, enger mit Ihrem Körper, seinen Empfindungen und Ihrer Sinnlichkeit überhaupt in Kontakt zu treten, probieren Sie einen der folgenden Vorschläge aus, der Ihnen gefällt. Vielleicht möchten Sie eine Aktivität aus der Vergangenheit neu beleben oder mit etwas Neuem experimentieren:

1. Sauna: Setzen Sie sich so lange in eine Sauna, wie es Ihnen angenehm ist, und stürzen Sie sich anschließend in ein kaltes Tauchbecken, unter eine kalte Dusche oder auch in den Schnee.
2. Fangen Sie an, Sport zu treiben.
3. Gehen Sie zu einem Fitneßtest.
4. Gehen Sie öfter tanzen, besuchen Sie eine Tanzschule.
5. Besuchen Sie eine Naturheilkundlerin, eine Homöopathin oder eine chinesische Heilkundige. Diese Heilpraktikerinnen wenden sogenannte Energiemedizin an. Sie können Ihnen helfen, sich der Energiemuster in Ihrem Körper bewußt zu werden.
6. Ändern Sie Ihre Eßgewohnheiten.
7. Besinnen Sie sich auf Ihre Lieblingssportart oder -übungen, und betreiben Sie sie öfter.
8. Gönnen Sie sich eine Ganzkörpermassage. Achten Sie dabei auf die einzelnen Körpergefühle.
9. Gehen Sie im Regen ohne Schirm spazieren.
10. Schlafen Sie unter einer Seidendecke oder in einem Seidenpyjama.
11. Gehen Sie an einem warmen Sommerabend nackt ins Freie.
12. Gehen Sie nackt baden.

Kontemplation: Besinnen Sie sich auf die folgenden Gedanken. Denken Sie über jeden ein paar Minuten lang nach, und schreiben Sie anschließend frei über die Bilder und Gedanken, die dies in Ihnen auslöst.

Mein Körper ist ein Tempel der Götter.

Mein Körper ist die Heimat eines göttlichen Geistes.

Durch unsere Sinnlichkeit erleben wir auch die Macht der Begierde. Wir begehren das, was für uns angenehm ist. Vielleicht erinnern Sie sich daran, sich einmal in ein schönes Gesicht verliebt zu haben, oder daran, wie Sie ein schönes, aber teures Kunstobjekt besitzen wollten oder Tausende von Meilen an einen Ort natürlicher Schönheit gereist sind. Das sind alles Versuche, der Schönheit näher zu kommen. Wir sehnen uns danach, etwas zu berühren, zu halten und sogar zu besitzen.

Ich habe eine Menge spirituelle Wege ausprobiert, bin aber schließlich zu folgender Erkenntnis gelangt: Falls ich Gott jemals kennenlerne, dann will ich, daß er so ist wie ein Geliebter.

Leandra, Masseurin, 32 Jahre

173

Diane versteht Lust und Sinnlichkeit als spirituelle Energie, als einen Weg zum Göttlichen. In der folgenden Geschichte verwandelte sie ihren Wunsch zu lieben in eine Erfahrung mit spirituellen Aspekten:

Als ich mich vor den Altar setzte, erfüllte die Energie der Lust meinen Körper. Ich begann stumm das Padmasambhava-Mantra aufzusagen. Sogleich erschien vor und über mir in der Luft Padmasambhava auf einer Lotusblüte mit seiner Gefährtin. Diese Erfahrung war gleichzeitig visuell und kinästhetisch. Ich wußte, ich war seine Gefährtin. Das Gefühl war genau wie intensive sexuelle Energie, so, wie ich sie immer erlebt habe. Ich empfand die Freude unserer Vereinigung, die sich, von meinen Genitalien ausgehend, im ganzen Körper ausbreitete. Padmasambhava erhob sich und richtete sich zu voller Größe auf. Ich blieb zwar sitzen, aber es fühlte sich an, als würden meine Zellen vibrieren und mein Körper funkeln. Ich erlebte ein ungeheuer starkes Glücksgefühl. Wortlos erkannte ich, daß dieses Erlebnis die folgende Bedeutung hatte: Uns stehen ungeheure Schätze an Glückseligkeit zur Verfügung. Wir brauchen keinen körperlichen Partner, um es zu erleben. Das überwältigende Gefühl stammt daher, alle Bindungen fahrenzulassen. Das Herz muß ganz weit geöffnet und empfindsam sein. Die köstlichen Gefühle dauerten an, und ich wollte Tara sehen. Sogleich erschien die 21jährige Tara in der Luft vor mir. Ich konnte mich nicht von ihnen getrennt betrachten. Wieder war das Erlebnis gleichzeitig visuell und kinästhetisch. Wir tanzten und liebten uns im Himmel. Die Glückseligkeit weitete sich zu einem Gefühl großen Friedens aus, das vier Tage lang ungebrochen andauerte. In meinen Gedanken gab es keinerlei Spannungen. Es gab weder das Verlangen nach Sex noch irgend etwas anderes.

Musik

Die Welt der Musik wird schon lange genutzt, um Götter zu ehren. Es gibt in den meisten Religionen eine umfangreiche musikalische Tradition, von den Trommeln Afrikas bis zur Harfe und den Flöten im frühen Europa. Kirchenglocken läuten über alle Berge Frankreichs für Maria, die Mutter Gottes. Die Gongschläge in buddhistischen Tempeln rufen die Menschen zur Meditation. Es sind die Töne eines spirituellen Rufs, eine Mahnung, mit allem aufzuhören, was man tut, und wieder Verbindung mit dem Spirituellen aufzunehmen. Es gibt Lobeshymnen und Gesänge an das Göttliche, Lieder der Inspiration und der spirituellen Erleuchtung.

Auf manche Menschen haben bestimmte Töne oder Musikstücke eine heilende Wirkung. Wir spüren, wie sich in uns Energie bewegt und daß wir dadurch irgendwie anders, klarer und gesunder werden. Manche Laute richten sich besonders an die Sinne, erheben unseren Geist und lösen eine bestimmte Stimmung aus. Singen ist nur ein Beispiel für eine musikalische Praxis, die besondere spirituelle Gefühle und Einsichten bewirken soll. Die meisten Menschen haben, wenn auch nur minimal, Zugang zu einer musikalischen Tradition. Spirituelle Musik bleibt in uns verhaftet, denn sie dringt uns ins Herz. Wenn wir an religiöse Erfahrungen zurückdenken, stellen wir möglicherweise fest, daß wir emotional auf bestimmte Lieder oder Hymnen reagiert haben. Christliche Hymnen, jüdische Lieder und buddhistische Gesänge sind besonders gut geeignet, spirituelle Gefühle zu erzeugen.

ÜBUNG

Hören

Fragen Sie sich: Welche Töne sind mir angenehm? Tragen diese Töne zu einem Gefühl der spirituellen Verbundenheit bei? Sind es Laute, die mich entspannen? Die mich zum Lächeln bringen? Es folgt eine Liste von Musikarten und Lauten, die für manche Frauen eine Brücke zur Spiritualität bilden. Prüfen Sie, ob das auch auf Sie zutrifft.
– Spirituelle Musik
– Popmusik
– Glockentöne
– Kinderlachen
– Ein Nebelhorn
– Vogelgesang
– Die Stimme einer Freundin oder eines Freundes am Telefon
– Donner
– Wolfsheulen
– Trommeln
Suchen Sie sich ein Element der Liste aus, das Ihnen besonders gefällt. Lauschen Sie seinen Klängen und Geräuschen.

Randy hatte als Kind eine intensive spirituelle Beziehung zur Musik des Kirchenchors. Sie beschreibt, wie die Musik und die Lieder sie in eine höhere spirituelle Dimension versetzten.

Ich hatte in der Kirche oft transzendente Erfahrungen. Einmal sang der Chor, und es klang wie Engelsstimmen. Da sah ich Lichter und spürte ein intensives Gefühl in mir, wie Entzücken, Liebe und Licht. Das ist einmal geschehen, als ich 13 war, und es hatte vermutlich mit hormonellen Veränderungen zu tun und damit, daß ich stundenlang nichts gegessen hatte – aber das taten die Heiligen natürlich auch, um so etwas zu erleben. Zu anderen Zeiten schien es keine biologischen Ursachen zu haben. Ich erlebte ein profundes Gefühl von spiritueller Verbundenheit.

Camille entwickelte durch ihre Verbundenheit mit akustischen und sinnlichen Erfahrungen eine tiefe Wertschätzung für christliche Rituale und Traditionen. Sie hat sich zwar von ihrem christlichen Hintergrund entfernt, aber der Musik und den spirituellen Gefühlen, die diese in ihr wachruft, fühlt sie sich immer noch verbunden.

Die Musik war sehr wichtig. Wenn ich nicht aushalten konnte, was gepredigt wurde, dachte ich einfach an die Musik. Mir gefiel die Disziplin in der Musik und im Chor. Irgendwie schien die Musik etwas Höheres zu sein, denn sie brachte mich in größere Nähe zu Gott. Mir gefiel es, wie ich mich beim Singen fühlte. Mir gefiel auch, daß der Chor dichter am Altar stand, im Zentrum dessen, wo etwas geschah. Ich liebte es, die Kerzen anzuzünden. Die Gewänder waren wunderschön bunt, wie aus einer anderen Zeit. Für mich stellten sie die Verbindung zur Vergangenheit her. Sie verbanden mich mit etwas, das vor mir da war und auch noch nach mir dasein würde. Heutzutage werde ich bei Kirchenmusik immer noch ganz bewegt.

Man singt Wiegenlieder, um Babys zum Einschlafen zu bringen. Ihre Klänge erzeugen eine entspannte Stimmung und Vertrauen, damit das Kind seine Ängste vergißt und sanft einschlummert. Oft enthalten ihre Texte inspirierende oder auch moralische Botschaften. Vielleicht sind es die ersten grundsätzlich bewegenden und beruhigenden musikalischen Töne und Botschaften, die wir hörten. Diese Laute stammten von der gleichen Person, die, wenn wir Glück hatten, auch unsere anderen Bedürfnisse erfüllte. Wenn eine Mutter ein Wiegenlied singt, fühlen wir uns beschützt und von einem Wesen versorgt, das viel mächtiger ist als wir selbst. So sind Wiegenlieder für manche die ersten spirituellen Lieder. Wenn wir die Wiegenlieder betrachten, die man uns als Kinder vorsang, erkennen wir einen starken spirituellen Einfluß. Carol erinnert sich an eine Zeile aus einem Lieblingslied, das ihre Mutter immer sang:

Baby's Boat is a Silver Moon, sailing out to Sea. Baby's Boats goes sailing out then hurries back to me. (Babys Boot fährt hinaus aufs Meer, und es ist ein silberner Mond; Babys Boot fährt ganz weit hinaus, und kehrt dann zurück zu mir.) Dieses Lied wurde mir und meiner Schwester oft vorgesungen, wenn wir schlafen gingen, vielleicht, bis wir so drei Jahre alt waren. Ich finde es seltsam, daß ich mich an diese Zeile so gut erinnern kann. Ich fühle mich immer glücklich und geliebt, wenn ich es mir selbst vorsinge. Die Bilder erzeugen spirituelle Verbundenheit in mir. Der Mond und das Meer sind starke spirituelle Bilder für mich.

Im Kindergarten und zu Hause werden oft inspirierende Lieder gesungen, die in Kindern spirituelle Gefühle wachrufen. Sie lehren sie oft gutes Benehmen oder auch bestimmte Werte. Manche Lieder vermitteln die Aussicht auf ein gutes

Leben und Erfolg. Sie bringen den Kindern bei, wie wertvoll Lernen, Sauberkeit, Höflichkeit und Gewissenhaftigkeit sind. Inspirierende Lieder ermahnen Kinder aber auch und zeigen ihnen die schlimmen Folgen auf, wenn sie sich nicht richtig verhalten. Gab es Lieder in Ihrer Kindheit, bei denen Sie sich wertlos und unwürdig fühlten?

Emily erinnert sich daran, daß sie sich bei dem Lied »Swinging on a Star« immer sehr verunsichert fühlte. Ihr gefiel zwar die Möglichkeit, auf einem Stern zu schaukeln und wunderbare Dinge zu tun, sie war aber nicht sicher, ob sie zu allem in der Lage war, was dazu nötig war.

Wenn meine Mutter uns das vorsang, war mir immer komisch zumute, weil ich nie wußte, was eines Tages aus mir werden würde. Wenn ich nun nicht das artige kleine Mädchen aus den Liedern war? Nach manchen Liedern war ich oft sehr unruhig und besorgt.

Ein Kinderlied

Versenken Sie sich in ein Kinder- oder Wiegenlied aus Ihrer Erinnerung. Fallen Ihnen die Worte noch ein? Versuchen Sie, sie aufzuschreiben. Singen Sie es mehrmals in Gedanken oder laut.

Wie fühlen Sie sich dabei? Was sagt es Ihnen heute? Wie fühlen Sie sich beim Singen? Ist es anregend, tröstend? Fühlen Sie sich besonders beruhigt oder beschützt, wenn Sie sich an dieses Lied erinnern? Welche Implikationen hat dieses Lied für Ihre heutige Spiritualität?

Manche Musik hat besonders inspirierende Eigenschaften. Bei der passiven Teilnahme, dem normalen Musikhören, sitzen wir nur da und lauschen auf die in der Musik enthaltenen Botschaften. Dazu gehören eine gewisse Offenheit, aber auch Kenntnisse. Bei der aktiven Erzeugung von Musik zu Ehren Gottes schicken wir einen Ruf ans Göttliche aus, ob wir nun ein Tamburin schwingen, ein Glöckchen läuten oder eine Symphonie dirigieren. Alice empfindet eine starke Beziehung zur Gospelmusik und den Hymnen ihrer Kindheitsreligion. Hören wir, wie sie über diese kreative Verbindung zur Musik spricht, die zu einer spirituellen Praktik wurde, die sie ihr ganzes Leben begleitet hat.

Musik hat für mich starke spirituelle Verbindungen. Manchmal, wenn ich morgens wach werde, bin ich zuerst sehr still und mache meine Morgenmeditation. Unter der Dusche singe ich schon mehrere Lieder. Viele dieser Lieder habe ich in der Kirche als kleines Mädchen gelernt. Ich habe sie behalten, und sie heben meine Stimmung. Eins singe ich ganz besonders gern morgens:

»This Little Light of Mine«. Wenn ich das singe, scheine ich innerlich zu glühen, als gäbe es in mir ein Licht, das nun aufglüht. Ich fühle es tatsächlich den ganzen Tag über. Lieder und Musik haben eine Menge mit meiner Spiritualität zu tun. So empfinde ich Heilung. Manchmal nehme ich mir tagsüber Zeit dazu. Ich weiß, daß meine Nachbarn manchmal sagen: Oh, da singt sie schon wieder. Manchmal können sie mich nämlich hören. Ich hoffe, sie haben nicht allzuviel dagegen, denn ich fühle mich dabei wohl, und das ist mir wichtig.

Auch andere Lieder berühren mich so, je nach Stimmung. »A Motherless Child« zum Beispiel. Manchmal fühle ich mich wie ein mutterloses Kind, denn ich bin ein mutterloses Kind. Wenn ich das singe, trauere ich. Es ist aber gut für mich, denn ich fühle mich dadurch beschützt. Es bringt mich durch diese Stimmungen und Phasen in meinem Leben, wenn ich mich allein und bedrückt fühle. Wenn ich dieses Lied singe, halte ich mich selbst und wiege mich und arbeite dadurch. Anschließend fühle ich mich wieder in Ordnung. Ich betrachte es als Heilungserfahrung. Ich denke, für Afroamerikaner insgesamt hat dieses Lied eine Menge damit zu tun, wie wir uns behaupteten und stark blieben. Wenn man an die Kämpfe denkt, die wir durchgemacht haben: Sklaverei, Gefangennahme und Verschiffung gegen unseren Willen. Manchmal denke ich, die Emotionen hinter diesem Lied sind immer noch die gleichen. Damals sangen die Menschen vom Kampf, wenn es regnete und Erntezeit war und man mit einer schlechten Ernte rechnete, aber wenn es dann doch gutging, waren sie glücklich und konnten etwas Inspirierendes singen.

Manche Frauen haben ein Lieblingslied oder ein Musikstück, das sie begleitet und zu dem sie eine ganz besondere Beziehung haben. Für Alice ist das »Amazing Grace«.

Ich habe eine besondere Beziehung zu diesem Lied, denn ich finde, mein Leben ist von Gnade beschützt. Ich bin viermal in meinem Leben im Tal des Todes gewesen. Für mich ist das eine Bestätigung, daß alles anders ausgegangen wäre, wenn mich nicht Gottes erstaunliche Gnade beschützt hätte. Ich werde immer ganz demütig, wenn ich dieses Lied singe. Gnade ist das Gefühl, beschützt zu werden. Es ist wie ein Abkommen. Wenn Gnade mein Leben beherrscht, bekomme ich geradezu ein spirituelles Kribbeln. Ich fühle mich sehr umhegt. Ich bin stets bereit zu allem, was Gott mit mir vorhat, auch wenn das früher nie so war. Ich habe das Gefühl, für seine Zwecke hierzusein.

Musik kann mich aber auch bedrücken. Ich habe früher oft Blues gesungen, aber das kann einen richtig runterziehen und depressiv machen. Ich habe viel Billie Holliday gehört. Sie war eine großartige Sängerin, aber manchmal gibt einem ihre Musik ein Gefühl von Einsamkeit und Verlassenheit.

Kürzlich habe ich im Kino ein Lied gehört: »I feel Like Going on«. Das ist ein neueres Gospellied über jemanden im Entzug. Darin heißt es, daß die Stürme zwar weiter toben, aber man soll einfach weitermachen. Es wirkte auf mich richtig erhebend, denn es ist ein Lied voll Hoffnung und Reife. Solche Lieder haben etwas Spirituelles an sich. Wenn man sie singt, kann man weitermachen und irgendwie den Tag überstehen. Mit einer solchen Bindung kann man sich auch in schwierigen Zeiten durchbeißen. Wie in dem Lied vom »Old Man River« gibt es immer die Hoffnung, einfach weiterzumachen, egal wie, genau wie ein Strom.

ÜBUNG

Musik als spirituelle Verbindung

Mit Musik und Liedern im Leben kann man sich den Zugang zur eigenen Spiritualität erleichtern. Es folgen drei Aktivitäten, die Ihnen helfen können, Ihre Beziehung zur Musik und Liedern zu vertiefen.

1. Wählen Sie ein populäres Lied aus, das Ihnen gefällt. Beim Zuhören fragen Sie sich, ob Sie eine bestimmte Verbundenheit damit spüren. Fühlen Sie sich inspiriert oder angeregt, wenn Sie es hören? Fühlen Sie sich spirituell aufgehoben und unterstützt? Falls eines davon zutrifft, hören Sie dieses Lied täglich.
2. Versuchen Sie, ein inspirierendes Lied zu summen oder zu singen, wenn Sie sich ein wenig bedrückt fühlen.
3. Kreisen Sie das Instrument ein, das Ihnen am besten gefällt:
   KLAVIER TROMMEL TROMPETE GITARRE HARFE FLÖTE
   Hören Sie ein Musikstück mit diesem Instrument.

Musikmeditation: Suchen Sie ein inspirierendes Lied oder ein Lieblingsstück aus der Kirchenmusik heraus. Lassen Sie sich in entspannter Position zum Zuhören nieder. Richten Sie Ihre Aufmerksamkeit auf Ihr Gehör, schließen Sie die Augen und versenken Sie sich in die Musik. Achten Sie auf die Töne, die in Ihr Bewußtsein dringen. Lassen Sie alle Gefühle und Bilder zu, die Ihnen in den Sinn kommen. Wenn Ihre Gedanken abschweifen, führen Sie sie sanft wieder zurück. Üben Sie dies für die gesamte Länge des ausgesuchten Stücks.

Schmuck

Viele religiöse Traditionen benutzen Schmuck und Zierat als spirituellen Ausdruck der Verbundenheit. Spirituelle Führer tragen traditionelle Gewänder, die ihre religiöse Position ausdrücken. Die Andächtigen kleiden sich auch besonders, um ihre Beziehung zum Göttlichen zu verdeutlichen. Man trägt bestimmte Gewänder zu bestimmten Ritualen und Festtagen. Denken Sie an die weißen Kleider der Mädchen bei der Erstkommunion in der katholischen Kirche, an Chorgewänder oder die safranfarbenen Roben buddhistischer Mönche.

Wenn wir uns schmücken, entdecken wir, was für unsere Sinne schön und angenehm ist – bestimmte Farben, Stoffe oder Schmuck –, und beziehen es in unsere Kleidung ein. Wir verbinden Schönheit mit Sinnlichkeit.

Wir schlagen nun vor, daß Sie sich Zeit nehmen, zu erkunden, wie Sie sich durch Schmuck enger mit der Spiritualität verbinden könnten. Vielleicht stellen Sie fest, daß das, was den Sinnen gefällt, auch den Göttern gefällt.

ÜBUNG

Die Spiritualität von Schmuck

1. Experimentieren Sie mit Farben. Suchen Sie Farben aus, die Sie anziehen. Kleiden Sie sich farbig. Achten Sie darauf, wie bunte Farben sie beeinflussen, wie sanfte Farben Sie berühren. Gehen Sie Ihre Garderobe nach spirituellen Gewändern durch. Wählen Sie spontan ein paar Dinge aus, die Sie auf Ihr Bett legen. Betrachten Sie sie, probieren Sie sie an. Denken Sie darüber nach, ob Sie sie als spirituell empfinden.
2. Ehe Sie an einem spirituellen Seminar, einem Vortrag oder einer Klausur teilnehmen, achten Sie darauf, wie Sie sich für diesen Anlaß schmücken. Welche Farben, Gewänder und welchen Schmuck suchen Sie für diese Gelegenheit aus?
3. Achten Sie darauf, was Sie über die Gewänder eines spirituellen Führers oder einer Führerin denken. Fragen Sie sich, ob dieser Mensch vielleicht auf besondere Weise gekleidet sein sollte. Vielleicht fragen Sie ihn oder sie sogar, warum er oder sie diese besonderen Gewänder wählte.

Verpflichten Sie sich, sich mehr Ihren Sinnen zu öffnen. In einer schönen oder bewegenden Situation denken Sie daran, sich Ihrem vollen Potential zu öffnen und den Moment zu genießen. Verbringen Sie mehr Zeit mit schönen Dingen.

ÜBUNG

Affirmationen

Denken Sie sich eine Bestätigungsformel aus, die Sie wiederholen können, um sich zu helfen und sich der Schönheit des Lebens mehr zu öffnen. Sie können einen der folgenden Vorschläge dazu benutzen oder sich selbst eine Affirmation ausdenken.

– Ich sehe Schönheit rings um mich her.
– Ich schätze die Schönheit in meinem Leben.
– Ich gehe in Schönheit und Anmut durchs Leben.
– Die Schönheit in mir berührt die Schönheit rings um mich her.

Oft fühlen wir uns nicht nur angeregt, etwas Schönes zu schaffen, sondern auch, es zu schätzen. Fertigkeiten wie Schreiben, Musizieren, Tanzen oder Bildhauern bieten einem Gelegenheiten, Schönheit zu schaffen und zu genießen. Bei solchen Tätigkeiten gehen wir über uns selbst hinaus. Es besteht immer die Möglichkeit, daß wir so einen spirituellen Kern anrühren und ein Gedicht, ein Gemälde oder einen kreativen Tanz daraus gewinnen. Spirituelle Verbundenheit durch kreativen Ausdruck steht jedem zur Verfügung, ob man sich nun den kreativen Künsten voll widmet oder nicht.

Kreativität nutzen

Kreativität wird im Herzen geboren, aus dem intensiven Wunsch heraus, zu wissen, was gerade eben jenseits unseres Sehfeldes, gerade eben außerhalb unserer Reichweite ist.

Kreativ sein heißt, etwas zu erschaffen. Um kreativ zu sein, greifen wir über die Grenzen des Bekannten hinaus. Wir verbinden uns mit ungeformten Ideen und hauchen ihnen Leben ein. Der Akt der Schöpfung treibt uns in unverzeichnete Gewässer der nichtmateriellen Welt, wo alles möglich ist. Wenn wir kreativ sind, entsteht Energie, Neugier, eine Liebe zum Leben und zum Experiment. Diese Energie treibt uns bei all unseren Unternehmungen weiter, oft auch gegen große Widerstände. Besonders kreative Augenblicke, Durchbrüche, wenn wir eine neue Idee haben oder Inspiration spüren, empfinden wir als etwas Besonderes: Sie stechen aus der allgemeinen Lebenserfahrung hervor.

Kreativität in der Kindheit

Zur Kreativität gehört die Bereitschaft, sich etwas vorzustellen. Diese erblüht zuerst in der Kindheit, gemeinsam mit unserer Spiritualität. Wir erfinden Spiele mit imaginären Menschen, Orten und wilden Abenteuern. Wir bauen ein Baumhaus, eine Hütte oder ein Versteck. Wir erfinden Tänze und alberne Reime und spielen anderen Leute Streiche. Diese Aktivitäten werden zwar als Kinderspiel betrachtet, aber sie enthalten schon Elemente des künstlerischen Ausdrucks: das Schauspielern, das Geschichtenerfinden, das Schreiben von Liedern und den kreativen Tanz. Wenn wir aus Bauklötzen ein Haus bauen, wenn wir ein neues Spiel oder eine Geschichte erfinden, überbrücken wir die Kluft zwischen Form und Geist. Unsere Kinderphantasie führt uns über Alltagserfahrungen hinaus.

Kreativität scheint in Kindern ganz natürlich angelegt zu sein, aber sobald wir als Erwachsene Verantwortung übernehmen, finden wir es immer schwerer, die Zeit zu finden, um den kreativen freien Geist wirken zu lassen. Schließlich gelangen wir zu der Überzeugung, daß Kreativität nur ein paar Glücklichen zufällt, und fühlen uns von deren Ausdrucksfähigkeit eingeschüchtert.

Viele Frauen haben festgestellt, daß sie die Verbindung zu ihrer Spiritualität unter anderem dadurch vertiefen können, daß sie ihre Kreativität erforschen und bestätigen. Wenn man sein kreatives Potential akzeptiert, bieten sich vielleicht unerwartete Gelegenheiten für eine spirituelle Erneuerung. Marie hatte als Kind eine sehr kreative Phantasie und erfand alle möglichen Geschichten und unsichtbare Freunde. Heute bevölkern die erfundenen Charaktere ihre Romane und Theaterstücke. Manchmal erscheinen sie ihr als spirituelle Ratgeber und bieten ihr Weisheiten und spirituelle Leitlinien fürs Leben.

Ich bin auch heute von vielen Charakteren umgeben, ob es sich um spirituelle Führer oder die Personen handelt, die meine Romane und Schauspiele bevölkern. Ich habe sie eigentlich nie gesehen, aber manchmal empfinde ich so etwas wie einen Blitz, und dann ist eine meiner Leitfiguren da. Ich würde sie gern sprechen hören. Aber ich höre sie nur im Herzen.

Momentan schreibe ich ein Buch mit einem jungen Mädchen als Hauptfigur. Ich habe das Gefühl, daß sie für das Kind in mir spricht. Wenn ich ihre Dialoge schreibe, und besonders, wenn ich diese anschließend lese, fühle ich mich bestärkt und geheilt. Für mich ist das Schreiben ein ganz spiritueller Akt.

Beim Schreiben können wir spirituelle Verbundenheit erleben. Auch beim Abfassen eines Briefes stellen wir manchmal fest, daß er eine philosophische oder spirituelle Botschaft enthält. Das gilt für Roberta. Sie benutzt das Schreiben, um ihre persönliche Moralphilosophie weiterzuentwickeln.

Vor ein paar Jahren bin ich überfallen und ausgeraubt worden. Das war wie ein Holocaust in meinem Leben. Ich bin mir zwar bewußt, daß man für ein Einzelleben nicht einen solchen Begriff anwenden sollte, aber in Gedanken fragte ich sofort: »Was für ein Gott läßt

einen Holocaust zu?« Doch ein besserer Maßstab für Gott ist vielleicht die Dürre in Afrika oder der Holocaust der Kinder. Ich habe viele Gedichte über Menschen und Götter geschrieben, die ungerecht waren – erst aus Wut, dann verzeihend.

Der bloße Akt, Gedanken zu Papier zu bringen, kann schon eine spirituelle Verbindung herstellen. Roberta spricht über den veränderten Bewußtseinszustand, wenn sie ihre Gefühle über Ungerechtigkeiten und menschliches Leid ausdrückt.

Ich habe mit 19 Jahren angefangen, Gedichte zu schreiben. Damals bin ich Risiken eingegangen und habe Blut, Schweiß und Tränen darauf als Vorschuß geleistet. Beim Schreiben stieß ich immer sofort auf die Energien des Holocaust, aber auch von Utopia. In den Sechzigern ging es um die Bürgerrechtsbewegung

und den Vietnamkrieg. Als Dichterin berührt man das blanke Kabel der nationalen Psyche, in der Hoffnung, daß die Stromladung nicht zu stark ist. Wenn sie zu stark ist, endet man vielleicht im Selbstmord, wie viele Dichter meiner Generation – Ann Sexton, Sylvia Plath und John Berryman. Heute meditiere ich oft. Diese Meditation zielt auf einen Buddha-Geist ab, der dem Bewußtseinszustand ähnelt, den ich beim Gedichteschreiben oft erlange. Es ist ein Bewußtseinszustand ohne Kämpfe, ein Stadium der reinen, deutlichen Erkenntnisse und der Akzeptanz der Dinge, wie sie sind.

Viele Schreibformen haben das Potential, die Seele zu binden.

Schreiben

Schreibweisen: Es folgt eine Liste von verschiedenen Textsorten. Kreisen Sie all diejenigen ein, die Sie bereits ausprobiert haben:

ESSAYS KURZGESCHICHTEN KARTEN ARTIKEL GEDICHTE REPORTAGEN NOTIZEN FÜR SIE SELBST TAGEBUCH

Fügen Sie weitere hinzu. Fragen Sie sich: Fühle ich mich von einer dieser Textsorten besonders angezogen? Welche Formen des Schreibens finde ich am natürlichsten? Setzen Sie ein Sternchen neben alle, die Sie weiter erkunden möchten.
Kontemplation: Fragen Sie sich: Was habe ich geschrieben, das für mich einen Sinn hat? Nun versuchen Sie, sich eine Weile an dieses Schriftstück zu erinnern. Empfinden Sie die darin ausgedrückte Energie. Begreifen Sie, daß es Ausdruck Ihres Geistes war, und erlauben Sie sich, Ihr Geschriebenes so zu sehen. Beurteilen Sie Ihre Arbeit nicht. Fragen Sie sich, wie Sie das Geschriebene benutzen können, um Ihre Beziehung zur Spiritualität zu vertiefen. Schreiben Sie alle Ideen auf, die Ihnen in den Sinn kommen.

Tina, eine Fotografin, erinnert sich, daß sich ihre Kreativität schon früh in ihrem Leben bemerkbar machte, und zwar in einer Aktivität, die auch viele andere kennen:

Als Kind nahm ich am liebsten meine Buntstifte und malte, malte, malte. Das war meine Leidenschaft. Das fällt mir immer ein, wenn ich heute meine Fotos von Hand koloriere. Mir gefällt daran, daß es mir ermöglicht, mein rationales Bewußtsein aus dem Bild herauszuhalten und alles zu tun, was mir in den Sinn kommt. Ich bin völlig sicher, daß es in Ordnung ist, denn es ist sehr leicht abzuändern. Ich empfinde das Kolorieren meiner Fotos insofern als spirituell, weil ich in jedes Bild eine Menge Energie stecke. Manchmal sitze ich vier, fünf Stunden da und nehme alles in mich auf. Meist finde ich mehr, als ich erwartet habe. Ich stecke soviel Energie in die Bilder, all meine Zuwendung und Liebe und Aufregung, daß die Farben davon gesättigt werden. Später spüre ich die Energie in dem Foto. Als ich jünger war, habe ich mich nicht so getraut, die Realität zu ändern. Heute fühle ich mich manchmal, als spielte ich Gott.

Malen

Wählen Sie ein Bild aus, das Sie ausmalen möchten. Sie können das Bild auf dieser Seite dazu benutzen oder ein anderes. Arrangieren Sie die Farbstifte vor sich auf dem Tisch, und schauen Sie, wie Sie sie ansprechen. Nehmen Sie sich Zeit. Achten Sie darauf, ob Sie eine sinnliche Beziehung dazu bekommen und Freude an dem haben, was Sie tun.

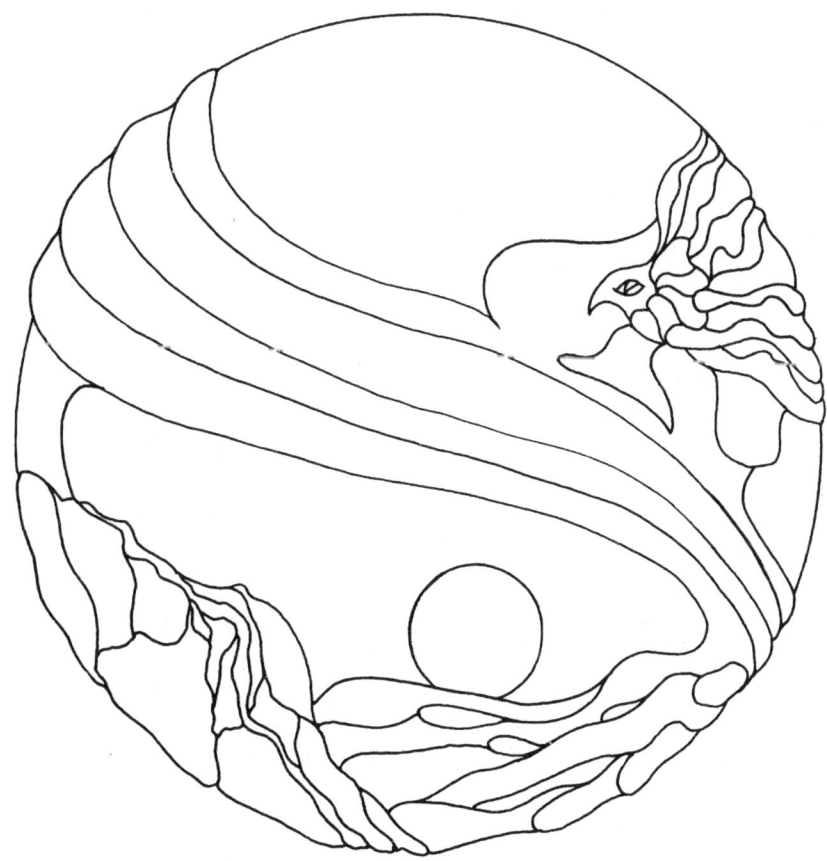

Zeichnung von Annie Hershey

Es ist schwierig, gute Ideen aus dem kosmischen Bewußtsein herab in die Realität zu bringen. Dazu braucht man einen starken Geist und die Bereitschaft dorthinzugehen, wo die Götter leben.

185

Cassandra zieht eine Verbindung zwischen Kreativität und Spiritualität in ihrem Leben und ihrer Kunst. Sie lebt mitten im Wald in einer selbstgebauten Hütte. Sie sagt, ihre Zeichnungen seien ein Ausdruck ihrer Verbundenheit mit der Natur und eine Reflexion ihres ruhigen Lebens als Frau, das sich in relativer Abgeschiedenheit abspielt.

D ie Offenheit, die ich empfinden muß, um als Künstlerin schaffen zu können, ist die gleiche wie jene für Meditation und Gebet. Kreativität und Spiritualität können raumgreifende, befreiende, anregende und über alle Definitionen hinausgehende Dinge sein. Es geht um den Versuch, das Undefinierbare zu definieren. Bei Kreativität wie auch bei Spiritualität geht es um Stille – innere Stille –, die zu schärferem Bewußtsein führt. Bei beidem geht es um Glauben – zum Beispiel um den Glauben, daß der Prozeß zu mehr Erkenntnis führt. Zu beidem braucht man innere Kraft und Führung, eine Richtung und den Wunsch, einem Weg zu folgen, auf etwas Unbekanntes zuzugehen.

Für Nancy bedeutete Spiritualität einen Zugang zu ihrer Kreativität; später war sie für sie ein »Nebenprodukt« ihrer Skulpturen. In ihrem ersten Bildhauerseminar vollzog die Lehrerin ein Ritual, um die Musen und den kreativen Geist anzurufen.

M eine spirituelle Verbindung entstand in jenen ersten Seminaren. Die Lehrerin war sehr spirituell veranlagt. Vor jedem Seminar vollzog sie ein Ritual. Das war für mich eine gute Ausbildung. Wir haben nicht nur technisch gelernt, wie man Puppen herstellt – das Ganze war auch ein spiritueller Prozeß. Sie hatte immer einen Altar, egal wo wir arbeiteten. Vor jeder Lektion führte sie eine angeleitete Meditation durch. Manchmal haben wir den Altar zusammen errichtet. Wir haben sinnstiftende Objekte darauf gelegt, die zu dem jeweiligen kreativen Prozeß paßten. Ich bin zu der Erkenntnis gelangt, daß für mich Kreativität das ist, was die Religion für andere ist. In gewisser Weise ist die Kreativität meine Religion. Ich bin sehr dankbar, daß meine Richtung in der Kunst in Seminaren beeinflußt wurde, die auf Spiritualität ausgerichtet waren. Vermutlich bin ich irgendwie dorthingeleitet worden. Meine Höhere Macht muß mir vermittelt haben, daß da mein Platz war. Das war für mich ein wunderbarer Beginn.

Heute mache ich größere Skulpturen. Das Bildhauern verbindet mich mit der Großen Mutter, denn das Arbeiten mit Ton ist wie das Arbeiten mit der Erde selbst. Für mich ist das eine ungeheuer sinnliche Erfahrung. Wenn ich diese kleinen Göttinnenstatuen anfertige, spüre ich die Gegenwart der Großen Mutter. Ich fühle mich, als sei ihr Geist in mir, wenn ich arbeite.

Ich presse immer kleine Rillen in die Göttinnenstatuen, in die ich später Geschenke einarbeite: Federn, Muscheln, Dinge aus der Natur. Jedesmal, wenn ich die Gaben wechsele und etwas Neues anbiete, schafft das Ritual eine spirituelle

Verbindung zwischen mir und der Göttin. Die erste hatte herabhängende Arme. Bei jeder neuen Göttin hoben sich die Arme höher, bis eine schließlich nach dem Himmel griff. Schließlich begannen ihr an den Schultern Flügel zu wachsen. Die ausgebreiteten Arme machten mich sehr froh. Die Flügel bedeuten ein Loslassen, ein Abheben in eine neue Richtung in meinem Leben. Die Arbeit an den Göttinnen ist für mich eine heilende Tätigkeit. Ich liebe meine kleinen Göttinnenaltäre – sie stehen überall bei mir im Haus herum. Sie helfen mir, einen sehr guten und sicheren Raum für mich zu erschaffen.

Die kreative Arbeit hilft Tina, ihre Ängste zu akzeptieren und sogar zu schätzen. Tina lernte als Kind, daß Angst für sie eine Warnung war. Immer wenn sie Angst hatte, riet man ihr, mit allem aufzuhören, was sie gerade tat. Als kreative Erwachsene erlebt Tina manchmal ihre Angst als ein Signal, daß sie genau das Richtige tut.

Wenn ich in dem kreativen Prozeß manchmal nicht weiß, wohin es geht, stehe ich auf der Kippe. Ich lerne, mit meinen Ängsten zu leben, und entwickle gleichzeitig Selbstvertrauen. Irgendwo in meinem Körper habe ich das Gefühl, daß ich in die richtige Richtung gehe, auch wenn ich Angst habe, aber ich bin nicht sicher, warum. Das könnte ich nie im Leben jemandem erklären.

Meine Kreativität ist insofern spirituell, als daß ich bei meinen besten Bildern das Gefühl habe, sie seien direkt in mir entstanden. Nicht, als ob ich sie geschaffen hätte. Es ist vielmehr so, als sei ich ein Kanal für die kreative Kraft. Ich habe dann das Gefühl, es ist ein Bild, das die Welt braucht, daß ich genau dazu zur Verfügung stehe – aber gleichzeitig ist es nicht meins. Es gibt beim Fotografieren einen Punkt, an dem ich mein Ego vergessen muß. Mein rationaler Verstand muß dann ganz verschwinden, und ich handele einfach nur. In solchen Augenblicken treffen Spiritualität und Kreativität für mich zusammen.

Wenn wir heilen und uns spirituell immer weiter öffnen, beginnen die kreativen »Säfte« in unsere Kunst einzufließen, aber auch in andere Tätigkeiten des Alltags. Gelegenheiten für kreativen Ausdruck finden sich zuhauf. Es wechselt zwar, wie wir unsere kreative Energie umsetzen, aber jede und jeder kann zur Schöpferin oder zum Schöpfer werden. Nancy bezeichnet ihr ganzes Leben als einen kreativen Prozeß.

Ich sehe heute in allem Kreativität. Ich versuche, auf eine Weise zu leben, daß ich in allem, was ich tue, eine kreative Verbindung entdecke. Man könnte sagen, daß es eine spirituelle Lebensweise ist. Meine Beziehung zu anderen Menschen hat sich fundamental geändert. Vorher war ich ständig dabei, mich mit anderen durch eine sexuelle Beziehung oder eine Ehe zu verbinden. Dieser Drang hat sich nun verändert, und ich fühle mich mit Menschen nun eher auf

kreative Weise verbunden. Meine kreative Energie fließt in das Erschaffen von
Dingen, die einen inneren Aspekt von
mir manifestieren, den ich anderen gebe:
Briefe schreiben zum Beispiel, mich morgens ankleiden, ein Zimmer putzen.

Wenn ich mein Haus putze und auf-
räume, arbeite ich auf eine Art göttliche
Ordnung hin. Das denke ich vielleicht
nicht bewußt, aber wenn ich mich nach
der Arbeit friedlich und wohl fühle, weiß
ich, daß ich etwas Spirituelles getan habe.

Wenn wir allmählich erkennen, daß die meisten Aktivitäten im Leben eine Gelegenheit zu spiritueller Heilung und Wachstum bieten, erleben wir vielleicht die
»unmöglichsten« Situationen als spirituell. Als Frauen wissen wir vermutlich,
daß wir die meisten Wachstunden arbeiten, ob zu Hause oder außer Haus. Wenn
wir eine spirituelle Beziehung zur Arbeit entdecken, gewinnen wir einen weiteren Bereich, in dem unsere Spiritualität aufblühen kann. Unser Arbeitsplatz wird
dann zur Leinwand, auf die wir unser persönliches Meisterwerk malen.

Elizabeth schreibt Projektberichte an Behörden und Institutionen. Sie bean-
tragt größere Summen für wichtige soziale Projekte. Sie praktiziert ihre Spiritualität zwar nicht innerhalb einer Religion, aber sie hat hier ein wichtiges und kreatives Umfeld für die spirituellen Aspekte ihrer Arbeit gefunden.

Ich habe großen Spaß an der kreativen
Herausforderung, diese Anträge auf
Mittel und Hilfen für neue Projekte zu
schreiben. Ich denke an die Vorteile, die
die ganze Gemeinde dadurch genießen
wird und an die sinnvollen Arbeits-
plätze, die dadurch vielleicht geschaffen
werden. Das ist bisher die beste Anwen-
dung von Spiritualität in meinem All-

tag – ein Kanal dafür, meine Talente in
einen solchen gemeinnützigen Dienst zu
stellen. Ich bin richtig glücklich, daß ich
auf diese Weise nützlich sein kann und
damit auch Erfolg habe. Wenn ich die
Anträge schreibe, empfinde ich eine spirituelle Beziehung zu dem Projekt, das
ich aufstelle, und der Gemeinschaft, der
ich damit diene.

Nancy ist Krankenschwester und arbeitet in einem großen, betriebsamen Krankenhaus. Sie versucht stets, eine spirituelle Beziehung zwischen sich und anderen aufzubauen.

Meine Kreativität fließt ganz und
gar in meine Arbeit ein. Ich nutze
meine Kreativität, um die spirituelle Verbindung zu stärken, die ich zu anderen
Menschen empfinde. Jede Interaktion ist
eine Gelegenheit für Verbundenheit, für
eine Öffnung von mir zu einem anderen
Menschen hin. Ich suche kreative Wege,
um dieses Gefühl von Verbundenheit zu

verstärken: Ich nehme mir zum Beispiel
mehr Zeit für meine Patienten und gebe
ihnen mehr Aufmerksamkeit. Das macht
sich besonders bemerkbar, wenn ich sie
berühre – wenn ich jemanden wasche
oder verbinde. Dann spüre ich, wie
meine Energie zu ihnen hinfließt; ich
empfinde das als heilende Energie.

188

Nehmen Sie sich nun ein wenig Zeit, um sich auf die Aktivitäten in Ihrem täglichen Leben zu konzentrieren. Hier steht Ihnen Spiritualität vielleicht am häufigsten zur Verfügung.

ÜBUNG

Der Alltag

Stellen Sie eine Liste von einigen Ihrer täglichen Aufgaben zusammen. Wenn Sie diese Liste durchgehen, fragen Sie sich: Bei welcher dieser Tätigkeiten habe ich das Potential für kreatives, spirituelles Engagement? Untersuchen Sie, ob sich eine der Aktivitäten besonders dafür anbietet, weil sie eine besondere Spiritualität ausstrahlt. Stellen Sie sich vor, wie Sie sie als Instrument für Ihre spirituelle Entwicklung nutzen könnten.

Wir können die spirituellen Lektionen, die sich am Arbeitsplatz ergeben könnten, leichter entdecken, wenn wir unsere Aufmerksamkeit bewußt darauf richten.

ÜBUNG

Der Arbeitsplatz

Angeleitete Meditation: Beginnen Sie mit einer Grundmeditation (siehe Seite 19 f.). Sehen Sie sich in Gedanken an Ihrem Arbeitsplatz, wie Sie etwas Nützliches tun. Wie fühlen Sie sich dabei? Nun sehen Sie sich in einem Moment, in dem Sie stark in die Arbeit vertieft sind. Fragen Sie sich wiederum, wie Sie sich dabei fühlen. Nun befassen Sie sich mit dem Gedanken, ob das, was Sie tun, einen spirituellen Aspekt hat, und achten auf dabei auftauchende Bilder.

Freies Schreiben: Wenn Sie bereit sind, nehmen Sie einen Stift in die Hand und schreiben frei auf, was bei den oben genannten Bildern in Ihnen hochstieg.

Spiritualität bei der Arbeit: Bestimmen Sie einen Arbeitstag, an dem Sie besonders auf spirituelle Gelegenheiten achten wollen. Beginnen Sie diesen Tag mit einem Ritual, einer Affirmation oder einer Meditation, um ihn spirituell zu weihen. Ehe Sie beginnen, vielleicht auf dem Weg zur Arbeit, denken Sie darüber nach, ob Sie Ihre normalen Aufgaben vielleicht aus einer eher spirituellen Perspektive erleben möchten. Wenn Sie von der Arbeit nach Hause kommen, nehmen Sie sich eine Weile Zeit, um über Ihren Tag zu schreiben und darüber nachzudenken, wie Sie weiterhin ein paar der geübten Perspektiven in Ihre Arbeitswelt integrieren können.

Die Schöpfung des Selbst bei der Geburt

Ist es nicht ein kreativer Akt, den ersten Schritt zu tun, die ersten Worte auszusprechen? Waren das nicht alles kleine Wunder? Denken wir an alles, was wir in den ersten Jahren unseres Lebens für uns selbst geschaffen haben!

Die Geburt ist die Tür, durch die wir alle treten; sie stellt den Beginn unserer Reise auf der Erde dar. Wenn wir aus dem Schoß der Mutter auftauchen, ist der erste Atemzug vielleicht unser erster kreativer Akt, denn wir bestätigen damit das Leben. Mit diesem ersten Schrei versichern wir: »Ich bin hier. Ich existiere.« Wir treffen die Entscheidung, zu sein, uns mit dem Leben zu verbinden. Leider können sich die meisten Menschen nicht an diesen Augenblick der Verbindung mit dem Leben erinnern, aber er muß eine starke spirituelle Kraft und Verbundenheit enthalten haben.

ÜBUNG

Ja zum Leben sagen

Nutzen Sie die Gabe Ihrer Phantasie, um sich an den Moment zu erinnern, als Sie ja zu diesem Leben sagten. Stellen Sie sich vor, wie Sie sagen: »Ja, ich will ich sein. Ich will dieses Leben leben.« Wie fühlen Sie sich dabei? Denken Sie über die spirituellen Eigenschaften des Vertrauens und des Glaubens nach, die wohl mit im Spiel waren, als Sie die Entscheidung trafen, das Leben voll anzunehmen. Es folgen einige Affirmationen, die Ihnen helfen, dieses Gefühl in sich zu bekräftigen. Versuchen Sie, sie sich jeden Tag im stillen oder laut zu sagen. Achten Sie darauf, welche Wirkung sie auf Sie haben. Falls Ihnen die vorgeschlagenen Affirmationen nicht zusagen, denken Sie sich eine eigene aus.

– Ich umarme das Leben voller Liebe und Begeisterung.
– Ich sage ja zum Leben.
– Ich vertraue darauf, daß das Leben mich jeden Tag aufs neue erhält.
– Ich lebe mein Leben in vollen Zügen und voller Wohlgefallen.

Ein Kind zur Welt bringen

Etwas schaffen heißt, ihm Leben zu schenken und ihm Leben in Form, Farbe und Gestalt einzuhauchen. Man kann ein Kunstwerk beurteilen, indem man sich fragt: »Lebt es? Ist es für mich lebendig?« Hier, in ihrer Fähigkeit, Leben zu schenken, wird die Künstlerin zur Göttin. Eine Künstlerin gebiert ihr Werk auf gleiche Weise wie eine Frau ein Kind.

Die meisten Frauen bringen mindestens einmal im Leben ein Kind zur Welt. Wir sind Teil des Wunders, ein neues menschliches Wesen zu schaffen, das aus der Substanz unseres eigenen Körpers entsteht. Manche Frauen beschreiben die Geburt als einen höchst kreativen und spirituellen Akt. Frauen, die geboren haben oder bei einer Geburt dabei waren, können sich nur schwer der Spiritualität dieses Ereignisses entziehen. Um ein Kind zu gebären, muß die Mutter gewillt sein, aus der Welt, die sie kannte, in eine Welt des Unbekannten und Ungeformten zu treten. Sie muß zurück über die Schwelle des Lebens in die Dunkelheit schlüpfen, wo das Kind darauf wartet, geweckt und ins Licht des Bewußtseins geleitet zu werden. Jede Geburt birgt in sich die Möglichkeit des Scheiterns, die Möglichkeit, daß das Leben nicht über den Tod triumphiert, daß etwas schiefgeht. Es bestehen Risiken, möglicherweise stellen sich Gefahren ein. Wenn es Mutter und Kind gelingt, die wundersame Reise zusammen ohne Unglück oder Verletzungen zu überstehen, erfüllt große Freude die Herzen aller im Geburtszimmer Anwesenden. Es erfolgt vielleicht ein Moment der Gnade oder der spirituellen Erleuchtung, ein ekstatisches Erkennen der Lebenskraft. So gesehen ist jede Geburt eine Feier und ein Triumph des Lebens.

Camille beschreibt ihre besondere Beziehung zum Geburtsprozeß und ihre Frustration, weil ihr diese Erfahrung bei der Geburt ihres Sohnes genommen wurde.

Ich war hellwach und preßte ganz stark, aber dem Baby ging es schlechter. Der Arzt sagte, er wolle einen Kaiserschnitt vornehmen. Ich weiß noch, wie enttäuscht ich mich fühlte. Das war mein Erlebnis, meins und das von meinem Baby. Ich wollte das Kind weiterhin durch den Geburtskanal hinauspressen. Die Geburt war für mich ein spiritueller Akt. Das hatte ich mir schon so lange gewünscht. Ich wollte noch nicht aufgeben. Mein Mann war dabei. Er beriet sich mit dem Arzt, und dann fingen sie einfach mit der Operation an. Das werde ich nie vergessen. Ich fühlte mich völlig entmachtet. Bis heute glaube ich, daß ich es auch allein geschafft hätte. Immerhin hätte ich die Entscheidung selbst treffen müssen – ich habe das Gefühl, man hat mir eine der größten spirituellen Erfahrungen genommen. Wegen der ersten Geburt wurde mein zweites Kind auch mit Kaiserschnitt entbunden. Mir ist in diesem Kreißsaal ein wichtiger Teil meiner kreativen Macht genommen worden. Ich glaube, sie nahmen mir einen Teil meiner Seele. Ich versuche immer noch, sie zurückzugewinnen.

Tina vergleicht den kreativen Prozeß ihrer Fotografie mit dem Gebären eines Kindes:

Ich glaube, mir wurde zum letzten Mal eine feministische Spiritualität bewußt, als ich bei Geburten dabei war und sah, wie Babys auf die Welt kommen. Ich konnte jedesmal ihre kleinen Seelen spüren. Ich erlebte tatsächlich den

Eintritt eines anderen Wesens auf diese Welt mit, wenn das Baby geboren wurde. Diese Erkenntnis erinnerte mich an die Gefühle, als meine eigenen Kinder auf die Welt kamen. Ich erinnere mich an das Gefühl, wie die Seele in ihren Körper schlüpfte und welchen Anteil ich an ihrer Erschaffung hatte.

Ich hielt das, was ich hier sah und fühlte, für wichtig, daher begann ich, Geburten zu fotografieren. Ich finde, die Welt braucht solche Bilder. Es sind Bilder von Frauen als Schöpferinnen, als Quelle des Lebens. Wenn man diese Bilder betrachtet, kann man Frauen kaum noch die Macht abstreiten. Ich betrachte mich selbst als ein Instrument, das die Fotos macht, mit ihnen arbeitet und genug an sie glaubt, um eine Menge Energie hineinzustecken. Mir liegt an diesen Bildern. Ich bringe sie hinaus in die Welt. Irgendwie bin ich dabei eine Priesterin. Diesen kreativen Prozeß empfinde ich oft genau so wie das Gebären selbst.

Tina spricht im weiteren über die Beziehung zwischen der Erschaffung neuen Lebens und der Erfahrung des Todes.

Ich hatte eine sehr klare und schlichte Einsicht, als ich zusah, wie diese Säuglinge hinaus in die Welt traten: Die Menschen kommen auf diese Welt, und sie verlassen sie wieder. Das war das angenehmste Gefühl, das ich bisher über den Tod gehabt habe.

Tina vertieft ihr Verständnis von der Verbindung zwischen Geburt und Tod, indem sie über den Tod einer alten Freundin nachdenkt. Septima Clark war die Begründerin und Leiterin eines Basis-Lese-Lernprogramms, das aus Martin Luther King Juniors »Southern Christian Leadership Conference« hervorging. Sie war eine inspirierende Lehrerin und ein Rollenvorbild für Tina, als sie zusammen in der Bürgerrechtsbewegung arbeiteten.

Ich habe am Bett von Septima Clark gesessen, als sie über achtzig Jahre alt war und im Sterben lag. Oft war sie bei ganz klarem Verstand und sprach mit mir, dann wieder schlummerte sie ein. Septima pendelte zwischen den Welten, genau wie eine schwangere Frau. Wenn man schwanger ist, fühlt man den Übergang zwischen dieser Welt und der spirituellen sehr deutlich. Als ich schwanger war, fühlte ich mich dichter an der anderen Seite. Ich erlebe schwangere Frauen als sehr sensibel und spirituell. Sie sind die Brücke, über die die Menschheit diese Welt betritt. Könnte es einen höheren kreativen Akt geben?

Lauren arbeitet als Freiwillige in einem Krankenhaus. Sie bezeugt tagtäglich den menschlichen Kreislauf aus Geburt und Tod, und dies läßt sie ihre spirituellen Gefühle intensiver empfinden. Das Wunder der Schöpfung bietet ihr spirituelle Einsichten:

192

Bei der Arbeit auf der gynäkologischen Abteilung bin ich mir einer allmächtigen Kraft bewußt. Die Geburt eines Kindes erscheint mir wie ein Wunder – seine Entwicklung, seine Perfektion. Wie vollzieht sich nur dieser Akt der Schöpfung? Ich werde dann immer ganz emotional und weine. Dann gehe ich auf eine andere Etage, um bei den Sterbenden zu sein. Ich weiß, daß ich gleichzeitig an Leben und Tod beteiligt bin. Für mich ist das eine sehr wahre, grundlegende Erfahrung. Da ich dort freiwillig arbeite, fragen mich die Leute oft: Warum bist du hier? Du bekommst doch nichts dafür? Ich mache es, weil ich gern Menschen helfe. Ich fühle mich gut, wenn meine Anwesenheit etwas bewirkt. Ich erhalte spirituelle Einsichten, wenn ich in diesem Bereich arbeite. Ich muß mich nur dafür öffnen.

ÜBUNG

Geburt

Suchen Sie sich eine der folgenden Übungen aus, um sich Gefühle der Kreativität und der spirituellen Verbundenheit durch die Geburt bewußtzumachen.

Kontemplation: Wählen Sie ein Bild für den Prozeß aus, und denken Sie darüber nach, wie das Leben in die Welt tritt: ein Schößling, der durch die Erde bricht, ein Schmetterling, der aus der Verpuppung schlüpft, ein Küken, das die Eierschale aufpickt.

Angeleitete Phantasie: Beginnen Sie mit der Grundmeditation 2: *Ich bin mein Atem* (siehe Seite 20). Wenn Sie Mutter sind, lassen Sie sich sanft zurück in die Zeit gleiten, als Sie schwanger waren oder ein Kind zur Welt brachten. Versenken Sie sich in das Gefühl – oder stellen Sie es sich vor –, Leben in sich zu tragen. Erleben Sie die Geburt noch einmal. Können Sie sich an den Moment erinnern, als Ihr Kind in diese Welt trat? Wie fühlten Sie sich, als Ihnen das Kind nach der Geburt gezeigt wurde?

Geburtskreativität: Wenn Sie noch kein Kind geboren haben, haben Sie vielleicht ein Projekt oder eine Idee auf die Welt gebracht. Erinnern Sie sich an den Augenblick des kreativen Durchbruchs, als alles plötzlich nur so floß und Sie sich versunken und inspiriert fühlten. Erlauben Sie sich, das volle Ausmaß Ihres kreativen Potentials von damals wieder zu empfinden. Finden Sie heraus, in welchem Ausmaß es für Sie eine spirituelle Erfahrung war.

Bei einer Geburt zugegen sein: Überlegen Sie, ob Sie bei einer Geburt dabeisein wollen. Üben Sie sich in Offenheit gegenüber dem Wunder der Schöpfung.

Vielleicht möchten Sie nun einen Moment innehalten, um Ihre Erfahrungen zusammenzuführen und in sich setzen zu lassen.

Integration

Denken Sie über die folgenden Fragen nach. Wenn Sie möchten, erkunden Sie mit freiem Schreiben Ihre Reaktionen.

– Welche Rolle hat Kreativität auf meiner spirituellen Reise gespielt?

– Wie stark ist der Einsatz von Kreativität an meiner Reise beteiligt?

– Bin ich damit zufrieden? Oder möchte ich das in irgendeiner Weise ändern?

– Welche Schritte möchte ich unternehmen, um Kreativität in mein Leben neu einzubringen?

Rituale

Wenn ich ein kompliziertes Ritual vollziehe, fühle ich mich wie auf einer Party, die ich für alle meine Freunde gebe, mit Gott als Ehrengast.

Religiöse Rituale der Kindheit

Rituale sind fest vorgeschriebene spirituelle Praktiken – Ereignisse, in die man sich vertieft und die darauf angelegt sind, Seele und Herz der Spiritualität zu öffnen. Wenn ein Ritual uns berührt, stehen die Handlungen, die wir vornehmen, und die Worte, die wir sprechen, im Einklang mit unserer inneren Wahrheit. Beim Vollzug eines Rituals fühlen wir uns sicher. Spirituelle Rituale sind ebenso vielfältig wie die Menschen, die sie vollziehen. Sie können sehr unterschiedliche Wirkungen auf uns haben: Wir fühlen uns beispielsweise belebt oder getröstet. Rituale können eingesetzt werden, um zu segnen, zu heilen, zu schützen oder zu danken.

Ein zentraler Aspekt von Ritualen ist die Wiederholung. Manche Rituale werden schon seit Jahrhunderten auf genau die gleiche Weise vollzogen. Das häufige Vollziehen eines Rituals vertieft unsere Beziehung dazu und verstärkt seine Wirkung. Um zu begreifen, wie Wiederholung innerhalb einer Religion wirkt, sollte man daran denken, welche Macht sie in unserem Alltag ausüben kann. Können Sie sich erinnern, einmal einen Standpunkt in einem Streit so lange vertreten zu haben, bis Ihnen zugehört wurde? Haben Sie schon einmal erlebt, wie die Wiederholung von Worten in einer fremden Sprache dazu führte, daß Sie sie schließlich lernten?

Ob Rituale traditionell oder persönlich sind, sie verlangen ein gewisses Vertrauen. Man lernt, sich auf eine rituelle Form ebenso zu verlassen wie auf ein Rezept, einen Tanzschritt oder eine Gymnastikübung. Diejenigen, für die Rituale Bestandteil einer autoritären Religion waren, fühlen sich dabei oft unbehaglich. Die Vorstellung einer fest vorgeschriebenen Form ritueller Praktik flößt Ihnen dann vielleicht Angst ein.

Wer oder was garantiert, daß diese scheinbar fremdartige Praktik etwas mit uns zu tun hat? Wie können wir sicher sein, spirituell versorgt und beschützt zu werden, wenn wir uns auf die verlangte Weise öffnen? Wir müssen vielleicht ganz von vorn anfangen, indem wir herausfinden, ob Rituale einen Platz in unserer Spiritualität haben. Vielleicht möchten wir eigene Rituale entwickeln und herausfinden, welche Elemente unsere spirituelle Verbundenheit bestärken und welche nicht. Manche Menschen finden Rituale aus der Kindheit wieder, die immer noch nützlich für sie sind. Mit ihrer Hilfe kann man einen vergessenen Weg zur Spiritualität neu eröffnen.

Annie erlebte eine spirituelle Verbundenheit bei Ritualen, die Erinnerungen an ihre katholische Kindheit auslösten.

Ich erinnere mich daran, wie ich mit meinen Freunden nach der Kirche immer Messe gespielt habe. Mädchen durften ja nicht beim Altardienst helfen, daher wechselten wir uns ab, wer Priester war und wer Meßdiener. Wir trugen langärmelige Hemden, für die Kommunion gossen wir Traubensaft in die schöne Essigkaraffe meiner Mutter und taten so, als sei es Jesu Blut. Als Oblaten nahmen wir Kräcker. Wir hatten sogar Glöckchen. Wenn wir dieses Ritual vollzogen, fühlte ich mich viel stärker mit meiner Spiritualität verbunden als in der kirchlichen Messe.

Annies Geschichte beleuchtet die enge Verbindung zwischen kreativem Spiel und spirituellen Erfahrungen. Annie vollzog hier auf kreative Weise ein spirituelles Ritual, das sie viele Male miterlebt hatte, ein Ritual, das einen Sinn für sie hatte und sie so sehr inspirierte, daß sie daran teilnehmen wollte, um das gleiche zu erleben wie die Meßdiener.

Was Annie als Kind über die spirituelle Macht von Ritualen lernte, brachte sie später in ihre Schauspielerei ein:

Ich habe meine Erfahrungen immer gern ausagiert. Momentan arbeite ich an einem Stück über Frauen und Krebs. Es hilft mir, die ungelöste Trauer über den Krebstod meiner Großmutter, meiner Mutter, meiner Tante und einiger Freundinnen zu bearbeiten. Ich betrachte mich als Vermittlerin von heilender Energie durch die Medien Theater und Ritual. Ich gehöre auch einer Schauspielgruppe an. Wir setzen Rituale spielerisch ein, um unser Leid auszudrücken und zu verwandeln. Das ist für mich geradezu zu einer spirituellen Therapie geworden.

Sharon mußte in ihrer Jugend die protestantische Kirche verlassen, in der sie aufgewachsen war, und mit ihrer Familie in eine neue Stadt ziehen. Ohne die Kindheitsrituale, an die sie so gewöhnt war, nutzte Sharon nun ihre Phantasie und Kreativität, um ein Stück Spiritualität zurück in ihr Leben zu holen.

In dem Jahr, als ich mit meiner Familie nach Los Angeles zog, standen wir zwischen den Kirchen und gehörten nirgendwo richtig hin. Da war ich neun und wurde sehr religiös. Einmal las ich in einem Artikel für Kinder, wie man Spiritualität in sein Leben einbringen und sich selbst einen Altar einrichten könne. Da habe ich mir einen ganz besonderen Ort nur für mich geschaffen.

Mein Vater half mir, in meinem Zimmer einen kleinen Altar aufzubauen. Ich bedeckte ihn mit einem Tuch, besorgte mir zwei Holzstücke und machte daraus ein Kreuz. Davor legte ich meine Bibel. Dann setzte ich mich jeden Tag vor meinen Altar, dachte an spirituelle Dinge und sprach mit Gott. Das war mein ureigenes spirituelles Ritual, ganz für mich allein. Niemandem sonst in meiner Familie wäre so etwas eingefallen. Aber ich wollte in engem Kontakt mit Gott stehen und an wichtige Dinge denken. Ich fühlte mich eng mit einem höheren Wesen verbunden, und das war sehr gut für mich. Bestimmte Gegenstände und eine gewisse Ordnung sind mir immer noch sehr wichtig. Sie beeinflussen meine Stimmung auf ganz profunde Weise.

Die Wiederholung von Ritualen fördert die spirituelle Verbundenheit, aber nur, wenn wir das Ritual aus dem Herzen heraus vollziehen. Es kann schwer sein, sich mit Worten und Handlungen verbunden zu fühlen, die von anderen vorgeschrieben und entwickelt wurden. Wenn man feststellt, daß man die Worte nur mechanisch wiederholt und Probleme hat, dem Ablauf zu folgen, muß man seine Beziehung zu diesem Ritual vielleicht überdenken. Fragen Sie sich, ob Sie sich engagiert genug fühlen. Sie möchten vielleicht eine traditionelle rituelle Praktik mit neueren persönlichen Bildern und Aktivitäten verbinden. Dazu können Sie eigene Rituale entwickeln, die direkter Ihrem individuellen spirituellen Wachstum und Ihren neuen Herausforderungen entsprechen. Ihre Praktiken sollten reflektieren, wer Sie wirklich sind.

Jackie wurde römisch-katholisch erzogen. In den vergangenen 17 Jahren hat sie auf dem Land in enger Beziehung zu sich, anderen Frauen, der Erde und ihrem Gott gelebt. Sie lehnt ihre Ursprungsreligion zwar heute ab, hat aber einige der Rituale aus früherer Zeit in ihr heutiges spirituelles Leben integriert.

Ich wurde römisch-katholisch erzogen. Und obwohl ich diese Religion heute ablehne, gibt es Rituale, die ich übernommen und meiner neuen weiblichen Spiritualität angepaßt habe. Ich wollte zum Beispiel den harmonischen Zusammenschluß betonen, denn ich glaubte, es sei eine Zeit bedeutsamer Veränderungen und Verwandlungen. Jahrelang hatte ich als Katholikin in der Fastenzeit irgend etwas aufgegeben. Als Symbol für meine Öffnung wollte ich etwas Wichtiges für den harmonischen Zusammenschluß aufgeben, etwas, das Auswirkungen auf mein Leben haben würde. Ich beschloß, mit dem Marihuana-Rauchen aufzuhören. Seitdem hat sich mein Leben eindeutig verändert. Ich fühle mich klarer. Ich habe mehr Energie und Selbstachtung. Ich fühle mich eher mit mir im reinen, weil nichts Äußerliches mehr mein Leben beherrscht.

Mein religiöser Hintergrund macht sich auch darin bemerkbar, daß ich gern beichte – etwa, wenn ich von mir selbst enttäuscht bin, weil ich irgend etwas getan habe. Dann möchte ich nach dieser alten heiligen Weise jemandem erzählen, was geschehen ist. Unwillkürlich sage ich dann: »Heilige Mutter, ich habe gesündigt.« Dabei taucht das Bild einer spirituellen Leitfigur vor mir auf, und ich beichte ihr alles. Meine spirituelle Leitfigur entsteht einfach so in mir. Sie ist bei mir, und ich rede mit ihr. Dann habe ich das Gefühl, einen Prozeß durchgemacht zu haben, der mich für das, was ich getan habe, zur Rechenschaft zieht. Anschließend fühle ich mich immer sehr friedlich.

Jackie hat Gebete durch persönliche Affirmationen ersetzt, findet aber, daß die Erfahrung mit christlichen Gebeten, die ständig wiederholt wurden, ihr immer noch hilft.

Ich nutze meine frühen katholischen Erfahrungen und wende sie auf meine Affirmationen an. Ich sage sie auf die gleiche Weise und mit dem gleichen Gefühl, zum Beispiel: »Ich liebe mich und schätze mich genau so, wie ich bin.« Das geht ganz leicht, sogar beim Einkaufen. Ich denke, teilweise liegt es daran, daß ich soviel Übung habe, zehn Rosenkränze oder zehn Vaterunser herzubeten, um irgendwelche Sünden loszuwerden. Ich spule meine Affirmationen ebenso ab wie früher meine Gebete.

Nelly kehrte zu einem uralten Ritual ihrer Ursprungsreligion zurück. Sie bestärkt ihre Verbundenheit mit dem jüdischen Erbe, indem sie ein Kindheitsritual mit Gebeten verknüpft, die ihre einzigartige Lebenssituation und ihre heutigen Kämpfe spiegeln.

Eine Geschichte von Nelly

In der letzten Zeit halte ich bei mir zu Hause freitags abends immer eine Sabbath-Zeremonie ab. Ich habe mir dieses Ritual ausgesucht, weil es in der ganzen Welt immer Frauen waren, die die Sabbath-Kerzen anzündeten. Es ergibt außerdem in meinem Leben einen Sinn, am Freitag bei Sonnenuntergang ein Ritual zu vollziehen, denn es ist das Ende meiner Arbeitswoche und der Übergang in eine andere Gangart, das Wochenende. Als meine Mutter neulich nach Israel fuhr, bat ich sie, mir Sabbath-Leuchter mitzubringen. Ich dachte, es würde helfen, wenn sie aus dem Zentrum des heutigen Judentums stammten. Jeden Freitag abend stecke ich nun die Kerzen an. Das Gebet habe ich feminisiert. Zuerst spreche ich es in Hebräisch – oder wie ich mich an das hebräische Gebet erinnere –, denn es verbindet mich mit meinen Ahnen. Das anschließende Gebet in Englisch fällt jede Woche anders aus. Ich gestalte es so, daß es für mein Leben und meine spirituellen Fragen relevant wird. Als ich in dieser Woche die Kerzen anzündete, betete ich: »Gesegnet seist du, Schöpferin und Zerstörerin, die mich zum Prozeß des Lebens und zum Tod ruft, damit ich mich entfalte und entwickle, wie ich nur kann, und zu allem werde, was werden soll.« Beim Anzünden der Sabbath-Kerzen habe ich immer das Gefühl, etwas sehr Altes und

Tiefes in mir zu bewahren. Ich achte damit meine jüdische Vergangenheit. Ich lebe am Meer, daher kann ich zusehen, wie die Sonne ins Meer sinkt, und das Ritual genau bei Sonnenuntergang vollziehen, wie es die jüdische Tradition vorschreibt. Das verbindet mich mit den Rhythmen und Zyklen der Natur. Die Kerzen brennen den ganzen Abend lang, und ich lasse mich von ihrem warmen Schein trösten.

Das Kerzenanzünden, das sich in vielen Religionen und Kulturen findet, ist ein Beispiel dafür, wie ein verbreitetes, aber machtvolles Ritual sinnvoll in unser Leben integriert werden kann. Bei einer Kerzenzeremonie arbeiten wir mit der Energie des Feuers, einem Element, das uns in unserem Alltag durchaus vertraut ist. Das Bild der Flamme erzeugt rasch auch Wärme im Herzen. Mary praktiziert eine Kerzen-Zeremonie amerikanischer Ureinwohner, die sie von ihren Eltern gelernt hat.

Als ich klein war, zündete mein Vater jeden Morgen eine Kerze an und betete zum Schöpfer. So verehrte mein Volk die Sonne, die uns und dem Planeten alles Leben schenkt. Nun zünde auch ich jeden Morgen bei meinem Betaltar eine Kerze an. Die Kerzenflamme macht mir die Lebensflamme in meinem Herzen bewußt. Ich danke für das Feuer und mein Leben.

Carolyn war als Kind immer ganz hingerissen von den Lichtern zur Weihnachtszeit. Dieses Licht half ihr, sich warm und getröstet zu fühlen. Wenn ihre Familie die Kerzen am Baum anzündete, folgte sie damit einer westeuropäischen Tradition. Diese Tradition geht auf Rituale zurück, die die Rückkehr der Sonne zur Sonnwende feiern. Als Erwachsene hat Carolyn Forschungen über den alten europäischen Sonnwendtag angestellt und eine spirituelle Tradition entdeckt, die ihr vollständig entgangen war. Heute praktiziert Carolyn zur Wintersonnenwende eine ähnliche, aber dennoch andere Zeremonie mit Kerzen.

Wenn ich heute die Sonnwendkerzen anzünde, denke ich an meine englischen und keltischen Ahnen, die lange kalte Winterabende zusammen verbrachten. Manchmal spüre ich es geradezu, wie sie alle zusammenhockten und in der längsten Nacht des Jahres auf die Rückkehr der Sonne warteten. Ich lasse nicht nur am Sonnwendtag Kerzen brennen, sondern auch im Januar und Februar. Das hilft mir, emotionell und spirituell warm zu bleiben. Ich fühle mich dadurch gestärkt. Wenn ich die Kerzen anzünde, fühle ich mich mit meinen Ahnen und der Lebenskraft aller Wesen auf der Erde verbunden.

Neue Frauenrituale

Ein gutes Ritual ist eine Aktivität, die uns der Göttin näherbringt. Es ist ein Signal, daß wir SIE erkennen möchten, eine Einladung, daß SIE an unserem Leben teilhat. Rituale schaffen auch eine sichere Basis, um einander kennenzulernen.

Wie wir sehen, bewahren viele Frauen Aspekte, die sie auf ihrer spirituellen Reise sammeln, für eine spätere Integrierung in neue kollektive Handlungen auf, die ihnen helfen, sich mit ihrer authentischen Spiritualität zu verbinden. Manche nennen diese Handlungen auch Rituale.

Es gibt eine ungeheure Vielzahl an Ritualen, von schlichten Praktiken, die man in wenigen Minuten allein vollzieht, bis zu langen, komplexen Zeremonien mit vielen Teilnehmerinnen. Ob schlicht oder kompliziert, Rituale bestehen aus vielen verschiedenen Bestandteilen: Worten, Handlungen, Musik, Schmuck und spirituellen Objekten. Wenn man an einem Ritual teilnimmt, kann man entweder alle Bestandteile einarbeiten oder nur eines. Denken Sie zum Beispiel an den Unterschied zwischen einer komplizierten Hochzeitszeremonie und einem Dankgebet bei Tisch. Vermutlich weist die Hochzeitszeremonie alle bestehenden Ritual-Elemente auf. Sie soll immerhin ein starkes emotionales und spirituelles Band erzeugen, das ein Leben lang andauern soll. Der Geist des Rituals soll nicht nur die Individuen im Mittelpunkt der Zeremonie anrühren, sondern auch alle Anwesenden. Wenn wir bei Tisch Dank sagen, ist das spirituelle Engagement gewöhnlich geringer. Daher sind weniger Worte, Handlungen und spirituelle Hilfsmittel nötig.

Traditionellen Anlässen, wie Geburtstagen, Abschlußfeiern und anderen Familienfesten, können persönliche Rituale mehr Bedeutung verleihen. Religiöse Zeremonien, wie Hochzeiten, Beerdigungen und Trauergottesdienste, werden manchmal durch ein persönliches Ritual verstärkt, das besondere Bedeutung für die Teilnehmerinnen und Teilnehmer hat. Frauen benutzen Rituale, um sich über schwierige Phasen oder bei einer schwierigen Aufgabe zu helfen. Der Vollzug eines Rituals kann helfen, Frustration in Geduld umzuwandeln. Einfache Rituale, die nur wenige Minuten dauern, können unsere Stimmung heben. Wenn man ein Räucherstäbchen anzündet und sich selbst bestätigt, daß man mit sich im reinen ist, kann das dazu beitragen, gelassener zu werden.

Lily benutzt persönliche Rituale, um gesellschaftlichen Anlässen einen spirituellen Sinn zu geben, und erzeugt damit eine spirituell verbindende Atmosphäre für sich und ihre engen Freundinnen. Bei ihrer Geburtstagsfeier errichtete sie einen Altar; die Bedeutung der daraufliegenden Objekte verstärkte ihr Gefühl von Verbundenheit.

Ich habe vor drei Jahren eine wunderbare Geburtstagsfeier für mich veranstaltet. Ich wollte mein inneres Kind ehren. Dazu habe ich meine Lieblingsfreundinnen eingeladen und gesagt, es sei zum Nachmittagskaffee. Meine engsten Freundinnen habe ich mir sehr sorgfältig ausgesucht; es war eine Gruppe von Frauen, die ich oft sehe.

Der Tisch, den ich für uns deckte, wurde ungeheuer wichtig für mich. Er war wie ein Altar mit einer Reihe von Gegenständen bestückt, die für mich als Frau, aber auch als Mädchen wichtig waren. Das Herrichten allein war für mich schon ein Ritual. Mir war jedes Objekt auf diesem Tisch/Altar vertraut. Es sah ungeheuer schön aus und half uns, rasch eine enge Verbundenheit zu entwickeln. Meine fünfjährige Tochter war davon restlos begeistert. Sie war wie umgewandelt. Das war für mich ein sehr bedeutsames Ritual. Ich habe damit wirklich etwas Besonderes geschaffen, eine heilende Brücke zu meiner Vergangenheit.

Tina spricht über ihre Weise, einen spirituellen Raum für sich zu schaffen, indem sie Schmuck und rituellen Zierat herstellt. Das Ritual mit ihrer Halskette hilft ihr, sich auf die Arbeit zu konzentrieren und sie hinter sich zu lassen, wenn sie fertig ist. Für dieses Halsband benutzt sie Objekte, wie sie sie schon als Kind im Wald sammelte: Quarzsteinchen, Holzstückchen, Federn, Muscheln und Perlen.

Ich bekam Lust, dieses Halsband zu machen, weil ich mir etwas geben wollte, um mir über die ungeheure Frustration hinwegzuhelfen, die ich immer nach Beendigung einer Fotositzung empfand. Wenn ich das Halsband umlege, sage ich mir damit, daß ich nun konzentriert und fokussiert bin, und wenn ich es abnehme, weiß ich, daß ich nun ein »normaler Mensch« bin. Das klappt auch. Für diese Kette habe ich Bernstein benutzt, denn der hat eine beruhigende Wirkung. Seitdem habe ich viele Halsketten hergestellt. Als ich Probleme hatte, schwanger zu werden, machte ich eine Kette nach der anderen, für jede Phase des Ovulationszyklus. Meine Beziehung zu diesen Halsbändern ist stark ritualistisch. Wenn es geht, hänge ich sie nach draußen in die Bäume, damit sie die Energie der Natur in sich aufnehmen und gereinigt werden.

Um eine Beziehung zu Ritualen neu zu entwickeln oder zu beleben, hilft es, vergangene Rituale zu betrachten. Man stellt vermutlich fest, daß einige dieser Erfahrungen in der großen Öffentlichkeit vollzogen wurden: Rituale, die in einem Tempel oder einer Kirche stattfanden und an denen viele Menschen teilnahmen. Andere waren eher privater Natur – Familienfeiern und Zeremonien mit engen Freunden. Wieder andere waren vielleicht noch privater und wurden von Ihnen allein zu Hause oder im Freien abgehalten.

Meine Beziehung zu Ritualen

Nutzen Sie diese Übung, um Ihre Beziehung zu Ritualen zu hinterfragen.

Schließen Sie die Augen, und beginnen Sie mit einer Erdungsmeditation (siehe Seite 19 f.), die Ihnen am besten hilft, einen gelassenen Zustand zu erreichen. Nun lassen Sie Ihre Gedanken in die Vergangenheit schweifen. Vollziehen Sie im Geist ein Ritual, das für Sie sinnvoll war, ob in der Öffentlichkeit oder allein. Achten Sie darauf, ob Sie spirituelle Verbundenheit empfinden. Wie entsteht dieses Engagement? Was genau tun Sie?

Wenn Sie sich dazu bereit fühlen, erkunden Sie ein weiteres Ritual Ihrer Vergangenheit auf die gleiche Weise und stellen Sie sich die gleichen Fragen. Wenn Sie bereit sind, kehren Sie zurück, um Ihren Atem wahrzunehmen und zu spüren, wie Sie auf der Erde sitzen. Öffnen Sie die Augen.

Hier ein paar Fragen, die Ihnen helfen, über diese Übung zu schreiben:

War ich allein oder in der Öffentlichkeit? Hatte ich daran Spaß? Was war daran gut für mich? Habe ich mich irgendwie unwohl gefühlt? Welchen Nutzen habe ich daraus gezogen? Nehme ich immer noch an solchen Ritualen teil?

Nun stellen Sie eine Liste von Ritualen auf, die wichtig für Sie sind. Kreuzen Sie alle an, an denen Sie auch heute noch teilnehmen.

Individuelle Rituale

Die meisten Rituale bestehen aus folgenden Elementen: Worte, Handlungen, Musik, Schmuck und spirituelle Gegenstände oder Bilder. Denken Sie an ein vertrautes religiöses Ritual, und prüfen Sie, ob Sie die verschiedenen Elemente identifizieren können. Achten Sie auf spirituelle Gegenstände oder den Einsatz von Musik. Wenn Sie Ihr eigenes Ritual entwickeln, egal wie schlicht oder komplex, sollten Sie genau auf solche vertrauten Elemente achten. Rituelle Elemente, die vertraut sind und Sie trösten, erzielen die beste Wirkung. Finden Sie heraus, wie Sie sich am besten verbunden fühlen. Welche Elemente üben die meiste Macht auf Sie aus?

Rituelle Elemente

Kreisen Sie die rituellen Elemente ein, von denen Sie sich am stärksten angezogen fühlen:

WORTE   HANDLUNGEN   MUSIK   SCHMUCK   SPIRITUELLE GEGENSTÄNDE
SPIRITUELLE BILDER

Beginnen Sie mit einem zentralen Element, das Sie zum Mittelpunkt und Kern Ihres Rituals machen wollen.

Der Zeitaspekt

Der Hauptzweck von Ritualen besteht darin, die Spiritualität zu vertiefen. Daher möchte man dafür sorgen, daß alle Aktivitäten den eigenen Bedürfnissen und dem eigenen Verständnis entsprechen. Das Entwickeln eines Rituals ist eine ganz persönliche Erfahrung. Man muß entscheiden, wann und wie oft man sein Ritual vollziehen möchte. Soll es morgens oder abends sein? Wie oft in der Woche? Manche Rituale können täglich vollzogen werden, andere vielleicht nur einmal im Jahr. Es spielt keine Rolle, welche Zeit oder welches Datum Sie wählen, solange es im Einklang mit Ihnen ist. Dadurch schaffen Sie eine Form, einen rituellen Kalender, der Sie anspricht, und eine sichere und angenehme Struktur für Ihre Praktiken.

Ein Wort über das Beten

Gebete sind grundsätzlich Worte, die wir laut oder stumm sprechen, die uns helfen, uns der eigenen Spiritualität zu öffnen. Ob wir Gott loben oder um Heilung und Schutz bitten, Gebete können einen verbalen Weg zum Göttlichen darstellen. Wenn Sie Ihre Spiritualität neu beleben wollen, versuchen Sie einmal, sich beim Beten auf einen religiösen Text zu stützen. Prüfen Sie, ob Sie eine Verbindung zu den Worten spüren. Entdecken Sie, ob sie für Sie einen Sinn ergeben. Vielleicht stellen Sie fest, daß Ihre eigenen Worte, aus dem Gefühl heraus gesprochen, die machtvollsten Gebete sind.

Rituelle Gegenstände

Wählen Sie Gegenstände aus, zu denen Sie sich spirituell hingezogen fühlen, Objekte, die Sie interessieren, mit denen Sie sich aber auch wohl fühlen. Ein Kristallstab zum Beispiel ist zwar sehr schön und mysteriös, aber in einem persönlichen Ritual wirkt er vielleicht zu unvertraut und schwer. Anfangs suchen Sie bestimmt nach Gegenständen, die für Sie eine persönliche Bedeutung haben. Denken Sie an Dinge, die Ihnen bereits vertraut sind, Objekte, die Bedeutung für Sie haben: ein Zweig von einer Zeder hinter Ihrem Haus, eine Blume aus Ihrem Garten, ein Bild aus Ihrem Schlafzimmer. Lassen Sie diese persönlichen Objekte zu Ihnen sprechen. Sie können Ihnen selbst ihre spirituellen Eigenschaften mitteilen und sagen Ihnen auch, wie Sie sie nutzen können.

Die Arbeit mit einem spirituellen Gegenstand

Wählen Sie einen Gegenstand oder ein Bild aus, zu dem Sie sich hingezogen fühlen. Stellen oder legen Sie es auf Ihren Altar oder an Ihren spirituellen Platz. Denken Sie mit offenen Augen über dieses Objekt nach. Entspannen Sie nun Ihren Blick, und schauen Sie es einfach an. Achten Sie auf Form und Farben. Fragen Sie sich: Welche Gefühle ruft dieses Objekt in mir hervor? Welche Art von Energie projiziert es? Fragen Sie Ihre innere Stimme, wie Ihnen dieses Objekt helfen kann. Wie kann es in Ihrem Ritual eingesetzt werden? Beenden Sie die Meditation mit einem Dank an Ihre innere Stimme.

Es ist wichtig, daß Sie rituelle Praktiken entwickeln, die individuell auf Ihre Bedürfnisse zugeschnitten sind.

Rituelle Techniken

Es folgt eine Liste ritueller Techniken. Jede hat eine eigene Geschichte in einem spirituellen Kontext. Werfen Sie einen Blick auf die Liste. Achten Sie darauf, ob Ihnen etwas darauf gleich in die Augen springt oder Sie verlockt. Versuchen Sie, dies in Ihre spirituelle Praktik zu integrieren.

1. Weihrauch / Räucherstäbchen
2. Kerzen
3. Inspirierende Musik am Morgen
4. Eine Schweigeminute vor dem Essen
5. Ein tägliches Gebet bei Sonnenuntergang
6. Eine Tarotkarte zeichnen und entwerfen
7. Wasser, Tee oder ein anderes Getränk als Teil einer Zeremonie
8. Blätter oder Wurzeln einer Pflanze zu spirituellen Zwecken
9. Vor einem Altar, spirituellen Gegenstand oder Bild knien oder sich verbeugen

Vielleicht möchten Sie einige dieser Praktiken ausprobieren. Wenn man nachliest, wie sie traditionell eingesetzt wurden, eröffnen sich vielleicht weitere Möglichkeiten.

Öffentliche Rituale

Sie könnten an einem öffentlichen Ritual teilnehmen. Wenn Sie damit nicht vertraut sind, und wenn Sie dabei nicht gern allein sein wollen, bitten Sie eine Freundin dazu. Sollten Ihnen bestimmte öffentliche Rituale vertraut sein, können Sie vielleicht ein anderes ausprobieren – vielleicht einen religiösen Gottesdienst einer anderen Glaubensrichtung, der einer Freundin etwa.

Es gibt viele Möglichkeiten, an einem öffentlichen Ritual teilzunehmen. Man kann dabei Beobachterin bleiben und alles mit Abstand betrachten. Das ist in Ordnung, solange Sie sich dabei wohl fühlen. Öffentliche Rituale können auch eine Chance zu starker spiritueller Verbundenheit und Vertiefung sein. Denken Sie daran, daß authentische spirituelle Erfahrungen nur im Kontext von Vertrauen und gegenseitigem Respekt stattfinden können. Nehmen Sie an dem Ritual so lange und so intensiv teil, wie es Ihnen angenehm ist.

ÜBUNG

Ein öffentliches Ritual

Nehmen Sie an einer Zeremonie teil, die Sie interessiert. Achten Sie auf Elemente des Rituals, die Sie besonders ansprechen. Denken Sie an die verschiedenen Aspekte, und fragen Sie sich, wie diese Sie betreffen. Kreisen Sie die Elemente ein, die Sie am stärksten ansprechen:

HANDLUNGEN   MUSIK   SCHMUCK   SPIRITUELLE GEGENSTÄNDE
SPIRITUELLE BILDER.

Möchten Sie etwas aus dieser Zeremonie in Ihr eigenes Ritual aufnehmen?

Bei der Entscheidung, welche rituellen Aspekte Sie in die eigenen Praktiken übernehmen wollen, lassen Sie sich von Ihrer inneren Stimme, dem »Vertrautsein« leiten.

ÜBUNG

Integration

Diese Übung hilft Ihnen, die Rolle von Ritualen in Ihrem spirituellen Leben zu verdeutlichen.

Denken Sie über die folgenden Fragen nach – vielleicht möchten Sie ihre Antworten aufschreiben:

– Welche Rolle haben Rituale auf meiner spirituellen Reise gespielt?
– Möchte ich gern eine spirituelle Verbindung zu einem rituellen Objekt herstellen?

– Fühle ich mich bei öffentlichen Ritualen wohler oder bei privaten?
– Was denke ich im allgemeinen über spirituelle Rituale in meinem heutigen Leben?

Gleich welches Medium Sie für Ihre spirituelle Verbundenheit nutzen, es ist überaus wichtig, daß Sie mit sich selbst verbunden bleiben. Ohne diese persönliche Verbindung werden auch kunstvolle Rituale oder fesselnde religiöse Kunstwerke Sie nur von Ihrem Weg abbringen. Jede spirituelle Erfahrung sollte in einem Gefühl von Authentizität und Integrität verwurzelt sein.

Eingebung und Intuition

Intuitive Erkenntnisse wirken wie ein spirituelles Erlebnis. Dabei kann man die Dinge ganz klar sehen – so, wie sie wirklich sind.

Wir leben in einem Kulturkreis, der sich des Verstandes und der Logik bedient, um Erkenntnisse und Verständnis zu erlangen. Irrationale Erkenntnisweisen werden in der Regel unterdrückt. Wie oft schon haben Sie ein vages Gefühl oder eine leise Ahnung über eine Situation geäußert, erhielten aber darauf nur eine abwertende Bemerkung über weibliche Intuition? Trotz – oder vielleicht auch wegen – dieser scheinbaren patriarchalischen Betonung der Logik bewahren Frauen ihre offensichtliche Fähigkeit zum intuitiven Denken.

Der Einsatz von Intuition zur Erlangung spirituellen Wissens ist schon seit langem die Domäne von Frauen. Frauen scheinen zwar viel vertrauter damit, sich auf ihre Intuition zu verlassen, aber Männer haben ebenso intuitive Gedanken wie Frauen. Intuition gehört einfach zu unserem Menschsein und ist eine Erkenntnisweise, die letztendlich allen zur Verfügung steht. Angela, die presbyterianische Priesterin, spricht darüber, was sie als die Gabe der Intuition betrachtet und wie diese in jüdischen wie christlichen Traditionen von Frauen genutzt wurde:

Ich denke, die Intuition wird klarer, je mehr die eigene Spiritualität heranreift. Wenn man die Frauen in der Bibel aus einer jüdisch-christlichen Perspektive betrachtet, ist die Intuition ihr stärkstes, zuverlässigstes Talent. Egal was ihnen zustößt, sie stellen niemals etwas in Frage. Nur die Männer in der Bibel zweifeln. Da ist zum Beispiel die verrückte Frau, die Jesus aufsucht und sagt: »Da ist der Messias.« Die anderen sagen ihr, sie soll still sein, aber Jesus berührt sie, und die Frau gießt Öl über ihn. Sie weiß, wer er ist. Alle Frauen wissen, wer er ist, denn sie erkennen intuitiv seine Macht. Frauen, die den Umgang mit ihrer Spiritualität schwierig finden, sollten sich die starken Frauen in der Bibel zum Vorbild nehmen.

Die Intuition kann wie eine Erscheinung wirken: In einem Moment ist sie da, im nächsten wieder verschwunden. Dieses mysteriöse Auftauchen ist aber kein Zufall, sondern beruht auf ein paar Querverbindungen im Gehirn, die ein besonderes Fenster zu verborgenen Erkenntnissen öffnen. Intuition wird in aller Stille kultiviert, wenn man mit sich allein ist, etwa vergleichbar mit Gebeten oder Meditation. Die Magie, das Mysterium der Intuition, entsteht aus der Fähigkeit, die Tür zu direkter Erkenntnis ohne die Beteiligung rationaler Gedanken aufzusperren. Diese Qualität der Wissens-Erfahrung kann als Gefühl empfunden werden, als gedankliches Durchdringen einer Situation, wenn man sich in ein Problem hineinversetzt und es von innen heraus betrachtet. Helene beschreibt den Einsatz ihrer Intuition als einen Sonnenstrahl in eine Nebelbank: »Der Nebel lichtet sich, und ich empfange die Wahrheit. Ich kann das echte Bild erkennen.«

Da uns die Intuition keine logische Straße zur Erkenntnis bietet, können wir keine rationale Antwort geben, wenn wir gefragt werden, woher diese Erkenntnis stammt oder *wie* wir etwas wissen, denn wenn wir die Intuition gebrauchen, bedienen wir uns eines Wissens, das zwar Teil unseres Bewußtseins ist, aber normalerweise jenseits der Wahrnehmungsschwelle existiert – Informationen, die uns einen Moment zuvor noch nicht zur Verfügung standen.

Es ist daher nur natürlich, daß unsere Unfähigkeit, die Intuition in rationalen Begriffen zu erklären, unser Vertrauen in sie nicht gerade stärkt. Wir zweifeln vielleicht auch an unserer Intuition, weil wir unerfahren und daher unserer intuitiven Eindrücke gänzlich unsicher sind. Wir haben vielleicht intuitive Gefühle, wissen aber nicht, wie oder wann wir uns auf sie verlassen können. Manche zweifeln sogar daran, überhaupt zuverlässige Informationen aus dieser Quelle zu erlangen. Wenn wir die Verbindung zwischen unserer Intuition und der Spiritualität erkunden, können auch Fragen entstehen.

Angesichts dieser Zweifel kann es nützen, sich vor Augen zu halten, daß die Gabe der Intuition zwar häufig heruntergespielt wird, aber in vielen traditionellen Religionen von jeher eine wichtige Rolle einnimmt. Einige christliche Strömungen nutzen introspektive Erkenntnisse, um in engeren Kontakt zu Gott zu gelangen. Maggie erinnert sich an eine intuitive Verbindung zum Heiligen Geist:

Die Eigenschaften des Heiligen Geistes waren für mich weiblich, zum Beispiel, wenn ich spürte, wie der Geist in einem Windstoß zu mir sprach. Das war eine intuitive Erkenntnis.

Das christlich-kontemplative Gebet zum Beispiel bedeutet, die Intuition bei spirituellen Konzepten wie dem Glauben einzusetzen. Man hofft dabei, daß die intuitive Erkundung tiefere spirituelle Erkenntnisse preisgibt. Ein frommer Christ, der Rat bei einem Problem sucht, benutzt die Bibel vielleicht als Werkzeug der Intuition. Im Gebet meint man möglicherweise, daß sich ein bestimmter Vers oder eine Geschichte geradezu anbieten und einem den Trost und die Erkenntnisse geben, die man braucht, um das Problem zu überwinden.

Traditionelle Religionen lehren, daß man sich auf das Gewissen berufen muß, um eine moralische und ethische Richtung im Leben zu finden, eine innere Stimme, die uns sagt, was gut und was böse ist. Wenn man sein Gewissen befragt, bittet man um innere Leitung, wie man in einer Situation zum Vorteil aller

Beteiligten handeln kann. Der Satz »Laßt euch von eurem Gewissen leiten« ist ein Eckstein der christlichen Morallehre und kann als Anleitung zur Intuition begriffen werden.

Frauen bringen ihre Intuition in einer Vielzahl von Erfahrungen und Überzeugungen zum Einsatz. Manche haben Jahre gebraucht, um eine Beziehung zu ihren intuitiven Fähigkeiten zu entwickeln, andere finden eine solche Erkundungsreise völlig neu. Die Haltung wird durch Erfahrung geprägt. Nehmen wir uns nun einen Moment Zeit, um unsere Einstellungen und Überzeugungen hinsichtlich der Intuition zu untersuchen:

ÜBUNG

Einstellungen zur Intuition

Schreiben Sie alle Botschaften über Ihre Intuition auf, die Sie von der Familie, Freunden oder Freundinnen und der Religionsgemeinschaft erhalten haben. Nehmen Sie sich Zeit, sie gründlich zu überdenken. Wählen Sie eine Überzeugung aus, die Sie noch eingehender untersuchen wollen, und schreiben Sie Ihre Gedanken auf. Sie können das Thema auch mit anderen diskutieren. Wählen Sie drei Freundinnen oder Angehörige aus, mit denen Sie Ihre Ansichten über die Intuition teilen. Hören Sie die anderen Meinungen, ohne Ihre Position zu verteidigen. Sie erkunden das Thema nur.

Die innere Stimme

Die Intuition bringt uns Erkenntnisse. Und dieses Wissen kann die verschiedensten Formen annehmen. Viele entdecken ihre Intuition aufs neue, wenn sie sich dem spirituellen Selbst öffnen, indem sie auf Botschaften und Gefühle eher spiritueller Natur lauschen. Sie zögern vielleicht anfänglich, aber viele Frauen, mit denen wir sprachen, betonten Vorteile, die sie daraus zogen, daß sie sich auf ihre innere Stimme verließen. Allgemein wurde die Intuition nicht als eine mysteriöse Kraft betrachtet, die in Aberglauben wurzelt. Im Gegenteil, die Frauen meinten, daß zur Intuition ein »tiefes inneres Wissen« gehöre, wie eine Frau es ausdrückte, »meine natürliche Fähigkeit, zur Wahrheit zu gelangen«. In manchen Fällen wurde die Wahrheit als eine innere Stimme bezeichnet. Intuition ist ein inneres Geschehen, es besteht ein Bedürfnis, sich mit einem inneren Gefühl für Erkenntnis zu verbinden und sich dann von diesem Punkt nach außen zu öffnen.

Als Carol einmal mit ihrer Mutter durch Europa reiste, wurde sie in einen schweren Busunfall verwickelt, bei dem viele Passagiere umkamen. Nur weil sie auf ihre Intuition achtete, wurde ihr Leben gerettet. Diese Erfahrung führte sie zu einem Glauben an eine Höhere Macht. Damals war Carol sechzehn Jahre alt.

Eine Geschichte von Carol

Wir waren auf der Rückfahrt von einer Tagestour in den Schwarzwald. Es war später Nachmittag. Meine Mutter und ich saßen ziemlich vorn in dem Reisebus, als ich plötzlich den starken Wunsch verspürte, nach hinten zu gehen, wo mehr Platz war, um den Rest der Fahrt zu schlafen. Das war ungewöhnlich für mich, denn ich konnte eigentlich nie in der Öffentlichkeit schlafen, erst recht nicht nachmittags. Ich bestand jedoch darauf, nach hinten zu wechseln. Wenige Minuten, nachdem wir die Plätze gewechselt hatten, stieß der Bus mit einem großen Lastwagen zusammen. Alle vorn sitzenden Passagiere starben, und jene in der Reihe vor uns wurden schwer verletzt. Ich habe überhaupt nichts abbekommen. Meine Mutter hatte nur geringe Prellungen und Schnittwunden. Ich erinnere mich an das seltsame, zeitlose Gefühl, als ich aus dem Bus stieg: Das dauerte zwei Tage lang an. Ich empfand Ehrfurcht, als ich erkannte, was geschehen war. Ich hatte einen göttlichen Rat erhalten. Jemand oder etwas hatte zu mir gesprochen und mir gesagt, ich solle nach hinten in den Bus gehen. Und ich hatte diesen Rat befolgt. Dieses Ereignis löste Neugier in mir auf das aus, was ich nun Intuition nenne. Es bestätigte für mich einen festen Glauben an die nichtrationale Welt, der mich nie wieder verlassen hat.

Als Kinder verlassen wir uns stark auf unsere Intuition, weil wir die Fähigkeit zu rationalem Denken noch nicht voll entwickelt haben. Unsere innere Stimme spricht deutlicher zu uns, und wir hören vermutlich eher auf sie. Leider wird unsere natürliche Intuition im normalen Bildungssystem zugunsten wissenschaftlicher Untersuchungsweisen und der Logik abgewertet. Die Neugier und Offenheit der Kindheit weicht gemäßigten, logischen Erfahrungsweisen. Man kann die Fähigkeit zu nichtrationalem Denken sogar völlig verlieren. Nelly erinnert sich an ein Erlebnis aus der Kindheit, als sie ihrer Eingebung vertraute. Sie empfing eine intuitive Erkenntnis über eine potentielle Gefahr für sich selbst und andere. Sie vertraute dieser Erkenntnis, die von ihrer Mutter bestätigt wurde.

Eine Geschichte von Nelly

Als ich acht Jahre alt war, geschah etwas in meiner Gemeinde, das eine Menge Angst und Schrecken verbreitete. Ein paar Jugendliche hatten mit ihren Chemiekästen in der Schule Bomben gebastelt und sie irgendwo versteckt. Nach einem Traum erzählte ich eines Morgens meiner Mutter, man habe die Bomben im Abwasserkanal auf der anderen Straßenseite gegenüber der Schule gefunden. Ein paar Tage später entdeckte die Polizei die Bomben tatsächlich an genau der Stelle, die ich bezeichnet hatte.

Meine Mutter war davon sehr beeindruckt, und ich wurde sehr gelobt. Diese Geschichte wurde immer wieder erzählt – sie ist zu einer Art Familienmythos geworden. Danach fühlte ich mich immer gut, wenn ich eine intuitive Eingebung hatte. Meine Erfahrung wurde positiv gewertet und nicht mit etwas Negativem verbunden. Das Vertrauen in meine Intuition brachte mich sprichwörtlich in Sicherheit, denn ich hielt mich von dem Abwasserkanal fern, in den die Bomben gelegt worden waren.

Noch heute fühle ich mich sicher und friedlich, wenn ich das Gefühl habe, daß etwas geschieht – und das tritt dann tatsächlich auch ein. Ich weiß, daß ich sehr gut auf mich aufpassen kann.

Nelly erzählt von einem anderen Erlebnis später in ihrem Leben, als sie sich wiederum beschützt fühlte, weil sie auf ihre Eingebung achtete:

Eines Tages bekam ich bei der Arbeit die Eingebung, in der Mittagspause nach Hause zu gehen und zu meditieren. Das war das erste Mal, daß ich das so erlebte. Bei der Meditation wies mich meine innere Stimme an, mich an den Großen Geist um Schutz zu wenden. Zum Großen Geist hatte ich noch nie zuvor gebetet. Am gleichen Abend hatte ich auf der Heimfahrt von der Arbeit einen schweren Unfall. Mein Auto wurde völlig zerquetscht, außer dem Fahrersitz. Die Polizei meinte: »Da haben Sie aber Glück gehabt. Wie leicht hätten Sie dabei umkommen können.« Ich glaube, meine Intuition schützte mich, indem sie mich zum Großen Geist leitete.

Die Intuition fördern

Im folgenden finden Sie zwei Übungen, die Ihnen bei der weiteren Erkundung Ihrer Intuition helfen können:

Intuitive Erlebnisse in der Kindheit: Versetzen Sie sich mit freiem Schreiben in Kontakt zu einer intuitiven Erfahrung in Ihrer Kindheit. Schreiben Sie über Kindheitseingebungen, die Sie beschützt und geleitet haben.

Gefühle über andere Menschen: Verbringen Sie täglich ein paar Minuten damit, Gefühle aufzuschreiben, die Sie für andere Menschen empfunden haben. Diese Gefühle können flüchtige Eindrücke oder intuitive Einsichten gewesen sein. Sie haben sie, wenn Sie mit anderen Menschen sprechen oder von ihnen träumen und über sie nachdenken. Dann legen Sie die Aufzeichnungen eine Weile beiseite. Wenn Sie sich bereit dazu fühlen, nehmen Sie sie wieder hervor und lesen das Geschriebene durch. Finden Sie ein Körnchen Wahrheit in Ihren Gefühlen? Was sagen Ihnen Ihre Worte rückblickend? Sind die Informationen für Sie nützlich?

Manchmal ist es schwer, sich selbst zu vertrauen. Selbstvertrauen ist eine angelernte Erfahrung. Nicht jeder hat gelernt, sich auf die eigene Wahrnehmung zu verlassen und sich selbst genaues und konsequentes Feedback und die bedingungslose Liebe zu geben, die dazugehören. Selbst heute noch stellen Frauen fest, daß ihre Meinungen oder auch nur Andeutungen von Ideen sich in Luft auflösen, noch ehe sie die Chance hatten, auf die Probe gestellt zu werden. Daher vertrauen wir vielleicht unserer inneren Erkenntnisweise nicht recht.

Ein weiteres Problem kann darin bestehen, daß die intuitive Stimme oft eine andere Form annimmt. Denken Sie an die Geschichten von Nelly und Carol. Beide fühlten sich von ihren intuitiven Botschaften beschützt und bestätigt, aber sie erhielten sie auf völlig unterschiedliche Weise. Carol hatte eine ungewöhnliche Idee und führte sie aus, und Nelly gewann bestimmte Erkenntnisse im Traum. Es ist nicht wichtig, wie die Intuition zu uns spricht, wichtig sind ihre Qualität und die Absicht der Eingebung.

Intuition

Denken Sie einen Moment lang nach, wann Sie das letzte Mal ein intuitives Gefühl oder eine Eingebung hatten. Was für eine Art Botschaft war es? Was vermittelte sie Ihnen? Kreisen Sie die Beschreibungen ein, die dem am nächsten kommen:

VERSICHERUNG TROST SCHUTZ ERKENNTNIS RATSCHLAG

In unserer Gesellschaft betrachtet man intuitive Erfahrungen als ungewöhnlich und selten. Frauen, die sich mit ihrer Intuition beschäftigen, stellen jedoch häufig fest, daß sie viel öfter intuitive Botschaften erhielten als sie angenommen hatten. Es kann eine aufregende Erkenntnis darstellen, daß wir Kontakt zu einer inneren Stimme haben, aber es bleibt eine Zwickmühle: Welchen Botschaften kann man vertrauen, und soll man entsprechend der so gewonnenen Informationen handeln?

Intuitive Botschaften müssen überprüft werden, ehe man sie nutzt. Dazu ist eine kritische Einstellung sehr nützlich. Eine übervorsichtige Haltung untergräbt Ihren spirituellen Fortschritt, und naives, fragloses Vertrauen kann unangemessene Verwirrungen und Schäden bewirken. (Die Fragen in der Übung »Zweifel hinterfragen« auf Seite 45 hilft vielleicht dabei, die Mitte zwischen Mißtrauen und Leichtgläubigkeit zu finden.)

Ob Sie sich auf diesem Feld für eine »Fortgeschrittene« oder eine »Anfängerin« halten, wir schlagen vor, daß Sie sich bei der Untersuchung Ihrer Intuition drei Grundfragen stellen: Wie lautet die Botschaft? Welche Absicht steckt dahinter? Soll diese Botschaft anderen mitgeteilt werden?

Wie lautet die Eingebung?

So interessant und wichtig eine intuitive Botschaft auch erscheinen mag, am besten handelt man erst danach, wenn man sicher ist, sie auch zu verstehen. Man kann dies üben, indem man intuitive Eingebungen aufschreibt, die man über Alltagsereignisse empfängt. Manchmal hat man bloß vage Gefühle gegenüber einer Sache. Das ist in Ordnung. Manchmal muß man ein Gefühl erst einmal eine Weile sich setzen lassen, ehe man einen Sinn darin erkennt. Sie möchten diese Bedeutung vielleicht in Ihrem spirituellen Tagebuch notieren, um sich das Geschehene später noch einmal zu vergegenwärtigen. Es kann interessant sein, später nachzuprüfen, ob sich die Botschaft irgendwie auf Ihr Leben ausgewirkt hat.

Manchmal ist es allerdings frustrierend, wenn man eine intuitive Botschaft nicht versteht. Für einen solchen Fall schlagen wir eine sanfte und geduldige Vorgehensweise vor. Vielleicht möchten Sie das Thema lieber beiseite lassen und mit Ihrer Arbeit fortfahren. Wenn Sie später dazu zurückkehren, erkennen Sie möglicherweise die Bedeutung.

Welchen Sinn hat die Botschaft?

Nehmen Sie sich Zeit, um über den Sinn der intuitiven Botschaft nachzudenken. Geht es um Trost, Schutz, Beruhigung, Erkenntnis oder Rat? Sie sind bereiter, die Botschaft in Ihr Leben zu integrieren und danach zu handeln, wenn Sie deren Sinn begreifen.

Soll die intuitive Botschaft anderen mitgeteilt werden?

Unsere Intuition liefert uns zwar oft nützliche Informationen oder Unterstützung, aber meistens sind diese nicht für andere gedacht. In manchen Fällen kann die Verbreitung einer intuitiven Erkenntnis sogar Verwirrung stiften, statt sie auszuräumen. Bei der Überlegung, ob man ein intuitives Gefühl mit anderen teilen soll, kann man sich die möglichen negativen oder positiven Konsequenzen für sich selbst ausmalen. Sollten Sie sich bewegt fühlen, eine intuitive Botschaft weiterzugeben, fragen Sie sich nach Ihrer Motivation. Machen Sie sich klar, daß es Ihre eigene Wahrheit ist, die nicht unbedingt von anderen geteilt wird. Falls Sie Zweifel haben, behalten Sie sie für sich.

Wir schlagen vor, die Übung »Quellen des Beistands« (siehe Seite 35) noch einmal anzusehen. Fragen Sie sich, wer Sie bei der Erkundung Ihrer inneren Stimme am besten unterstützen könnte. Es kann nützlich sein, Ihre Zweifel und Ängste mit anderen zu teilen. Vermutlich kann eine spirituelle Lehrerin oder Leiterin Ihnen dabei helfen. Unterstützung ist hier sehr wichtig, aber letztendlich sind Sie selbst verantwortlich: Die Entscheidungen über Wert und Wahrheit Ihrer Intuition liegen bei Ihnen.

Eine nützliche Methode, intuitive Eingebungen zu überprüfen und Ihre Intuition zu entwickeln, sind Hilfsmittel wie Tarotkarten, Runensteine oder das I Ging, die besonders darauf ausgelegt sind, Ihre Verbindung zur Intuition zu stärken. Vielleicht fühlen Sie sich wohler, wenn Sie Ihre intuitiven Eingebungen mit Hilfe von Gegenständen, Bildern oder Texten überprüfen. Solche Hilfsmittel und »Gebrauchsanleitungen« dazu kann man in spirituellen Buchhandlungen kaufen. Es gibt aber auch Kurse und Selbsthilfegruppen zu diesem Thema.

ÜBUNG

Das Tarot

Diese Übung kann auf die anderen Hilfsmittel zur Weissagung übertragen werden.

Konzentrieren Sie sich auf Ihre intuitiven Gefühle oder Eingebungen. Bestätigen Sie laut, daß die Karten, die Sie ziehen, Ihr intuitives Verständnis erhellen werden. Nun ziehen Sie eine Tarotkarte. Denken Sie in aller Ruhe über das Bild nach. Fragen Sie sich, ob die Karte auf irgendeine Weise Ihre gegenwärtigen Gefühle bestätigt oder im Widerspruch dazu steht. Achten Sie auf Symbole, die Ihre intuitiven Gedanken verstärken. Vielleicht machen Sie sich Notizen über die Karte in Ihrem Tagebuch oder lassen sie auf dem Altar liegen, um sie ein paar Tage später erneut zu betrachten. Dann stellen Sie sich die gleichen Fragen noch einmal. War diese Karte im Rückblick nun eine Bestätigung oder nicht?

Es ist interessant, daß intuitive Fähigkeiten oft bei Menschen vorkommen, die in ländlichen, nichtindustrialisierten Gesellschaften leben und noch enger mit den Rhythmen der Natur verbunden sind. Wenn wir in der Natur aufwachsen, verstehen und respektieren wir die natürlichen Kreisläufe besser, die unser Leben beeinflussen. Das Leben einer Bäuerin beispielsweise, die vom Landertrag lebt, wird direkt von den Abläufen des Wetters beeinflußt. So hat sie lernen müssen, die Zeichen der Natur zu deuten.

Man kann die Intuition auch als das Verstehen von Mustern jenseits der eigenen Kontrolle betrachten. Wenn unser Leben im Einklang mit diesen Mustern und Zyklen der Natur verläuft, werden diese Kräfte zum Bestandteil unseres Bewußtseins.

Personifizierte Intuition

Die Religion und der Kulturkreis beeinflussen ebenfalls, auf welche Weise sich intuitives Wissen zeigt. Manche Religionen geben Beispiele für die intuitive Stimme, die auf menschliche oder menschenähnliche Weise zu uns spricht. In der christlichen Tradition sind es zum Teil Heilige und Engel, die uns Trost und Unterstützung geben.

Randy begann schon als Kind, personifizierte Eingebungen zu haben. Sie wurde als Kind mißbraucht und erhielt spirituellen Beistand von einer inneren Stimme, die sie anfänglich für ihren Schutzengel hielt. Aus dieser Erfahrung, auf den Schutzengel zu lauschen, lernte sie, Erkenntnisse aus anderen spirituellen Quellen zu respektieren.

Gott war ein angsterregender Mann, ganz groß und weit weg. Als Kind wandte ich mich daher lieber an die Engel, weil sie nicht so schrecklich waren. Ich hatte einen Schutzengel. Wir mußten immer neben dem Bett knien und beten. Dann sprach ich immer mit meinem Schutzengel und bekam tröstende Antworten. Das gilt für mich heute noch. Ich kann ganz still sein und nach innen lauschen und bekomme dann eine Antwort. Verändert hat sich aber, mit wem ich rede. Früher sprach ich mit dem Schutzengel, mit Jesus und manchmal mit Gott. Heute meine ich, daß meine Antworten von einem Führer kommen, einem Wesen, das reines Licht ist, oder vom Grunde meines Seins her. Wenn ich bete, denke ich manchmal auch an die Göttin. Meine Verbundenheit hat mehrere Schichten. Das erinnert mich an meine Kindheit, wenn es immer sehr leicht war, Zugang zu meinem Schutzengel zu finden.

Marie wuchs in einer katholischen Familie auf, wo sie von Kindesbeinen an von Engeln und Heiligen hörte. Dies hat ihr Konzept von spirituellen Leitfiguren leichter begreifbar gemacht.

Die Idee, daß es Wesen gab, die Botschaften für mich hatten und in einer anderen Realität lebten, war schon immer Bestandteil meines Glaubenssystems.

Als der Katholizismus Marie als Erwachsene nicht mehr befriedigte, stellte sie fest, daß sie sich zu ihren »Leitfiguren« hingezogen fühlte.

Manchmal empfinde ich sie wie eine Familie. Meine Leitfiguren haben kein bestimmtes Geschlecht. Irgendwann sagten sie mir, mein Großvater würde versuchen, sich mit mir auszusöhnen, weil er mich im Leben immer so schlecht behandelt hat. Einmal nahm ich den Geist von einem amerikanischen Ureinwohner wahr. Manchmal fühle ich meine Mutter und meine Großmutter bei mir. Ich begrüße sie, indem ich meine Hände ausstrecke. Häufig empfinde ich dann Wärme und Energie. Ich habe ein intuitives Bewußtsein, daß wir hier nicht allein sind, daß wir hier sind, um zu arbeiten, und sie, um uns zu helfen. Ich fühle mich meinen Leitfiguren durch ein karmisches Abenteuer verbunden. Vielleicht gehörten sie zu meiner Familie oder sind Menschen, denen ich in einer anderen Zeit geholfen habe.

Marie erklärt, daß sie bei Entscheidungen und Entschlüssen in ihrem Leben direkte Anleitungen bekommt. Sie benutzt ihre Leitfiguren, um Antworten auf schwierige Lebensfragen zu finden.

Wir können aus der intuitiven Erkenntnis unterschiedlichen Beistand erhalten. Ich bitte um Rat und Hilfe, in die richtige Richtung geführt zu werden. Das entlastet mich von der Verantwortung, immer alles selbst lösen zu müssen.

ÜBUNG

Innere Lehrerin, innere Stimme

Die innere Lehrerin ist eine Verkörperung Ihrer inneren Stimme oder Eingebung. Wenn Sie das Gefühl haben, es könnte Ihnen helfen, mit der Vermenschlichung einer inneren Stimme zu arbeiten, möchten Sie vielleicht eine der folgenden Übungen ausprobieren:

Beginnen Sie mit der Grundmeditation 3: *Zum Baum werden* (siehe Seite 20). Wenn Sie bereit sind, stellen Sie sich Ihre innere Lehrerin vor. Entwickeln Sie ein Gefühl für die Beziehung zu Ihrer inneren Lehrerin zu diesem Zeitpunkt. Wenn Sie einen engeren Kontakt wünschen, fragen Sie Ihre Lehrerin, was Sie tun können, um die Verbindung zu stärken. Sagen Sie, Sie würden die innere Stimme der Lehrerin gern öfter und deutlicher hören. Bestätigen Sie, daß Sie offen für Botschaften von Ihrer inneren Lehrerin sind. Bestätigen Sie, daß diese Eingebungen einem heiligen Ort in Ihnen selbst entstammen.

Botschaften des Trostes

Oft erhalten wir intuitive Botschaften, wenn wir emotional sehr verletzlich sind. Solche Eingebungen geben uns Klarheit, Inspiration und Hoffnung. Im folgenden sprechen drei Frauen über solche Botschaften; jede empfing sie auf nichtrationale Weise, aus einem Gefühl des intuitiven Verständnisses heraus. Alle Frauen nahmen die Botschaften an und nutzten sie zu ihrem Vorteil.

Es war eine Phase, in der ich versuchte, mich selbst zu erkennen. Ich hatte zu schreiben begonnen und befürchtete, ich könnte es nicht schaffen. Als mich das Gefühl von Unsicherheit fast überwältigte, stellte ich das Radio an und hörte »Bridge over troubled water«. Intuitiv begriff ich das als eine Botschaft von meiner Mutter und spürte ihre starke Gegenwart. Wir haben immer durch Musik kommuniziert. Ich dankte ihr laut, denn es war eine echte Ermutigung. Es war für mich wie eine spirituelle Erfahrung.

Studentin, 55 Jahre

Ich erinnere mich daran, wie ich einmal im Bett lag und weinte und trauerte. Ich war außer mir. Plötzlich hatte ich das Gefühl, es läge jemand neben mir im Bett. Ich roch einen vertrauten Duft und erkannte das Parfüm meiner Großtante. Da empfand ich ungeheuren Trost und Frieden, in dem alles gut sein würde. Ich hatte das Parfüm als Kind immer gerochen, wenn meine Tante auf mich aufpaßte. Immer wenn ich traurig war, nahm sie mich auf den Schoß und tröstete mich. Ich weiß noch genau, daß sie immer ihren weiten Rock um mich herumschlug. Meine Tante war eine sehr liebevolle und fürsorgliche Person.

Malerin, 31 Jahre

Das Seltsamste, was ich je erlebt habe, war jene Situation mit der gelben Decke, die meine Großmutter für meinen Sohn gestrickt hatte. Ein paar Jahre nach ihrem Tod ging ich ein paar Sachen durch, um sie auszusortieren, und stieß auf die gelbe Decke. Als ich die Decke in die Hand nahm, glaubte ich, meine Großmutter würde direkt neben mir stehen. Ansonsten war alles ganz still, und ich sortierte ruhig und langsam meine Sachen durch. Da wußte ich, daß es echt war. Ich wußte, daß ich die Decke behalten mußte. Damals fühlte ich mich wohl und gar nicht verwirrt. Aber als später mein logischer Verstand wieder einsetzte, bekam ich Angst. Es war, als hätte ich ein Wissen oder eine Botschaft erhalten, auf die ich nicht vorbereitet war. Heute ist mir die Decke nicht mehr so wichtig. Ich weiß, daß auch etwas anderes dieses Gefühl auslösen könnte. Das Wichtigste daran war, daß ich das Gefühl hatte, daß sie bei mir war und daß es ihr gutging. Nach diesem Erlebnis hatte ich keine Angst mehr vor Dingen im Zusammenhang mit Großmutters Tod. Ich hatte mir über ihren Tod und all ihr Leiden viele Gedanken gemacht. Aber nun wußte ich, daß es ihr gutging. Ihre Essenz ist heil. Daher fühle ich mich eher friedlich, wenn ich über ihren Tod nachdenke.

Mutter, 35 Jahre

Letizia spricht von einer wichtigen spirituellen Erfahrung, bei der sie sich unendlich getröstet fühlte. Sie war nach einer Fehlgeburt emotional sehr aufgewühlt und auch wütend:

Meine Freundin betete für mich. Da spürte ich zwei Hände auf den Schultern. Als die Hände mich berührten, bekam ich große Angst. Ich versuchte zu erkennen, wer es war, sah aber niemanden. Da bin ich zusammengebrochen und habe geweint. Die Hände wurden daraufhin sanfter und streichelten meine Schultern. Schließlich verschwand das Gefühl. Ich glaube, es war ein Engel.

Geschichten über intuitive Einsichten und Erlebnisse von anderen Menschen können ebenfalls spirituell tröstend wirken. Claudia erzählt, wie sie Trost in einer Geschichte einer Angehörigen fand, die eine machtvolle Botschaft aus einer unbekannten spirituellen Quelle enthielt.

Als Kind waren Geschichten für mich sehr wichtig. Es gibt in unserer Familie eine Geschichte von einer Verwandten, Eliza Snow, die im Koma gelegen hatte und ins Leben zurückkehrte. Sie war Grundschullehrerin und erinnerte sich später daran, während dieses Komas einen ihrer Schüler im Himmel gesehen zu haben. Sie konnte damals aber nicht gewußt haben, daß das Kind gestorben war. Der Junge war verschwunden und wurde später tot aufgefunden. Ich konnte mich aufgrund dieser Geschichte immer mit etwas Spirituellem verbinden. Eliza Snow gab mir Erkenntnisse aus dem Unbekannten. Sie hat die spirituelle Welt für mich bestätigt.

Florence berichtet, wie sie sich berufen fühlte, der Präsenz Gottes an ihrer Seite zu vertrauen. Sie spricht über diese Erfahrung so, wie jemand über intuitive Erkenntnisse spricht. Sie weiß einfach, daß Gott bei ihr ist.

Ich weiß noch, daß nach der Trennung von meinem Mann die Familie auseinanderbrach. Ich rief einen Priester der Episkopalkirche zu Hilfe, der mein spiritueller Mentor war, damit er mein Haus segnete. Nach der Zeremonie, als alle gegangen waren, saß ich im Wohnzimmer und weinte und weinte. Da spürte ich ganz deutlich einen tröstenden Arm um mich und wußte, es war der Arm Gottes. Er erinnerte mich an meinen Glauben, und ich spürte, er war direkt neben mir, weil alles so machtvoll und so klar wahrnehmbar war. Ich hatte das Gefühl, es sei mein Vater, der den Arm um mich legte, mich an sich drückte und sagte: »Okay, mein Schatz, ich kümmere mich schon um alles.«

ÜBUNG

Trost

Wenn Sie das Bedürfnis nach spiritueller Zuwendung und Trost haben, führen Sie die folgende Übung durch.

Mit einer der anfangs vorgeschlagenen Erdungsmeditationen (siehe Seite 19 f.) erzeugen Sie in sich ein Gefühl von innerer Ruhe und Gelassenheit. Nun erlauben Sie sich, Ihr Herz zu öffnen. Spüren Sie Ihr Herz als Zentrum des Körpers. Lassen Sie es für sich und für die Welt ringsum aufgehen. Atmen Sie dreimal tief durch, und lassen Sie alle Spannung los, die Sie vielleicht in sich spüren. Öffnen Sie sich einem Gefühl des Wohlbefindens und des Umsorgtseins. Begreifen Sie, daß es aus einer Ihnen angemessenen spirituellen Quelle stammt. Bereiten Sie sich auf eine intuitive Botschaft zu Ihrem Wohlbefinden und Ihrer Sicherheit vor. Fragen Sie sich, wie Sie Ihr Leben angenehmer gestalten könnten.

Unangenehme Botschaften

Allgemein betrachtet man intuitive Gedanken als hilfreich. Solche Botschaften geben uns eine Richtung, sie trösten uns und wiegen uns in Sicherheit. Manchmal aber fühlen wir uns mit intuitiven Erkenntnissen unbehaglich. Ein intuitiv negatives Gefühl bezüglich einer Person oder Situation oder eine schlimme Vorahnung sind zwar als Informationen potentiell nützlich, aber auch schwer in das eigene Verhalten zu integrieren und zu verarbeiten. Letizia berichtet von ihrer Mühe, ihre intuitiven Fähigkeiten zu verstehen und zu akzeptieren. Sie ist in der Tradition des Spiritismus aufgewachsen. Ihre Familie übt die spiritistische Praktik der psychischen Verbindung zu lebendigen und verstorbenen Seelen aus. Als junges Mädchen hatte Letizia Angst davor, aber als Erwachsene versucht sie nun, diese Gabe anzunehmen und ihre intuitiven Verbindungen zu stärken. Letizias Geschichte zeigt, daß es für einige Menschen starke Verbindungen zwischen seelischen Vorgängen und intuitiven Erkenntnissen gibt.

Meine Mutter gehörte einer Kirche der Pfingstbewegung an, mein Vater war katholisch, und beide stammten aus Puerto Rico. Ich wurde katholisch erzogen, aber viel hatte ich damit nicht zu tun. Ich weiß noch, wie ich, wenn ich in der Kirche saß, immer das Gefühl hatte, daß mich jemand an den Haaren zog oder am Kleid zupfte. Wenn ich mich aber umdrehte, war da niemand. Solche Dinge passierten mir oft, als ich klein war. Ich habe eine Zwillingsschwester. Sie sah immer Dinge, während ich sie eher spürte, besonders, wenn etwas schiefging. Das konnten auch Kleinigkeiten sein. Einmal schloß ich zum Beispiel die Tür ab, weil meine Mutter es gesagt hatte, aber sie flog wieder auf. Meine Mutter warf mir vor, nicht abgeschlossen zu haben, aber ich wußte es genau. Ich hatte sogar die Kette vorgelegt. Ich wußte auch, daß die Tür, die einfach so aufflog, nichts Gutes bedeutete, weil ich mich dabei unbehaglich fühlte.

Mein Großvater, der bei uns lebte, betrieb in seinem Zimmer an einem Altar Schwarze Magie. Damals war das etwas sehr Anrüchiges. Ich glaube, als die Tür aufflog, hatte das mit seiner Magie zu tun. Er vollzog wohl Zeremonien und brachte schlechte Energie ins Haus. Daher hatte ich vermutlich solche Erlebnisse. Ich hatte oft sehr schlimme Träume, aber auch Visionen im Wachzustand. Ich weiß noch, wie ich mich dann fühlte. Sie waren schrecklich. Selbst wenn ich heute darüber spreche, bringt mich das außer Fassung. Meine Schwester sah damals immer seltsame Dinge, und ich wußte, daß das nicht recht war. Es war doch nicht normal, zu sehen, wie Besen tanzen und so weiter. Ich weiß, wie ich solche psychischen Dinge beurteilen muß, weil ich dabei ein bestimmtes Gefühl habe. Es hängt immer von meinen eigenen Gefühlen ab, guten und schlechten. Ich kann mir aber nicht vorstellen, wie jemand den schlechten Gefühlen nachgeht. Ich neige eher zu den tröstenden, besänftigenden.

Wenn ich heute einen Raum betrete, spüre ich es sofort, wenn dort negative Energie herrscht. Meine Großmutter ruft mich oft an und spricht mit mir über solche Dinge. Heute akzeptiert meine Familie diese Veranlagung in mir.

Letizia arbeitet mit ihren Träumen und Eingebungen, indem sie intuitiv die darin verborgenen Botschaften und Erkenntnisse entziffert.

Ich sah in meinem Traum Kinder aus unserer Familie. Ich sah ein Kind mit einem dunklen Schleier. Ich sah zwei Schwestern, die im Chor sangen. Eine war fast vollständig im Schatten, die andere strahlte hell. Ich habe versucht, einen Zusammenhang dafür zu finden und zu begreifen, was es bedeutet. In meinem Traum trug mir Großmutter auf, für sie zu beten. Ich habe mich tagelang damit beschäftigt und versucht, die Bedeutung zu erfassen. Der Traum war so real. Ich wußte tief im Herzen, daß er wahr war.

Manchmal frage ich mich, warum ich manche Menschen bei mir im Herzen trage, so daß ich vier- oder fünfmal am Tag an sie denke und dann für sie bete, weil ich glaube, daß sie diese Hilfe brauchen. Ich habe den Eindruck, daß sie irgendwie leiden. Wenn ich für andere bete, erfahre ich später manchmal, daß sie wirklich erschöpft waren oder einen schlechten Tag hatten. Ich habe gerade erst erkannt, daß das spirituelle Botschaften an mich sind.

Sicherheit und Erdung

Wenn man unwillkommene und unangenehme Botschaften empfängt, hilft es, sich mit einer Erdungsmeditation auf sich selbst zu besinnen. Das unterstützt dabei, Grenzen zu setzen und sich von unwillkommenen Gedanken oder Eingebungen zu distanzieren. Man kann sich so auch trösten. Die Meditation *In den Armen von Mutter Erde* (siehe Seite 19) ist besonders geeignet, wenn man sich unsicher fühlt.

Nach der Erdungsmeditation stellen Sie sich die folgenden Fragen. Lassen Sie die Antworten sich tief in Ihrem Innern, an ihrem heiligen Ort entfalten:

1. Muß ich diese Botschaft in irgendeiner Weise beachten?
2. Aus welcher Quelle stammen die unangenehmen Gefühle?
3. Erinnern mich diese Gefühle an andere Botschaften von früher?
4. Stammt diese Botschaft von meiner inneren Stimme, oder mache ich mir nur um etwas Sorgen?

Außersinnliche Wahrnehmung

Eine andere Form der Intuition ist die außersinnliche Wahrnehmung, eine Erkenntnis aus einer unbekannten Quelle über ein Ereignis in der Zukunft. Diese Art intuitive Erfahrung ermöglicht uns einen Blick in die Zukunft. Intuitive Gedanken haben stets gewisse weissagende Eigenschaften. Dabei scheint es, als stünde die Zeit still oder hörte auf zu existieren. Wir empfinden vielleicht die Zeitlosigkeit der Existenz. Nicht alle intuitiven Botschaften enthalten eine Erkenntnis über die Zukunft, aber es ist auch nicht selten. Cheryl weiß manchmal unmittelbar vor dem Tod eines Verwandten darüber Bescheid. Sie gibt zu, daß ihr das manchmal angst macht, aber sie begrüßt diese Botschaften. Für Cheryl sind sie eine Bestätigung ihres Glaubens an andere Existenzbereiche und ihre eigenen intuitiven Fähigkeiten.

Als mein Vater starb, war ich zehn Jahre alt. Er war nicht mit meiner Mutter verheiratet und hatte eine andere Familie. Es war ein Sonntagmorgen. Meine Mutter und ich saßen beim Frühstück, und meine Mutter bat mich, ihr etwas zu reichen. Ich hörte sie aber nicht. Statt dessen sah ich sie an und sagte: »Dad ist tot.« Dann klingelte das Telefon, und seine Schwester teilte uns mit, er sei gerade vom Dach gefallen und habe sich das Genick gebrochen. Das gleiche geschah, als mein Großvater starb. Er litt schwer an Krebs. Meine Mutter war an der Reihe, ihn zu pflegen. Kurz bevor sie ihn abholen wollte, sagte ich, er würde nicht zu uns kommen. Als sie beim Krankenhaus ankam, war er schon tot. Ich hatte das gewußt. Als mein Mann starb, war ich bei einem Treffen der Anonymen Alkoholiker. Da rief mich jemand zum Telefon. Ich wurde sofort unendlich traurig und wußte, daß ich meinen Mann nie wiedersehen würde. Es war tatsächlich mein Sohn am Telefon, der mir mitteilte, daß mein Mann gestorben war. Meine Mutter hat die gleiche Fähigkeit, aber sie streitet es ab.

Intuitive Eingebungen erfolgen manchmal ganz dramatisch. Cheryl konnte die Botschaft über ihre Schwester klar und deutlich hören und positiv nutzen.

Ich lag im Bett und las, und beim Umblättern sah ich das Bild meiner Schwester Virginia an der Wand. Sie blutete. Ich zwinkerte mit den Augen, sah sie aber wieder. Am nächsten Tag rief mich mein Bruder an und teilte mir mit, wo Virginia war. Ich fuhr sofort zu ihr.

Ich dachte, Gott habe mir die Gelegenheit gegeben, sie zu sehen und ihr Dinge mitzuteilen, die sie wissen mußte. Seit ich nicht mehr trank, kamen wir nicht mehr gut miteinander aus. Als sie starb, hatten wir uns aber versöhnt.

Cheryl erklärt im weiteren ihre Verbindung zu anderen Leben und wie sie sich von Botschaften aus der Vergangenheit gestärkt fühlt.

Ich weiß, daß dies nicht mein erstes Leben ist – ich war schon einmal hier, weil ich bestimmte Dinge weiß, die ich sonst nicht wissen könnte. Ich spreche etwa mit jemandem, und beim Gespräch weiß ich genau, was sie als nächstes sagen. Der einzig mögliche Grund dafür ist, daß ich diese Unterhaltung schon einmal geführt habe. In der Schule schloß ich manchmal die Augen und sah mich in Ägypten. Ich trug die Gewänder von damals und spielte mit einer Schale Wasser. Dieses Bild ist mir mein ganzes Leben lang immer wieder erschienen, vielleicht zwölf, fünfzehn Mal. Es wirkt sehr echt. In einer Erinnerung bin ich auf einem Sklavenschiff unterwegs hierher, und mir werden heiße Kohlen in den Mund gestopft. Wenn ich an manchen Tagen aus diesem Traum aufwache, spüre ich immer meine verbrannte Kehle. Ich glaube, diese Träume sind spirituelle Botschaften, niemals zu vergessen, woher ich kam und wie mein Volk gelitten hat.

Wie oft haben wir rückblickend bedauert, nicht einer Ahnung, einem Gefühl in der Magengegend gefolgt zu sein. Frauen lernen heute, ihren unbequemen Gefühlen besser zu vertrauen, auch wenn sie die negativen Botschaften oder Warnungen verstörend finden. »Unlogische« negative Gefühle über einen Menschen oder eine Situation können schwer zu akzeptieren und zu verstehen sein. Nach verstörenden intuitiven Eingebungen erlebt man oft eine intensive emotionale Reaktion und auch Unsicherheit. Man verliert sich in emotionalen Reaktionen, statt einfach nur auf die Intuition zu achten und zu sehen, wohin sie einen führt.

Alice ringt mit ihren negativen Gefühlen und sucht nach den dahinterliegenden intuitiven Erkenntnissen.

Das ganze Wochenende hatte ich das Gefühl, mir würde etwas zustoßen. Ich versuchte, positiv zu denken, aber das Gefühl war überwältigend und verschwand einfach nicht. Ich konnte nicht genau erkennen, was mit mir geschehen würde. Bei einer Theaterprobe während des Wochenendes sagte ich den anderen, mir ginge es nicht gut, und sie fragten: Bist du denn krank? Ich antwortete, es sei nichts Körperliches, ich fühlte mich nur einfach nicht wohl. Am Sonntagabend erlitt ich einen tragischen Autounfall. Danach war mir völlig klar, daß meine Intuition mich gewarnt hatte, zu Hause zu bleiben. Leider war die Botschaft nicht deutlich genug gewesen. Es schien nicht so, als hätte ich etwas verhindern können. Nun höre ich immer auf meine Intuition und nenne sie Weisheit.

Manchmal empfangen wir eine intuitive Warnung vor einer potentiell schwierigen oder gefährlichen Situation. Vielleicht möchten Sie sich in einem solchen Fall schützen.

Schutz

Suchen Sie sich einen der folgenden Vorschläge aus, um Ihr Gefühl von spirituellem Schutz zu verstärken.

1. Schreiben Sie in freier Form in Ihrem Tagebuch darüber, was ein Gefühl von »Beschütztsein« für Sie bedeutet.
2. Bringen Sie ein vertrautes, heiliges Objekt, zu dem sie eine starke spirituelle Verbindung haben, in Ihren Schlafraum und behalten es auch am Tag in der Nähe.
3. Seien Sie erfüllt von liebevollen Absichten gegenüber allen Lebewesen.
4. Sehen Sie überall das Schöne.
5. Beraten Sie sich mit einer spirituellen Lehrerin oder Mentorin.
6. Bestätigen Sie sich, daß Sie voller Güte und Licht sind.
7. Betätigen Sie sich körperlich, um in engeren Kontakt zu sich selbst und Ihrem Körper zu gelangen.

Manche Frauen, wie Florence, empfanden ihre »Berufung« zur Religion als eine intuitive Botschaft. Florence hört darin die Stimme Gottes.

Ich war unzufrieden, denn ich fühlte mich meiner Gemeinde nicht sonderlich verbunden. Da hörte ich mitten in der Nacht plötzlich eine Stimme, die sagte: »Versuche es in St. Michaels.« Als ich das erste Mal diese Kirche besuchte, ging es in der Predigt um die Gemeinschaft. Ich wußte, daß dies eine Berufung war. Manche meinen vielleicht, es sei Intuition gewesen. Meine Ansicht ist, daß Gott mich rief. Ich glaube, er ruft Menschen aller Glaubensrichtungen.

Zufälle

Zufälle kann man spirituell deuten, solange man sie nicht als bedeutungslos oder willkürlich empfindet. Dann wird eine Verbindung zwischen bestimmten Ereignissen offensichtlich. Man empfindet Ordnung und einen Sinn hinter vermeintlich zufälligen Ereignissen. Ann spricht von Spiritualität, wenn sie die synchronen Ereignisse in ihrem Leben zu deuten versucht:

In meinem Leben gab es eine Reihe von Zufällen. Ein paar ganz bestimmte Bedürfnisse wurden auf offensichtliche, aber anonyme Weise befriedigt. Ich hatte das Gefühl, Wunder zu erleben, zum Beispiel als ich beim Seelsorgamt des Colleges beschäftigt war. Ich hatte damals finanzielle Probleme und bekam ständig anonyme Schecks von der Kirche, die immer einen bestimmten Betrag deckten. Eine Freundin, die in dieser Kirche Predigerin ist, hatte ein Kind, das starb. Ich schickte ihnen ein Porträt dieses Kindes als Geschenk. Monate später hatte ich mein Konto überzogen, weil ich vergessen hatte, 200 Dollar zu überweisen. Ich geriet in Panik. In der gleichen Woche bekam ich einen Scheck von dieser Familie über 200 Dollar. Solche Dinge passierten mir oft. Ich weiß, daß Gott der einzige war, der die Besonderheit meiner Bedürfnisse begriff. Ich betrachte das als Gottes Fürsorge.

Nicht alle sinnvollen Zufälle sind so offensichtlich wie diejenigen, die Ann schreibt. Manchmal müssen wir genauer hinsehen, um zu entdecken, wie sie auf unser Leben wirken.

ÜBUNG

Bedeutsame Zufälle

Im Laufe der Zeit gewinnen wir immer mehr Einsichten in scheinbar bedeutungslose Ereignisse. Eine der wirksamsten und praktischsten Methoden, um bedeutungslose von bedeutsamen Zufällen zu unterscheiden, ist, alles, was sich ereignet, in irgendeiner Form aufzuzeichnen. Vielleicht führt man alle Gefühle oder intuitiven Botschaften über Zufälle im Tagebuch auf. Später kann man dann die Ereignisse überblicken und nach einem Sinn suchen, der vielleicht schon zum Zeitpunkt des Ereignisses offenkundig war.

Nehmen Sie sich nun Zeit, um sich an intuitive Augenblicke der letzten Zeit zu erinnern.

Analyse eines intuitiven Moments

Schreiben Sie ein Beispiel für eine intuitive Botschaft aus der letzten Zeit auf. Achten Sie darauf, was für ein Typ Intuition es war.

Denken Sie über die »Absicht« dieser Botschaft nach. Wirkte sie tröstend? Gab sie Rat? Hatte sie hellseherische Züge? Fühlten Sie sich von der Erkenntnis beruhigt?

Haben Sie nach Ihrer Intuition gehandelt? Welche Folgen hatte das für Sie?

Beziehungen und Gemeinschaften

Die Gemeinschaft ist der Kreis der Menschen um uns, unser »Sicherheitsnetz«. Sie ist das Band, das uns miteinander verbindet, ein Herzensband. Wir gehen Beziehungen ein und schaffen so eine spirituelle Gemeinschaft. Wenn wir auf der Heilungsreise auf Hindernisse stoßen, reichen uns Freundinnen, Freunde und Angehörige helfend ihre Hände. Sie bieten uns Trost und kluge Worte, wenn wir verunsichert sind. Sie erinnern uns an unseren ureigenen Wert, wenn wir an uns zweifeln. Freundinnen und Angehörige können Rollenvorbilder sein, denn sie gehen ihren eigenen spirituellen Weg mit Integrität, Mitgefühl und Mut.

Eigentlich führt eine spirituelle Reise durch eine vielfältige und abwechslungsreiche Landschaft, aber im Moment wollen wir sie uns als geradlinig und eindimensional vorstellen. Manche Menschen folgen Ihnen, andere gehen neben Ihnen her, und wiederum andere sind Ihnen voraus. All diese Menschen sind für Ihre spirituelle Gemeinschaft wichtig.

Die Menschen hinter Ihnen fangen Sie auf, wenn Sie stolpern oder fallen. Sie besänftigen und beruhigen Sie, wenn Sie Ruhe und Erfrischung brauchen. Sie sind Mitglieder Ihrer Gemeinschaft, die für Sie da sind. Sie verstehen Sie und akzeptieren Sie und kümmern sich auf Ihrer spirituellen Reise um Sie. Sie bilden Ihre spirituelle Familie.

Die Menschen vor Ihnen winken Sie weiter voran auf der Heilungsreise. Sie kennen den Weg schon, denn sie sind ihn vor Ihnen gegangen. Sie wissen, wo Schlaglöcher warten und wo der Weg steil abfällt. Sie kennen die Stellen von unendlicher Schönheit und raten Ihnen, auf sie zu achten und sich über die Landschaft zu freuen. Diese Menschen sind Ihre Führerinnen und Führer, Ihre Lehrerinnen und Mentoren. Sie sind Ihnen zwar auf dem Weg voraus, aber in ihren Fußstapfen können Sie dennoch nicht gehen, denn Sie müssen Ihren eigenen Tritt finden. Aber ihre Spuren sind immer da, um Sie weiterzuleiten.

Dann sind da die Menschen, die neben Ihnen hergehen. Sie begleiten Sie auf einem Teil der Reise. Sie blicken zu ihnen herüber und sehen sich selbst gespiegelt. Wenn Sie ihre Kraft erkennen, fühlen Sie sich selbst stärker. Sie fühlen sich schöner, wenn Sie ihre Schönheit sehen. Dies sind Ihre spirituellen Freundinnen und Partner.

Eine spirituelle Heilungsreise ist natürlich komplexer und vielschichtiger als diese Beschreibung. Wir beschreiten viele Wege, manchmal mehrere gleichzeitig. Die Heilungsreise ist wie ein Kaleidoskop in ständiger Bewegung. Stellen Sie sich Ihre spirituelle Gemeinschaft als eine immer größer werdende Runde vor, denn sie schließt alle Menschen in Ihrem Leben ein, die Ihre Spiritualität teilen. Mit manchen aus dieser Gemeinschaft haben Sie spirituelle Praktiken gemein, mit anderen spirituelle Gespräche; bei anderen empfindet man einfach nur Unterstützung. An manche Angehörige Ihrer spirituellen Gemeinschaft wenden Sie sich um Anweisung.

Gemeinschaftsunterstützung

Nehmen Sie sich nun ein wenig Zeit, um sich mit einer der folgenden Übungen – oder auch beiden – die Verbindung zu Ihrer spirituellen Gemeinschaft bewußtzumachen.

Indem Sie Ihre spirituelle Gemeinschaft graphisch darstellen, gewinnen Sie ein deutlicheres Bild von ihr. Zeichnen Sie mitten auf ein Blatt eine horizontale Linie. Diese Linie steht für den Abschnitt Ihrer spirituellen Heilungsreise, auf dem Sie sich gerade befinden. Setzen Sie ungefähr in der Mitte eine Darstellung von sich selbst ein. Dann stellen Sie die anderen Mitglieder Ihrer spirituellen Gemeinschaft auf dieser Linie dar. Denken Sie an die Menschen oder Gruppen, mit denen Sie sich auf dieser Reise am engsten verbunden fühlen. Sie können sie darstellen, wie Sie möchten: Vielleicht schreiben Sie ihre Namen auf, zeichnen Strichmännchen oder benutzen Fotos und Symbole, die sie repräsentieren. Vielleicht zeichnen Sie sie in unterschiedlicher Größe, um ihre Bedeutung in Ihrem Leben auszudrücken. Gruppieren Sie sie vor sich, neben sich und hinter sich. Dann suchen Sie nach einem Wort, einem Gefühl oder einer Körperbewegung, die Ihre Bindung an jeden dieser Menschen genau ausdrückt.

Da die Gemeinschaft eine fürsorgliche, spirituelle Heimat für Sie sein kann, eine Quelle der spirituellen Erholung, ist es wichtig, sich Zeit zu nehmen und über ihren Charakter nachzudenken. Denken Sie an jeden einzelnen in diesem Kreis – an Sie selbst, an Ihre Familie, Ihre Freundinnen und Freunde, die Menschen in Ihren kulturellen und religiösen Zusammenhängen.

Meine spirituelle Gemeinschaft

In dieser Übung stellen Sie sich Ihre Gemeinschaft mit einer angeleiteten Phantasie noch deutlicher und positiver vor. Sehen Sie sich in der Mitte eines Kreises, der Ihre spirituelle Gemeinschaft darstellt. Senden Sie sich selbst liebevolle Unterstützung für Ihre spirituelle Erneuerung, und sprechen Sie die lobenden Worte laut aus. Überlegen Sie, wer in diesem Kreis neben Ihnen sitzt und welche Menschen in dieser spirituellen Gemeinschaft die zuverlässigsten Stützen für Sie bilden. Drücken Sie ihnen Ihre Wertschätzung aus. Sprechen Sie die Worte laut aus. Überlegen Sie, wer zu Ihrer größeren spirituellen Gemeinschaft gehört. Denken Sie lange und gründlich darüber nach. Schließen Sie alle Menschen ein, die Ihre Spiritualität unterstützen und schätzen. Drücken Sie aus, wie diese größere Gemeinschaft Sie auf Ihrem spirituellen Weg ermutigt. Sprechen Sie laut Worte der Dankbarkeit und Anerkennung. Erlauben Sie Ihrer Gemeinschaft, noch größer zu werden und alle Menschen in der Welt und über die Zeiten hinweg einzubeziehen, die sich auf einem spirituellen Pfad befinden. Erkennen Sie Ihre natürliche Verbundenheit mit ihnen.

Selbstliebe

Stellen Sie sich die Gemeinschaft vor wie ein Netz. Jedes Mitglied der Gemeinschaft ist darin ein Knotenpunkt und jede Beziehung ein Faden, der die Beteiligten miteinander verbindet. Die Stärke und Flexibilität dieses Netzes beginnt mit der Lebenskraft der Einzelpunkte, und die Grundlage dieser Lebenskraft ist Selbstliebe. Selbstliebe und Selbstrespekt sind die Grundlagen zu einer gesunden Beziehung und einer zuverlässigen Gemeinschaft.

Wenn wir uns selbst lieben, berücksichtigen wir auch unser eigenes Glück und kümmern uns um uns selbst. Wir erkennen unsere Bedürfnisse und drücken sie auch aus. Wir erinnern uns daran, unseren Körper, unsere Seele und unseren Geist zu versorgen. Selbstrespekt und Selbstliebe sind die Grundlagen für spirituelle Entwicklung. Überlegen Sie, was Sie für sich tun können.

ÜBUNG

Ein Wort über Selbstliebe

Nehmen Sie sich Zeit, um Ihre Antworten auf die folgenden Fragen in Ihr spirituelles Tagebuch zu schreiben. Wie unterstützen Sie sich selbst? Wie erkennen und beschützen Sie sich selbst? Was tun Sie, um sich neue Energie und Hoffnung zu geben? Achten Sie darauf, ob Ihnen die Antworten leichtfallen und ob Sie mit ihnen zufrieden sind.

Selbstliebe muß gehegt werden. Wir müssen uns stets aufs neue dazu verpflichten, daß wir uns angemessen um uns selbst kümmern. Dann erst können wir unsere Bedürfnisse erkennen und erfüllen und die unterschiedlichen Interessen und Beziehungen in unserem Leben in einer Balance halten. Wir entdecken die natürliche Lust am Leben.

Selbstliebe entwickeln

Die folgende Übung zeigt zwei verschiedene Möglichkeiten auf, Selbstliebe zu wecken.

Angeleitete Phantasie: Manchmal ist es leichter, Selbstliebe durch die Liebe zu anderen zu entwickeln. In dieser Übung nutzen Sie die Technik der angeleiteten Phantasie, um aus der Liebe zu anderen heraus Selbstliebe zu entwickeln. Nach einer Erdungsmeditation zur Entspannung (siehe Seite 19f.) stellen Sie sich jemanden vor, den sie sehr lieben. Machen Sie sich die Liebe zu diesem Menschen bewußt, sehen Sie, wie sie aus Ihnen heraus auf sie/ihn zufließt. Lassen Sie diese Liebe im Herzen und in der Seele wachsen. Und dann bewahren Sie einen Teil davon für sich, statt sie insgesamt zu der anderen Person zu schicken. Lassen Sie sie zu sich zurückfließen. Spüren Sie, wie die Liebe den geliebten Menschen umspült und dann Sie selbst. Empfinden Sie die Kraft Ihrer Liebe. Spüren Sie, wie Sie sich selbst schätzen. Verharren Sie in dieser liebenden Energie, solange sie wollen.

Sich in Selbstliebe üben: Stellen Sie eine Liste von Dingen auf, die Sie für sich selbst tun könnten. Überlegen Sie sich so viele Möglichkeiten, wie Ihnen einfallen, ohne zu überlegen, ob Sie auch realistisch sind. Fügen Sie sie einfach zu der Liste hinzu, bis Ihnen tatsächlich nichts mehr einfällt. Dann überlegen Sie noch ein wenig und schreiben noch ein paar mehr auf. Lassen Sie die Liste eine Weile liegen. Wenn Sie sie wieder betrachten, suchen Sie sich eine Aktivität aus, und führen Sie sie durch.

Hier ein paar Dinge, die anderen Frauen geholfen haben, ihre Selbstliebe zu kultivieren:

1. Jeden Abend vor dem Schlafengehen denke ich an eine Sache, die ich den Tag über sehr genossen habe.
2. Ich stelle mir vor, wie ich mir auf die Schulter klopfe und mir sage, daß ich wirklich gut vorankomme.
3. Ich habe mir ein Stofftier gekauft, das ich streichele, wenn ich mich bedrückt fühle.
4. Ich gehe zur Massage.

Unsere Gesellschaft und die großen Religionsgemeinschaften haben uns Frauen immer wieder aufgetragen, die Bedürfnisse anderer vor unsere eigenen zu setzen. Man hat uns sogar gelehrt, uns aufzuopfern, doch obwohl dies spirituelle Türen öffnen kann, kann es uns auch die spirituelle Essenz rauben. Oft glauben wir, selbstsüchtig zu sein, wenn wir an uns selbst denken. Wenn man die eigenen

Bedürfnisse aber stets herunterspielt, können Groll, Bitterkeit und ein Bedürfnis nach Kontrolle entstehen. Dann stimmt etwas nicht mit unserer Großzügigkeit und unserer Liebe. Wie können wir also die eigenen Bedürfnisse in die Gleichung einbringen und weiterhin auch die der anderen berücksichtigen?

Zu einer liebenden Beziehung gehören Geben und Nehmen, Hingabe und Durchsetzung. Beziehungen, die auf der Grundlage von gegenseitigem Respekt funktionieren, können ein fein abgestimmtes Gleichgewicht zwischen all diesen Komponenten erreichen. Hingabe wird allgemein als das Aufgeben von Macht und Kontrolle definiert, bei dem man sich dem Einfluß eines anderen unterwirft. Angesichts der Häufigkeit von Mißbrauch und Dominanz in unserer Gesellschaft kann diese Art Hingabe gefährliche Folgen haben. Vielleicht müssen wir eine andere Art Hingabe entwickeln, die nicht die Beherrschung durch andere bedeutet, sondern beiden Seiten nutzt.

Linda, die als Kind sexuell mißbraucht wurde, weiß, daß spirituelle Hingabe etwas anderes sein muß als die persönliche Ohnmacht und Resignation, die sie als Opfer von Mißbrauch empfand.

Ich muß Hingabe ganz anders betrachten – als etwas, das nichts mit dem Aufgeben von Macht zu tun hat.

Nelly stellt ihr heutiges Verständnis von Hingabe in Beziehungen ihrer früheren Auffassung davon gegenüber, als sie spirituelle Hingabe auf eine Weise begriff, die sie verletzte.

Eine Geschichte von Nelly

Als ich aufs College ging, hatte ich viele Fragen und wußte nur wenige befriedigende Antworten. Ich fühlte mich in der Welt fehl am Platz und konnte mich selbst nicht leiden. Ich studierte vergleichende Religionswissenschaften. Mich interessierte das Konzept von Hingabe und Selbstlosigkeit im Buddhismus, über das ich gelesen hatte.

Etwa um die gleiche Zeit begann ich meine erste längere sexuelle Beziehung. Ich gab mich meinem Partner in der Vorstellung hin, das gehöre sich so. Ich verleugnete meine eigenen Bedürfnisse und Visionen. Ich machte alles mit, was mein Partner wollte, und vergaß mich selbst dabei. Es war, als hätte ich kein Rückgrat, als wohne niemand in mir. Ich war am Boden zerstört, als er sich von mir trennte und mir sagte, seine Liebe habe sich in Mitleid verwandelt. Ich habe immer noch viele Fragen über Hingabe, aber nun weiß ich, daß zu einer Beziehung auch Selbstbewußtsein und Selbstliebe gehören. Damit kann ich mich viel mehr in eine Beziehung einbringen. Ich stehe dann auf festem Boden und kann bessere Entscheidungen treffen, wann ich meine Bedürfnisse durchsetzen muß und wann ich mich einem höheren Bedürfnis oder spirituellen Wert überantworten muß.

Lauren hat sich vor kurzem von ihrem Mann getrennt, weil sie erkannte, daß sie sich in der Ehe verloren hatte. So gewann sie ihr Selbst wieder:

E he ich meinen Mann verließ, fühlte ich mich taub und leer. Als ich eine Therapie anfing, sagte ich, mein Zustand sei wie Sterben. Man spricht über Menschen, die »gebrochen« sind, und genau so war ich. Ich hatte das Gefühl, aus meiner Ehe herauszumüssen, damit ich wieder ich selbst sein konnte. Ich hatte keine andere Beziehung. Ich trennte mich nicht wegen eines anderen. Es ging einfach nur um mich. Ich denke heute viel nach und frage mich, welche Ziele ich habe. Ich fühle mich besser. Ich bin stärker und habe wieder mehr »innere« Gefühle. Diese inneren Gefühle sind meine spirituelle Kraft.

Manchmal kann es spirituell befreiend wirken, die eigenen Bedürfnisse zu einem höheren Zweck aufzugeben. Sharon hat gründlich überlegt, wann Hingabe für sie befreiend ist und nicht einschränkend. Sie verläßt sich dazu auf ihre Wahrnehmung und tanzt geschickt zwischen der Erfüllung der eigenen Bedürfnisse und der anderer.

W enn ich ganz wach und ich selbst bin, kann ich klarere Entscheidungen treffen, wann ich meine eigenen Bedürfnisse in den Hintergrund stellen muß. Einmal zum Beispiel weinte meine Tochter nachts, und ich blieb mit ihr wach, weil das nötig war. Dieser Akt, die eigenen Bedürfnisse hintanzustellen und mich gegen den Schlaf zu entscheiden, hat mich beflügelt und gestärkt und mir Energie gegeben. Es war eine klare Entscheidung, aus einem klaren Bewußtsein heraus.

Frauen stellen oft fest, daß sie sich zuerst selbst achten müssen, ehe sie sich hingeben. Um Spiritualität zu finden, müssen wir innere Negativität in innere Liebe und Mitgefühl verwandeln. Für viele führt der Weg zu ihrem Gott oder ihrer Göttin über die Entwicklung der eigenen inneren Göttlichkeit.

ÜBUNG

Ritual zur Selbstachtung

Rituale haben eine starke, verwandelnde Kraft. Denken Sie bei der Aufstellung eines Rituals, das Sie selbst und Ihre Gefühle bestätigen soll, an die allgemeinen Ratschläge für Rituale (siehe Seite 195 ff.). Entscheiden Sie, ob Sie es lieber privat oder in Gegenwart anderer durchführen wollen. Wann möchten Sie dieses Ritual vollziehen? Suchen Sie einen Zeitpunkt aus, der realistisch ist und Ihre anderen Bedürfnisse berücksichtigt. Wählen Sie Elemente aus, die Sie einbeziehen möchten, überlegen Sie, was Ihnen liegt und zur Bedeutung und Absicht des geplanten Rituals paßt. Da der Zweck des Rituals die Selbstbestätigung ist, überlegen

Sie sich Elemente, die fürsorglich und bestätigend auf Sie wirken. Möchten Sie bestimmte Handlungen einbeziehen? Musik? Schmuck? Bestimmte Gegenstände und Bilder? Das wichtigste ist, daß Sie daran Freude haben.

Liebes- und familiäre Beziehungen

Liebe bindet uns aneinander. Die Fäden im Netz verknüpfen die Einzelknoten. In einer Gemeinschaft führen Beziehungen die verschiedenen Leben zueinander. In Beziehungen kann man sich in einigen der grundlegendsten spirituellen Werte üben. Wenn man andere mit Liebe, Respekt, Empathie und Akzeptanz behandelt, beachtet man spirituelle Werte, die mit zunehmender Vertiefung der Spiritualität weiterentwickelt und in Beziehungen auf die Probe gestellt werden. In Beziehungen wie in der Gemeinschaft leben wir aus, was wir glauben.

Frauen neigen – ob aufgrund biologischer Vorbestimmung oder sozialer Konditionierung – dazu, beziehungsorientierter zu sein als Männer. Sie haben eine besondere Fähigkeit, sich intim mit anderen Menschen zu verbinden. Psychologen haben vor kurzem Theorien über die weibliche Entwicklung aufgestellt, in der die Reifung durch Beziehungen eine Rolle spielt. Sie vertreten, daß die Betonung von Autonomie und Individualität männlich besetzt sei. Mit einem eher frauenorientierten Modell fördern liebevolle Verbindungen zu anderen Menschen die persönliche Entwicklung.

Auch einige religiöse Traditionen befürworten eine individualistische spirituelle Reise und betonen dabei Autonomie und Trennung. Ihre Anhänger verbringen dazu oft längere Phasen der Abgeschiedenheit, um in Kontakt mit ihrer inneren Stimme oder einer inneren Vision zu kommen und schließlich erfrischt und spirituell erleuchtet wieder in die Gemeinschaft zurückzukehren. Durch diese Praktiken stärkt man die Fähigkeit, sich zu distanzieren. Die Fähigkeit, sich aus schwierigen oder verunsichernden Situationen zu lösen, ist zur Wahrung der eigenen Identität nötig und kann die Authentizität der eigenen Erfahrung bestärken. Sich ständig von anderen fernzuhalten und einzig in spiritueller Beziehung zu Gott und sich selbst zu sein erweist sich aber schließlich auch nicht als befriedigend. Das Reagieren auf die Bedürfnisse anderer gehört zum spirituellen Weg und kann ein Zeichen für spirituelle Reife sein.

Angela, die presbyterianische Predigerin, begreift empathische, ausgewogene und liebevolle Beziehungen als eine Grundlage für Spiritualität.

Der Talmud und die Bibel beginnen beide mit dem Thema Beziehungen: Gott erschuf die Welt aus dem Wunsch heraus, in eine Beziehung zu treten. In der Erzählung vom Garten Eden wurde die Beziehung abgebrochen (der Sündenfall), und daher leiden alle menschlichen Beziehungen unter einem Bruch. Ich glaube nicht, daß man tief spirituell sein kann, wenn man in brüchigen oder mißbrauchenden Beziehungen lebt. In meiner Tradition steht Jesus als Rollenvorbild dafür, wie Menschen sich aufeinander beziehen sollen. Jesus verkörpert, was es heißt, eine Beziehung zu haben, in der Empathie, Liebe und Gerechtigkeit vorhanden sind. Christus ähnlich zu sein heißt, in einer solchen Beziehung zu sich selbst und anderen zu stehen.

Beziehungen können uns auf dem spirituellen Weg weiterhelfen. Ann suchte als Jugendliche nach engen Beziehungen. Nach einigen leidvollen Erfahrungen entdeckte sie eine christliche Gemeinschaft, in der sie authentische und integre Beziehungen eingehen konnte.

Ich wurde in einer Kleinstadt groß, in der man sehr engstirnig war. Praktisch alles war festgelegt. Als ich aufs College ging, stieß ich auf völlig neue Werte und stellte fest, daß ich mich für manche und gegen manche entscheiden mußte. Ich begann, mit Beziehungen zu Männern zu experimentieren und versuchte, deren Werte anzunehmen. Da geschah manches, bei dem ich mich unbehaglich fühlte und das mit meinen Werten nicht übereinstimmte. Ich habe seelisch sehr gelitten, weil ich mein inneres Gefühl für Gut und Böse aufgegeben hatte, um von meiner Clique angenommen zu werden. Nach einer Weile begegnete ich Leuten, die bedingungslose Liebe kannten. Zum ersten Mal hatten Beziehungen etwas Echtes. Es ging nicht mehr darum, einfach nur alles nachzuahmen. Ihr Leben war irgendwie anders, und das hatte einen starken Einfluß auf mich. Ich war bereit, meine alten Beziehungsmuster aufzugeben, die ohnehin für mich nicht funktionierten. Damals ging ich die Verpflichtung ein, mich nach »Gottes Weg« zu richten. Ich suchte Beziehungen, in denen ich meine Integrität nicht aufzugeben brauchte. Diese Beziehungen führten mich zurück zur Kirche. Ich spürte eine Liebe, die über normale Erfahrungen hinausgeht, denn wir hatten die gemeinsame Überzeugung, daß Menschen wichtiger sind als Dinge und daß Gott in all unseren Beziehungen ist.

Angela und Ann haben beide nach anderen Wertvorstellungen für Beziehungen gesucht und sie in ihrem Alltag integriert. Welche Werte lernten *Sie* in Ihrem Glauben und Ihrer Familie? Nützen Ihnen diese Werte heute noch? Die folgenden Übungen verdeutlichen Ihnen mit zwei verschiedenen Methoden zum einen die Werte, die Sie erlernten, und zum zweiten die Werte, denen Sie sich heute verpflichtet fühlen.

Beziehungsmuster

Checkliste: Nehmen Sie zwei unterschiedliche Farbstifte oder Kugelschreiber. Benutzen Sie die eine Farbe, um in der untenstehenden Liste Worte anzukreuzen, die man Ihnen in Ihrer Kirche und in der Familie in Zusammenhang mit Beziehungen beibrachte, die andere, um die Werte zu bezeichnen, denen Sie sich heute verpflichtet fühlen. Fügen Sie weitere Begriffe von Werten hinzu, die für Sie zu Beziehungen gehören:

Treue
Vergebung
Aufrichtigkeit
Toleranz
Loyalität
Gleichberechtigung
Gehorsam
Respekt
Fürsorge
Anerkennung
Opfer
Teilen

. . . .
. . . .

Tonbandaufzeichnung: Nehmen Sie auf Tonband auf, was Sie über die Werte zu sagen haben, die für Sie zu einer Beziehung gehören. Stellen Sie sich vor, wieder bei Ihrer Ursprungsfamilie als Kind zu leben. Führen Sie auf, was Sie als Kind über Beziehungen in Ihrer Familie, Ihrer Gemeinschaft und Ihrem Glauben gelernt haben.

Vervollständigen Sie die folgenden Sätze:

Ich habe gelernt, daß . . . .
Ich glaubte . . . .
Mir war wichtig, daß . . . .

Nun wiederholen Sie die Übung und sprechen diesmal darüber, was Ihnen heute in Ihren Beziehungen wichtig ist:

Ich glaube . . . .
Ich brauche . . . .
Mir ist wichtig, daß . . . .

Beziehungen können die unterschiedlichsten Formen annehmen, denn wir drücken unsere Liebe auf unterschiedliche Weise aus. Liebe kann aus der Zuneigung entstehen, die zwischen Eltern und Kind besteht. Liebe zwischen Erwachsenen kann auf sexueller Anziehung und Lust beruhen und auf der Zärtlichkeit von Liebenden. Beziehungen bilden sich auf der Grundlage von Verpflichtung und Zuneigung unter Freundinnen oder Freunden. Eine andere Art Liebe drückt sich als universale Sorge um die Menschheit aus, als selbstlose Loyalität gegenüber Nachbarn oder auch Fremden. Egal, wie wir Beziehungen bilden, wir haben darin die Gelegenheit, über unseren eigenen Knoten im Netz hinauszugreifen, um uns mit dem Ganzen verbunden zu fühlen und das Wesen und die Verbundenheit allen Lebens zu spüren.

Familiäre Beziehungen

Eine spirituelle Perspektive kann Ihnen helfen, eine gesunde Familie aufzubauen und zu versorgen; das Familienleben wiederum kann einen wunderbaren Nährboden für spirituelles Wachstum bilden. Aber was genau meinen wir eigentlich mit Familie? Manche definieren die Familie im rechtlichen Sinn, als Beziehungen aufgrund von Blutsverwandtschaft und Heirat. Andere betrachten diejenigen Menschen als ihre Familie, an die sie sich durch Liebe und Verpflichtung gebunden fühlen. Unsere unterschiedlichen Einstellungen zur Familie rühren einen sehr tief sitzenden, empfindlichen Nerv an. Vielleicht ist uns allen eine Sehnsucht nach dauerhaften und belastbaren Beziehungen gemein. Vielleicht müssen Sie für sich klarstellen, wie Sie »Familie« definieren und aus welchen Menschen Ihre Familie besteht.

ÜBUNG

Familien

Zu dieser Übung brauchen Sie ein neueres Wörterbuch und Ihr spirituelles Tagebuch. Schlagen Sie im Wörterbuch unter dem Stichwort *Familie* nach. Lesen Sie die Definitionen, und überlegen Sie, inwieweit sie für Ihr Leben wichtig sind. Wenn Sie eine Definition relevant finden, führen Sie in Ihrem Tagebuch alle Angehörigen auf, die Sie unter diese Definition einordnen. Wenn Sie alle Definitionen gelesen haben, prüfen Sie, ob Ihre eigene Einschätzung von Familie darunter fällt. Falls das nicht zutrifft, schreiben Sie weitere Definitionen auf und ordnen die bisher nicht aufgeführten Verwandten hier ein. Dann gehen Sie Ihre Familienliste durch und setzen ein Sternchen neben alle Angehörigen, die eine wichtige Rolle in Ihrem Leben spielen.

Da sich unsere Gesellschaft rasch verändert, verändern sich auch Struktur und Wesen der Familie. Bei dieser Diskussion von Familienbeziehungen stellen wir Verallgemeinerungen über die Familie auf, die sich sicher in manchen Punkten von Ihren individuellen Erfahrungen unterscheiden. Letztere sollten daher für Sie im Vordergrund stehen.

Unsere ersten Eindrücke von Liebe und Vertrauen erleben wir als Kinder innerhalb unserer Familie. Diese Beziehungen bilden das Modell für unser Verhältnis zu anderen Menschen, auch für jenes zu unserem Gott, unserer Göttin. Wenn wir Glück haben, werden wir von der tiefen, bedingungslosen Liebe unserer Eltern umhegt. Adeline erklärt, wie sie die bedingungslose Liebe ihrer Mutter empfand:

Meine Mutter und ich standen uns immer sehr nahe. Ich weiß noch genau, wie zärtlich sie mich immer berührte. Ich hatte immer das Gefühl, daß sie mich bedingungslos liebte und nicht, weil ich irgend etwas besonders gut machte. Ich glaube nicht, daß sie mich liebte, weil ich in der Schule gute Noten schrieb, mich ordentlich wusch oder sonstwas. Ich hatte nie das Gefühl, daß ich mir ihre Liebe verdienen müßte.

Die spirituelle Verbundenheit kann durch die Mutter stark geprägt werden. Für viele ist die Mutter die erste spirituelle Führerin, ihr Einfluß setzt den Maßstab für die spirituelle Reise eines Menschen. Wenn wir zu Frauen heranwachsen, kann unsere Mutter uns sowohl spirituelle Chancen bieten als auch spirituelle Grenzen setzen. Maureen war als Kind an der Seite ihrer Mutter spirituell aktiv. Maureens Mutter richtete ihr Verständnis an den Lehren und Praktiken des Katholizismus aus. Diese frühen Erfahrungen leiten und inspirieren Maureen heute noch:

Ich war eine unorthodoxe Katholikin, und das lag zu hundert Prozent an meiner Mutter. Ich habe zwar auch die offiziellen Lehren der katholischen Kirche mitbekommen, aber wichtiger war bei uns deren Interpretation. Meine Mutter war Mystikerin. Sie hatte eine ganz persönliche Beziehung zu Gott und Jesus. Wenn meine Mum und ich in die Messe gingen, erlebten wir die Verwandlung von Brot und Wein in Leib und Blut Christi als Kommunion. Wir spürten tatsächlich, wie der Geist in uns eindrang. Ich weiß, daß meine Mutter mir viele Türen öffnete. Schließlich glaube ich, daß wir alle eng mit unserer Spiritualität verbunden sind und daß da kaum Unterschiede bestehen, es sei denn, man möchte das so. Mutter schien einen direkten Draht zu haben: Sie sah in allem etwas Spirituelles. Sonnenuntergänge etwa waren für sie die aufregendste Sache der Welt, die man feiern mußte. Sie verehrte die Erde. Sie betete sie geradezu an. Es war für sie ganz natürlich, sich mit Heiligen zu unterhalten. Eine besondere Beziehung hatte sie zum heiligen Antonius, und sie nahm seine Dienste in Anspruch, um verlorengegangene Dinge wiederzufinden, die ihr wichtig waren. Wenn sie etwas wiederfand, war sie davon überzeugt, daß Antonius eingegriffen hatte. Als Kind fand ich es auch ganz normal, mit den Heiligen zu sprechen, so, als würde man Nachbarn besuchen und sich mit ihnen unterhalten. Der spirituelle Einfluß meiner Mutter bildete den Nährboden für meine heutigen spirituellen Erfahrungen als Erwachsene.

Marie wurde wie Maureen von der Spiritualität ihrer Mutter beeinflußt. Doch Marie stellte fest, daß sie nicht alle spirituellen Lehren der Mutter annehmen konnte.

Meine Mutter war ein sehr spiritueller Mensch, und wir gingen regelmäßig zusammen in die Kirche. Ich war so gern mit ihr zusammen und fühlte mich auch Gott sehr nahe. Doch mit ihrer Sexualität fühlte meine Mutter sich nicht im reinen. Sie kleidete sich sehr schlicht und trug fast nie Make-up. Irgendwie habe ich unterschwellig die Botschaft übernommen, daß Sex und Männer gefährlich seien und ich mich vor sexuellen Gefühlen hüten müßte. Ich lernte zum Beispiel schon sehr jung zu masturbieren und wußte, daß ich das nicht mit meiner Mutter besprechen konnte. Ich liebte sie sehr und wollte ihr gefallen, aber ich war auch ziemlich unsicher, ob ich diese starken Gefühle unterdrücken müßte. Meine Mutter regte mich an, Gott zu lieben und meine Spiritualität auszuüben, aber aufgrund ihrer religiösen Überzeugungen stand ich mir jahrelang selbst im Weg. Erst mit über zwanzig habe ich gelernt, meinen Körper zu lieben und Sexualität ohne Angst zu erleben.

Darlene erlebte als Kind in der Pfingstgemeinde eine tiefe, ergebene, spirituelle Liebe zu ihrer Mutter. Darlene empfand eine starke Bindung an ihre Mutter, und diese Liebe bewirkte eine wichtige spirituelle Öffnung. Darlene begreift heute, daß dies ihre erste Erfahrung heiliger Weiblichkeit war.

Mit fünf Jahren hatte ich eine Bekehrungserfahrung, die man bei uns Rettung nennt. Es war am Muttertag, und der Prediger sagte, wenn man seine Sünden vergeben haben und Jesus im Herzen tragen wollte, sollte man vortreten. Das tat ich, und ich weiß noch, wie ich weinte und wie stark ich bewegt war – wie mein Herz sich öffnete. Aber bei dieser Öffnung ging es nicht um Gott. Es war die Erkenntnis, wie sehr ich meine Mutter liebte. Das habe ich noch nie jemandem erzählt. Alle sagten: Ist es nicht wunderbar, wie sie gerettet wurde? Retten war eine große Sache in meiner Kirche, aber darum ging es für mich überhaupt nicht. Es ging um meine Liebe und Hingabe an meine Mutter. Darüber habe ich lange nachgedacht. Heute denke ich, es war meine erste Begegnung mit der Göttin.

Nelly spricht über die emotionale Verbindung ihres Vaters mit ihr und mit seiner Religion:

Es fühlte sich gleich an – seine Liebe zu mir und seine Liebe zum Judaismus. Das war in seinem Herzen auch richtig so. Es war wortlos. Mir ist zum Weinen zumute, wenn ich an diese starke Verbindung denke.

Sylvias Vater hatte eine wichtige Stellung im Tempel, und das religiöse Leben war eng mit dem Familienleben verbunden.

Ich bin gern mit meinem Vater in den Tempel gegangen. Wir waren eine angesehene Familie, und ich identifizierte mich stark mit der Gemeinschaft. Es war gut, eine Identität und einen starken Zusammenhalt in der Familie zu haben.

Unsere Geschwister können ebenfalls starken Einfluß auf unsere Spiritualität haben. Die enge, liebevolle Beziehung von Elaine zu ihrer älteren Schwester bildete den Hintergrund für ihr spirituelles Erwachen.

Sie war älter, reifer und sehr liebevoll. Sie sagte, sie sei entzückt gewesen, als ich geboren wurde. Mit 25 besuchten sie und ich einmal unser Zuhause, und wir gingen in das Zimmer, das wir damals als Kinder geteilt hatten. Sie sprach über universale Wahrheiten, über Transzendenz. Eine solche Unterhaltung hatte ich noch nie erlebt, aber ich erinnere mich, wie ich dachte: »Das weiß ich alles.« Was sie sagte, war nichts Neues für mich. Es war, als würde sie mich an etwas erinnern, das ich bereits wußte. Ich weiß noch, wie ich eine Liste meiner Wahrheiten aufstellte und mir keine mehr einfielen, und wie ich das meinem Vater sagte. Später begann ich mit Yoga und Meditation und verband mich enger mit dem Transzendenten.

Bridget hatte eine sehr wichtige spirituelle Beziehung zu ihrer Großmutter, in der sie sich entspannt und für den Geist bereit fühlte.

Die Geschichten meiner Großmutter waren sehr wichtig für mich. Sie stammte aus einer sehr schönen Gegend in Ecuador, der Heimat einer der ältesten und wichtigsten Kulturen in Lateinamerika, einer präkolumbianischen matriarchalischen Gesellschaft. Sie erzählte mir zahllose Geschichten über Geister. Schon als kleines Kind akzeptierte ich diese Geister, Erscheinungen, Teufel und Schutzzauber. Wenn ich Angst hatte, bat ich sie immer, sich zu mir ins Bett zu legen und mir solche Geschichten zu erzählen, um mich zu beruhigen. Die Geschichten waren die Grundlage, um andere Beziehungen zum Geistigen und zu anderen Existenzbereichen zu akzeptieren.

Bei der Betrachtung des eigenen Stammbaums stellen sich oft Fragen nach dem Einfluß der Familie auf die Spiritualität.

Der Stammbaum Ihrer Familie

Denken Sie an den Stammbaum Ihrer Familie, und sehen Sie sich die Primärbeziehungen im Hinblick auf den spirituellen Einfluß an. Stellen Sie sich die folgenden Fragen: Was haben die einzelnen Familienmitglieder mir über Spiritualität vermittelt? Auf welche Weise war meine Mutter Wächterin der Spiritualität in der Familie? Mein Vater? Meine Großmutter? Mein Großvater? Gab es andere Angehörige, die meine Spiritualität beeinflußten?

Manchmal sind Fragen der direkteste Weg, um an Informationen über familiäre Einflüsse zu gelangen. In der nächsten Übung schlagen wir eine Unterhaltung mit Ihren Eltern vor. Wenn Sie nicht mit Ihren Eltern sprechen können, führen Sie das Gespräch mit anderen Angehörigen oder einer Freundin, die Ihre Eltern gut kennt. Sehr oft ergeben sich aus solchen Gesprächen wichtige Einsichten, daher nehmen Sie die Unterhaltung am besten auf oder machen sich anschließend Notizen.

Ein Gespräch mit den Eltern

Unterhalten Sie sich mit Ihrer Mutter und/oder dem Vater über Ihre Spiritualität. Achten Sie darauf, ob Sie ethische Werte erkennen, die Sie von ihnen übernommen haben. Fragen Sie nach ihren spirituellen Einflüssen. Untersuchen Sie, inwiefern Ihre Spiritualität der Ihrer Eltern ähnelt und worin Sie sich von ihr unterscheidet.

Wenn wir erwachsen werden, gründen wir eine eigene Familie. Für die meisten Menschen besteht der »Kern« der Familie in einer intimen sexuellen Beziehung, und sie bringen viele Hoffnungen und Erwartungen in solche Beziehungen ein. Wenn wir auch spirituelles Bewußtsein in sie einfließen lassen, können wir mehr Gleichgewicht und Befriedigung finden.

Unsere Spiritualität kann uns auch bei Beziehungsentscheidungen leiten: Cheryl hat für sich verstanden, daß starke Emotionen auch ein Gottesgeschenk sind, und sie nutzt ihre Beziehung zu ihren Gefühlen und ihrem Gott, um sich zu Klarheit anzuleiten.

Ich weiß, daß ich, wenn ich einen Konflikt mit jemandem habe, auch einen Konflikt mit meiner Höheren Macht habe, daher muß ich die Sache so rasch wie möglich regeln. Wenn ich mich über jemanden geärgert habe und dann beten will, kann ich nicht so gut mit Gott reden. Auch beim Meditieren kann ich nicht so gut nach innen lauschen, denn der Konflikt lenkt mich ab.

In meiner Beziehung gab es eine Menge Konflikte. Ich beschloß, daß es nicht mehr so weitergehen sollte und wollte den Mann nicht mehr sehen. Als ich heute nach Hause kam, setzte ich mich auf den Boden, um mich irgendwie abzuregen und über meine Gefühle nachzudenken. Da kam mir in den Sinn, einfach alle Gefühle zuzulassen, statt nun zu versuchen, nicht zu denken, was ich dachte. Eigentlich hatte ich doch großes Glück, daß Gott mir so viele Gefühle gegeben hatte. Als ich meine Gefühle einmal akzeptiert hatte, war es leichter herauszufinden, was ich wollte und was nicht. Mein Kummer lag hauptsächlich daran, daß ich mit mir selbst im Konflikt lag. Wenn ich mich bloß still hinsetze und nachdenke, was sich bei mir und mit Gott in meinem Leben abspielt, bekomme ich normalerweise alles in den Griff. Nur wenn sich alles in mir so verdreht und verknotet, wird es unangenehm.

Eine intime Beziehung kann uns spirituell sehr viel lehren, wenn wir einander auf der Seelenebene begegnen. Diane benutzt den Liebesakt, um ihre spirituelle Verbundenheit mit ihrem Partner und dem Universum zu vertiefen. Sie gibt sich in der ekstatischen Vereinigung mit ihrem Geliebten einer höheren spirituellen Realität hin.

Der Liebesakt kann zum Aspekt der Anbetung werden. Ich habe Liebesakte erlebt, bei denen ich jegliches Gefühl von mir selbst verloren habe. Meine Liebe wird zu einer Göttin oder Buddha Tara, und ich bin ihre Jüngerin. Meine Liebe umgreift die Welt. Sie stellt einen Akt der endgültigen Hingabe dar, eine Öffnung zum Universum. In unserer Vereinigung werden wir eins, nicht allein in uns selbst, sondern mit dem gesamten Universum. Ich konzentriere mich beim Liebesakt immer auf meinen Atem und halte ihn bewußt langsam und stetig. Das widerstrebt dem Drang meines Körpers, schneller zu atmen. Zwischen dem gleichmäßigen Atmen und den intensiven Lustempfindungen baut sich eine ungeheure Spannung auf. Man kann die sich verändernde Energie geradezu spüren. Es ist wie ein heiliger Raum.

In intimen Beziehungen findet man wunderbare Gelegenheiten, spirituelle Augenblicke gemeinsam zu erleben. Diane gelangte durch den Liebesakt zu einer tiefen spirituellen Verbindung. Die Möglichkeiten zu Gemeinsamkeit und Verbundenheit sind unendlich, wenn wir uns einander und dem gemeinsamen Leben öffnen. Überlegen Sie, wie Spiritualität Ihre gegenwärtige Beziehung beeinflußt. Sie können diese Frage auch mit Ihrem Partner oder Ihrer Partnerin erkunden.

An einen geliebten Menschen

Eine Unterhaltung: Nehmen Sie sich Zeit, um sich ganz einem geliebten Menschen zu widmen. Beginnen Sie eine Unterhaltung, in der Sie beide ausdrücken, auf welche Weise Sie sich spirituell miteinander verbunden fühlen. Geschieht dies zufällig? Hängt es mit dem zusammen, was Sie gemeinsam tun? Geht es um Gefühle? Geht es um die spirituellen Überzeugungen und wie Sie sie in der Liebe ausleben? Gibt es Möglichkeiten, daß Sie beide mehr Gelegenheiten für den Ausdruck Ihrer spirituellen Verbundenheit schaffen?

Ein Brief: Schreiben Sie einen Brief an Ihre Geliebte. Drücken Sie alle Wünsche aus, die Sie hinsichtlich Ihres gemeinsamen Lebens in einer tieferen spirituellen Verbindung haben. Gibt es heimliche Träume über Ihr spirituelles Zusammenleben? Schreiben Sie sie auf. Wenn Sie den Brief geschrieben haben, untersuchen Sie, ob Sie dem geliebten Menschen noch andere Dinge mitteilen möchten.

Die Liebe einer Mutter zu ihrem Kind ist vermutlich das tiefste Gefühl von allen. Diese Liebe verlangt eine unglaubliche Sensibilität und Hingabe. Zur Elternrolle gehört eine flexible Kombination aus tiefer Bindung und der Fähigkeit und Bereitschaft, loszulassen und dem Kind zu ermöglichen, sich zur eigenen Person zu entwickeln. Diese Fähigkeit zu Bindung und Loslösung ist im spirituellen Sinn sehr wichtig.

Sich binden und loslassen

Denken Sie an ein Erlebnis, als Sie sich mit Ihrem Kind bzw. Ihren Kindern eng verbunden fühlten. Überlegen Sie, wie diese Bindung Sie geleitet und unterstützt hat. Dann denken Sie daran, wie Sie Ihre Kinder losließen, wenn Ihnen dies als das Beste erschien. Bestätigen Sie sich Ihre Fähigkeit, sich zu binden und im richtigen Moment loszulassen. Wenn Sie keine Mutter sind, können Sie diese Übung in Gedanken an einen anderen nahestehenden Menschen machen.

Sharon fand als Mutter einen Schatz: die Fähigkeit, im täglichen Leben stets präsent zu sein. Sharon entdeckte einen authentischen spirituellen Weg voller Liebe und Leichtigkeit.

Ich gelangte durch die Geburt und Versorgung meines ersten Kindes auf meinen eigenen spirituellen Weg. Viele Jahre davor bin ich zu Meditationsklausuren gegangen und habe geübt, wie man in jedem Augenblick stets »voll da« ist. Aber diese Übungen waren für mich immer eine Qual. Nach fünf Jahren waren meine Gedanken noch genauso leicht ablenkbar wie am Anfang.

Dann fiel mir eine Geschichte ein, die ich auf einer Klausur über eine junge Frau gehört hatte, die in Indien lebte und in einem Haushalt als Sklavin arbeitete. Sie suchte einen spirituellen Weg, hatte aber keine Zeit für offizielle spirituelle Praktiken, daher entschied sie sich, sie in ihr Alltagsleben zu integrieren. Sie machte in diesem Haus die Wäsche, putzte und wusch ab, und sie nutzte diese Zeit zu gedanklichen Übungen. Dadurch wurde sie sehr erleuchtet. Ich beschloß, mehr könne auch ich nicht tun, und das würde ich nun versuchen. Davor hatte ich die Phantasie, in ein Kloster oder eine ähnliche Einrichtung zu gehen.

Das geschah alles um die Zeit, als ich meine Tochter bekam. Ich fühlte mich stark zur Meditation angeregt, weil ich sie so sehr liebte, und es war eine so gute Methode, zur guten Mutter zu werden – in jedem Augenblick präsent zu sein und zu tun, was getan werden mußte. Wenn ich also meine Tochter versorgte, nutzte ich das als Konzentrationsübung. Es war die Hölle! Ich mußte mich sehr anstrengen, wenn ich mit meinem Baby arbeitete, das aufmerksame Zuwendung wollte und auch gut darauf reagierte. Wenn ich zum Beispiel ihren Rücken massierte, wanderten meine Gedanken oft ab, aber ich lenkte meine Aufmerksamkeit zurück auf das, was ich tat.

Ich übe mich immer noch in dieser Konzentration auf sie, aber es ist nun viel schwieriger, denn sie ist sechs und die Interaktionen sind komplexer. Sie gab mir ein wunderbares Geschenk, diese Gelegenheit, einen spirituellen Weg für mich zu finden. Denn eigentlich ist das für mich sehr leicht. Sosehr ich geglaubt und gedacht habe, der heiligste Weg sei die Achtsamkeit – es mit ihr zu tun, ist viel befriedigender, denn es schließt die Liebe mit ein.

Sharon hat sich durch ihre Mutterrolle in Achtsamkeit geübt, eine spirituelle Perspektive, die sie zutiefst schätzt. Wenn Sie Mutter sind, überlegen Sie, wie diese Rolle Ihnen auf der spirituellen Reise hilft.

Kontemplation für Mütter

Denken Sie an einen spirituellen Wert, der Ihnen wichtig ist. Nun denken Sie über die folgenden Fragen nach: Wie drücke ich meine spirituelle Werte als Mutter aus? Wie kann ich diesen Wert als Elternteil intensiver praktizieren? Lehre ich meine Kinder diese Werte?

Spirituelle Freundschaften

Der kostbarste Edelstein in unserem spirituellen Leben sind spirituelle Freundschaften, sie sind die Grundlage aller Selbsthilfegruppen und religiösen Gemeinschaften. Mit spirituellen Freundinnen und Freunden können wir die tiefsten
spirituellen Einsichten teilen, aber auch unangenehme Momente der spirituellen
Unsicherheit. Unsere spirituellen Freunde können uns unterstützen, wenn wir
uns spirituell weiter vorwagen, wenn wir neue Ideen und Praktiken erkunden.

Linda praktizierte als Kind mit ihren engsten Freunden eine besondere Verbin-
dungszeremonie:

Das Ritual hatten wir selbst erfunden. Wir legten einen Schwur ab
und schlossen einen Pakt, der uns mit
etwas Höherem verband. Und egal, was
in der materiellen Welt geschah, egal,
wohin unsere Eltern zogen, egal, welche
Beziehungen sich änderten, wir wußten,
daß wir einen Pakt hatten, der wichtiger
als all das war.

Als Erwachsene wendet sich Linda an ihre Freundinnen als Beraterinnen.

Das offene Gespräch mit meinen
Freundinnen über einen moralischen Zwiespalt oder die großen Fragen
des Lebens ist ein sehr wichtiger Bestandteil meiner Spiritualität. Meine Freundinnen erinnern mich daran, mich an meine
Höhere Macht zu wenden, wenn ich zu
unsicher bin, um klar sehen zu können.
Oft übe ich mich in Demut und frage andere, wie ich mich verhalten soll.

Sharon fördert den Kontakt mit anderen Menschen, wenn sie ihre spirituellen
Ideale ins Alltagsleben überträgt.

Spirituelle Rückmeldung bekomme
ich von meinen engsten Freundinnen. Mit ihnen bespreche ich meine spirituellen Themen, Dilemmas oder Gedanken. Ich rede mit ihnen, wenn ich mir
Gedanken mache, ob ich genug Empathie bekomme. Meine Chefin ist auch
wie eine Freundin, denn sie hilft mir, die
moralischen Konflikte zu lösen, die die
Arbeit in einer großen Organisation mit
sich bringt. Meine Freundinnen sind
wichtige Begleiterinnen bei der Entwicklung meiner Spiritualität.

Cheryl fand bei den Anonymen Alkoholikern einen spirituellen Freund und
Berater.

Er ist überhaupt nicht so, wie man sich
einen spirituellen Berater vorstellt.
Er ist ein Straßenhändler aus New York
und ein richtig netter Mensch. Er liebt
mich bedingungslos.

Nelly weiß, wie wichtig ihre spirituellen Freundschaften stets für sie gewesen sind und wie sich ihr Freundeskreis durch die Gespräche mit anderen Frauen erweitert hat.

Eine Geschichte von Nelly

An den Tag, an dem ich Barbara begegnete, erinnere ich mich, als wäre es gestern gewesen, obwohl ich erst drei Jahre alt war. Vermutlich wußte ich irgendwie, was für ein wichtiger Mensch sie in meinem Leben werden würde. Sie war viele Jahre lang meine engste Freundin und Vertraute. Wir haben zusammen jeden Flecken im Wald ausgekundschaftet und alle Phantasien durchgespielt, die man sich vorstellen kann. Als Jugendliche schienen wir eigene Wege zu gehen. Heute, 41 Jahre später, haben uns unsere spirituellen Überzeugungen wieder zusammengeführt. Ich weiß, daß ich jederzeit ans Telefon gehen kann und daß Barbara dann die Unterschiede und die Meilen zwischen uns mit ihrer spirituellen Weisheit überbrücken kann.

Mein ganzes Leben lang bin ich von einer Runde aus spirituellen Freundinnen umgeben gewesen. Carol war wohl die beständigste spirituelle Freundin als Erwachsene; wir reisen nun schon seit zwanzig Jahren auf dem gleichen Weg. Im Laufe der Jahre habe ich viele spirituelle Reisegefährtinnen gehabt, Frauen, mit denen ich meine wichtigsten Fragen bespreche, denen ich meine heimlichsten Gedanken offenbare, Frauen, zu denen ich gehen kann, wenn ich mich unsicher, ängstlich und verwirrt fühle, wenn ich keinen spirituellen Boden unter meinen Füßen spüre. Frauen, die mich über Zeit und Raum hinweg kennen und die mich an meine Reise erinnern, woher ich kam und wohin ich mich zu wenden scheine.

Ich komme gerade von dem Gespräch mit Marilyn zurück und fühle mich in jeder Zelle meines Körpers frisch aufgeladen. Mein Herz pocht kräftig. Ich fühle mich ganz lebendig und bewußt. Ihre Geschichte ist großartig. Die Spiritualität einer Frau ist immer eine Perle – kostbar, wohl verborgen und geschützt. Eine Perle entwickelt sich in der verborgenen Umwelt einer Muschel und entsteht aus einem bloßen Sandkörnchen. Die Spiritualität einer Frau ist oft vor Blicken verborgen, entsteht aus der normalsten Materie des Lebens und entwickelt sich zu einer höchst kostbaren Perle. Marilyns spirituelle Geschichte ist ganz anders als meine. Sie wuchs in einer Kleinstadt in Louisiana auf und erzählte ihre Geschichte mit leicht schleppendem Südstaatenakzent, wobei sie jedem Wort den Platz und die Betonung gab, die es verdient. Ich spreche schnell, so hektisch und eilig, wie es in New York zugeht. Ihre Geschichte hat Anklänge an die meine, aber auf einer viel tieferen Ebene als mit den Worten, die wir wählen, oder der Geschichte, die wir erzählen. Das ist meine spirituelle Gemeinschaft, ein Netz von spirituellen Freundinnen, die mich auf meiner spirituellen Reise unterstützen und umsorgen.

Die spirituelle Freundin

Denken Sie an eine spirituelle Freundin, die wichtig für Sie ist. Schreiben Sie einen Brief an sie, und sagen Sie ihr, was die Freundschaft zu ihr für Sie bedeutet. Schicken Sie den Brief ab, jedoch nur, wenn Ihnen das angemessen erscheint.

Die Grundlage für eine spirituelle Freundschaft sind aufmerksames Zuhören und ein ehrliches Sich-Öffnen. Ergreifen Sie die Gelegenheit, einem Freund oder einer Freundin gegenüber ihr Herz zu öffnen und sich mitzuteilen.

Die eigene Geschichte erzählen, einer Freundin oder einem Freund zuhören

Treffen Sie sich mit einer Freundin/einem Freund, mit der bzw. dem Sie ein Interesse für Spiritualität verbindet. Planen Sie, ein, zwei Stunden zusammenzusein. Interviewen sie einander anhand der folgenden Fragen. Es sind die gleichen Fragen, die wir den Frauen für dieses Buch stellten.

Wie würden Sie Ihren spirituellen Hintergrund beschreiben? Von welchem religiösen Hintergrund haben Sie sich angezogen gefühlt? Was daran war schwierig oder kam für Sie nicht in Frage?

Beschreiben Sie spirituelle/psychische Erlebnisse in Ihrer Kindheit. Haben Sie etwas erlebt, das besonders wichtig für Sie war? Welche Gefühle verbinden Sie damit? Wie war das für Sie? Hatten Sie jemals ein Erlebnis in der Natur, das Ihnen besonders wichtig erscheint? Welche Gefühle hatten Sie dabei?

Welche Beziehungen förderten Ihre Spiritualität als Kind und als Erwachsene? Wie erfüllen Sie Ihre spirituellen Bedürfnisse? Beten Sie, oder vollziehen Sie Rituale? Glauben Sie an Gott, eine Göttin, ein Höheres Wesen, einen großen Geist? Wie und wo finden Sie Unterstützung für Ihre Spiritualität? Gehören Sie einer spirituellen Gemeinschaft an? Kommen Ihnen noch andere Dinge in den Sinn, wenn Sie an Ihre Spiritualität denken?

Spirituelle und religiöse Gemeinschaften

Spirituelle und religiöse Gemeinschaften sind für uns da, um uns etwas Wichtiges zu geben und uns zu unterstützen. Angela drückt dies sehr schön aus:

Ich finde, die Gemeinschaft ist das Wichtigste, um unser spirituelles Selbst zu nähren. Ich begreife die Kirche buchstäblich als die Menschen darin, nicht als ein Gebäude.

Gemeinschaft finden wir auf unterschiedliche Weise. Manche Menschen bleiben der Religion ihrer Kindheit verhaftet. Andere verlassen die traditionellen Glaubensgemeinschaften und entdecken neue spirituelle Gruppen und Kreise. Manche finden eine erfüllende Gemeinschaft unter Freunden und in der Familie. Welche Bindungen wir auch eingehen, die Gemeinschaft kann eine wunderbare Quelle für spirituelle Erneuerung und Inspiration sein.

Gemeinschaftsleben und Verbundenheit sind für Frauen besonders wichtig, doch auf der Suche danach können wir auf Probleme stoßen. Wir wissen möglicherweise nicht, wo und wie wir danach suchen sollen. Wir mißtrauen unserem inneren Gefühl dafür, welche Art von Gemeinschaft für uns richtig ist. Wir fühlen uns von einer anderen Gemeinschaft angezogen als der Partner oder die Partnerin, der Ehemann oder andere Angehörige. Wenn wir unsere eigene Wahrheit achten und unsere eigenen spirituellen Praktiken finden, entfremden wir uns vielleicht von unserer Gemeinschaft. Wenn wir eigenständig denken und aus persönlichen spirituellen Überzeugungen heraus handeln, riskieren wir möglicherweise Kritik von der Gemeinschaft. Manche Gemeinden scheinen unfähig, Glaubensunterschiede zu tolerieren, denn ihre Mitglieder brauchen ein starres Modell, um sich sicher und untereinander verbunden zu fühlen. Wenn eine Gemeinschaft nur so funktioniert, wird sie eher zu einer Falle als zu einer Quelle von Befreiung, Heilung und Wachstum. Wie kann man eine Gemeinschaft entwickeln, in der es genug Freiheit zum Wachsen gibt und genug Halt, um sich sicher und verankert zu fühlen? Wie können wir den Mut in uns selbst finden, Dinge in Frage zu stellen oder der Gemeinschaft zu widersprechen? Diese Fragen müssen wir ständig für uns selbst beantworten. Es gibt dafür keine allgemeinen, einfachen oder dauerhaften Antworten. Hören wir drei Frauen, die diese Fragen für sich selbst beantworten. Achten wir darauf, welche Themen diese Frauen wichtig finden, ob sie nun bei ihrer Ursprungsreligion bleiben oder sich entscheiden, sie zu verlassen.

Claudia hat sich entschieden, bei der religiösen Gemeinschaft ihrer Kindheit und ihrer Familie zu bleiben. Sie liebt die engen Verbindungen in der Mormonenkirche und nutzt sie privat wie beruflich. Diese Gemeinschaft war in den Zeiten ihrer größten Not für sie da. Claudia begreift ihren niedrigeren Status als Frau als eine Chance, ihren Glauben neu zu definieren. Sie hat einen eigenen Weg in einer Kirche gefunden, die Individualität nicht gerade fördert.

Ich bin Christin – Mormonin – und brauche einen festen Halt in der Religion, denn ich bin in einer solchen Struktur groß geworden. Mir gefallen die traditionellen Werte der organisierten Religionen, wie die allgemeine Fürsorge, die sich auf alle erstreckt. Ich habe mich für meine Religion entschieden, obwohl ich eine Menge Probleme damit hatte, weil sie so patriarchalisch ausgerichtet ist. Doch innerhalb dieser Struktur habe ich einen Weg für mich gefunden.

Mir gefällt das Gemeindeleben. Das Mormonentum ist eine dienstorientierte Religion, eine Laienkirche. Alle Mitglieder wirken ehrenamtlich daran mit. Auch die Priester sind Laien. Ich habe die Chance, als »Hilfslehrerin« mitzuwirken. Das heißt, ich bin für drei Frauen verantwortlich, die ich einmal im Monat besuche. Das mache ich mit einer Gefährtin. Heute habe ich eine Frau mit einer schweren neuromuskulären Krankheit besucht. Ich dachte, daß sie vielleicht selbstmordgefährdet sei, und fragte sie danach. Es stimmte. Nun muß ich mich als Therapeutin betätigen. Die Kirche übernimmt ein Jahr lang die Kosten für ihre Therapie. Ich fragte sie, ob sie das wünsche, und sie weinte und sagte ja. Ihr Gebet sei erhört worden. Sie sagte zwar, sie glaube nicht mehr an die Mormonenkirche, aber ich bin sicher, daß die Kirche mir trotzdem die Therapiestunden bezahlt. Die Kirche bietet mir solche Gelegenheiten. Ich kann als Therapeutin in der Gemeinde arbeiten und die dortigen Bedürfnisse erfüllen. Ich kann auch jemanden anrufen, der dieser Frau morgen etwas zu essen bringt oder ihr die Miete bezahlt. Das kostet nur einen Anruf. Ich kann noch heute abend jemanden besorgen, der ihr das Bett frisch bezieht und die ganze Nacht bei ihr bleibt. Als Therapeutin und Mitglied der Mormonenkirche kann ich diese Hilfsquellen ganz einfach nutzen.

Man muß auch sehen, daß das eine kulturelle Bedeutung hat. Ich betrachte mich nicht als wahre Gläubige, denn ich glaube einfach nicht alles. Meine Familie gehört seit sechs Generationen dieser Kirche an, und daher ist es für mich leichter, Mormonin zu sein, als nicht dazuzugehören. Zeigen Sie mir eine Kirche, die mir mehr bieten könnte, und ich würde konvertieren, aber ich habe noch keine religiöse Gemeinschaft gefunden, die das kann.

Vor sieben Jahren sind mein Sohn und mein Neffe bei einem Autounfall ums Leben gekommen. Das war bisher meine schlimmste Begegnung mit dem Tod. Damals arbeitete ich gerade auf einer Krankenhausstation mit Menschen, die Verwandte bei Unfällen verloren hatten. Ich glaube, der Herr hat mich zu dieser Stelle geführt. Ich hatte gerade einen Artikel über Trauer und Verlust für eine Zeitschrift geschrieben. Ich kannte mich in der Theorie gut aus. Als mein Sohn und mein Neffe starben, rief ich den Bischof an und bat ihn um einen Segen. Einer seiner Sätze lautete, ich würde meine Familie und die meines Neffen durch diese Tragödie hindurchleiten. Aufgrund meiner spirituellen Führung ist meine Familie gut mit dieser Tragödie fertig geworden. Wir haben ein paar ungewöhnliche Dinge gemacht: Sie waren beide völlig verbrannt, aber wir ließen die sterblichen Überreste so in Gaze wickeln, daß man noch einen kleinen Teil von ihnen sehen konnte.

Bei einem solchen Verlust nützt einem die Theologie nichts. Da helfen einem nur Menschen, die einen einfach in den Arm nehmen. Die Kirche war für mich da, als mein Sohn starb. Kirchenmitglieder waren da, um ans Telefon zu gehen. Selbst der Glaube an Gott war unwichtig, denn alles Wichtige geht durch einen hindurch, weil man selbst sterben will.

Die Mormonenkirche hängt der unglaublichen Überzeugung an, daß man nach dem Tod in den Himmel kommt, wo man bis in alle Ewigkeit mit seiner Familie zusammen ist. Wenn man in einem Tempel heiratet, ist man für immer aneinander gebunden. Ich persönlich bin nicht so sicher, was nach dem Tod geschieht, aber ich glaube wirklich, daß mein Sohn nun zu einem Teil von mir geworden ist, daß es eine Kette des menschlichen Bewußtseins gibt, von der wir alle Bestandteile sind. Ich habe geträumt, daß ich meinen Sohn fragte: »Wie geht es dir?« Und er antwortete: »Ich bin.« Das hätte ich mir nicht ausdenken können. So etwas wäre mir nie eingefallen. Meine Botschaft lautet also: Wenn es einem in der Kirche gefällt, sollte man sich überlegen, ob man nicht doch bleiben will. Versuchen Sie, einen Weg zu finden, weiter in dieser Kultur zu leben. Die Religion ist eine kulturelle Angelegenheit. Ziehen Sie sich nicht emotional zurück, wenn Sie sich verletzt fühlen. Versuchen Sie, zurückzugehen und das anzunehmen, was daran gut ist. Organisieren Sie sich auf eine Weise um, daß man das Gute annehmen kann, wenn auch nur teilweise. Entscheiden Sie mit dem Herzen. Lassen Sie nicht alles hinter sich, was Sie schon als Kind getröstet hat. Wenn man den Groll irgendwie auflösen kann, kann man zu allen möglichen Dingen zurückfinden, die einen stärken und einem die Kraft geben, das Leben anderer anzurühren.

Im Gegensatz zu Claudia entschied sich Maggie, die 18 Jahre lang Nonne war, dazu, ihren Orden zu verlassen – und damit schließlich auch die katholische Kirche. Sie erreichte einen Punkt, an dem sie unfähig wurde, eine Kirche zu repräsentieren, in der Männer alle Macht und Führung innehatten, und immer nur »die zweite Geige zu spielen«. Sie findet es schwierig, außerhalb der Struktur einer traditionellen Religion eine Gemeinschaft zu finden.

Ich war 18 Jahre lang Nonne. Ich glaube, eine Grundlage des Katholizismus ist die Gemeinschaft, das Gefühl, daß wir alle zusammen in diesem Leben stehen und einander unterstützen müssen, daß es wichtig ist, in dieser Welt zu dienen und nicht nur einfach nach dem zu streben, was man für sich will.

Ich glaube, daß es innerhalb des Katholizismus und im religiösen Leben ein großes Potential für Gemeinschaften gibt, aber in den meisten klappt es nie länger als ein paar Jahre. Für mich war das nur ein- oder zweimal der Fall. Die Menschen in religiösen Gemeinschaften können oft einfach nicht friedlich zusammenleben und ihre eigenen Werte hochhalten.

Als ich einmal in einer Gemeinschaft mit drei anderen Nonnen in einem Reservat lebte, schien alles gut zu klappen. Wir hatten eine Menge Probleme und mußten viele Entscheidungen treffen, wie wir uns den Ureinwohnern gegenüber verhalten sollten. Damals haben wir uns zusammengesetzt, über unsere Wertvorstellungen gesprochen und herausgefunden, wie wir als Gruppe leben und welche Struktur wir ihr geben wollten. Die Kommunikation war sehr offen.

Wir trafen uns regelmäßig und besprachen, wie alles lief. Wenn es Konflikte gab, zogen wir uns in unsere stille Ecke zurück und verarbeiteten es. Das klappte wirklich gut. Die Ironie war nur: Als wir diese Gemeinschaft so entwickelten, wie wir sie wirklich haben wollten, wurde das von oben unterdrückt, denn die Form war ihnen zu frei. Es gab ja keine Leiterin in der Gruppe.

Unsere religiöse Gemeinschaft bestand nur aus Frauen, aber wir waren durch den Kirchenkanon gebunden und durch die Männer, die alles leiteten. Wenn der Orden Änderungen vorschlug, entschieden die Männer oben darüber. Weil ich immer feministischer wurde, gelangte ich schließlich zu dem Punkt, an dem ich die Kirche nicht mehr gut vertreten konnte, weil sie so geleitet wurde. Ich fand es sehr schwer, mich den

Männern unterzuordnen. Ich erkannte, daß ich Unterstützung nur außerhalb des Ordens fand und ich meine spirituellen Werte außerhalb der Kirche besser verwirklichen konnte. Ich bin nun seit acht Jahren nicht mehr im Kloster. Das hat ein ziemlich großes Loch in mein Leben gerissen, und ich habe noch keine neue Gemeinschaft gefunden. Ich gehöre einer Gruppe für soziale Gerechtigkeit an, die religiös orientiert ist und mein Bedürfnis nach einer Gemeinschaft ein wenig befriedigt hat. Meine Spiritualität dreht sich vorwiegend darum, der Welt zu helfen, sich zu entwickeln. Ich suche mir Arbeitsstellen aus, deren Inhalt ich wichtig finde, wie etwa meine Arbeit in einem Aids-Projekt. Ich arbeite mit den »Underdogs«, den Mißbrauchten, den Armen und Geknechteten.

Sandy Boucher, Schriftstellerin und Buddhistin, fand für sich eine spirituelle Gemeinschaft von Frauen.

Einer der stärksten Aspekte meines Engagements in der Frauenbewegung in den siebziger Jahren war meine Begegnung mit anderen Frauen in einer tiefen, lebensverändernden Beziehung. Wir tauschten unsere Erfahrungen aus, unsere Wut, unsere Hoffnung, unsere dynamische Energie. Wir glaubten aneinander und bewahrten leidenschaftlich unsere Weiblichkeit.

Daraus ergab sich, daß ich mich für buddhistische Praktiken zu interessieren begann. Ich hätte mich nie in die buddhistische Meditation vertiefen können, wenn meine Partnerin damals nicht eine Lehrerin dafür gefunden hätte. Die alten Lehren, die mir diese frauenorientierte,

erfinderische Frau vermittelte, forderten mich heraus und inspirierten mich. Diese Frau hatte Anhängerinnen in ganz Kalifornien. Bei Klausuren in der Mojave-Wüste begegnete ich immer den gleichen Frauen. Wir lernten einander kennen und halfen einander bei den Sitzübungen oder wenn wir buddhistische Konzepte diskutierten. Wir versuchten, sie auf unser Leben im 20. Jahrhundert zu übertragen. Viele von uns waren lesbisch, und wir fühlten uns in dieser Gemeinschaft ungeheuer wohl, weil die Lehrerin unsere sexuellen Präferenzen und Beziehungen respektierte.

Zwischen den einzelnen Klausuren in der Wüste versammelten wir uns oft zu einem Frauen-Sangha. Sonntags abends trafen wir uns immer zu Meditationen. Wir begingen die buddhistischen Feiertage mit Zeremonien und entwickelten allmählich ein Netzwerk von Frauen, die sich für spirituelle Praktiken und Fragen interessierten. Unsere Treffen waren ein sicherer Ort für alle Frauen, die sich für den Buddhismus interessierten, um dort zu meditieren und Material über Buddhismus und Frauen einzubringen, das uns inspirierte. Die Gruppe bot Unterstützung bei den Meditationspraktiken und in Fragen der männlich beherrschten Institutionen im Buddhismus, die mich zu meinem Buch »Turning the Wheel« führten. Sie bot uns den Raum, unsere spirituellen Erfahrungen als Frauen zu erforschen und diese Erforschung mit anderen Frauen zu teilen. Der Kern war zwar anders als in den Gruppen der Frauenbewegung, aber der Frauen-Sangha bot uns die gleichen Gelegenheiten für tiefe, eingreifende Gespräche und Untersuchungen.

Wenn ich an die Frauen denke, die damals dabei waren, dann sehe ich uns auf Kissen in einem Kreis sitzen, die Augen in der Meditation geschlossen oder geöffnet beim Singen, ich sehe, wie unsere Energien miteinander verschmelzen und uns alle stärken.

Die Erfahrungen von Claudia, Maggie und Sandy haben Sie möglicherweise dazu angeregt, über Ihre eigenen Erlebnisse in spirituellen und religiösen Gruppen und Gemeinschaften nachzudenken.

ÜBUNG

Spirituelle Gemeinschaften

Mit welchen Aspekten spiritueller Gemeinschaft befassen Sie sich gerade? Wählen Sie für jeden Tag der Woche jeweils eine der folgenden sieben Fragen zur Gedankenübung aus. Wenn Sie den Fragenzyklus eine zweite Woche lang wiederholen, finden Sie vermutlich tiefgreifendere Antworten.

Empfinden Sie Ihre spirituelle Gemeinschaft für sich als angemessen? Fühlen Sie sich in Ihrer spirituellen Gemeinschaft unterstützt? Haben Sie eine Stimme in Ihrer Gemeinschaft? Gibt es in Ihrer spirituellen Gemeinschaft Raum für abweichende Meinungen? Unterstützt Ihre Gemeinschaft individuelles spirituelles Wachstum? Können Sie Ihre spirituelle Gemeinschaft mit anderen wichtigen Beziehungen in Ihrem Leben in Einklang bringen? Glauben Sie, daß Sie eine helfende Gemeinschaft »verdienen«?

Wie alle Beziehungen werden spirituelle und religiöse Gemeinschaften gestärkt, wenn wir ihnen liebevolle Aufmerksamkeit schenken.

Die Gemeinschaft stärken

Wenn Sie sich als Mitglied einer religiösen oder spirituellen Gemeinschaft verstehen, überlegen Sie sich etwas, das eine stärkere Bindung an Ihre Gemeinschaft erzeugt. Hier ein paar Beispiele:

1. Gründen Sie eine Frauengruppe, um sich mit Frauenthemen in der Gemeinschaft zu befassen.
2. Starten Sie ein gemeinsames Projekt, das Ihre gemeinsamen Werte spiegelt.
3. Gehen Sie zusammen in Klausur.
4. Nehmen Sie Kontakt zu ähnlichen Gemeinschaften auf, und tauschen Sie Ihre Erfahrungen über Herausforderungen und Chancen aus.

Kulturelle Wurzeln

Bei Kultur geht es um das, was wir im Kern unseres Wesens sind, um unsere grundlegende, ursprüngliche Identität. Es geht darum, wie wir aussehen, was wir essen, wie wir uns bewegen und wen wir lieben. Durch unsere Kultur bilden wir die Grundannahmen des Lebens heraus. Wir entdecken, was für uns richtig und falsch ist, was wichtig ist und was nicht. Wir finden einen Sinn im Leben. Durch die Kultur verbinden wir uns mit unseren Wurzeln, unseren Ahnen und unserer Gemeinschaft.

Es besteht eine enge Verbindung zwischen Spiritualität, Religion und Kultur. Alle drei sprechen ein Grundthema und einen Grundwert im Leben an. Oft überschneiden sie sich. Unsere Verbundenheit mit der Religion zum Beispiel kann eher kulturell als theologisch begründet sein. Unsere Kultur kann auch so zentral für unser Leben sein, daß sie eine ähnliche Funktion wie eine Religion hat.

Wie viele Menschen heutzutage ist Teresa von mehreren Kulturen geprägt und hat sich zu verschiedenen Zeiten ihres Lebens stark mit ihnen identifiziert. Als Kind sah sie sich vor allem als Mexikanerin und Katholikin, als Erwachsene als Indianerin. Teresa wurde auch durch die Heilung von einer Sucht und durch ihre Erfahrungen mit Frauengemeinschaften geprägt. Sie empfindet ihre Arbeit als eine Überbrückung von Unterschieden und sieht deren Sinn darin, Frauen in Gemeinschaft und Gebet zu einen.

M eine Großmutter war Indianerin, aber sie wurde schon früh aus ihrer Kultur herausgerissen. Als sie meinen Großvater heiratete, zog sie aus ihrem Stammesdorf in die Stadt und kehrte nie mehr zu ihrem Volk zurück. Danach hat sie sich stark dem Katholizismus verpflichtet. Sie beachtete sämtliche

Festtage der katholischen Kirche – sogar samstags gingen wir zur Messe. Die Tage vor Ostern waren immer wie eine Strafe, denn es herrschten so strenge Regeln. Man mußte soviel befolgen, und vieles war verboten. Als Kind war ich sehr katholisch. Ich weiß noch, wie ich dem Priester die Hände küßte und Nonne werden wollte.

Die Vorderzimmer in unserem Haus, das Wohnzimmer und die Küche, wirkten sehr katholisch. Aber im Hinterzimmer herrschte eine ganz andere Welt. Das war die Welt meiner Großmutter, und in diesem Zimmer vermischte sie katholische Dinge mit Elementen ihrer indianischen Kultur. Im Hinterzimmer hing das Weihwasserbecken neben den Zauberkräutern. Sie konnte mit Gesängen heilen. Ich stand immer stumm neben ihr, wenn sie Heilungen vornahm. Ihre Heillieder gehen mir noch oft durch den Kopf, ebenso die Mysterien dieser Heilung.

Als ich klein war, hatte ich oft unangenehme Spitznamen, wie Negra, India und Fea. Die Kinder mit hellerer Haut waren geschätzter, daher war »Negra« kein Kosename. Obwohl meine Großmutter Indianerin war, hatte auch der Name India nichts Positives. »Fea« hieß häßlich, und ich bin mein halbes Leben mit der Überzeugung herumgelaufen, häßlich zu sein.

Als Jugendliche verabschiedete ich mich gleichzeitig von der indianischen und der katholischen Seite in mir. Als ich mein erstes Kind bekam, wollte ich es taufen lassen, aber Großmutter meinte, das ginge nicht, weil ich nicht verheiratet

war. Da sagte ich: »Okay, dann bin ich eben keine praktizierende Katholikin mehr.« Keines meiner Kinder wurde katholisch erzogen.

Mit Mitte zwanzig fand ich eine neue Gemeinschaft, an der mir viel lag. Ich traf bei einem Powwow* eine Familie aus dem Acoma-Pueblo. Ich weiß gar nicht mehr, wie ich überhaupt zu diesem Powwow gelangt bin. Da stand diese Frau, die schon über achtzig war, auf, legte mir ihren Schal um die Schulter und sagte in gebrochenem Englisch zu mir: »Steh auf und tanze«. Eine andere Frau meinte, es sei eine große Ehre, daß »Grandma« mich zum Tanzen aufforderte. Diese ältere Frau hatte in der Gemeinschaft eine ganz besondere Stellung. Sie hatte als kleines Kind einen Blitzschlag überlebt und galt als besonders weise. Ich wollte zwar eigentlich nicht in der Öffentlichkeit tanzen, stand aber trotzdem auf und tat es.

Ich wurde auf der Stelle adoptiert, nicht im rechtlichen Sinn, sondern im Sinn der indianischen Tradition. Sie nahmen mich in ihre Familie auf. Im Lauf der Zeit haben sie oft für mich gebetet und Heilzeremonien vorgenommen. Die Leute sagten immer, ich sähe indianisch aus, und ich habe auch indianisches Blut. Aber ich hatte mich immer in erster Linie für mexikanisch gehalten. Ich war ziemlich stolz, in diese Familie aufgenommen worden zu sein. Aber ich mußte mich auch in acht nehmen: Was wollten sie von mir? Ich wußte, daß es eine »gute« und eine »schlechte« Medizin gab und daß auch die Menschen gut und schlecht sind. Aber vom ersten Gebet von Grand-

---

* Traditionelles jährliches Indianertreffen. (Anm. d. Übers.)

ma an veränderte sich mein Leben. In mir gab es nun eine Öffnung zum Beten, und ich konnte alles besser verstehen und respektieren.

Später zog ich nach Kalifornien und vollzog anfangs unabhängig von der Gemeinschaft Heilungen und Gebetszeremonien für andere Menschen. Ich hatte immer gedacht, in Kalifornien gäbe es keine Indianer, weil ich nicht wußte, daß sie überall dort leben. Es dauerte zwei Jahre, bis ich andere traf, mit denen ich mein spirituelles Leben und meine Gedanken teilen konnte. Ich besuchte einen Kurs über die Kunst der Ureinwohner und begegnete dabei vielen Menschen; außerdem traf ich ein paar Indianer bei einer Selbsthilfegruppe von Drogenabhängigen. Im Lauf der Jahre habe ich immer wieder Indianer kennengelernt. Heute gehe ich ins Point-Reyes-Rundhaus, in das die Leute von überallher kommen. Dort finden zahlreiche Veranstaltungen statt, Frauenversammlungen etwa und Familientreffen. Bei diesen Anlässen geschieht immer, was geschehen soll – jemand braucht etwa ein Gebet oder die Verbundenheit mit der Gemeinschaft. Freitags abends fangen wir meist mit einem mitgebrachten Essen an, und der Abend endet mit einem Tanz.

In Santa Rosa haben wir ein regelmäßiges Frauentreffen. Alle Frauen in diesem Kreis haben indianische, aber auch andere Vorfahren. Das ist für mich meine Gemeinschaft. Wir nennen es den Frauenstammeskreis. Wir befassen uns mit unseren Gemeinsamkeiten, im Spirituellen und als Frauen. Wir alle kennen die Verwirrung, die entsteht, wenn wir uns manchmal nicht als wirklich indianisch

akzeptiert fühlen. Ich gehöre keiner Welt richtig an. Wenn einige der Vorfahren Indianer waren bzw. sind, wird man von den indianischen Gemeinschaften manchmal nicht vollständig akzeptiert.

Bei uns zu Hause wurde die indianische Seite der Familie immer verleugnet. Wenn ich kräftige Farben trage, kritisiert meine Tante mich. Solche Farben erfreuen mich aber, denn sie erhellen den Tag. Bei meinem täglichen Spaziergang mit dem Schöpfer trage ich Schmuck von der Erde, wie Federn und Ohrringe. Im Frauenkreis sind Farben eines der Hauptthemen, über die wir sprechen. Wir fühlen uns alle zu Farben und farbiger Kleidung hingezogen, ohne wirklich zu begreifen, warum. Wir diskutieren solche Themen mit Humor und Gefühl, weil wir uns nirgendwo sonst so verstanden fühlen.

Ich finde, es ist meine Verantwortung, Unterschiede zu überbrücken. Ich habe ein paar nichtindianische Freundinnen, aber sie sind stark spirituell ausgerichtet. Ich halte es für meine Verantwortung, diese Frauen zusammenzubringen. Nur durch Gebete, Toleranz und Geduld gewinnen wir Klarheit. Du fragst mich, wie meine Spiritualität gewachsen ist. Ich kenne mich besser und vertraue mir. Ich habe die Selbstachtung, daß mein Wort etwas zählt. Mein Gebet ist immer bei mir. Im Lauf der Jahre habe ich viel geleistet, um mich als dunkelhäutige Indianerin schön zu finden. Mein halbes Leben bin ich mit dem Gedanken herumgelaufen, wie häßlich ich sei, und habe meine eigene Schönheit nie erkannt. Meine Schönheit ist im Herzen und in der Seele, und sie war immer schon da.

Carol ließ die Kultur und Religion ihrer Kindheit hinter sich und erkundete andere Kulturen. Wie Teresa fand Carol einen authentischen spirituellen Weg, als sie sich mit der Kultur und der Spiritualität ihrer Ahnen aussöhnte.

Eine Geschichte von Carol

Ich bin in meinem Leben oft umgezogen und habe die Hälfte meiner Erwachsenenjahre außerhalb der Vereinigten Staaten verbracht: zwei Jahre in Paris, sieben Jahre in Montreal und fast vier Jahre in Puerto Rico. Ich bin durch Europa, Mexiko und China gereist. Jedes Mal, wenn ich umzog, hat sich meine Umgebung drastisch verändert. Das geschah freiwillig. Jede Gemeinschaft, der ich beitrat, vertiefte mein Gefühl dafür, wer ich war und wer nicht. Ich nutzte diese Erfahrungen, um mich und meine Spiritualität zu entdecken. Von den Franzosen lernte ich meine Beziehung zu Schönheit und deren Einfluß auf die Seele, ich lernte, wie wichtig es ist, die eigene Geschichte zu kennen und stolz darauf zu sein. Die puertoricanische Kultur brachte mir echte Offenherzigkeit bei und konfrontierte mich mit spirituellen Mysterien.

Ich habe zwar überall die Sprache, die Gebräuche und Werte mitbekommen, aber letztendlich blieb ich immer eine kulturelle Außenseiterin. Vor ein paar Jahren ist mir klargeworden, daß ich die Leere in mir mit Fragmenten von anderen Lebensweisen gefüllt habe. Meine Erfahrungen gaben mir ein spirituelles Gefühl von Einheit mit allen Menschen und brachten mir bei, daß die Welt meine Gemeinschaft war. Aber wo war meine Individualität? Was war mit meiner eigenen Geschichte und Kultur?

Diese Fragen führten mich zurück zu meiner Ursprungsreligion und zu meiner westeuropäischen Tradition. Ich habe Dinge in meiner Vergangenheit entdeckt, die ich ablehnen muß, wie die männliche Überlegenheit, das Puritanertum sowie Klassen- und ethnische Vorurteile. Ich habe auch eine spirituelle Verbindung zu meiner Vergangenheit und meinen Ahnen entwickelt. Meine Familie bestand überwiegend aus armen Leuten, die in England, Frankreich und Deutschland vom Ertrag ihres Bodens lebten. Sie waren entweder Bauern oder Priester. Die Familie meiner Mutter stammt aus Westbury, einer Stadt in England in der Nähe von Stonehenge. Ein einfaches Leben in enger Verbindung zur Natur, spirituelle Lehren, Rituale, die die Jahreszeiten und die Elemente ehren – das sind die Dinge, die meinem Herzen nahestehen. Ich bin zu der Überzeugung gelangt, daß die Spiritualität meiner Ahnen gar nicht so anders ist als meine eigene. Manchmal scheint es, als habe ich eine lange spirituelle Reise gemacht, um zu mir selbst zu gelangen.

Wir haben von Teresa und Carol gehört, daß es einen wichtigen spirituellen Schritt darstellen kann, wenn wir Verbindung zu unseren kulturellen Wurzeln aufnehmen. Wie beeinflußte Ihre Kultur Ihre spirituelle Reise?

Kulturelle Werte

Notieren Sie sich, mit welcher Kultur oder welchen Kulturen Sie sich identifizieren. Dann schreiben Sie frei fünf Minuten lang, welche Werte Sie von Ihrer Kultur übernommen haben. Denken Sie darüber nach, wie diese Werte Ihre spirituelle Reise beeinflußt haben.

Wenn wir unsere spirituellen Wurzeln finden, kann uns dies zu einer starken spirituellen Verbundenheit verhelfen. Wir können eine solche Verbundenheit aber auch erreichen, indem wir kulturelle Unterschiede überbrücken. Wenn wir die Zäune niederreißen, die uns von anderen trennen, freuen wir uns über die entstehende Vielfalt und Weite. Wenn wir über die eigene Kultur hinausgreifen, können wir uns in die Mysterien des Unbekannten begeben. Tina ist Unitarierin. Für ihre Kirche sind gesellschaftliche Gleichheit und die Verbesserung der ethnischen Beziehungen wichtige religiöse Werte. Tinas politische Arbeit konzentriert sich auf die Heilung von Verletzungen zwischen den verschiedenen ethnischen Gruppen. Tina begreift dieses Ziel als Grundlage ihrer Spiritualität.

Wenn ich eine ethnische Schranke überwinden kann, ist es, als würden eine unglaubliche Hitze und ein starkes Licht freigesetzt. Ich halte das für ein Naturgesetz. Es ist wie ein spiritueller Blitzschlag. Meiner Erfahrung nach sind Menschen stark motiviert, sich über die ethnischen Barrieren und die von Klasse und Geschlecht hinweg zu verbinden, die uns noch trennen.

Für Leila waren Kultur und Religion ein und dasselbe. Sie lernte als Kind eine Menge über ihre Kultur als Jüdin, aber nur sehr wenig über die jüdische Religion. Als Erwachsene kehrte Leila zu ihrer Kultur zurück und entdeckte bei diesem Prozeß tiefe spirituelle Wurzeln in der Religion ihrer Kindheit. Leila schätzt multikulturelle Erfahrungen und gibt sich Mühe, die Wunden interkultureller Feindseligkeiten zu heilen. Sie untersucht, wieweit sie Traditionen in Frage stellen kann, ohne die Essenz ihrer Kultur zu verlieren.

Vor zwei Jahren wurde unsere Versammlung von einem Palästinenser mitgeleitet. Als Gäste hatten wir Araber und Palästinenser. Bei dieser Versammlung lasen wir aus dem Koran. Ich halte mich für politisch progressiv, aber selbst ich machte mir Gedanken über eine so untraditionelle Versammlung. Man braucht eine gewisse Ordnung im Leben. Die Ordnung unserer Versammlungen hat eine symbolische Bedeutung und Wirkung. Das löst viele Fragen aus – es ist ein dialektischer Prozeß. Man stellt Fragen, aber wenn man sich selbst aus der Existenz »herausfragt«, hat man weder eine Ordnung noch eine Kultur.

Kulturelle Querverbindungen

Erinnern Sie sich an ein Erlebnis mit einem Menschen aus einem anderen Kulturkreis, das nicht erfolgreich verlief. Denken Sie darüber nach, was diese Erfahrung schwierig machte. Welche spirituellen Lektionen haben Sie dabei gelernt? Rufen Sie sich nun einen Austausch mit jemandem aus einer anderen Kultur ins Gedächtnis, die erfolgreich verlief. Fragen Sie sich, was diesen Erfolg ausmachte. Was haben Sie spirituell bei diesem Austausch gelernt?

Größere Gemeinschaften anstreben

Wir sind alle Bestandteile desselben Netzes. Wir teilen uns diesen Planeten und alle seine Ressourcen. Wir hängen voneinander ab, um zu überleben und zu gedeihen. Gleichzeitig sind wir unabhängige Individuen, aber auch untrennbar miteinander verbunden. Bei der Geburt entstehen wir aus dem Körper einer Frau, im Tod kehren wir in die Erde zurück, um neue Lebensformen zu schaffen. In den Jahren dazwischen gebären und nähren wir in vielfältigen Formen neues Leben. In den Anfangsjahren und im hohen Alter ist unsere Abhängigkeit von anderen offensichtlich. In den Jahren dazwischen ist diese Realität subtiler, aber in Wirklichkeit sind wir immer voneinander abhängig, um zu überleben, aber auch, um einander spirituell etwas zu geben.

Dieses Bewußtsein führt uns letztendlich zu dem Schluß, daß wir Teile einer größeren Gemeinschaft sind. Für manche ist dies die Gemeinschaft der Menschen, andere meinen, zu ihr gehörten auch alle anderen Lebensformen. Wenn wir unseren Begriff von Gemeinschaft weiter fassen, verstärken wir unsere Empathie. Es gibt viele Wege, sich zu öffnen und weiträumigere und umfassendere Gemeinschaften zu bilden. Diane Mariechild lernte durch das Beispiel ihrer Familie, wie man sich positiv zu allen Seiten öffnen kann.

Ich halte meine Mutter für meine erste spirituelle Lehrerin. Sie brachte mir bei, daß Gott Liebe ist und wir alle Kinder Gottes sind. Durch ihr Beispiel lernte ich, daß Gott sich durch Freundlichkeit und Fürsorge äußert. Meine Mutter war immer da – mit einer liebevollen Umarmung und einer großen Schüssel Spaghetti –, ob es nun für eine junge Mutter war, eine bettlägerige Nachbarin oder eine Familie in Trauer. Egal wie wenig Geld wir hatten, meine Mutter teilte alles. »Es ist immer genug Essen da, um noch einen Teller auf den Tisch zu stellen«, pflegte sie zu sagen. Meine Freunde waren stets willkommen. Sie erzählte mir, wie ihre Familie ums nackte Überleben gekämpft hatte, besonders, als mein Großvater sich ein Bein gebrochen hatte. Sie lebten in einer armen, vornehmlich schwarzen Gegend. Und es waren die Schwarzen, die damals das Essen mit ihnen teilten. Als mein Großvater keine Arbeit hatte, vermittelte ihm ein Schwarzer ein paar Aufträge als Gärtner. Meine Mutter hat diese Freundlichkeit nie vergessen, und diese Erfahrungen ließen sie alle ethnischen und kulturellen Unterschiede vergessen. Sie weiß noch, wie schlecht sie behandelt wurde, weil sie Italienerin ist. Doch das hat sie nicht verbittert gemacht, denn sie war voller Empathie. Sie erinnerte sich stets an diesen Kummer und wünschte sich, daß wir Kinder niemals unfreundlich behandelt würden, nur weil wir anders waren. Einer ihrer engsten Freunde in der Schule war ein Junge mit zerebraler Kinderlähmung.

Meine Mutter half den Nachbarskindern immer beim Nähen ihrer Karnevalskostüme. Sie erzählte oft Geschichten aus ihrer Kindheit – z. B. wie die Nachbarn ihr geholfen hatten, ihr Kleid für die Abschlußprüfung zu schneidern. Das war eine ihrer zahlreichen Geschichten über die Großzügigkeit ihrer jüdischen Nachbarn. Meine Mutter war zwar fromme Christin, aber sie glaubte nicht an die Dogmen. Sie glaubte zum Beispiel nicht, daß nur Christen in den Himmel kommen oder nach dem Tod Frieden finden. Sie hatte zwar eine tiefe persönliche Beziehung zu Christus, aber sie glaubte nicht, daß er der einzige spirituelle Lehrer war.

Meine Großmutter mütterlicherseits, die ein paar Monate vor meiner Geburt gestorben ist, war eine ungebildete italienische Einwanderin. Katholisch, aber ohne Dogmen. Meine Mutter beschrieb sie als sanft, geduldig und freundlich, ohne das heftige Temperament, mit dem meine Mutter immer zu kämpfen hatte. Als meine Mutter aus der katholischen Kirche austrat, um meinen baptistischen Vater zu heiraten, was damals ziemlich radikal war, sagte ihre Mutter zu ihr: Alle Wege führen zum Zentrum; die verschiedenen Religionen sind bloß Speichen in einem Rad mit derselben Nabe.

Carter Heyward spricht über die Gelegenheiten, bei denen sie über die eigene kirchliche »Heimat« hinausgehen konnte. Sie ermahnt uns, die kleinen Schritte hin zu mehr Verbundenheit stets zu erkennen.

Es kann schwer sein, neue spirituelle Netze zu knüpfen, aber als Feministin halte ich es für möglich, denn wir haben die gleichen Werte hinsichtlich spiritueller Gemeinschaften, ganz egal, ob wir Jüdinnen sind, Christinnen oder Wicco-Anhängerinnen. Es ist ein umfassendes Konzept von Gemeinschaft, ein Netz von Frauen, die wissen, daß sie alle füreinander wichtig sind, auch wenn sie nicht einmal alle Namen der anderen kennen. Eine Gemeinschaft aufzubauen ist sehr wichtig, aber auch sehr schwer. Die geographische Lage kann genauso ein Problem sein wie die finanzielle Situation. Die bisherige Literatur ist wichtig für Frauen, die gern lesen. Spirituelle Ressourcen sind nun schriftlich aufgezeichnet. Frauen, die ein Buch über feministische Spiritualität in die Hand nehmen, gehen dann oft weiter, sie kommen ins Seminar, geben ihre schlechte Ehe auf oder gehen zu einer feministischen Therapeutin, die sie ermutigt, das zu tun, was sie mit ihrem Leben immer schon tun wollten. Und da sind Frauen, die Kontakt zu anderen Frauen aufnehmen, auch wenn dies nicht ausdrücklich spirituell ist, und über ihr Leben sprechen, ihre Möglichkeiten ausloten, die das aufgeben, was ihnen weh tut, und das annehmen, was sie ermächtigt. Es sind diese kleinen Dinge, die zählen.

Spirituelle Gemeinschaften erweitern

Nehmen Sie sich nun einen Moment Zeit, um darüber nachzudenken, ob Sie sich einer spirituellen Gemeinschaft stärker verbunden fühlen möchten. Im folgenden sind Möglichkeiten aufgeführt, wie Sie Ihre Gemeinschaft erweitern könnten. Kreuzen Sie alle Ideen an, die Sie vielleicht weiterverfolgen möchten. Dann überlegen Sie gründlicher, wie Sie das tun könnten. Fügen Sie der Liste alles hinzu, was Ihren Bedürfnissen und Präferenzen entspricht.

– Ein neues spirituelles Buch lesen
– Zum Treffen einer spirituellen Gruppe gehen
– Eine neue spirituelle Gruppe gründen
– An einem spirituellen Workshop oder einer Klausur teilnehmen
– Sich Zeit nehmen, um mit Freundinnen und Freunden gemeinsame spirituelle Interessen zu verfolgen
– Mit einer religiösen Gruppe Andacht halten

Wenn wir uns dafür öffnen, können wir spirituelle Verbundenheit an den unmöglichsten Orten erleben. Hallie Iglehart Austin erzählt uns, wie sie ihr Herz einem völlig Fremden gegenüber öffnete. Es war in einer kalten Nacht, ein paar Tage vor Weihnachten.

Ich ging mit einer Freundin durch die Stadt. Es war so kalt, daß ich mich in meinen allerwärmsten Mantel gekuschelt hatte. Da kamen wir an einem Obdachlosen auf dem Gehsteig vorbei. Auf einem Stück Pappkarton vor ihm stand: »Fröhliche Weihnachten«. Die Widersprüchlichkeit der Situation, die extreme Kälte und dieses kleine Schild gingen mir zu Herzen. Ich war schon ein paar Schritte weitergegangen, blieb dann aber stehen. Wir gingen zurück, und ich gab ihm das bißchen Kleingeld, das ich in der Tasche hatte. Da sah er zu mir hoch. Seine Augen leuchteten unglaublich hell, und er schaute mir direkt in die Augen. Dann sagte er: »Danke. Ich wünsche Ihnen ein ganz wunderschönes Weihnachtsfest.« Einen so engen Kontakt hatte ich noch nie mit einem Fremden gehabt. Dieser Mann war so aufrichtig dankbar, daß ich schluchzend weiterging. Selbst in diesem Zustand öffnete er sich mir gegenüber und gab mir soviel zurück.

Für Leila ist ihre spirituelle Reise eine Unterweisung darin, sich in den Dienst ihrer Gemeinschaft zu stellen, eine Fähigkeit, die für Juden überaus wichtig ist.

Dienst am anderen wird überall im Judentum betont. Man muß mit sich ringen, um Gott durch göttliche Handlungen in die Welt zu bringen. Ich spreche hier von ganz alltäglichen Handlungen, wie einen Freund zum Flughafen bringen oder der Schwester helfen, wenn sie Kummer hat. Für das Judentum ist der Begriff *avoda*, Dienst, ganz zentral. So realisiert man seine eigene Göttlichkeit und schafft gleichzeitig Göttlichkeit in der Welt. Gott existiert nicht einfach nur, durch unsere Dienste erschaffen wir ihn auch.

Leila betont hier, daß alle Handlungen grundsätzlich spirituell sind: wunderbare Erlebnisse, wie Hallies, bei denen man mit jemandem in engsten Kontakt tritt, der ganz anders ist als man selbst, und alltägliche Handlungen, wie z. B. einen Freund zum Flughafen zu bringen. Jeder Augenblick bietet Möglichkeiten, in größerer Verbundenheit und Nähe zur Gemeinschaft zu leben. Jeder Moment bietet uns Gelegenheit, unser Herz zu öffnen und zu mehr Akzeptanz und Mitgefühl zu finden.

ÜBUNG

Verbundenheit

In dieser Übung führen wir uns mit einer Kontemplation unsere Verbundenheit mit allem in unserem Leben vor Augen.

Nehmen Sie sich ein paar Minuten Zeit, um gelassen und zentriert zu werden. Dann denken Sie über die untenstehenden Ideen nach. Lesen Sie jeden Absatz genau durch. Denken Sie über jede Vorstellung gründlich nach. Finden Sie heraus, ob das dargestellte Konzept für Sie stimmt. Wenn es für Sie zutrifft, fragen Sie sich, wie diese Wahrheit Ihr Leben betrifft und wie Sie die Welt um sich her wahrnehmen. Wenn Sie eine Zeitlang über die Sätze nachgedacht haben, schreiben Sie ein paar der Gedanken auf, die Ihnen in den Sinn kamen.

Wir sind mit allen atmenden Lebewesen durch die Luft verbunden, die wir atmen. Wir sind mit anderen Menschen, mit den Tieren und Pflanzen durch die Luft verbunden. Wir atmen Luft ein, sie dringt in unseren Körper ein und wird darin verändert. Wir atmen sie aus und teilen diese Luft mit anderen Lebewesen im selben Zimmer oder Saal, im selben Auto oder Bus. Auch Pflanzen atmen Luft ein und sättigen sie mit dem Sauerstoff, der lebenswichtig für uns ist. Wir atmen Stickstoff aus, der für Pflanzen lebenswichtig ist. Die Luft zirkuliert. Der Wind trägt sie um den Erdball. Wir teilen diese Luft mit Menschen, Tieren und Pflanzen in der ganzen Welt. Wir teilen die Luft mit Menschen auf allen Kontinenten, mit Menschen aller Hautfarben, aller Nationalitäten und in den verschiedensten Lebenssituationen.

Wenn Menschen die Luft verschmutzen, teilen wir auch diese verschmutzte Luft. Als der Vulkan St. Helens ausbrach, kreiste seine Asche um den ganzen Erdball. Wie beeinflußt die Luft unser Leben sonst noch?

Wir sind miteinander durch das Essen verbunden, das wir zu uns nehmen. Die meisten Menschen sind von vielen anderen abhängig, die ihre Nahrung erzeugen. Wir sind mit den Menschen verbunden, die den Boden bestellen, die säen und pflügen. Wir sind mit den Menschen verbunden, die sich um die Jungpflanzen kümmern, sie gießen und die Früchte pflücken. Wir sind von den Menschen abhängig, die die Nahrungsmittel befördern und in den Fabriken verarbeiten. Wir sind mit den Ladenbesitzern verbunden, die die Nahrungsmittel einkaufen, ausstellen, verkaufen und einpacken. Wir sind mit den Menschen verbunden, die das Essen vorbereiten, es kochen, auftragen und das Geschirr abwaschen. Wir sind mit all diesen Menschen verbunden. Sie alle erhalten uns am Leben.

Wählen Sie einen anderen Lebensbereich aus. Bedenken und erkennen Sie die verschiedenen Arten, wie Sie in diese Welt eingebunden sind. Schließen Sie alle möglichen Beteiligten in Ihre Überlegungen ein.

Ende und Neuanfang

Nun ist für Sie der Zeitpunkt gekommen, Ihre Reise zu reflektieren und eine neue Richtung einzuschlagen. Ihre Heilung und Ihre Erneuerung sind damit nicht abgeschlossen. Heilungen sind nie beendet, denn es gibt immer neue Gebiete, die es zu erkunden gilt. Auch die Erneuerung ist ein fortwährender Prozeß. Es gibt immer neue Gelegenheiten, in engeren Kontakt zum authentischen spirituellen Selbst zu gelangen. Sie sind allerdings am Schluß dieses Buches angelangt; dieser Abschnitt der Reise ist fast abgeschlossen. Nehmen Sie sich nun einen Moment Zeit, um Ihre Reise noch einmal Revue passieren zu lassen.

Selbstüberprüfung

Wenn Sie diese Reise abschließen, stehen Sie vielleicht vor verschiedenen Veränderungen. Sie empfinden möglicherweise eine gewisse Befriedigung, daß Ihre spirituelle Heilungsarbeit für Sie nun abgeschlossen ist. Sie ahnen eventuell auch, daß der Heilungsprozeß noch nicht beendet ist, doch Sie brauchen erst einmal eine Pause. Zeit zum Ausruhen heißt, auch die Fürsorge und Verpflichtung sich selbst gegenüber zu achten und dem natürlichen Rhythmus von Ebbe und Flut zu folgen. Vielleicht ist es Zeit, anderen Lebensbereichen mehr Zeit und Interesse zu schenken. Vielleicht fühlen Sie sich auch angeregt, die begonnene Heilungsarbeit fortzusetzen und die mit diesem Buch unternommene Reise weiterzuführen. Sie können zu einem der vorstehenden Kapitel zurückkehren, Teile davon noch einmal lesen oder auch Übungen ausprobieren, die Sie ursprünglich überschlagen haben. Vielleicht wollen Sie jetzt mehr Zeit mit spirituellen Freundinnen und Freunden und Gemeinschaften verbringen. Lassen Sie Ihre Entscheidungen so weit reifen, daß sie Ihren inneren Bedürfnissen entsprechen.

ÜBUNG

Der nächste Schritt

Werden Sie entspannt und zentriert. Für die Beantwortung der folgenden Frage können Sie freies Schreiben einsetzen, Kontemplation oder auch ein Weissagungs-Hilfsmittel, wie Tarot, um Zugang zu Ihrer Intuition zu gewinnen.
Frage: Wie sieht der nächste Schritt auf meiner spirituellen Reise aus?

Nehmen Sie sich Zeit, um zu überlegen, ob Sie vielleicht eine Ruhepause brauchen.

ÜBUNG

Ruhe und Erholung

Sie werden innerlich ruhig und gelassen. Konzentrieren Sie sich auf das Zentrum Ihres Körpers im Brust- oder Bauchbereich. Suchen Sie dabei nach einem Körpergefühl oder einem Bild, das den spirituellen Erneuerungsprozeß in diesem Moment für Sie darstellt. Konzentrieren Sie Ihre Aufmerksamkeit sanft auf dieses Gefühl oder Bild. Leitet es Sie zur Ruhe? Sie empfinden diese Art Leitung vielleicht als ein Gefühl von Schwere, Fülle oder Belastung. Überprüfen Sie Ihre inneren Energievorräte. Fühlt sich Ihre Seele mehr zur Stille hingezogen? Befolgen Sie, was immer Sie an Wünschen in sich entdecken. Wenn Sie sich zur Ruhe hingezogen fühlen, respektieren Sie dieses innere Bedürfnis.

Überblick und Planung

Den authentischen spirituellen Weg zu beschreiten ist ein mutiges Unterfangen, das uns Augen und Herz öffnen kann. Die Heilung kann uns über schwierige Phasen hinweghelfen, die Erneuerung kann uns zu schönen, freudigen Augenblicken führen. Nehmen Sie sich nun Zeit, um Ihre Reise der Erneuerung Revue passieren zu lassen, die Reise, die Sie beim Lesen dieses Buches und beim Durchführen der Übungen zurücklegten. Um den zurückgelegten Weg zu überblicken, kann es nützlich sein, daß Sie Ihr Tagebuch zur Hand nehmen und sich noch einmal die spirituelle Zeitlinie vor Augen führen. Im Lauf dieses Buches haben wir Ihnen viele verschiedene Methoden angeboten, um eine bewußtere Wahrnehmung und spirituelle Erneuerung zu erlangen: Phantasiereisen, freies Schreiben und viele andere Formen. Manche Übungen waren für Sie vermutlich leichter, andere schwieriger.

ÜBUNG

Hilfsmittel zur Heilung

Stellen Sie eine Liste der Hilfsmittel auf, die Ihnen genutzt haben. Sie können Ihre Erinnerung auffrischen, indem Sie sich die vervollständigten Übungen ansehen und die Eintragungen in Ihrem spirituellen Tagebuch lesen. Unter welchen Umständen haben Sie ein bestimmtes Hilfsmittel eingesetzt? Kommen Sie auf diese Liste zurück, wenn Sie sich entmutigt, verwirrt oder distanziert fühlen.

Im ersten Kapitel, in dem es darum ging, festen Boden unter den Füßen zu gewinnen, gelangten Sie zu neuen Perspektiven und Praktiken, die Ihnen bei der weiteren Reise immer wieder helfen können. Denken Sie an diejenigen, die Ihnen zu spirituellen Gewohnheiten geworden sind, an Lebensweisen, die Sie nun natürlich finden und die Ihnen keine große Mühe mehr abverlangen. Rufen Sie sich auch die Praktiken in Erinnerung, die Sie mit mehr Übung besser verankern möchten. Denken Sie an Hindernisse auf Ihrem Weg und an nützliche Hinweise, wie Sie besser vorankommen. Ungeduld, Selbstzweifel und Frustration können Ihnen leicht den Weg versperren; Großzügigkeit und Offenheit gegenüber Veränderungen sind unterwegs willkommene Begleiter.

ÜBUNG

Mit sicherem Schritt weiter

Nehmen Sie sich Zeit, um darüber nachzudenken, was die folgenden Begriffe für Sie bedeuten und wie Sie diese Inhalte in der kommenden Zeit in Ihr spirituelles Leben integrieren können.
Selbstvertrauen
Spiritueller Freiraum
Unterstützung
Struktur
Absichten
Dankbarkeit

· ·
· ·

Fügen Sie der Liste noch andere Begriffe hinzu, und stellen Sie sich vor, wie Sie mit sicherem Schritt weitergehen.

Im Abschnitt über spirituelle Entfremdung haben Sie untersucht, wie Sie mit diesem Phänomen umgehen, und Praktiken der Heilung für sich entdeckt. Sie haben die Hindernisse unter die Lupe genommen, die Ihre Beziehung zu Gott und zu Themen im Zusammenhang mit Ihrer Religion stören. Sie haben alle Hindernisse betrachtet, die Sie hemmen. Vergegenwärtigen Sie sich die Themen, die Sie am tiefsten berührt haben. Denken Sie an Ihre begonnene Heilung. Halten Sie die Dinge in Ihrem Bewußtsein, die für Sie noch nicht abgeschlossen sind.

ÜBUNG

Die Heilungsreise

Beginnen Sie mit einer Grundmeditation. Nun nehmen Sie sich Zeit, um die geleistete Heilungsarbeit noch einmal zu betrachten. Stellen Sie sich vor, vor ihrer

Zeitlinie zu stehen, an dem Punkt, der das Hier und Jetzt darstellt, genau in diesem Augenblick. Dann stellen Sie sich vor, wie Sie zurück in die Vergangenheit blicken, auf die geleistete Heilungsarbeit hinsichtlich der spirituellen Entfremdung. Denken Sie nach, ob Ihre Visionen von Gott deutlicher geworden sind. Hat sich Ihre Beziehung zur Religion verändert? Was haben Sie außerdem mit Ihrem geheilten Bewußtsein wahrgenommen? Danken Sie sich und Ihrer spirituellen Macht für die erlebte Heilung. Nun stellen Sie sich vor, wie Sie in die Zukunft blicken. Welche Heilungsarbeit liegt noch vor Ihnen? Welche Richtung müssen Sie einschlagen? Nehmen Sie Ihr spirituelles Tagebuch zur Hand, und schreiben Sie alles auf, was Ihnen einfällt.

Im Teil über spirituelle Verbundenheit haben Sie viele mögliche Wege ausgekundschaftet. Vermutlich sind Sie durch vertrautes Gebiet gewandert, aber vielleicht haben Sie auch völlig neue Flecken entdeckt. Wie stellen Sie am häufigsten Kontakt mit Ihrem spirituellen Zentrum, Ihrem Gott oder Ihrer Göttin her? Welche Verbindungen bringen Ihnen die größte Freude und den größten Frieden? Wie können Sie diese Verbindungen leicht herstellen?

Wir wissen zwar oft, wie wir spirituelle Verbundenheit erreichen, aber wir vergessen, es auch zu tun. Viele Menschen finden Listen sehr nützlich, um ihr Leben zu organisieren. Solche Listen können Ihnen helfen, Zeit und Raum für das zu schaffen, was Ihnen wichtig ist.

ÜBUNG

Erinnerungshilfen

Stellen Sie eine Liste der Aktivitäten auf, die Sie zu spiritueller Verbundenheit führen. Zensieren Sie nichts. Lassen Sie Ihrem Ideenfluß freien Lauf. Betrachten Sie Ihre Liste, und kreisen Sie alle Ideen ein, die Ihnen wichtig und in Ihrem Leben auch realisierbar erscheinen. Stellen Sie eine zweite Liste mit diesen eingekreisten Aktivitäten auf, vielleicht auch mit konkreten Terminen versehen, an denen Sie sie ausprobieren wollen. Wenn Ihnen diese Liste anschließend unrealistisch vorkommt, überlegen Sie sich andere, einfachere Möglichkeiten, Ihre Ziele zu erreichen. Nehmen Sie sich stets genug Zeit, um diese Aktivitäten zu genießen.

Die spirituelle Reise ist ein Weg zu innerer Freiheit und dauerhafter Verbundenheit. Es ist eine wunderbare Reise durch die weltlichen Dinge des Lebens. Wenn wir die Ranken und Dornen auf unserem Weg ausgeräumt haben, finden wir auch eine Richtung. Diese Richtung wird durch unsere spirituellen Werte bestimmt.

Spirituelle Werte

Verbringen Sie ein paar Minuten damit, Ihre Gedanken über die geleistete Arbeit kommen und gehen zu lassen. Denken Sie an diejenigen Übungen und Ideen, die Ihnen am wichtigsten waren. Lassen Sie Ihre Gedanken frei umherschweifen und treiben. Dann nehmen Sie einen Stift und schreiben drei spirituelle Werte auf, die Ihnen auf Ihrer Reise am wichtigsten waren. Denken Sie darüber nach, wie Sie diese Werte in Ihrem Leben ausdrücken können. Wie können Sie alle drei etwas stärker zum Ausdruck bringen? Wo könnten Sie dafür Unterstützung finden?

Vom Anfang zum Ende zum Anfang

Es kann sehr hilfreich sein, über »das Ende« an sich nachzudenken, denn Veränderungen sind oft schwierig. Sie sind aber auch aufregend, denn wir begeben uns mit ihnen immer wieder in neue Abenteuer. Das Ende dieses Buches kann Ihnen als Modell für Übergänge in Ihrem Leben dienen.

Wenn wir vor einem Ende, einem Abschluß oder einer Veränderung stehen, verändert sich der Boden unter unseren Füßen. Wir fühlen uns vielleicht wie am Rand einer Klippe, ins Unbekannte blickend. Wir lassen die alten Seinsweisen hinter uns, kennen aber noch keine neuen. Wir brauchen Voraussicht und Mut, um dem fremden Boden vor uns zu vertrauen. Wenn wir den alten Boden unter den Füßen verlieren, werden wir leicht empfindlich und ängstlich und ziehen uns innerlich zurück. Oft wollen wir vor einem Abschluß davonlaufen, indem wir entweder zu hektisch oder zu benommen werden, um es genau wahrzunehmen. Aber damit nehmen wir uns die Fähigkeit, eine neue Richtung einzuschlagen. Jeder hat wohl seine eigene Art, ein Ende, einen Abschluß, zu bewältigen. Vermutlich haben wir das Ende einer Sache in unserem Leben besser bewältigt als das einer anderen. Nehmen Sie sich Zeit, um sich darüber klarzuwerden, wie Sie Abschlüsse bewältigen.

Ende gut ...

Denken Sie über das Ende einer Sache in Ihrem Leben nach, das Ihnen erfolgreich vorkommt. Es könnte das Ende einer Beziehung, eines Projekts oder einer spirituellen Verbundenheit sein.
Stellen Sie sich die folgenden Fragen:
Welche Gefühle begleiteten dieses Ende?

Welche Unterstützung hatte ich dabei?
Wie habe ich mich bei diesem Abschluß selbst berücksichtigt?
Was habe ich daraus gelernt?
Achten Sie in den folgenden Tagen darauf, was Sie aus den Beendigungen lernen können, die Sie erleben.

Feiern Sie diesen Abschluß mit einer Zeremonie. Freuen Sie sich, oder zollen Sie ihm zumindest Tribut. Sie können ein feierliches Ritual abhalten oder einen Moment lang in feierlichem Schweigen verbringen. Genießen Sie Ihr Alleinsein, oder begehen Sie es mit Freundinnen oder der Familie. Schmücken Sie sich mit den Farben und Formen, an denen Sie Spaß haben, oder berufen sich auf die Ästhetik der Schlichtheit. Üben Sie Hingabe an Ihren Schöpfer oder Ihre Schöpferin oder an die Disziplin der Anbetung.

ÜBUNG

Ein Abschluß

Vollziehen Sie ein Ritual, mit dem Sie das Abschließen dieses Buches begehen. Es kann jede mögliche Form annehmen. Schlagen Sie im Kapitel »Rituale« nach, um sich einzelne Elemente in Erinnerung zu rufen. Denken Sie daran, auch Dankbarkeit sich selbst gegenüber für alle Mühen einzuschließen, einen Dank an andere, die Sie unterstützt haben, und an Ihren Gott. Wenn Sie möchten, bekräftigen Sie Ihre Absicht, die Reise der Erneuerung fortzusetzen.

Wenn Sie Ihre spirituelle Reise fortsetzen, entdecken Sie vielleicht viele neue »Fortbewegungsmittel«. Manchmal werden Sie stromabwärts getrieben, dann wieder klettern Sie mit Seil und Krampen an einer Felswand empor. Sie fliegen auf dem Rücken eines Adlers oder tanzen mit Ihren Ahnen. Manchmal erscheint Ihnen die Reise wie ein gemütlicher Spaziergang, dann wieder wie ein Marathonlauf.

Reisen Sie auf Ihre eigene Weise, respektieren Sie die Welt, die Sie mit anderen teilen, und machen Sie sich bewußt, daß Sie von höherer Weisheit und Empathie geleitet werden. Bleiben Sie geerdet, während Sie in die Freiheit entschweben. Lassen Sie auch dies auf Ihre eigene Weise geschehen, während Sie sich vor Augen führen, daß wir alle zur gleichen Quelle heimreisen.